国家级一流本科专业建设·金融学教学用书

国际贸易结算

第6版

李晓洁 编著

上海财经大学出版社

图书在版编目(CIP)数据

国际贸易结算 / 李晓洁编著. —6 版. —上海：上海财经大学出版社，2023.8
国家级一流本科专业建设·金融学教学用书
ISBN 978-7-5642-4198-8/F.4198

Ⅰ.①国… Ⅱ.①李… Ⅲ.①国际贸易-国际结算-高等学校-教材 Ⅳ.①F830.73

中国国家版本馆 CIP 数据核字(2023)第 117718 号

□ 责任编辑　林佳依
□ 封面设计　张克瑶

国际贸易结算

(第 6 版)

李晓洁　编著

上海财经大学出版社出版发行
(上海市中山北一路 369 号　邮编 200083)
网　　址:http://www.sufep.com
电子邮箱:webmaster @ sufep.com
全国新华书店经销
上海华教印务有限公司印刷装订
2023 年 8 月第 6 版　2023 年 8 月第 1 次印刷

787mm×1092mm　1/16　18.5 印张(插页:2)　404 千字
定价:49.00 元

第六版前言

党的二十大报告提出,加快发展数字经济,推动高质量发展是全面建设社会主义现代化强国的应有之举。加快数字化发展,对于跨国金融服务而言具有重要意义。目前,数字化已在全球跨境贸易结算和贸易融资领域取得广泛的应用。

本书第六版从数字化视角重新梳理了国际结算的相关章节,增补了国际支付工具和国际结算数字化的相关内容,包括电子票据、信用证电子交单、电子审单、银行保函格式标准化等。

为适应数字经济和金融科技发展,国际商会修订并颁布了新规则,例如《跟单信用证统一惯例关于电子交单的附则》2.0版本、《托收统一规则关于电子交单的附则》1.0版本和《见索即付保函国际标准实务》(ISDGP),本书第六版也对相应内容做了及时更新,此外补充了相关章节的习题和案例。

需要特别说明的是,依据国家教材委员会办公室《关于做好党的二十大精神进教材工作的通知》(国教材办〔2022〕3号)的要求,推动党的二十大精神进教材、进课堂、进头脑,除了本教材中已经体现的二十大精神内容外,为了与时俱进地增补与本教材相关的思政案例与二十大精神内容,及时修改在教学过程中发现的本书错误之处,我们与出版社共同建设新媒体动态服务窗口,使用本教材的教师可以通过手机微信扫以下二维码,获取相关最新内容。

编 者

2023年6月

目 录
CONTENTS

第一章　绪论
- 11　本章小结
- 11　关键名词
- 11　课后练习题

第二章　国际贸易结算票据概述
- 14　第一节　票据概述
- 18　第二节　票据法
- 23　第三节　票据权利与票据抗辩
- 30　本章小结
- 31　关键名词
- 31　课后练习题

第三章　汇票
- 34　第一节　汇票的定义与相关项目
- 41　第二节　汇票行为
- 53　本章小结
- 53　关键名词
- 53　课后练习题

第四章　本票与支票
- 56　第一节　本票
- 59　第二节　支票
- 64　本章小结
- 65　关键名词
- 65　课后练习题

第五章　国际贸易结算币种选择

- 67　第一节　国际贸易结算币种选择的决定
- 73　第二节　人民币跨境贸易结算
- 83　本章小结
- 84　关键名词
- 84　课后练习题

第六章　国际贸易结算的方式——汇款

- 87　第一节　汇款的定义及当事人
- 88　第二节　汇款的种类及业务程序
- 91　第三节　汇款的偿付与退汇
- 94　第四节　汇款方式的特点与运用
- 96　本章小结
- 97　关键名词
- 97　课后练习题

第七章　国际贸易结算的方式——托收

- 99　第一节　托收的定义及当事人
- 103　第二节　托收的种类与交单方式
- 107　第三节　托收结算方式的特点与运用
- 110　本章小结
- 110　关键名词
- 110　课后练习题

第八章　国际贸易结算的方式——信用证

- 113　第一节　信用证概述
- 122　第二节　信用证的当事人及其权利与义务
- 128　第三节　信用证的业务程序
- 138　第四节　信用证电子交单
- 141　第五节　信用证的种类
- 155　本章小结
- 156　关键名词
- 156　课后练习题

第九章　国际贸易结算的方式——银行付款责任

- 159　第一节　银行付款责任概述
- 165　第二节　银行付款责任的相关当事人和业务程序
- 167　第三节　银行付款责任的特点及其应用
- 169　本章小结
- 169　关键名词
- 169　课后练习题

第十章　银行保函和备用信用证

- 172　第一节　银行保函的定义、法律属性和特点
- 178　第二节　银行保函的当事人、内容与格式
- 184　第三节　银行保函的开立方式与业务程序
- 189　第四节　银行保函的种类
- 195　第五节　备用信用证
- 205　本章小结
- 206　关键名词
- 206　课后练习题

第十一章　国际贸易融资方式

- 209　第一节　进口贸易融资
- 213　第二节　出口贸易融资
- 218　第三节　包买票据业务
- 228　第四节　保付代理业务
- 238　本章小结
- 238　关键名词
- 238　课后练习题

第十二章　国际贸易结算的单据及单据审核

- 241　第一节　商业发票
- 245　第二节　运输单据
- 253　第三节　保险单据
- 260　第四节　其他单据
- 263　第五节　单据审核
- 270　本章小结
- 270　关键名词

| 271 | 课后练习题 |

第十三章　国际贸易结算的风险管理

273	第一节　出口贸易结算的风险
278	第二节　进口贸易结算的风险
280	第三节　国际贸易结算的风险管理
283	本章小结
284	关键名词
284	课后练习题

| **286** | **课后练习题参考答案** |

| **289** | **参考文献** |

第一章
绪 论

国际结算是一门理论与实践相结合的、新兴的国际经济应用课程。它以国际支付结算方式为研究对象，分析、评价各类结算方式的信用基础和效率。国际结算包括贸易结算和非贸易结算，而贸易结算是其主要内容。国际贸易结算有较长的历史演变过程，以非现金结算为主要特征。非现金结算以国际惯例为依据、以商业银行为中介、凭单付款并呈现数字化和自动化趋势。国际结算业务的顺利开展有赖于银行与其海外分支机构以及代理行的共同协作。

一、国际结算的概念

若我国国内某公司从一家美国公司进口机器设备，国内公司作为进口方承担付款的义务，而美国公司作为出口方，在为进口方提供设备后就享有取得设备价款的权利。清偿进出口双方之间的债权债务关系，就会引起货币资金从债务国向债权国流动。这一金融活动就是国际结算。所谓国际结算（International Settlement），是指为清偿国际的债权债务关系而发生在不同国家之间的货币收付活动。国际结算研究的对象是以清偿债权债务为目的的不同的货币收付方式。

国与国之间广泛的经济、政治、军事、文化等方面的交往，产生了国际债权债务关系，通过国际结算，可以达到国际债权债务的了结。虽然从理论上说，除了国际结算业务，债权债务还可以凭借易货、黄金偿还等手段了结，但是这些手段的作用有限。由于各国限制黄金进出口的自由，黄金只是政府间结算的工具。而易货贸易，也就是对冲贸易，虽然其使用范围有所扩大，但是毕竟只是国际贸易的补充形式，而且现代的易货贸易，不是传统的物物交换，贸易双方必须以同一货币计价，而且收付一定比例的外汇，有时为保证合同的正常履行，贸易双方必须向银行申请开立信用证或者银行保函。因此，易货贸易仍然不能脱离国际结算。国际结算是国际债权债务清偿的最主要、最经常的手段。

根据发生国际债权债务关系的原因不同，国际结算可分为贸易结算和非贸易结算。贸易结算是指由有形贸易（Visible Trade）活动引起（由商品进出口引起）的货币收付活动；非贸易结算是指由有形贸易以外的活动（包括国际资本流动、国际资金借贷、技术转让、劳务输出、侨民汇款、捐赠、利润与利息收支、国际旅游、运输、保险、银行业等活动）引起的货币收付活动。国际贸易结算项目单一，是单一的商品贸易结算，但是由于它在国际收支中的特殊地位以及其结算方式的多样性，因此贸易结算已经成为国际结算最主要的组成部分；非贸易结算近年来发展速度很快，项目繁多，充分反映一国经济对外开放的广度和深度，但是由于结算方式简单，只涉及一部分结算方式内容，因此国际结算仍然以国际贸易结算为重点。

二、国际贸易结算的基本内容

国际贸易结算主要包括三方面内容：国际贸易结算的信用工具、国际贸易结算的方式以及国际贸易结算的单据。

(一)国际贸易结算的信用工具

信用工具(Credit Instrument)是指用于证明债权人权利以及债务人义务的书面契约凭证。作为权利凭证的信用工具可以流通转让,它包括国库券、公司债券、政府债券、银行券和票据等。国际贸易结算中所使用的信用工具主要是票据(Notes or Bills)。票据是具有一定格式、由付款人到期对持票人或者其指定人无条件支付确定金额的信用凭证。国际贸易结算中的信用工具,又称国际结算的工具,其使用是为了明确债权人的权利,将贸易的商业信用关系票据化,进一步保障债权人的权利到期或者提前兑现。

(二)国际贸易结算的方式

贸易结算方式是指货币收付的手段和渠道,是国际贸易结算的中心内容。贸易结算方式包括汇款(Remittance)、托收(Collection)、信用证(Letter of Credit,L/C)和银行付款责任(Bank Payment Obligation,BPO)。不同结算方式具有不同的信用基础和特点,决定了其不同的运用范围。其中,信用证是以银行信用为基础的结算方式,在全球贸易结算中占据重要的地位;银行付款责任是一种创新的结算方式,综合了信用证和汇款(赊销)的优势。银行保函(Letter of Guarantee,L/G)和备用信用证(Stand by Letter of Credit)主要为国际商品交易、非商品交易提供担保。银行保函和备用信用证由于运用灵活的特点,具有广泛的适用领域。

(三)国际贸易结算的单据

国际贸易结算单据(Documents)是指贸易结算中涉及的商业单据,它包括对交易的商品作具体描述的发票类单据,如商业发票(Commercial Paper)、装箱单(Packing List)、产地证(Certificate of Origin)等;货物出险、受损后可以提出索赔的保险单(Insurance Policy)以及证明货物已经出运的运输单据,如海运提单(Marine Bill of Lading,B/L)、多式联运单据或联合运输单据(Multimodal or Combined Transport Document)、空运单(Airway Bill)、铁路运单(Railway Bill)等。

三、国际贸易结算的发展

贸易结算的产生是以商品贸易的产生与发展为前提的。当商品流通跨越国界,形成国际贸易时,就推动了国际结算的产生。最初的国际贸易是通过物物交换进行的,当金、银充当一般等价物而行使货币职能时,国际结算就确立了它最初的方式,买卖双方一手交钱、一手交货,钱货当面两讫,即现金结算。

买卖双方采用现金结算,由于远途运送金银风险大、费用高、占压资金时间长,所以给贸易商带来了诸多的不便;此外,结算使用的贵金属辨别真伪困难,当交易量大、交易频繁时,清点货币更加不易,因此,现金结算已经不能适应国际贸易进一步发展的要求。于是,在公元11世纪,地中海沿岸的商人开始使用字据以代替黄金。例如,需要运输现金的交易商,在本地将现金交付专门从事货币兑换业务的兑换商,获得由兑换商开出的兑换证明。交易商持兑换证明可到异地向指定的兑换商(往往是其本地兑换商在异地的网点)出示兑换证明,要求兑换成现金,再对其贸易伙伴支付现金。16—17世纪,这种字据逐渐发展为票据,得到广泛的运用;到18世纪,票据在国际贸易结算中的使用相当普遍,而且已经形成一套较为完善的制度。因此,票据结算逐步替代现金结算,国际贸易结算开始以非现金结算为特征。非现金结算的发展主要表现在以下几个方面:

(一)凭单付款

在票据产生的过程中,国际贸易有了进一步发展。商人不再自己出运货物,而开始委托船东运输货物,船东为了减少风险向保险商投保,于是航运业、保险业与商业相互分化,成为独立的行业,并出现提单、保险单等重要单据。这些单据不仅是收据,而且可以转让,成为买卖的对象,于是物权单据化的概念被普遍接受。卖方交单,代表货物的交付和物权的转让,而买方付款赎单,代表取得物权。在贸易实践中,单据甚至成为商人凭以融资的抵押对象,凭单付款开始逐步取代凭货付款。随着跟单托收和跟单信用证等结算方式的产生与发展,特别是买方凭单付款的规则得到进一步的明确与运用,凭单付款已经成为非现金结算的主要付款方式。

(二)贸易结算国际惯例的完善

关于结算的国际惯例是在国际贸易结算的长期实践中形成的相关做法和普遍规则。国际惯例的形成,保障了当事人各方的权益,保证了一定时期国际贸易方式和规则的相对稳定性,国际惯例的运用,减少了国际贸易运作的环节,提高了国际结算的效率。结算中所依据的主要国际惯例,有关票据的有英国《1882年票据法》(Bill of Exchange,1882)、日内瓦统一票据法;有关结算方式的有《托收统一规则》(Uniform Rules for Collection)、《跟单信用证统一惯例》(Uniform Customs and Practice for Commercial Documentary Credits,2007 Revision,ICC Publication No. 600,UCP600)、《银行付款责任统一规则》(Uniform Rules for Bank Payment Obligation ICC Publication No. 750,URBPO)等;有关单据方面的有《海牙规则》(Hague Rules)、《汉堡规则》(Hamburg Rules)、《国际铁路货物运送公约》(International Convention Concerning the Transport of Goods by Rail)、《国际铁路货物联运协定》(Agreement on International Rail-Road through Transport of Goods)、《联合运输单证统一规则》(Uniform Rules for a Combined Transport Documents)、《伦敦保险协会货物保险条款》(Institute Cargo Clauses,ICC)等。另外还有《国际贸易术语解释通则》(International Rules for Interpretation of Trade Terms)、《联合国国际贸易法委员会仲裁规则》(UNCITRAL Arbitration Rules)等。

从国际结算方式角度看,有《托收统一规则》《跟单信用证统一惯例》等国际惯例。《托收统一规则》是国际商会于1995年在对1979年实施的第322号出版物(Uniform Rules for Collection,ICC Publication No. 322,URC322)进行修订的基础上以第522号出版物(即URC522)公布,并于1996年1月1日正式实施的关于约束托收各当事人权利与义务的国际惯例。《托收统一规则》明确规定:除非另有规定,或与一个国家、一个地区或当地的法律、法规有所抵触,否则本规则对托收的所有当事人都具有约束力。

由于信用证的广泛使用,《跟单信用证统一惯例》已经成为国际处理贸易结算业务的准则,是各个当事人解决争端与冲突的依据。国际商会于 1930 年以第 74 号出版物公布实施首版约束信用证的统一规则,称作《商业跟单信用证统一规则》。由于该首版惯例存在着局限性,所以只有法国等少数国家采用。国际商会 1931 年对此进行修订,于 1933 年颁布了《商业跟单信用证统一惯例》修订本。此后,随着国际贸易的发展以及国际运输和保险等新技术的推广和应用,国际商会以此为基础,分别于 1951 年、1952 年、1962 年、1974 年、1983 年和 2007 年进行了 6 次修订,最终于 2007 年以第 600 号出版物公布了《跟单信用证统一惯例》(UCP600),并于 2007 年 7 月 1 日起正式实施。

国际结算方式等国际惯例的不断修订,规范了国际贸易结算,推动着国际结算业务的标准化和统一化,使国际贸易活动更加简单化。世界各国的法院与国际仲裁机构都已经将《跟单信用证统一惯例》作为处理和判决国际信用证争端的法律准则。

《银行付款责任统一规则》是 2011 年 7 月国际商会着手制定并于 2013 年正式建立的规范 BPO 业务相关参与行及其行为的准则。其主要适用于银行间领域,并非银行与企业之间的行为规范。

《国际贸易术语解释通则》是关于贸易条件的解释通则,即对买卖双方各自承担的义务、费用以及风险所做的公正、合理的解释。该通则自 1936 年建立以后经过几次修订,2010 年形成了关于 11 种贸易价格条件的客观标准,2020 年进一步完善了 11 种价格条件,对相关价格术语的运输安排、保险责任以及安全责任做出进一步澄清,《国际贸易术语解释通则 2020》成为国际上公认的、最具权威的价格条件解释通则,起到了减少国际贸易纠纷与摩擦的作用。其所订立的价格条件标准,对凭单付款方式的确立起到了推动的作用。例如,该通则对 CIF 价格条件的解释就是卖方的责任,即提交已装船的海运提单,表示卖方已经交货;买方的责任就是接受单据时支付货款。

(三)以银行为中介的国际结算体系的形成

随着贸易结算的不断发展,银行开始介入结算业务,银行的介入使国际结算、国际贸易进入新的发展时期。其主要原因在于:首先银行资金雄厚、资信优良,可以为国际贸易结算提供信用保障。国际贸易的开展建立在双方信用的基础上,商业信用起决定性的作用。在贸易双方互不了解的情况下,买方担心付款后能否取得正确的货物,而卖方在担心供货后能否按时获得货款。纯粹以商业信用为基础的贸易很难在全球范围内顺利进行。若银行介入贸易结算,为买方提供信用支持,担保付款,就有助于贸易在新领域的拓展,从而进一步推动结算业务的扩大。在银行提供信用支持的过程中,产生了信用证、银行保函等结算方式,其中信用证已经成为开展国际商品贸易的基础和保障。

其次,银行可提供贸易融资。随着物权单据化概念的普遍接受和凭单付款方式的完善,以单据作抵押对出口商提供资金支持,其风险比单一的项目贷款要小得多。银行开始发展单据贴现、单据抵押等融资业务,为出口商解决资金周转问题。银行的融资使交易商增加了交易量,而银行本身又拓展了业务量,两者相辅相成,形成了一个以银行为中介的、贸易与融资为一体的结算体系。

最后,银行拥有效率高、安全性强的资金转移网络。银行在全球建立了分支机构以及代理行关系、账户关系,以拓展其在海外的业务,加快货币的收付。长期以来,国际结算信息在分支行、代理行之间的传递,主要靠航空邮递以及电报的方式,不仅费用高、手续复杂,而且速度不快、效率低。随着现代通信技术的发展及其在银行业的应用,国际结算已经可以通过国际电子清算系统进行,这迅速提高了银行处理结算业务的效率。现在全球已经形成主要国际货币跨国清算系统和信息互换系统,如纽约银行同业电子清算系统(Clearing House Interbank Payment System,CHIPS)、伦敦银行同业自动清算系统(Clearing House Automated Payment System,CHAPS)、泛欧实时全额自动清算系统(The Trans-European Automated Real-time Gross Settlement Express Transfer System,TARGET)、人民币跨境支付系统(Cross-border Interbank Payment System,CIPS)(详见第五章),以及环球银行金融电讯协会(The Society for Worldwide Interbank Financial Telecommunication,SWIFT)。高效、安全的资金和信息转移网络的建立,加快了资金的周转和利用速度,促进了国际贸易总量以及结算业务量的增加。

纽约银行同业电子清算系统是由一百多个设立在纽约的美国和外国银行于1970年自愿组织的协会,清算系统本身主要用于成员银行办理货币收付,实际上是一个国际美元收付的计算机网络。该系统以前由于技术方面的问题,无法处理当日全部美元的收付,但是在1981年得到改进。CHIPS在纽约联邦储备银行建立了一个特别清算账户,通过该账户,利用联邦储备系统的FEDWIRE(Federal Reserve Wire Transfer System)完成当日货币收付结算。该系统现有140家成员银行,其中绝大部分为外国成员银行,分布在43个国家。95%的跨国美元最终清算通过该系统完成。

伦敦银行同业自动清算系统是英国于1984年建立的计算机收付系统。以高度自动电脑化的信息传递部分替代依票据交换的方式,其主要优点体现在,能使以清算银行为付款人的部分交易在当日完成结算。CHAPS继续维护英国银行的双重清算体制,即所有商业银行均须在清算银行建立账户,通过其往来的清算银行进行清算,每日营业结束之际,各清算银行间进行双边对账和结算,其差额通过它们在英格兰银行的账户划拨来结清。

泛欧实时全额自动清算系统是为了实现欧元区内部支付结算一体化、提高支付效率而建立的自动清算系统,为欧洲各国中央银行提供实时全额清算服务。1999年1月正式启用第一代TARGET,2007年启用第二代TARGET,称TARGET2。当成员国之间进行跨国支付时,交易一方向本国开户银行发送交易支付指令,金融机构再向本国央行传达该指令,最后,交易双方所在国的央行通过TARGET完成数据交换和资金清算。

SWIFT是为了满足国际支付清算过程中的通信需求而设立的非营利性组织,为金融机构的清算提供了安全、可靠、快捷、标准化、自动化的通信服务。其总部设在布鲁塞尔,在比利时、荷兰以及美国分别设有操作中心。SWIFT 每周 7 天,每天连续 24 小时运行,具有自动储存信息、自动加押、自动核对密押的功能。SWIFT 业务覆盖面广,可以用于国际汇兑、外汇买卖以及存放、托收、跟单信用证和银行保函等业务。为了给成员银行提供有效的服务,SWIFT 特别组织制定各种电文通用格式,对电文中的项目、货币、日期、数字、当事人等表示方法做出规定,保证电文的标准化和格式化,防止会员银行任何文字上或者翻译上的误解或差错。SWIFT 保存电文长达 4 个月,并随时可以查询,而且费用较低。2023 年,SWIFT 电信服务已经遍布两百多个国家超过 11 000 个用户,完成信息输送 84 亿条。

(四)国际结算数字化、自动化

随着光学字符识别、文本语义识别、机器学习等人工智能技术的发展,大数据、区块链、云计算等技术的初步应用,以数据为生产要素、数字服务为核心、数字交付为特征的数字贸易成为数字经济和全球贸易发展的重要特征。数字化单据、线上交付已经成为当前银行结算实务的部分内容,未来自动化、智能化审单和处理也将成为国际结算发展的必然趋势。

四、国际贸易结算的银行网络

全球已经形成以银行为中介的国际结算体系,银行作为重要的金融中介服务机构,应当在国际结算业务中发挥更大的作用。为了提供优质的金融服务,支持全球结算业务的发展,银行必须在海外拓展分支机构,并与国外银行建立代理行关系,实现全球性银行网络的构架,以适应国际结算业务发展的需要。

(一)商业银行分支机构

经营国际汇兑、外汇存放等业务的商业银行一般都在海外设立其分支机构。

设立分支机构可以采用以下几种形式:

1. 分行(Branch)与支行(Sub-branch)

分行是商业银行总行在海外设立的营业性机构,是总行的有机组成部分。它不是独立的法律实体,其所有的资产负债、收益、费用以及利润等都纳入总行的财务报表中。总行对其业务活动负完全的责任。分行的业务范围以及经营活动不仅受总行所在国金融法律、法规的约束,而且受东道国关于外资银行的法律、法规的限制。一些资本市场不完全开放的发展中国家,对外国银行在其国内设立分行以及具体的业务活动均有严格的限制,如允许经营外币存放业务、限制经营本币零售业务等。

支行是分行设立的营业机构,受分行管辖,规模比分行小。总行与分行、支行之间,分行与支行之间以及其相互之间均称作联行(Sister Bank)关系。

2. 代表处(Representative Office)

代表处是商业银行在海外设立的非营业性机构。它不具体经营业务,仅为总行或者其国内分行提供当地各方面的信息,为在当地设立分行建立基础。因此代表处一般经过一段时间运作后上升为分行。

3. 经理处(Agency)

经理处是商业银行在海外设立的能办理汇款以及贷款业务的机构,但是限制经营当地存款业务。经理处是总行的一个组成部分,不具有法人资格,是介于代表处和分行之间的机构。它具体经营工商贷款、贸易融资、信用证开证、承兑、票据贴现等业务。经理处由于业务范围的限制,其资金来源只能是总行或者从东道国银行同业市场拆入。

4. 子银行(Subsidiary)

子银行是在东道国注册的独立的金融机构。它是完全独立的经营实体,其负债仅以注册资本为限负有限责任。子银行股权的全部或者大部分属于海外母银行,其余资本属于当地或者其他外国银行,母银行对其经营具有控制权。子银行属于在当地注册的法人,因此其经营范围不受限制,可以从事东道国国内银行所能经营的全部银行业务。除银行经营业务外,子银行还可经营非银行业务,如证券、信托、保险等业务。

5. 联营银行(Affiliate)

联营银行也是按照东道国的法律注册的完全独立的金融机构。其法律地位、经营特点与子银行类似。其区别在于母银行所占股权在50%以下,其余股权为东道国所有,或者由几家外国投资者共有。联营银行可以是两国或者多个国家投资者共建的形式,也可以是外国投资者通过购买东道国银行部分股权的形式。

6. 银团银行(Consortium Bank)

银团银行是指由两个以上跨国银行共同投资注册建立的具有公司性质的合营银行。任何投资者所持股权不超过50%。投资银团银行的母银行通常是信用卓著的跨国大银行,其注册地点多为离岸金融中心,所经营的业务往往涉及巨额资金的交易,超过单个银行交易能力,而且成本高、风险和难度大,业务的对象以跨国公司或各国政府为主。银团银行经营范围一般包括辛迪加贷款、公司债券的承销、项目融资、跨国公司购并以及公司财务咨询等业务。

从上述6种形式看,总行对分支行、代表处以及经理处拥有绝对的控制权,对子银行、联营银行以及银团银行,由于它们都是在东道国注册的法人实体,母银行对其控制只能是通过其拥有的股权来决定。就具体经营范围而言,由于代表处和经理处的业务有限,因此总行在海外的分支行对其而言具有重要意义。

银行总是在世界各国的主要城市设立分支机构,以拓展其在海外的金融业务,包括结算业务。但是,完全依靠分支行处理是无法适应海外业务拓展的需要的,因为某些国家对外资银行制定了相当严格的管理条例,对其业务经营进行种种限定,即使在该国设有分支机构,某些业务仍必须借助东道国银行来完成。另外,一家银行在每个国家、每个城市设立分支机构也是不现实的,因为这不仅牵涉到各国金融法律法规的限制问题,而且涉及资金和人才问题。各国对外资银行分支机构的准入限制各不相同,尤其对资本金大小和对银行人员的要求有严格的规定。在不能在全球范围内普遍设立分行、支行的情况下,开展国际业务的银行就必须建立广泛的代理行网络。代理行网络和业务的覆盖面不断扩大,也会使业务量随之增加。许多国际著名的大银行,如花旗银行、美洲银行、东京银行、三和银行等都建有代理行网络。我国银行随着对外贸易的发展,也与国外银行建立了代理行关系。

(二)代理行(Correspondent Bank or Correspondents)

代理行是指相互间建立委托办理业务的、具有往来关系的银行。

代理行关系的建立,大致经过以下3个步骤。

首先,考察对方银行的资信。通过多方渠道了解对方银行所在国的有关政策、法规、市场信息,如关于对外资银行的管理条例、外汇管制和金融市场状况等;掌握对方银行的基本情况,如行名、地址、电报、电挂、成立时间、发展过程、组织形式、资本构成、主要经营业务等,考查对方银行的资本总额,资信状况,财务、经济和管理的稳健性,经营作风,服务质量以及该行在其国内同业中的地位。其中,应特别重视根据对方银行的资产负债表、损益表以及现金流量表,对其流动比率、速动比率、财务结构比率等进行的分析与评估。银行可以利用总行的综合调查资料或分行的调查资料,或者间接委托国外分行、代理行以及驻外商务机构代为调查,还可以参考银行年鉴以及该行编写的年报等资料。在分析和评价的基础上,确定建立代理银行关系的层次。代理行的层次分为:一般代理关系、账户代理行关系、议定透支额度关系。

其次,签订代理行协议(Agency Arrangement)。代理行协议在订立时可由一方起草,由对方银行审核同意后缮制正式文本,由双方负责人签署后才正式生效。代理行协议包括双方机构的名称(总行签订的代理行协议是否包括分支行、几家分支行必须在协议中明确)、控制文件、代理业务的范围、业务往来头寸的调拨、融资便利的安排等内容。代理行相互代理业务的范围,一般从基本业务开始,如汇款业务,即相互委托解付电汇、信汇和票汇;托收业务,即相互委托代理跟单托收和光票托收业务;信用证,即相互委托办理信用证开证、通知、保兑、转递、议付、偿付等业务;以及资信调查。若两国贸易、金融交往进一步扩大,两行还可以补充协议的方式扩大代理业务的范围。如外汇买卖,根据事先约定的授信额度,代理行双方进行约定货币的交易;资金拆借,根据银行同业拆借利率,按照双方事先约定的额度,相互提供短期融资的便利。

最后,代理行之间交换控制文件(Control Documents),并确认控制文件。为了代理业务的快捷、安全,代理行之间相互交换控制文件。控制文件包括:

1. 密押(Test Key)

密押是两家代理行之间事先约定的专用押码,在发送电报时,由发送电报的银行在电文前面加注,经接收电报的银行核对相符,用以确认电报的真实性。密押实际上是由一项数字组成,包括电信发送的月份、日期、业务使用的货币、金额、连续顺序号等,它没有一定的格式,各银行有自己的组合方式。密押的机密性强,国际结算中所有的资金转移均通过电报或者电传进行,因此应由绝对可靠的人经管,使用一两年后应当更换新的密押,以确保安全。

2. 签字样本(Book of Authorized Signature)

签字样本是银行列示的所有有权签字的人的有权签字额度、有权签字范围、有效签字组合方式以及亲笔签字字样,是代理行凭以核对对方银行发来的电报、电传等的真实性的凭据。银行之间的信函凭证、对外签发票据、对外签订的协议,都必须经有权签字人签字方可生效。委托付款银行必须先核对信函、票据、凭证上的签字,然后才具体处理委办的业务。代理行签字样本由总行互换,包括总行及代理行协议中所包括的分行的有权签字人的签字式样。

3. 费率表(Schedule of Terms and Conditions)

费率表是银行办理各项业务的收费标准。一般由总行统一制定、发行,各分支行具体执行。对方银行委托业务,按照我方银行的标准收费;我方银行委托业务,按照对方银行的标准收费。费率表的制定应当公平合理,收费不能过高以免削弱作为代理行的竞争力。

(三)账户行

建立代理行关系后,代理行之间就可根据协议处理委办业务。但是,在相互委办国际结算业务时,如汇款、托收以及信用证,就会涉及外汇资金的收付,需要双方建立账户以通过账户处理资金的清算。因此,代理行之间单方或者双方相互在对方银行开立账户的,就称作账户代理行(Depository Correspondents),简称账户行(Depository Bank)。几乎经营国际业务的所有银行都在国际货币的清算中心开立账户,否则会影响货币收付的正常进行。如美元,必须在美元的清算中心——纽约开立账户;英镑,必须在英镑的清算中心——伦敦开立账户;日元,必须在东京开立账户。

开立账户时,若本国银行在境外其他银行开立账户的,就本国银行来说,称作往账(Nostro Account or Due from Account),往账通常开立的是境外货币的账户。例如,中国银行在纽约大通银行开立美元账户,在日本东京银行开立日元账户,这对中国银行而言就是往账,中国银行可以将该账户项下的资金对外直接支付。若境外银行在国内开立账户的,就本国银行来说,称作来账(Vostro Account or Due to Account),来账通常以本币开立,也可以境外货币开立,如大通银行在中国银行开立人民币账户和美元账户。境外银行可以将该账户下的资金直接对外支付。目前,由于人民币尚未实现完全可自由兑换(经常项目已经实现可自由兑换),所以国内银行的人民币来账还相对有限。

账户行必定是代理行,但是代理行未必是账户行。为了避免外汇资金过于分散和资金的闲置积压,代理行之间是否均建立了账户关系?对此,各相关银行应当有选择地进行考虑。从安全、便利、灵活以及效益的原则出发,以促进金融业务的开展为前提,并不是所有的代理行都有建立账户关系的必要。具体地说,应当考虑该代理行所在国的货币是否在国际结算中使用较广泛的货币,如美元、欧元、英镑、日元等。除此之外,与该代理行之间的互委业务的多少以及代理行资金实力、资信等级、经营作风、服务质量、服务效率、账户条件等也是建立账户行的重要考察因素。

各银行的账户条件各不相同,表明在不同银行建立账户的成本费用有大有小。各行的账户条件大致有下列几种:

(1)最低存款额。有些银行规定账户必须保持最低额度的存款,一旦银行所开立的账户过于分散,就容易引起外汇资金的闲置积压。

(2)存款利息。有些银行规定开立的往来账户,即用于处理日常业务的活期账户不但是不支付利息的,甚至还征收管理费。

(3)透支额度以及利率。往来账户一般不透支,若有透支要求,应另外拟订透支额度以及相应利率。对此,不同银行的规定是不同的。

(4)账户费用。如维持费用、借记费用、贷记费用、征收的方式等。

(5)对账单。它包括对账单传递的方式与时间,对账单是航邮还是电传,是一个月一次还是半个月一次等内容。

建立账户行可以采用单方开立账户和双方互开账户的方式。单方开立账户是指一方银行在对方银行开立对方国家货币或者第三国货币的账户,如中国银行在纽约花旗银行开立美元账户;双方互开账户是指中国银行在纽约花旗银行开立美元账户,同时花旗银行在北京中国银行开立人民币账户。通过账户开立,代理行之间通过传送借记报单、贷记报单方式就可完成外汇资金的收付,支持结算业务的开展。

本章小结

国际结算是指为清偿国际债权债务关系而发生在不同国家之间的货币收付活动。国际结算研究的对象是以清偿债权债务为目的的不同的货币收付方式。国际结算基本内容包括国际贸易结算的信用工具、国际贸易结算的方式以及国际贸易结算的单据。国际结算从现金结算到非现金结算有漫长的演变过程,非现金结算的进一步发展表现在凭单付款、贸易结算国际惯例的确立和完善,以银行为中介的国际结算体系的形成以及国际结算的数字化和自动化等方面。现代银行是借助全球银行网络处理国际结算业务的。银行网络包括商业银行的分支机构和代理行。银行拓展其海外业务,必须建立广泛的代理行关系,并有选择地与代理行建立账户关系。

关键名词

现金结算　非现金结算　SWIFT　代理行　账户行　控制文件　代表处　联行　联营银行

课后练习题

一、选择题

1. 国际结算研究对象是以清偿债权债务为目的的(　　)。
 A. 货物的交付　　　　B. 易货贸易　　　　C. 货币收付　　　　D. 资本流动

2. ( )引发的结算属于贸易结算。
   A. 技术转让　　　B. 国际资金借贷　　　C. 机器设备贸易　　　D. 出国旅游
3. ( )是21世纪国际商会创新的国际结算方式。
   A. 汇款　　　　　B. 托收　　　　　　　C. 信用证　　　　　　D. 银行付款责任
4. 全球美元清算系统主要是指( )。
   A. CHAPS　　　　B. CIPS　　　　　　　C. CHIPS　　　　　　 D. SWIFT
5. 发展( )是商业银行拓展全球银行网络系统最为重要的手段。
   A. 代理行关系　　B. 分支行　　　　　　C. 子银行　　　　　　D. 银团银行

二、判断题

1. 国际结算按照国家间债权债务发生的原因不同，分为贸易结算和国际资本流动结算。　　　　　　　　　　　　　　　　　　　　　　　　　　　　　（ ）
2. 信用证是最为传统的国际贸易结算方式之一。　　　　　　　　　　　（ ）
3. SWIFT是一种货币清算系统。　　　　　　　　　　　　　　　　　　（ ）
4. 商业单据不仅仅是收据，也可以是物权凭证，可以流通转让。　　　　（ ）
5. 英国《1882年票据法》是全球最古老的票据法。　　　　　　　　　　（ ）

三、问答题

1. 国际结算为何以银行为中心？
2. 国际结算的基本内容有哪些？
3. 非现金结算发展的特点有哪些？
4. 商业银行分支机构的形式有哪些？
5. 建立代理行关系的意义是什么？

第二章
国际贸易结算票据概述

票据是国际贸易从现金结算演变为非现金结算过程中产生的工具,它的产生和发展推动了各国经济贸易的发展。为了加强票据的流通转让,各国均制定了相应的票据法对票据行为及相关当事人关系加以规范和调整,因此,票据权利的取得、行使、补救等有比较完善的制度。本章将详细介绍票据概念、形态、特性、票据法、票据权利以及票据抗辩等内容。

第一节　票据概述

一、票据的概念

假定纽约与巴黎之间同时发生两笔贸易活动,美国商人 A 向法国商人 B 购买价值 10 万美元的商品,而与此同时法国商人 C 向美国商人 D 也购买价值 10 万美元的商品,这两笔贸易活动如图 2-1 所示:

```
         纽约                              巴黎
               商品            现金
美国商人A  ←───────────────────→  法国商人B
               现金            商品
美国商人D  ←───────────────────→  法国商人C
```

图 2-1　平行贸易活动

两地间两笔现金运送将导致大量的运输费用和运输风险。对此,若由法国商人 B 签发一张命令美国商人 A 支付 10 万美元给法国商人 B 的书面文本,出售给法国商人 C,继而法国商人 C 将书面文本交付给美国商人 D 借以清偿对其债务,而最终由美国商人 D 向美国商人 A 提示该文本,要求支付 10 万美元,那么就解决了现金结算的缺陷,从而便利了结算。上述书面文本就是票据的雏形。

当国际贸易结算从现金结算过渡到非现金结算时,其使用的以抵销国际债权债务关系的信用工具就是票据(Notes or Bills)。所谓票据,就是指由出票人签发并无条件承诺由自己或委托他人支付一定金额的有价证券,包括汇票(Bill of Exchange)、本票(Promissory Note)和支票(Cheque)。

二、票据的形态

随着数字经济的发展,票据形态发生了根本性的变化,出现了电子形式的票据。目前,票据包含纸质票据和电子票据两种形态。其中电子票据最为常见的是电子商业汇票。所谓电子商业汇票,是指出票人依托电子商业汇票系统,以数据电文形式制作的,委托付款人在指定日期无条件支付确定金额给收款人或者持票人的票据[①]。随着数字经济的发展，电子票据逐渐成为票据的主流形态，并成为数字经济发展中重要的金融工具。当前中国电子商业汇票市场占商业票据市场的比重超过90%，全面替代了纸质商业汇票。

三、票据的特性

当非现金结算成为国际结算的主流时，票据同时也成为国际结算中普遍使用的信用工具。从根本上说，这与票据具有的特性相关。票据具有以下几个特性：

(一)设权性

所谓设权性，是指票据权利的发生，必须以票据的设立为前提。票据是一种表示具有财产价值的权利的文本。票据权利的产生必须首先做成票据；票据权利的转让必须交付票据；票据权利的行使必须提示票据。票据的权利在票据做成之前并不存在，它是在票据做成时同时产生的。

(二)无因性

所谓无因性，是指票据是一种无须过问原因的证券。这里所指的"原因"，是指票据上的权利与义务发生的原因。票据的做成和票据权利的发生当然存在原因关系。如果一张由A商签发的命令C商支付100万美元给B商的汇票，B商又将它转让给了D商，那么这张汇票的签发与转让一定有基础关系：首先，A商指定C商为付款人，C商不可能无缘无故成为付款人并同意付款，或是A商在C商处有存款，或是C商愿意贷款给A商，或是C商欠A商款项，A商与C商两者之间的关系是资金关系；其次，A商指定B商为收款人，也不会没有原因，或是A商购买了B商的货物，或是A商欠B商款项；而B商转让汇票给D商，同样是有原因的，或是B商欠D商款项。A商与B商以及B商与D商之间存在的是对价关系。

票据权利与义务虽然在一定原因的基础上产生，但是票据一旦做成以后，其权利与义务就与其原因相脱离，具有独立性。也就是说，票据权利与义务产生的原因是否有效，不会影响票据权利义务的存在，票据关系与原因关系(非票据关系)相互独立。票据上的权利的内容，完全根据票据上所记载的内容确定，而不能根据非票据关系加以解释。若上例中D商要实现票据的权利，只需对付款人C商提示票据，而无须说明票据取得的原因。票据的无因性为票据的流通与转让提供了安全保障。我国《票据法》(全称是《中华人民共和国票据法》)第十三条规定："票据债务人不得以自己与出票人或者持票人的前手之间的抗辩事由，对抗持票人。"

(三)要式性

票据是一种要式不要因的有价证券。所谓要式性，是指票据的做成必须具备法定形式，才能产生法律效力，即所记载的必要项目必须齐全且合乎规范。各国票据法皆规定票据必

[①] 摘自《中华人民共和国电子商业汇票业务管理办法》。

须具备的必要项目,有绝对必要项目和相对必要项目。对于绝对必要项目而言,当事人必须在票据上记载,否则票据无效;对于相对必要项目而言,当事人是否记载,不影响票据的法律效力。我国《票据法》第二十二条就明示汇票必须记载的事项,而且规定汇票上未记载规定的事项之一的,汇票无效。对本票和支票也有如此规定。此外,当事人在汇票上所记载的事项必须合乎法律规定,不然也会影响汇票的法律效力。如我国《票据法》第八条规定:"票据金额以中文大写和数码同时记载,二者必须一致,二者不一致的,票据无效。"

票据的要式性除了要求票据做成,即出票行为必须符合法律规定外,实质上对票据的转让、承兑、保证等行为都有要求,各国票据法对票据行为都制定了相应的法律条款,只有票据行为均符合票据法的规定,该票据才称得上是要式齐全的票据。

(四) 文义性

所谓文义性,是指票据上的一切权利义务均以票据上记载的文字为依据,不受票据上所载文字以外的事由影响。票据的签章人只对票据上所载文字负责,即使票据权利与实际不一致,仍以票据记载为据。票据债权人不得以所载文字以外的事由来主张权利,票据的债务人同样也不得以所载文字以外的事由来对抗债权人。

(五) 流通转让性

流通转让性是票据的基本特性。所谓流通转让性,是指票据权利可以背书或交付而转让。这与我国《民法典》的规定有所不同。

首先,票据转让不以通知债务人为必要。一般来说,民法上以财产权利为内容的债权大多可以转让,但是以通知债务人为必要条件,不然债务人仍向原债权人清偿债务,而不能向受让人支付,其结果将导致债权转让无法实现。例如,A 承担对 B 的债务 1 万元,而同时 C 承担对 A 的债务 1 万元,对于 A 而言,可以将对 C 的债权转让给 B 用以清偿对 B 的债务,但是必须事先通知 C,不然 C 没有义务支付 1 万元给 B。但是票据的转让,持票人可以仅凭交付或背书完成,无须通知债务人,债务人被提示票据时应当对受让人承担付款的义务,而不能以不知票据转让为由拒绝承担票据的付款责任。上例中,若 C 作为债务人签发一张以 A 为债权人的票据,A 转让票据给 B 以清偿对 B 的债务,当 B 持票提示 C 付款,C 就不能以未收到转让通知为由而拒绝付款给 B。

其次,票据受让人取得票据全部的权利,即受让人可以自己的名义对票据上的所有当事人起诉,善意的并给付对价(所谓对价,是指可以支持一项简单交易之物。在关于票据的交易中,是指受让人受让票据时所支付的相对应的代价,可以是货物、劳务、金钱、过去的债权等)的受让人的票据权利优于其前手,不受其前手权利缺陷的影响。民法上的债权转让,受让人与转让人的法律地位相同,受让人受让的债权受其前手权利缺陷的限制。例如,A 向 B 购买一批彩电,价值 100 万元,B 将该笔应收账款,即债权转让给 C,C 作为受让人有权要求 A 付款。但是 B 所提供的彩电不符合合同的规定,A 有权拒绝付款给 B,而 B 的权利转让给 C,当 C 向 A 收款时,根据我国《民法典》有关合同转让的相关规定,C 受让的债权受其前手权利缺陷的影响,由于 B 未能提供正确的商品,不能完全履行其义务,相应其享有的权利是有缺陷的,因此 A 有权拒绝付款给 B,同样可以拒绝付款给 C。但是,在 A 与 B 的交易中,A 因为 B 的请求签发一张以 B 为收款人的本票,而 B 作为票据债权人将本票转让给 C,C 作为善意的并给付了对价的持票人,在向 A 提示本票并要求 A 付款时,A 有义务付款,即使 A 与 B 的交易存在同样的问题,其原因就在于 C 受让的票据权利可以超越其前手权利缺陷的限制。如果票据不曾转让,B 直接向 A 主张权利,A 当然可以 B 未能提供正确的商品拒绝付款给 B,但是票据转让后,C 提示票据主张权利时,C 的权利就受到各国票据法的保护,获得了优于其前手的权利。

票据的流通转让性所强调的对受让人票据权利的保护,在对票据偷窃以后受让人权利保护方面表现得尤为突出。一张以 A 为收款人的票据,不慎被他人所偷,B 在不知情的情况下支付对价受让该张票据,B 同样受到票据法的保护,享有票据完全的权利,到期可以提示要求债务人付款,若债务人拒不付款,则 B 可以以自己的名义起诉债务人,而 A 不可以以偷窃为由强迫 B 归还票据,A 的行为是没有法律依据的。但是,若 A 所拥有的并被偷的是自行车,B 在不知情的情况下受让并给付对价,A 就有权要求 B 归还自行车,其行为是受到法律支持的。

票据的上述特性,尤其是流通转让性、无因性和要式性,强调保护持票人的权利,促进了票据的流通,使票据成为国际贸易结算的主要工具。

四、票据的功能

(一)支付功能

支付功能是票据的基本功能。以票据(支票、本票和汇票)作为支付工具,替代现金支付,可以解决现金支付的费时、费力、高成本和低效率的问题,使支付结算更加迅速、便利和安全。

(二)信用功能

信用功能是票据的核心功能。信用功能是在支付功能的基础上发展起来的。在商品贸易活动初期,买卖双方基本上提供钱货两清交易,以票据替代现金,票据只是发挥支付手段的功能,但是随着贸易活动的频繁以及买方市场的形成,卖方迫于竞争的压力不得不向买方提供商业信用。这种商业信用最初就表现为挂账信用,形成卖方的应收账款。由于这一信用表现形式具有无限期拖延付款的缺陷,保障程度较低,常常使一些正常的商业信用转变为呆账,而且这种债权表现形式很难转让,阻碍了商业信用的发展。若通过票据形式,由卖方开出有确定付款期限的、由买方在上面做出付款承诺的远期汇票,则卖方在供货后,获得由买方承兑的远期汇票,成为票据的权利人,而买方成为该票据的债务人。卖方在票据未到期之前就可以将票据转让他人,提前收回货款,而此时受让人的权利又受到票据法的保护,不受前手权利缺陷的影响,即受让人的权利不受买卖双方合同纠纷的影响,买方不可以合同纠

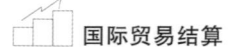

纷为由拒绝付款给该受让人。这样，票据这一表现形式就克服了挂账信用的缺陷，保障性强，清偿时间明确，而且可以通过转让提前回收债权。此后，信用功能随着贸易活动的发展就成为票据最主要的功能。

（三）流通功能

票据可以通过交付或背书完成转让，而且背书的次数不受限制。票据法规定，每一次背书的背书人均对票据权利的实现负有担保责任。因此，票据上背书的次数越多，对票据付款承担责任的债务人就越多，票据的信用也越强。票据的背书制度使票据在市场上具有广泛的可接受性，票据不仅作为一次性的支付手段来使用，而且作为流通工具，完善了自身的支付功能，扩大了市场的流通手段。

第二节 票据法

一、票据法的概念

票据在国际结算乃至社会经济生活中都发挥着重要的功能，各国为了保障并促进票据的流通使用，保护票据当事人的权利，相继立法确立票据的流通规则。所谓票据法（Negotiable Instruments Law），就是规定票据种类、票据行为以及票据当事人权利义务等内容的法律规范的总称。票据法包括广义的和狭义的票据法。

广义的票据法，是指调整票据关系的全部法律规范的总称。它既包括票据的专门立法，又包括民法、商法、刑法、诉讼法和破产法中关于票据的法律规定，如刑法中有关签发空头支票、伪造票据等规定。广义票据法又被称作实质意义上的票据法。

狭义的票据法，是指关于票据的专门立法，即各国政府为了促进商品贸易的发展所制定的关于汇票、本票以及支票的流通规则的法律规范。狭义的票据法又被称作形式意义上的票据法。通常我们所指的票据法为狭义票据法。

二、西方各国的票据法

票据起源于欧洲，当然欧洲也是最早为票据立法的地区，其中法国、德国和英国先后制定了票据法。由于各国经济发展水平、商业习惯有所不同，立法时间也有先后，因此逐渐形成了以某个国家的票据法为主体的票据法系。在1930年日内瓦统一票据法制定之前，以法、德、英三国的票据立法为主体，形成了法国法系、德国法系和英国法系。

（一）法国法系

法国票据法可以追溯到1673年法国路易十四时期制定的《陆上商事条例》中关于票据的规定，是关于票据最早的成文立法，是近代各国票据法的开端。1807年拿破仑统治下的法国制定了商法典,将汇票和本票编入其中,其后于1865年制定了《支票法》作为特别法。

法国票据法最大的特点在于仅将票据作为替代现金运输的工具,并作为证明原因关系的契约,强调票据当事人之间必须先有资金关系,即出票人必须在付款人处存有资金的情况下,付款人才承担汇票或支票的付款义务;而对票据的形式要求并不严格。这种把属于原因关系的资金关系当作票据的必要条件加以规定,实质上导致了票据与原因关系的不可分离,从而妨碍了票据的使用与流通。可以说法国法系只注重票据的原始职能即支付手段,限制了其作为流通手段和信用工具的职能的发挥。为了适应商品贸易发展的需要,法国于1935年以日内瓦统一公约为依据,修订其商法典,并于次年颁布实行。

立法最早的法国票据法影响了欧洲大陆各国的早期立法,其中包括比利时、荷兰、葡萄牙、意大利等国家以及拉丁美洲诸国。

(二)德国法系

德国各邦于17世纪先后颁布票据法规,但是因其内容相互抵触,所以几经修改直至1871年才正式颁布并实施。这一票据法仅规定汇票与本票,德国《支票法》于1908年另行制定并颁布。1933年德国又根据日内瓦统一票据法规定了新的票据法和支票法。

德国票据法的特点在于注重票据的流通功能和信用功能。它将票据本身与票据产生的原因关系完全相分离,撇开当事人之间的资金关系,强调票据的无因性,而且规定了严格的票据形式,强调票据的要式性和文义性,认为缺乏必要的形式要件,票据就会丧失其法律效力,从而促进了票据的使用和流通。德国票据法比法国票据法有了较大的进步。

德国票据法是继法国票据法之后的又一个具有重要影响力的票据法体系,先后影响了日本、波兰、土耳其、奥地利、丹麦、瑞士以及瑞典等国家,最终促使德国的票据法系成为大陆法系票据法的代表。

(三)英国法系

英国于1882年由詹姆斯爵士起草并颁布实施《1882年票据法》。英国票据法规定汇票和本票,将支票包括于汇票之中。1957年英国另行制定了支票法。

在世界各国的票据法中,英国票据法显现出独特性。这首先表现在该项法律是从历来的习惯法、特别法以及各种判例编成的,其次它比较强调保护票据流通和信用功能,制定了一套完整的票据流通制度,将票据本身与票据产生的基础关系严格区分,强调保护持票人尤其是正当持票人的权利,再次在银行处理大量的票据实务方面,注重保护银行的权益。

英国票据法对加拿大、印度、澳大利亚、新西兰以及其他英属殖民地产生了较大的影响。美国属于英国法系,但是关于票据的立法,各州并不统一。1896年纽约律师克罗·福特(John Craw Ford)仿效英国票据法起草统一流通证券法,包括汇票、本票和支票。该法于纽约州实施后,逐渐为其他州所采用。1952年该法被纳入美国的《统一商法典》(Uniform Commercial Law)第三篇商业票据(Commercial Paper)之中。

三、统一票据法

(一)大陆法系

20世纪初,随着西方各国经济的发展,国际贸易的规模以及地域范围在不断扩大,票据作为国际支付结算的工具也广泛得到使用。但是由于三大票据法系存在分歧,各国的票据法规定也不尽相同,阻碍了票据在国与国间的使用与流通,从而影响了国际贸易结算的顺利完成。为了解决和克服这些困难,各国政府将票据问题提上议事日程,开始谋求票据法的统一。

1910年,国际法学会在德国和意大利两国政府的提议下,在荷兰海牙召开票据法统一会议,为票据法统一的历程揭开帷幕。当时有31个国家与会,拟订了关于汇票与本票的法律公约。在1912年召开的第二次海牙会议中,制定了《海牙统一票据法》,由到会的德国等27个国家签字,英国和美国持保留态度。其后,由于1914年第一次世界大战爆发,该项活动就处于停顿状态,《海牙统一票据法》未能正式实施。但是,票据法统一规则还是对西方国家的票据立法产生了积极的影响,如德国1914年的新票据条例,法国1922年的票据法,以及苏联、波兰、意大利和南斯拉夫的票据法都是根据该统一规则制定的。

第一次世界大战后,国际联盟继续了因战争而停顿的票据法统一的工作。国际联盟在1920年召开的布鲁塞尔国际财政会议上重新探讨了票据法统一问题,在1926年成立了票据专门委员会,研究票据法的统一,并在1927年成立了法律专家委员会,负责起草统一票据法及公约草案。1930年,在日内瓦正式召开国际票据法统一会议,有三十多个国家派代表参加。大会议定《统一汇票本票法公约》《解决汇票本票法律冲突公约》和《汇票本票印花税法公约》。以上三大公约彼此独立,与会国可以分别签字加入。1931年,在日内瓦召开第二次国际票据法统一会议,讨论支票法统一问题,三十多个国家参加了会议,并拟订通过了有关支票的公约,即《统一支票法公约》《解决支票法律冲突公约》《支票印花税法公约》。分别有29个国家在上述各公约上签字。《统一汇票本票法公约》以及《统一支票法公约》通常被通称为"日内瓦统一票据法"或"日内瓦统一公约"。

日内瓦统一票据法是在吸收法国法系、德国法系以及英国法系精华的基础上所形成的比较完善的票据法体系。德国、法国、意大利、日本等国都参照日内瓦统一票据法修订了其本国原有的票据法。因此,日内瓦统一票据法制定并实施后,法国法系与德国法系之间的区别就随着两国票据法的修订而逐渐消失。但是,英美两国虽然派代表参加了两次日内瓦会议,可是除了英国加入两个印花税法公约外,两国并未在其他公约上签字。英国认为,日内瓦统一票据法主要是根据大陆法的传统,特别是德国法的传统制定的,因此,加入日内瓦统一票据法,将影响英国法系各国的内部统一。另外,日内瓦统一票据法的某些规定与英国法系的传统与实践相抵触。所以,英国与美国的票据法就自成一家,成为独立于日内瓦统一票据法之外的英美体系。由于日内瓦统一票据法的参加国大部分是欧洲大陆国家,我们又习惯称作大陆法系,所以传统的由法国法系、德国法系和英国法系构成的三大国际票据法体系就演变为由大陆法系与英美法系构成的两大国际票据法体系。

(二)大陆法系与英美法系的分歧

以英国《1882年票据法》为代表的英美法系和以日内瓦统一票据法为代表的大陆法系之间的分歧主要表现在以下几个方面:

首先,反映在对票据必要项目的要求上。英国票据法对汇票下了定义,规定只要票据上记载的事项符合定义,票据就为有效票据,但是对票据并未规定绝对必要事项;而日内瓦统一票据法则认为票据必须记载绝对必要项目才构成有效票据,欠缺其中任何一项,则票据无效。

其次,反映在对伪造背书的处理上。英国票据法认为伪造背书不发生背书的效力,伪造背书以后,拥有这类票据的人都不得享有票据的权利;而日内瓦统一票据法则认为,伪造背书以后,拥有这类票据的人就是持票人,可以享有票据的权利。据此,就引发出付款、付款人责任以及追索权行使等方面的分歧。

再次,反映在对票据的对价观点上。英国票据法有明确的对价规定,并在此基础上提出了将持票人划分为对价持票人和正当持票人,同时赋予正当持票人优越的权利,支持了票据的使用流通。而日内瓦统一票据法并无此规定,也没有对价持票人和正当持票人之分,认为只要票据背书连续,持票人就是"合法持票人",拥有票据完全的权利。

最后,反映在票据的分类上。英国票据法认为汇票是最基本的票据,而支票和本票都是在汇票的基础上演变产生的,所以英国票据法将汇票、支票和本票融于一体,虽然1957年又另行颁布了《1957年支票法》,但它也只是《1882年票据法》中支票部分的补充内容;而日内瓦统一票据法将汇票、本票与支票分离,汇票与本票合成《统一汇票本票法公约》,而支票另行订立了《统一支票法公约》。

(三)国际汇票和本票公约

日内瓦统一票据法确立后,票据法统一的历程并没有就此止步,毕竟英美法系和大陆法系还是存在较大的分歧。第二次世界大战后,票据的流通使用更加频繁,迫切需要对国际票据争端有统一的解释。联合国国际贸易法委员会为了进一步统一票据法,于1971年起开始起草,并于1973年拟订了《国际汇票与本票公约草案》《国际支票公约草案》。经过十多年的讨论与修订,最终于1988年在联合国第43次大会上正式通过了《国际汇票和本票公约》。

同日内瓦统一票据法比较,《国际汇票和本票公约》的适用范围以及法律效力都存在不同之处。《国际汇票和本票公约》只是限于约束国际票据,即出票地、付款地处于不同国家的票据,签字国国内票据并不受该公约管辖;而日内瓦统一票据法既可用于约束国际票据,也可用于管辖签字国国内流通使用的票据。《国际汇票和本票公约》只有在票据当事人选择适用该公约时,才具有法律的约束力,对签字国的当事人不具有普遍的强制适用效力;而日内瓦统一票据法对签字国的当事人具有普遍的强制适用的法律效力,而无论票据当事人是否选择适用该项公约。两大法律的不同源于《国际汇票和本票公约》制定的出发点并不是为了直接调和两者之间的矛盾,而在于解决国际贸易中汇票、本票使用上的困难。

四、中国票据法

中国的票据起源较早,唐宋期间就有"飞钱"等原始票据,但没有形成完整的票据制度。光绪年间,我国聘请日本法学者草拟票据法,但是该项草案由于清政府被推翻而未能公布、实施;1928年国民党政府组织工商部工商法委员会参照日本、英国、美国、法国的票据规则草拟了《票据法草案》,并于1929年通过并颁布实施,这是我国历史上第一部正式颁布并实施的票据法。

新中国成立以后,废除了旧中国的票据法。20世纪50年代随着社会主义计划经济体制的确立,生产资料和生活资料实行计划分配,商品经济发展受到限制,基本取消商业信用,因此,作为商品经济中流通工具的票据也基本不存在,票据使用只有支票充当支付手段。票据立法也无从进行。

20世纪80年代以后,我国商品经济迅速恢复发展,票据重新恢复使用。1988年,中国人民银行颁布《银行结算办法》,规定汇票、支票和本票全面推行使用,不仅重申了票据的支付手段功能,而且恢复了票据的信用功能和流通功能。银行结算办法的出台推动并鼓励了票据的使用,但是毕竟与现代国际票据制度存在很大的差距。为了进一步增强票据的流通性,保障票据各当事人的权益,1990年起中国人民银行总行正式成立票据法起草小组,开始草拟票据法。1995年终于完成并颁布了《中华人民共和国票据法》,形成了新中国第一部票据法。

该部票据法采取"三票合一"的形式,将汇票、本票和支票集中于一部法中统一加以规范,在结构上以票据种类为主体框架,以票据行为为主线,将票据的权利与义务融于其中。《中华人民共和国票据法》内容系统全面,共有7章110条,规定了票据法的适用范围。该法强调了票据的无因性,将票据关系与原因关系分离;规范了票据行为,规定出票、背书、承兑、保证与付款5种票据行为,强调票据行为的要式性、文义性、独立性的特性,各种票据行为必须依照法定要式记载于票据上并签章,签章人依照票据文义承担票据责任和义务,各项票据行为独立发生法律效力,其中一项票据行为无效并不影响其他票据行为的法律效力以及其他签章人的票据责任;规定了票据权利和票据义务;建立了关于票据丧失后失票人的权利补救制度,包括公示催告制度和普通诉讼制度;以及进一步强调了票据的流通转让性,在限制付款人对由转让而取得票据的抗辩、保护善意受让人的权利方面做了较全面的规范。该法对票据种类、票据行为、票据权利与义务方面的规定参照了国际通行规则和做法,并保留了我国行之有效的实践经验和做法。

该部票据法适用于中华人民共和国境内的票据活动,但是涉外票据,即票据出票、背书、承兑、保证、付款等行为中,既有发生在中国境内又有发生在中国境外的票据,有关汇票、本票出票时的记载事项,适用出票地法律;票据的背书、承兑、付款和保证行为,适用行为地法律;票据追索权的行使期限,适用出票地法律;票据的提示期限、有关拒绝证明的方式、出具拒绝证明的期限,适用付款地法律;票据丧失时,失票人请求保全票据权利的程序,适用付款地法律。

该法颁布已近30年,在2004年做过一次简单修订,随着中国经济环境的重大变化,该法已经无法满足票据业务的发展需要。例如《中华人民共和国票据法》(以下简称《票据法》)缺乏对电子票据的规定,当前的管理办法皆是中国人民银行和国家金融监督管理总局颁布的部门规章制度,尚未上升到法律层面,处理电子商业汇票相关纠纷缺乏必要的法律支持。目前,中国人民银行已经提出了推动修订《票据法》的工作重点,未来《票据法》有望得到完善。

第三节 票据权利与票据抗辩

一、票据权利

(一)票据权利的概念和分类

票据权利是指持票人根据票据的记载,以取得票据金额为目的凭票据向票据行为人所行使的权利,是金钱债权。票据权利是由票据行为所产生的,与票据行为人的票据义务相对应。票据行为人在发生票据行为后,承担了票据的义务,同时相对应的当事人(即持票人)取得了票据权利。例如,A签发一张票据给B,票据行为人(即出票人A)成为票据的义务人,承担了对票据付款的责任,而对应的当事人(即持票人B)就享有票据的权利,即持票据向A提示请求其付款的权利。

票据权利又称票据上的权利,它与票据法上的权利是不同的。票据权利基于票据行为而发生,与票据同时存在,是通过票据的所有权来实现票据的权利。不占有票据,就不能实现票据权利,权利与票据紧密结合,不可分离。但是票据法上的权利是基于票据法规定而发生的权利,如我国《票据法》规定的票据当事人赋予其代理人在票据上签章的委托权,以及因时效届满或手续欠缺而丧失票据权利的持票人所享有的利益返还权。

票据就其性质而言就是金钱债权,是以获取金钱为目的的请求权。根据权利行使的先后顺序,票据可以有第一次请求权和第二次请求权之分。

所谓第一次请求权,一般称作付款请求权,是指持票人向票据主债务人或其他付款义务人请求根据票据上记载的金额付款的权利。付款请求权包括对汇票付款人、支票付款行以及本票出票人的请求权。虽然汇票付款人在承兑前、支票付款行在保付之前与本票的出票人不同,并不是票据的主债务人,但是持票人必须首先向汇票的付款人以及支票的付款行行使付款请求权。其他的付款义务人可能是担当付款行、票据交换所等。

所谓第二次请求权,一般称作追索权,是指持票人在向主债务人行使付款请求权未能实现时,就可以向票据的次债务人请求偿付票据金额及相关费用的权利。追索权包括对所有担保付款义务行为人(如背书人、保证人、汇票和支票的出票人等)的请求权。追索权分为初次追索权和再追索权。被追索权人在依法清偿追索金额后,获得向其他次债务人行使再追索权。

票据的付款请求权是票据上的主要权利,而追索权是次要的、附条件的票据权利。追索权是票据法为了弥补付款请求权之不足而设立的。持票人只有在票据未获承兑、未获付款,其法定付款请求权不能实现的情况下,才可以通过追索权来实现其所拥有的票据权利。追索权的设立切实保护了持票人的合法权益,促进了票据的流通。

(二)票据权利的取得和行使

行使票据权利,必须首先取得并占有票据。票据权利的取得主要有两种方式,即原始取得和继受取得。

票据原始取得,是指持票人不经由他人而直接从出票人处取得票据。出票是设立票据权利的票据行为,通过出票行为,收款人占有票据从而取得票据权利的方式是最基本的原始取得方式。

票据继受取得,是指持票人从票据的前手权利人通过背书转让或仅凭交付程序受让票据,从而取得的票据权利。当然继受取得也可以因票据法规定以外的原因取得票据权利,如因税收、继承、赠与而取得票据。

票据的取得,应当遵循公平和诚实信用的原则,一旦背离这一原则,取得票据者就不能享有票据权利。各国票据法均有这方面的规定,我国《票据法》第十二条规定:"以欺诈、偷盗或者胁迫等手段取得票据的,或者明知有前列情形,出于恶意取得票据的,不得享有票据权利;持票人因重大过失取得不符合本法规定的票据的,也不得享有票据权利。"这里所谓恶意取得票据,是指明知票据转让人不是票据上的真正权利人,对票据没有处分权而受让的行为。如A为某一票据的收款人,其所持有的票据被B偷得,C明知B持有的票据为偷盗所得,仍受让票据,C就是恶意取得票据,不得享有票据权利。所谓重大过失取得票据,是指受让人虽不是明知,但是凭在一般业务交往以及日常生活中所积累的基本经验和习惯,稍加注意就可以知道票据转让人没有票据处分权,但是因为疏忽未加注意而受让票据的行为。如上例中,如果C确实不知道B偷盗取得该张票据,但是C与B之间关系密切,对B的不良财务状况非常了解,若B转让巨额票据给他,C就理所应当怀疑B的票据债权人身份,此时C仍受让该票据,就可以推定C是重大过失取得票据,不得享有票据权利。我国《票据法》第十条和第十一条规定:"票据的取得,必须给付对价,即应当给付票据双方当事人认可的相对应的代价","因税收、继承、赠与可以依法无偿取得票据的,不受给付对价的限制,但是,所享有的票据权利不得优于其前手的权利"。这意味着票据的取得应当给付对价,若票据取得是无对价或者无相当对价,持票人仍然享有票据权利,但是其票据权利不得优于其前手,不能超越其前手权利缺陷的限制。可见,票据权利的取得有两方面的限制:以恶意或者有重大过失取得票据的,不得享有票据权利;无偿或者无相当代价取得票据的,也不得享有超过其前手的票据权利。持票人若要取得完整的票据权利,必须是善意取得的并给付对价的持票人。

票据权利的行使,是指持票人请求票据债务人支付票据金额的行为。如持票人向付款人现实性地出示票据,请求其付款,即提示票据。票据提示包括提示承兑和提示付款。若付款请求权不能实现,则持票人可以持票向所有前手行使追索。持票人行使票据权利时必须遵守法定形式,完成必要的保全手续,如提示票据,做成拒绝证书等(第三章将详细论述)。

(三)票据的丧失与票据权利补救

票据权利的行使是以提示票据为前提的。票据若因为灭失、遗失或者被盗等原因而使持票人脱离了对票据的占有,即票据丧失,行使票据权利便失去依据。但是,由于票据丧失并非基于票据债权人的真实意志,因此,各国票据法制定了票据丧失后的权利补救措施,以保护失票人的付款请求权和追索权。

对票据丧失后的补救措施,各国规定颇有差异,一般有两种方式:一是大陆法系国家普遍采用的公示催告制度,尤以德国与日本为代表;二是英美法系国家普遍采用的普通诉讼制度,尤以美国为代表。

所谓公示催告制度,是失票人向法院申请宣告票据无效从而使票据权利与票据制度相分离的制度。公示催告程序如下:

(1)失票人向法院提出申请。失票人,即申请人应该向法院提供所丧失票据上所记载的事项,向法院说明失票情况,请求法院为公示催告。

(2)法院对申请进行调查。

(3)公示催告。公示催告是法院以公开的文字形式向社会发出旨在敦促现在的持票人限期申报票据权利的一种告示。法院应明示公示催告的申请人以及申请的内容,告知持票人在一定期间内向法院申报权利,不申报的将产生失去票据权利的法律后果。公示催告期间由法院决定,但是不得少于 60 日。

(4)除权判决与驳回除权判决的申请。公示催告届满,若无人申报权利,则法院应根据申请人的申请做出判决,判定所丧失的票据无效。判决生效后,申请人有权依据判决向付款人请求付款或者向其他票据债务人行使追索。若公示催告期间有人申报票据权利,法院应当进行调查,申报人若是在票据丧失后公示催告前受让票据的,法院将接受其申报,如果申报人是在票据丧失后公示催告期间受让票据的,由于转让票据行为无效,申报人不得享有票据权利,法院可以在公示催告期间届满后做出除权判决。

所谓普通诉讼制度,是失票人就票据丧失的事实和所丧失票据的记载内容提出适当的证明,以自己的名义向法院提起诉讼,请求法院判令付款人向其支付票据金额的制度。当然,在该制度下,付款人在判决前或者付款前可以向法院提出要求失票人提供抵押的要求,用以补偿因付款人支付已丧失票据的票款后而可能出现的损失。

比较这两种方式,普通诉讼制度注重通过诉讼程序保护失票人的追索权,实现领取票据金额的权利,而公示催告制度更强调票据权利与票据制度的分离,通过除权判决来补救失票人的权利。所以,在公示催告期间转让票据的行为为无效行为,而在普通诉讼期间转让票据的行为并非无效,其受让人权利是受到保护的。

我国对失票人的权利补救也规定了相应的措施,我国《票据法》第十五条规定:"票据丧失,失票人可以及时通知票据的付款人挂失止付,但是,未记载付款人或者无法确定付款人及其代理付款人的票据除外……失票人应当在通知挂失止付后三日内,也可以在票据丧失后,依法向人民法院申请公示催告,或者向人民法院提起诉讼。"从这一条款来看,我国对票据丧失后的权利救济方式主要有公示催告和普通诉讼两种制度。

(四)票据权利时效

票据上的权利,将因为持票人提示付款,而付款人根据票据记载支付票据金额而消灭,也就是说,当持票人实现了票据的付款请求权或者追索权,票据权利即告消灭。但是,若持票人在一定期间不行使票据权利,也会导致票据权利的消灭。票据的权利具有时效性,若票据债权人在法定票据时效届满后已丧失了请求法院予以保护的权利,则票据权利即告消灭。

各国票据法均有对票据时效的规定,其目的在于敦促票据债权人及时行使票据权利,避免债务人长期处于不能解除的票据法律关系中。由于票据权利包括付款请求权和追索权,票据债务人又有主债务人和次债务人之分,因此,关于对不同债务人所主张的票据权利,其时效也有所不同。我国《票据法》第十七条规定了票据的权利时效,"票据权利在下列期限内不行使而消灭:

(一)持票人对票据的出票人和承兑人的权利,自票据到期日起二年,见票即付的汇票、本票,自出票日起二年;

(二)持票人对支票出票日的权利,自出票日起六个月;

(三)持票人对前手的追索权,自被拒绝承兑或者被拒绝付款之日起六个月;

(四)持票人对前手的再追索权,自清偿日或者被提起诉讼之日起三个月。"

《日内瓦统一汇票本票法》第70条以及《日内瓦统一支票法》第52条规定:

(1)汇票上的一切诉讼权利,对承兑人自到期日起算,3年间不行使,因时效而消灭。汇票之持票人对于背书人及出票人之诉讼权,自在恰当时间内做成拒绝证书之日起算,一年间不行使,因时效已过而消灭。背书人相互间及背书人对出票人之诉讼权,自背书人清偿之日或者背书人自己被起诉之日起算,6个月不行使,因时效已过而消灭。

(2)本票时效与汇票相同。

(3)支票出票人对背书人、出票人及其他债务人之追索诉讼权,自提示期限届满之日起算,6个月不行使,因时效已过而消灭,支票之付款债务人对其他付款债务人之追索诉讼权,自清偿之日或者其被起诉之日起算,6个月不行使,因时效已过而消灭。

【案例2-1】[①] 2021年6月16日,置业公司基于买卖合同开出3张电子商业承兑汇票,置业公司为出票人和承兑人,筑地建设公司为收款人,汇票到期日均为2021年12月15日,总金额为50万元。筑地建设公司于2021年6月将3张汇票背书给贸易公司,贸易公司于2021年8月背书给木业公司。汇票到期日届满

---

① 参见 http://www.chinacourt.org/article/detail/2023/02/id/7123012.shtml。

后,木业公司于2021年12月17日提示付款,12月21日被拒绝。2023年2月,木业公司诉至法院主张票据权利。法院判定置业公司承担支付票面金额及利息的责任,但驳回木业公司对筑地建设公司和贸易公司的追索权。

  分析:汇票是出票人签发的由付款人在指定日期无条件支付给收款人或持票人的票据。汇票到期被拒绝付款时,持票人可以对背书人、出票人以及汇票的其他债务人行使追索权。

  木业公司在被拒绝付款之日起6个月内,未向前手,即筑地建设公司和贸易公司追索,根据我国《票据法》第十七条,起诉日已超过对前手追索权的权利时效,木业公司不再享有对这两家公司的追索权。但是木业公司仍享有对出票人的权利。根据《票据法》第十七条,木业公司对出票人或者承兑人的权利自票据到期日起两年内有效,起诉日其权利时效尚未届满,木业公司有权利要求置业公司支付50万元及利息。

二、利益返还权

  根据上述关于票据权利时效的规定,假设A因购买商品签发给B金额为1万元的本票,而B通过背书转让给C,但是C自到期日起2年内一直未向出票人A主张票据权利。在此情况下,根据我国《票据法》规定,C的票据权利消灭,C将无权要求A支付票款。此时,C在受让票据时,支付了对价,其利益因为票据权利时效的消灭而遭受损失,而B既无得利也无损失,只有A通过出票获取了对价又同时因为C权利的丧失获取了额外的利益。在该情况下,C可以借助利益返还权的规定来主张自己的权利。

  与一般民法债权的消灭时效相比,票据权利的消灭时效较短,由于票据流通性强,因此,票据权利转让频繁,而票据权利的行使和保全时间比较短,而且,票据具有要式性,对票据行为也有严格的形式要求,票据债权人稍有不慎,就会因为与票据相关的必要的手续不全或者票据行为缺少某一形式要件而丧失票据权利。若丧失票据权利的人是给付对价取得票据的,就会因此丧失利益,而取得对价的出票人或者背书人,就会因为免除履行票据债务而独享对价带来的经济利益,从而损害了票据债权人的利益,其得利具有民法上的不当得利性质。为了防止出现有人坐收渔利的不公平现象,法律特别规定了利益返还权。我国《票据法》第十八条规定:"持票人因超过票据权利时效或者因票据记载事项欠缺而丧失票据权利的,仍享有民事权利,可以请求出票人或承兑人返还其与未支付的票据金额相当的利益。"但是持票人在主张票据的利益返还权时,应当注意符合《票据法》规定的条件:票据上的权利必须是因时效届满或者手续欠缺而消灭;出票人或者承兑人必须已得到票据上的利益;请求权人必须是持票人,而被请求权人必须是出票人或承兑人。

🖱️【案例 2-2】① 2017 年 12 月 20 日,A 银行承兑一张银行承兑汇票,该票据显示,出票人为 B 科技股份有限公司,收款人为 C 工业公司,付款人为 A 银行,汇票面额 42 000 元,到期日为 2018 年 3 月 20 日,汇票号码 302×××× 0765。C 工业公司因遗失了该张汇票,于 2020 年 3 月 19 日向 A 银行挂失止付,银行在挂失止付通知书的受理回单上盖章。此后,C 工业公司在法院起诉主张票据权利。法院判令 A 银行支付与挂失票据面额相当的利益 42 000 元。

分析:首先,该承兑汇票到期日为 2018 年 3 月 20 日,至起诉日已超过两年,据此,收款人 C 工业公司已丧失对出票人或者承兑人的票据权利。

其次,C 工业公司作为该张汇票的收款人,在汇票到期两年后方申请挂失止付,A 银行予以受理,可知在此期间,除 C 工业公司外,没有他人对上述承兑汇票主张权利,作为付款行至今未付款,故应认定 C 工业公司为该张汇票的最后合法持有人。

虽然 C 工业公司因为票据时效届满,丧失了票据权利,但根据我国《票据法》第十八条关于利益返还权的规定,C 工业公司作为合法的持票人,仍享有民事权利。A 银行是该张票据的承兑人,因此,C 工业公司可以请求 A 银行返还与未支付的票据金额 42 000 元相当的利益。

三、票据抗辩

(一)票据抗辩的概念

票据抗辩是指票据债务人以一定的合法事由拒绝履行票据义务的行为。票据债务人依法所享有的基于抗辩原因拒绝向票据债权人履行票据义务的权利,即为票据抗辩权。票据抗辩权是票据债务人所享有的权利,票据抗辩也是票据债务人所为的行为,是票据债务人保护自己利益的手段,最终能达到阻止票据债权人向其主张票据权利的目的。票据法赋予债务人的抗辩权越大,债务人实施抗辩行为的机会也就越多,对债务人就越有利。各国票据法从票据债务人角度出发,均设立了票据的抗辩权。

根据票据抗辩所基于的抗辩事由的不同,票据抗辩有对物抗辩和对人抗辩之分。

所谓对物抗辩,是指基于票据本身的性质或者票据上所记载的事项,票据债务人可以对抗一般票据债权人的行为,由于对任何持票人均可主张,所以又称作绝对抗辩。对物抗辩事由一般根据票据法的有关规定提出的,这些规定主要有:(1)欠缺应记载的事项,如我国《票据法》规定票据金额为绝对必要记载事项,若票据未记载票据金额,此时,票据的出票人、背书人等均可对抗持票人。(2)票据未到期。(3)票据时效届满。(4)票据债务人欠缺行为能力。无行为能力或者限制行为能力的人为票据行为,该行为人或者其法定代理人可以主张其所为票据行为无效,可以对抗一般票据债权人。(5)票据无权代理。在被代理人未授权情

---

① 参见 http://www.chinacourt.org/article/detail/2022/10/id/6960814.shtml。

况下,若无权代理的代理人实施票据行为,则被代理人不承担票据债务,被代理人可以对抗一般票据债权人。(6)票据伪造或者变造。票据被伪造后,被伪造人未签章于票据上,可以对抗一般票据债权人;票据被变造时,票据变造前签章于票据上的债务人只对变造前的文义承担责任,对变造后的票据权利,可以主张抗辩权。(7)票据保全手续欠缺。持票人在行使票据权利时,应该履行法定的权利保全手续,否则,票据的债务人,如汇票的出票人、背书人、保证人以及本票的背书人和保证人可以票据保全手续欠缺为由对抗持票人,但是,票据主债务人不得行使此类抗辩。

所谓对人抗辩,是指基于票据债务人与特定债权人之间的关系,对抗特定债权人的行为,由于此类抗辩仅能向特定票据债权人提出,所以又称作相对抗辩。对人抗辩事由主要有:

1. 欠缺原因关系或者存在非法原因关系

票据具有无因性,票据关系与原因关系相互分离,但是在直接当事人之间,原因关系仍具有约束力,债务人仍可以此为由拒绝履行票据债务。例如,A 向 B 购买商品,A 签发一张本票给 B,若 B 未交货,却到期日向 A 主张票据权利,在此情况下,A 可以欠缺原因关系为由对抗 B。我国《票据法》第十三条规定:"票据债务人可以对不履行约定义务的与自己有直接债权债务关系的持票人进行抗辩。"票据原因关系中具有合同义务的持票人,必须在向票据债务人履行了自己的义务后,才能对票据债务人享有票据权利,否则,票据债务人均享有对人抗辩权。但是,值得注意的是,票据债务人只能对原因关系中的直接相对人主张抗辩。

2. 持票人以欺诈、偷盗或者胁迫等手段取得票据,恶意或者重大过失取得票据

票据被偷,当然票据债务人可对无权利人(偷窃票据者)主张抗辩。

票据抗辩中的对物抗辩是基于票据本身而存在的抗辩,随着票据的流通转让,这些抗辩事由并未发生变化,因此票据转让到任何人手中,对物抗辩始终存在,但是票据对特定债权人的对人抗辩权并非基于票据本身存在,而是基于债务人与特定债务人的直接关系而发生,随着票据的流通,是否可对抗受让人?凡涉及民法上的债权转让,债务人能对转让人进行的一切抗辩,均可对抗受让人。若票据权利转让亦如此,则随着票据频繁地流通转让,会发生新的抗辩事由,流转次数越多,债务人的抗辩权就越多,新的债权人所处的地位就越不利。如 A 为票据的债务人(出票人),B 为票据债权人(收款人),B 通过背书转让给 C,而 C 转让给 D,D 转让给 E,若直接当事人之间,A 对 B、B 对 C、C 对 D 以及 D 对 E 均有抗辩权,而且这些抗辩权都随票据流通转让给受让人,则对 E 而言实现票据权利就不可能。可以说,票据转让次数越多,持票人实现票据权利的可能性就越小,这就会直接削弱票据的流通性和可接受性,因此,为了保障票据持票人的权利,维护票据的流通,必须对票据抗辩加以限制。

(二)对票据抗辩的限制

对票据的抗辩予以限制,就是减少债务人行使抗辩权的可能性。当然,对票据抗辩的限制,仅限于对人抗辩,对物抗辩则无法限制。事实上,各国票据法为了加强票据的流通性,均对票据抗辩加以限制。我国《票据法》第十三条规定:"票据债务人不得以自己与出票人或者

与持票人的前手之间的抗辩事由,对抗持票人,但是,持票人明知存在抗辩事由而取得票据的除外。"具体地说,若 A 以 B 为付款人向 C 签发一张汇票,尔后经 B 承兑,若 B 于汇票到期日被提示付款时,A 和 B 已经不存在资金关系,则 B 也不能以此为由拒绝付款给 C。也就是说,票据债务人 B 不得以自己与出票人 A 之间所存在的抗辩事由对抗持票人 C;若 A 向 B 购买商品签发一张本票给 B,B 未在约定期限内提供商品,但是 B 通过背书转让本票给 C,那么当 C 向 A 提示付款时,A 就不得以欠缺原因关系为由拒绝付款给 C,即票据债务人 A 不得以自己与持票人前手之间存在的抗辩事由对抗持票人。

思政专栏一:票据"掉包"——金钱的诱惑 VS 道德的拷问

案例陈述:2016 年 1 月 22 日,N 银行发布公告称,该行北京分行票据买入返售业务发生重大风险事件,涉及风险金额为 39.15 亿元。经核查,北京 N 行与某银行进行一笔银行承兑汇票转贴现业务,在回购到期前,承兑汇票本应存放在北京 N 行的保险柜里,不得转出。但事实上,承兑汇票在回购到期前被某票据中介取出,并与另外一家银行完成了回购贴现交易,交易的资金未转入北京 N 行账上,而是非法进入了股市,北京 N 行的保险柜中原来封包入库保存的票据则被换成了报纸。股市暴跌,无法填补窟窿,该票据案便浮出水面。

2017 年北京银监局官网发布对北京 N 行 39 亿元票据案的处罚决定书。京银监罚决字〔2017〕1 号和 19 号显示,北京 N 行同业票据业务严重违反审慎经营规则,北京银监局决定对该行给予罚款合计 1 950 万元的行政处罚;对 4 位直接经办人分别给予终身禁止从事银行业工作的行政处罚;对其他几名责任人也给予了罚款或禁止从事相关工作的行政处罚。

分析:N 行票据案涉及票据被换成报纸,暴露了该银行的操作风险,表现在员工管理不当,关键岗位长期不轮岗、票据保管安全层级过低、票据核验流于形式等问题。除此之外,银行员工收受贿赂与票据中介伙同作案,导致国有资产流失也是核心问题。金融行业是日常与钱打交道的行业,从业人员可能时刻承受金钱的诱惑。"君子爱财,取之有道",每一位金融从业人员务必克己自省,时刻警惕腐蚀、诱惑,防微杜渐,形成坚持规章制度的职业品德、遵纪守法的良好习惯。

本章小结

本章主要内容包括票据的概念、形态、特性,票据法系的形成与发展以及票据权利和票据抗辩。票据是由出票人签发的、无条件地承诺由自己或委托他人支付一定金额的有价证券,可以以电子形式存在,也可以是纸质形态,具有设权性、无因性、要式性、文义性和流通转让性,其中,流通转让性是基本特性。票据法系从最早由法国法系、德国法系以及英国法系构成的国际三大法系,已经进化为由大陆法系和英美法系构成的国际两大法系。票据权利包括持票人的付款请求权和追索权。要行使票据权利必须首先取得并占有票据,丧失票据只能按照本国票据法的规定采取权利救济措施,才可能补救失票人的权利。票据具有权利时效,时效届满持票人的权利就消灭,但是持票人可依民法关于不当得利的规定,要求出票人或者承兑人返还与未支付的票据金额相当的利益。当持票人行使票据权利时,票据债务人应当承担票据责任。但是票据债务人依法享有抗辩权的除外。票据抗辩有对物抗辩和对人抗辩,对物抗辩因票据本身而发生,对人抗辩并非基于票据而是基于原因关系而发生。各国为了维护票据的流通制度,保障票据持票人的利益,对票据抗辩均加以限制。

关键名词

票据　电子票据　付款请求权　追索权　公示催告　普通诉讼　票据时效　利益返还权　对人抗辩　对物抗辩

课后练习题

一、选择题

1. 票据,是指出票人签发的由自己或者委托他人支付一定金额的有价证券,不包括（　　）。
   A. 银行承兑汇票　　B. 银行本票　　C. 支票　　D. 股票

2. 电子商业汇票的贴现规模（　　）纸质商业汇票,是当前汇票市场的主要特征之一。
   A. 大于　　B. 小于　　C. 等于　　D. 不清楚

3. （　　）是票据的主要特性。
   A. 要式性　　B. 无因性　　C. 流通转让性　　D. 文义性

4. 票据权利有第一次请求权和第二次请求权之分,具体是指（　　）。
   A. 初次追索权和再追索权
   B. 付款请求权和追索权
   C. 初次追索权和付款请求权
   D. 付款请求权和再追索权

5. （　　）构成票据的对人抗辩事由。
   A. 票据保全手续欠缺
   B. 票据时效届满
   C. 非法原因关系
   D. 票据无权代理

二、判断题

1. 票据是要式不要因的有价证券。（　　）

2. 以英国《1882年票据法》为代表的英美法系与以法国票据法为代表的大陆法系之间存在一定的分歧。（　　）

3. 公示催告制度是中国票据实践的唯一做法,意味着失票人在票据丧失后进行权利救济,必须向地方基层法院提起公示催告申请。（　　）

4. 票据权利存在时效性,时效届满时,持票人的付款请求权或者追索权将会消失。（　　）

5. 各国票据法为了保护持票人的利益,对债务人的票据抗辩权予以限制。　　　　（　　）

三、问答题

1. 票据流通转让性有什么特点?
2. 如何解释票据"要式不要因"?
3. 大陆法系与英美法系最大的区别是什么?
4. 票据丧失时,失票人如何补救票据权利?
5. 若对物抗辩事由存在,该债务人可否对抗善意的、给付了对价的持票人?

第三章
汇 票

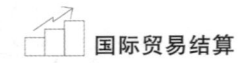

票据包括汇票、本票和支票。其中,汇票是国际贸易结算中使用最广泛的信用工具。本章就汇票的定义以及汇票行为等内容进行介绍。

第一节 汇票的定义与相关项目

一、汇票的定义

汇票是出票人签发的、委托付款人在指定日期无条件支付确定金额给持票人的票据。这是关于汇票的一般概念。各国票据法均规定了汇票的概念,但是,日内瓦统一票据法没有做类似的定义。

英国票据法规定:"A bill of exchange is an unconditional order of writing, addressed by one person to another, signed by the person giving it, requiring the person to whom it is addressed to pay on demand or at a fixed or determinable future time a sum certain in money to or to the order of a specified person or to bearer."

(汇票是一人向另一人开出的,由开出人签字,要求收件人对某一特定的人或其指定人或持票来人即期或固定地,或在可以确定的未来某一日期支付一定货币金额的无条件支付命令。)

我国《票据法》第十九条规定:"汇票是出票人签发的、委托付款人在见票时或者在指定日期无条件支付确定的金额给收款人或者持票人的票据。汇票分为银行汇票和商业汇票。"

二、汇票的绝对必要项目

汇票样本如表3-1所示:

表3-1　　　　　　　　　　　　汇票的样本

```
Exchange for £1,000                                    13th Dec. 20— Shanghai
   At  Thirty days  sight of this First of exchange (Second of the same tenor and date unpaid) Pay to
the order of  B Co.  the sum of  one thousand pounds
   Drawn under  Bank of Europe Irrevocable L/C No.205581 dated 20th Nov., 20—
To: C Company
                                                       For A Company, Shanghai
                                                              (signed)
```

日内瓦统一票据法虽然未做相关定义,但是它规定了汇票应记载的事项,即汇票的必要项目。我国《票据法》也有此规定。

我国《票据法》第二十二条规定:"汇票必须记载下列事项:表明汇票的字样;无条件支付的委托;确定的金额;收款人名称;付款人名称;出票日期;出票人签章。汇票上未记载上述规定事项之一的,汇票无效。"

日内瓦统一票据法规定:"汇票应包含下列内容:汇票字样;无条件支付一定金额之委托;付款人名称;付款日期;付款地;收款人或其指定人;出票日期及出票地;出票人签章。票据欠缺上述规定应记载事项之一者,除下列规定者外,不发生汇票效力:付款日、付款地以及出票地。"

汇票的必要项目可分为绝对必要项目和相对必要项目。绝对必要项目是指票据上必须记载的事项,否则票据不发生法律效力。根据我国《票据法》和日内瓦统一票据法的规定,绝对必要项目基本相同,包括:

(一)汇票字样(Bill of Exchange)

汇票必须注明其为汇票字样,以表明与其他票据的区别。但是英美法对此并无要求,这是两大票据法系的区别之一。

(二)无条件支付命令(Unconditional Order)

汇票是出票人委托付款人支付汇票金额的意思表示,这一支付委托必须是无条件的,否则,就可能影响汇票的支付,危及票据债权人的利益。为了保障票据付款的确实、可靠,保护票据债权人的票据权利,各国票据法均规定,票据的支付命令不得附有条件,否则票据无效。

为了认定出票人支付委托的无条件,就要检查汇票上记载的支付文义是否附加某项条件以及支付方法是否受限制。汇票若出现下列代替上述票据样本(表3-1)的相应记载,都不构成票据的无条件委托,从而票据无效:

1. Pay to the order of B Company in our No. I account the sum of one thousand pounds;

2. Pay to the order of B Company provided the goods are complied with contract the sum of one thousand pounds.

(三)确定的金额(Amount)

汇票必须记载一定的金额,因为票据是金钱证券,票据债权人实现票据权利,就是获取一定的金额,而票据债务人履行债务,就是支付一定金额。缺乏金额记载,持票人就无从确定自己权利的大小,无法主张票据权利。因此,汇票金额必须确定,如上述票据式样,票据金额就是1 000英镑。当然,汇票金额也可以是可确定的,而这样的票据一般有下列内容:

1. 带有利息记载的

例如,汇票上的记载如下:"Pay to the order of B Company the sum of one thousand pounds plus interest calculated at the rate of 3% per annum from the date hereof to the date of payment."日内瓦统一票据法规定,即期付款汇票或者见票后若干天、月付款的汇票,可由出票人加列利息记载。汇票未注明利率的,视为无记载,汇票仍为有效票据。但是英国票据法则认为,加列了利息条款但是无利率记载的汇票是无效票据。

2. 带有分期付款记载的

例如,汇票上记载如下:"Pay to the order of B Company the sum of one thousand pounds by ten equal consecutive monthly installments."日内瓦统一票据法不允许汇票分期付款,而英国票据法则承认汇票的分期付款,但是其记载必须明确、具体,以便付款人的执行。

3. 带有支付其他货币记载的

例如,汇票上记载如下:"Pay to the order of B Company the sum of one thousand pounds converted into US dollar at current rate of exchange."一般该项记载应该明确货币的种类和凭以折算的汇率。

在记载汇票金额时,应该同时以文字大写(Amount in Words)和数字小写(Amount in Figure)表示。对大小写金额,各国票据法的规定不一致。我国《票据法》第八条规定:"票据金额以中文大写和数码同时记载,二者必须一致,二者不一致的,票据无效。"

(四)付款人的名称(Name of Drawee)

付款人,又称受票人,就是接受汇票无条件支付命令的当事人。付款人并不是必须承担支付票据金额的债务人,只是按照我国习惯,根据其付款职能,被称为付款人。汇票上应明确记载付款人的名称,以便持票人及时向付款人行使付款请求权。

付款人可以与出票人是同一个当事人,就是所谓的"对己汇票",持票人可以选择将它当作汇票或者本票来使用;付款人也可以与收款人为同一个当事人,就是所谓的"指己汇票"。

(五)收款人名称(Name of Payee)

汇票上收款人,就是汇票上记载的债权人,俗称"抬头"。汇票上记载收款人名称的方式有很多,不同的记载方式,称作抬头不同,其产生的法律效力也不同,直接影响票据的流通性。汇票的抬头主要有以下3种:

1. 限制性抬头(Restrictive Order)

若汇票上记载"Pay to the order of B Company only"或者"Pay to B Company, Not Transferable",即被称作限制性抬头汇票。限制性抬头汇票不得转让他人,这与票据的基本特性,即流通转让性相冲突,因此,该限制性抬头汇票在实务中较少使用。

2. 指示性抬头(Demonstrative Order)

若汇票上记载"Pay to the order of B Company""Pay to B Company or order"或者"Pay to B Company",即被称作指示性抬头汇票。指示性抬头汇票具有流通转让性,但是对转让方式有限制,必须通过背书完成转让。实务中经常使用的汇票是指示性抬头汇票。

3. 来人抬头(Bearer Order)

若汇票上记载"Pay to bearer"或者"Pay to B Company or bearer",即被称为来人抬头汇票。来人抬头汇票具有极强的流通转让性,可以仅凭交付完成转让。由于来人汇票流通转让便利,丢失后极易被他人冒领,因此,我国《票据法》以及日内瓦统一票据法均不允许汇票做成来人抬头。而英国票据法则允许签发、使用来人抬头汇票。

(六)出票日期(Date of Issue)

出票日期就是出票人在汇票上记载的汇票签发日期。出票日期的主要作用在于：

(1)确定汇票到期日,如出票后若干天付款。

(2)确定汇票提示期限即确定即期付款汇票的付款提示期限和见票后若干天付款的汇票的承兑提示期限的依据。如我国《票据法》第四十条规定:"见票后定期付款的汇票,持票人应当自出票日起一个月内向付款人提示承兑。"

(3)确定票据权利时效期限的依据,如即期付款汇票、本票的付款请求权。

(4)判定票据行为人行为能力的依据,如出票人出票时的行为能力状态。

出票日期固然重要,但是根据票据的文义性,出票日期只是汇票上所记载的日期,这种形式上的日期,若与实际出票日期不相符,则以汇票上记载的出票日期为准,但并不影响票据的有效性。关于出票日期,英国票据法则认为,汇票上未注明出票日期的仍然有效,但是,收款人在汇票使用之前必须补齐出票日期。

(七)出票人签章(Drawer's Signature)

签章是确定票据债务人必须承担票据债务的根本依据。出票人的签章不仅是出票人表示承担票据债务的依据,而且是票据是否有效成立的重要形式要件。若没有出票人的签章,汇票就不能有效成立,在该情况下,即使后来有对票据的承兑、转让人的背书和保证人的保证,这些票据行为仍然无效;以后签章的承兑人、背书人以及保证人等都无须承担票据的责任。出票人必须在票据上亲自书写上自己的名字,其签章必须真实,若出票人的签章是伪造的,则被伪造签章的出票人无须承担票据的义务。

三、汇票的相对必要项目

汇票的相对必要项目,是指以下3个相对应记载事项,如果票据未记载这些事项,当然不会影响汇票的有效性。

(一)付款日期(Tenor)

付款日期,又称到期日,是付款人履行付款义务的日期。付款日期是持票人行使或者保全票据权利的始期,是确定票据债务人何时履行其义务的依据,是决定票据权利时效的依据,如持票人对票据出票人和承兑人的权利自票据到期日起2年。

汇票是信用工具,其付款期限有两种:即期和远期。

若票据上记载有"At sight pay to the order of …""On demand pay to the order of …"或者"On presentation pay to the order of …",即为即期汇票,付款人一旦接受无条件支付命令,就应当即期付款给持票人。

若票据上记载有:(1)定期付款(Payable on a fixed future date),如"On 20th ,July 20××pay to the order of ";(2)出票后定期付款(Payable at a fixed time after date),如"At 30 days after date pay to the order of …";(3)见票后定期付款(Payable at a fixed time after sight),如"At 30 days after sight pay to the order of …";(4)某一特定事件发生后定期付款(Payable at a fixed time after the happening of a specified event),如"At 30 days after bill of lading date pay to the order of …",即为远期汇票,汇票到期,付款人支付票据金额。

各国票据法均将付款日期视为相对应记载事项。我国《票据法》规定:"汇票上未记载付款日期的,为见票即付。"

(二)出票地点(Place of Issue)

出票地点是出票人签发汇票的地点,对国际汇票而言比较重要。例如,我国《票据法》规定:"汇票、本票出票时的记载事项,适用出票地法律。票据追索权的行使期限适用出票地法律。"但是票据不注明出票地,也不影响票据的有效性。我国《票据法》第二十三条规定:"汇票上未记载出票地的,出票人的营业场所、住所或者经常居住地为出票地。"

(三)付款地点(Place of Payment)

付款地点是汇票金额的支付地点。付款地点是确定出票人付款提示的地点、做成拒绝证书的地点。关于国际汇票,我国《票据法》规定,票据的提示期限、有关拒绝证书的方式以及出具拒绝证书的期限,适用付款地法律。

四、汇票的任意记载事项

汇票除了上述的绝对必要项目和相对必要项目的记载外,其他的记载事项均称作任意记载事项。主要有:

(一)担当付款行(A Banker Designated as Payer)

担当付款行是指出票人根据与付款人的约定,在出票时注明或者付款人在承兑时指定代付款人执行付款的银行,其目的是付款的方便。担当付款行并不是票据的债务人,只是推定的受委托付款人。持票人应当向付款人提示承兑,于到期日向担当付款行提示要求付款。例如,付款人在承兑时加列担当付款行:

```
ACCEPTED
(date)
Payable at Bank of Europe
For C Company
        (signed)
```

(二)预备付款人(Referee in Case of Need)

预备付款人就是在汇票未获承兑或者未获付款时,持票人可以请求承兑或者付款的对象,相当于第二付款人。预备付款人被提示汇票时,若参加承兑,则为票据债务人,于到期日参加付款。出票人在记载预备付款人时,应详细记载其名称及地址,如:

To:C Company

In case of need refer to

ABC Company，129 Buffee Street，London

（三）免作退票通知或者放弃拒绝证书（Notice of Dishonor Excused or Protest Waived）

出票人或者背书人可以在其签名旁记载放弃对持票人的某种要求。例如，A 公司在出票时，可以加列：

NOTICE OF DISHONOR EXCUSED
For A Company
（signed）

这表示持票人未获承兑或者未获付款之后，不必做成退票通知，可以直接向 A 公司追索。不做退票通知，不影响持票人对该票据债务人的追索权。

（四）无追索权（Without Recourse）

英国票据法认为，出票人或者背书人可以通过免于追索的条款免除汇票被退票后受追索的责任。因此，出票人或者背书人可以在签章前加列无追索权条款。例如：出票人 A 公司出票时记载有：

WITHOUT RECOURSE TO US
For A Company
（signed）

这实际上免除了出票人对汇票应承担的责任。而日内瓦统一票据法则规定，出票人可以解除其保证承兑的责任，但是任何解除出票人的保证付款责任的规定，均视为无记载。

五、汇票的当事人及其权利、义务

尚未进入流通领域之前，汇票有 3 个当事人，即出票人、付款人和收款人，三者都是票据的基本当事人。

1. 出票人（Drawer）

出票人，是指签发并交付汇票的当事人。出票人在汇票上签章，即对汇票承担付款责任，向收款人或者持票人保证汇票在提示时，付款人一定付款或者承兑，若汇票未获承兑或者未获付款，则在持票人完成必要的法律程序后，出票人将偿付票款给持票人或者被迫付款的任何背书人。出票人在承兑前是主债务人，在承兑后是次债务人。

2. 付款人（Drawee）

付款人，是指接受无条件支付命令的当事人，即受票人（Addressee）。因为付款人被记载于汇票上，就取得对汇票予以承兑或者予以付款的职能，所以被称作付款人。但是付款人不一定就承兑或者付款，票据法没有规定因为出票人赋予付款人这一职能，付款人就必须对票据承担付款的责任。付款人不是票据的债务人，付款人有选择不付款或者不承兑的权利。持票人不能强制付款人承兑或者付款。若付款请求权不能实现，持票人就可以对出票人等票据债务人行使追索权。

远期汇票的付款人一旦承兑汇票，就成为票据的主债务人，即承兑人（Acceptor）。承兑人在汇票上签章,表示接受出票人的无条件支付命令,应当保证按照其所承兑的文义于到期日自己付款。汇票的出票人、被迫付款的背书人或者出票人,均可凭票向承兑人主张权利。

3. 收款人(Payee)

收款人,是指收取票款的当事人。出票人签发并交付汇票给收款人,收款人就取得票据上的权利,即付款请求权和追索权,成为票据的债权人。收款人可以自己持票向付款人主张权利,实现票款,也可以将票据的权利通过背书转让给他人。

汇票进入流通领域之后,其当事人包括:

(1)背书人(Endorser)

背书人,是指在票据背面作签章,将票据权利通过背书转让给他人的人。收款人将汇票背书转让给他人后成为第一背书人,受让人依次将票据背书再转让,相应地成为第二背书人、第三背书人等。背书人在票据背面作签章,即对受让人承担保证其所持汇票承兑和付款的责任。背书人在汇票得不到承兑或者付款时,应当向持票人或者被迫付款的后手背书人清偿票款。背书人是票据的次债务人。

(2)被背书人(Endorsee)

被背书人,是指接受票据背书转让的受让人。被背书人通过受让票据的权利,成为票据的债权人,有权持票对付款人或者其他票据债务人主张付款请求权和追索权。被背书人若不拟凭票取款,也可以转让汇票给他人,而自己就成为另一个背书人。

(3)保证人(Guarantor)

保证人,是指对汇票的出票人、承兑人、背书人或者参加承兑人的票据行为作保证的人。保证人必须在汇票上或者汇票的粘单上记载相应保证事项。保证人的责任与被保证人相同。

(4)参加承兑人(Acceptor for Honor)

参加承兑人,是指当票据提示被拒绝承兑时,在票据上签章,表示参加承兑汇票的人。参加承兑人是票据的债务人,当票据到期,付款人拒绝付款时,由参加承兑人承担支付票款的责任。

(5)持票人(Holder)

持票人是指现在正持有汇票的人。持票人可能是汇票的收款人,也可能是汇票流通过程中的被背书人或者来人。英国票据法对持票人有对价持票人(Holder for Value)和正当持票人(Holder in Due Course)之分,不同持票人享有的票据权利不同。

在票据流通转让过程中,受让人受让票据时所支付的代价,可以是货物、劳务、金钱、过去的债权等。若受让人自己支付相应的代价或者受让人自己未支付代价但是转让人在受让票据时支付相应代价的,该受让人就是对价持票人。如A以提供劳务为代价受让一张汇票,尔后A将该汇票作为礼物转让给B而未收取任何代价,这时,可以说B就是对价持票人。对价持票人通常是指持票人自己未给付对价但其前手给付对价。英国票据法规定对价持票人所获得的票据权利与其前手相同,不能超越其前手权利缺陷的限制。

正当持票人又称善意持票人,是指经过转让而持有汇票的人。英国票据法规定,正当持票人取得的票据权利优于前手,不受前手权利缺陷的影响,但是,正当持票人必须保证其前手背书是真实的;汇票票面完整合格;取得汇票时尚未过期;对汇票是否曾经退票并不知悉;善意取得汇票并自己给付对价。

我国《票据法》并没有正当持票人的概念,但对票据权利的取得以及票据行为做出了相应的规范。如我国《票据法》规定,"以背书转让的汇票,背书应当连续。持票人以背书的连续,证明其汇票权利""票据的取得,必须给付对价,即应当给付票据双方当事人认可的相对应的代价""而非经背书转让,而以其他合法方式取得汇票的,依法举证,证明其汇票权利""因税收、继承、赠与可以依法无偿取得票据的,不受给付对价的限制,但是,所享有的票据权利不得优于其前手""以欺诈、偷盗或者胁迫等手段取得票据的,或者明知有前列情形,出于恶意取得票据的,不得享有票据权利;持票人因重大过失取得不符合本法规定的票据的,也不得享有票据权利"。

六、汇票的种类

根据不同的标准,汇票可分为以下几种:

(1)根据付款时间的不同,汇票可分为即期汇票(Sight Bill or Demand Draft)和远期汇票(Time Bill or Usance Bill)。

(2)根据汇票是否附带商业单据的不同,汇票可分为光票(Clean Bill)以及跟单汇票(Documentary Bill)。汇票在不附带商业单据时就被称为光票。附带相关商业单据的汇票,被称为跟单汇票。跟单汇票一般为商业汇票,其流通转让以及融资,除了取决于票据债务人的信用外,还取决于所附单据所代表的货物。

(3)根据汇票出票人不同,汇票可分为银行汇票(Banker's Bill)和商业汇票(Trader's Bill)。商业汇票的信用基础是商业信用,持票人承担的风险较大。通过对汇票的承兑,可降低持票人的收款风险。根据承兑人的不同,有银行承兑汇票(Banker's Acceptance Bill)和商业承兑汇票(Trader's Acceptance Bill)。银行承兑汇票,改变商业汇票的信用基础,使商业信用转化为银行信用,增强了汇票的流通性。

(4)根据汇票三个基本当事人居住地不同,汇票可分为国内汇票(Inland Bill)和外国汇票(Foreign Bill)。当汇票的出票人、付款人和收款人的居住地在相同国家,即为国内汇票,若他们的居住地在两个或者两个以上的国家,即为外国汇票。

第二节　汇票行为

一、票据行为的概念与特征

票据行为有狭义与广义之分。狭义的票据行为,是行为人在票据上进行必要事项的记载,以发生或转让票据上的权利,承担票据上的债务为目的的要式法律行为,如出票、背书、承兑、参加承兑和保证以及支票的保付等票据行为。而广义的票据行为,是指一切能够引起票据法律关系的发生、变化、消灭的各种行为,除了狭义的票据行为外,还包括提示、付款、退票、追索以及支票的划线等行为。

票据行为具有要式性、无因性、文义性和独立性。所谓票据行为的要式性,是指票据行为人必须按照票据法的要求以书面形式在票据上签名或者盖章,否则,票据行为不发生法律效力;票据行为的无因性与票据特性的无因性是一致的,是指票据行为的效力与票据行为发生的原因关系相分离;票据行为的文义性,是指票据行为的内容根据票据上所记载的文字确定,即使文字记载与事实不符,仍以票据上所记文字为准,不允许当事人以票据外的证明方法对票据文义进行更改或者补充;票据行为的独立性是指,当票据上发生多个票据行为时,各个票据行为相互独立,先发生的票据行为并不影响后发生的票据行为,某一行为无效也不影响其他票据行为的有效性。

二、汇票的出票(Issue)

出票是出票人签发汇票交付给收款人的票据行为,它包含两个动作:一是出票人做成汇票并签章,二是出票人将汇票交付给收款人。其中,交付是票据生效不可缺少的动作,欠缺交付,出票无效。

汇票的做成,可以是单张汇票,也可以是一式多份,每张汇票具有同等的法律效力,其中一张付讫,其余各张均告失效。为了防范流通过程中遗失,跟单汇票通常一式两份,每张汇票上分别注明"付一不付二"[Pay the First (Second Being Unpaid)]或者"付二不付一"[Pay the Second (First Being Unpaid)]。

出票完成后,出票人就成为汇票的主债务人,承担担保承兑和付款的责任。若付款人不承兑或者不付款,则出票人应当承担清偿票款的责任;而收款人取得出票人的汇票后,即取得票据上的权利。出票是基本的票据行为,是设立票据权利的行为。

三、汇票的背书(Endorsement)

(一)背书的概念和法律效力

背书是以转让票据权利或者将一定的票据权利授予他人行使为目的,在票据背面或者粘单上记载相关事项并签章的票据行为。背书包括两个动作:一是在汇票背面或者粘单上签章,如我国《票据法》规定:"票据凭证不能满足背书人记载事项的需要,可以加附粘单,粘附于票据凭证上。"二是交付给被背书人,一经交付,背书行为即告完成,背书行为才具有法律效力。

指示性抬头的票据必须通过背书完成转让,而对于来人抬头的票据,持票人仅凭交付即可完成转让。我国《票据法》规定:"持票人可以将汇票权利转让给他人或者将一定的汇票权利授予他人行使,……持票人行使……权利时,应当背书并交付汇票。"由于我国不承认来人抬头的汇票,所以在我国流通使用的汇票是通过背书转让的。

背书行为完成后,对双方当事人均发生相应的法律效力。对背书人而言,票据权利转让给被背书人,背书人在票据背面签章,承担担保承兑和付款的责任;对被背书人而言,他(她)成为持票人,享有票据的全部权利,包括付款请求权和追索权。

背书作为票据转让的重要票据行为,除具有上述行为的一般特征外,还具有不可分性和无条件性。所谓不可分性,是指通过背书转让的票据权利必须是票据上的全部权利,将票据金额部分转让的背书不产生法律效力。我国《票据法》规定:"对汇票金额一部分的背书或将汇票金额分别转让给二人以上的背书无效。"所谓无条件性,是指背书必须是无条件的。背书人在背书时附有条件,所附条件不产生票据法上的效力。

(二)背书的种类

基于背书人在汇票上是否记载被背书人名称的不同,背书又分为完全背书和空白背书;除此之外,背书人在汇票上可能做其他记载,有的记载为了限制被背书人转让汇票的权利,有的则是为了将一定票据权利授予他人行使,而以非转让票据权利为目的,等等。具体地说,有下列不同种类的背书:

1. 特别背书(Special Endorsement)

特别背书又称完全背书,背书人在汇票背面记有背书人的名称并作签章;此外,还应记有被背书人的名称。例如,票据的背面有如下记载:

Pay to the order of D Company

For B Company, Shanghai

(signed)

这就是完全背书,表示收款人 B 公司将票据权利转让给 D 公司。B 公司为背书人,而 D 公司就是指定的被背书人。被背书人 D 公司可以继续通过背书转让该汇票。经过完全背书转让的汇票,持票人可以背书的连续性来证明其汇票的权利。所谓背书连续,就是票据转让中转让汇票的背书人与受让汇票的被背书人在汇票上的签章依次前后衔接,即票据记载中前次背书的被背书人就是后次背书的背书人,如表 3-2 所示:

表 3-2　　　　　　　　　　　　　　连续性背书

当事人	顺 序					
	第一次	第二次	第三次	第四次	第五次
背书人	B	D	E	F	G
被背书人	D	E	F	G	H

2. 空白背书(Blank Endorsement)

空白背书又称不完全背书。背书人在汇票背面只记载背书人名称并作签章,未记载被背书人的名称,即为空白背书。我国《票据法》规定:"汇票以背书转让或者背书将一定汇票权利授予他人行使的,必须记载被背书人名称。"因此,我国《票据法》不允许空白背书。

对于空白背书后票据背书的连续性,需要借助法律上的推定认定,即后次背书的背书人视为前次空白背书的被背书人,依此规定,即使含有空白背书,也可认定背书的连续性。

做成空白背书的汇票,持票人可以仅凭交付完成转让。持票人在转让时未在票据上签章,就不承担票据责任,不受追索权人追索。持票人也可以在空白背书的签章前,添加被背书人的名称记载,将空白背书转化为完全背书后再作背书转让。

3. 限制性背书(Restrictive Endorsement)

背书人在汇票背面记载带有限制流通的文义,使汇票不可以再流通转让的背书,即为限制性背书。例如:

  Pay to D Company only   Pay to D Company not to order
  For B Company   For B Company
   （signed）   （signed）

4. 附有条件的背书(Conditional Endorsement)

背书人在背书转让汇票时,其背书是带有条件的。例如:

    Pay to the order of D Company
   On delivery of Bill of lading No. 123.
      For B Company
       （signed）

根据上述汇票背书的无条件性,汇票背书所附的条件不发生汇票上的效力,而只对该次背书的背书人和被背书人有约束力,实际上,也只有条件完成后,背书人才将汇票交付给被背书人。

5. 委托收款背书(Endorsement for Collection)

委托收款背书,是不以转让票据权利为目的的背书。背书人在票据背面除了附有被背书人的名称和自己的签章之外,若还有如下记载:"For collection pay to the order of Bank of China, Shanghai","Pay to the order of Bank of China, Shanghai for deposit",或者"Pay to the order of Bank of China, Shanghai value in collection",即为委托收款背书。

委托背书是非权利转让背书,因此,委托背书仅使被背书人获得代理权。代理权的范围是行使票据上的一切权利,包括付款请求权和追索权,以及需要时提起诉讼的权利。除此之外,委托背书也有权利证明的效力,不过证明的也仅是代理权。我国《票据法》规定:"背书记载'委托收款'字样的,被背书人有权代背书人行使被委托的票据权利。但是,被背书人不得再以背书转让票据权利。"

6. 设质背书(Endorsement in Pledge)

设质背书又称质权背书,是背书人以在票据权利上设定质权为目的而做成的背书。背书人为出质人,被背书人为质权人,设定的质权为权利质权。我国《票据法》第三十五条规定:"汇票可以设定质押;质押时应当以背书记载'质押'字样。被背书人依法实现其质权时,可以行使汇票权利。"

背书人一经做成设质背书并交付被背书人,被背书人直接取得质权,在背书人不履行债务的情况下,被背书人可以行使其质权,即以自己的名义为一切必要的票据行为,如提示、请求付款、受领票款、做成拒绝证书、追索、诉讼等。被背书人可以票据金额优先清偿自己的被担保的债权,若有剩余,应将剩余部分退还背书人。

设质背书的实用价值不大,因为设质汇票受到期日的限制,若债权到期而票据未到期仍不能取得票款,或若票据到期而债权未到期,则必须将票款提存,而不能支配使用票款。

7. 回头背书(Reverse Endorsement)

回头背书又称还原背书或逆背书,是以票据债务人为被背书人的转让背书。其中的票据债务人包括出票人、承兑人、参加承兑人、背书人、保证人等。例如,A 签发一张以 B 为收款人的汇票,该汇票出票后的流通转让如表 3-3 所示:

表 3-3　　　　　　　　　　　　　　　回头背书

当事人	顺　　序				
	第一次	第二次	第三次	第四次	第五次
背书人	B	D	E	F	B
被背书人	D	E	F	B	A

表 3-3 中,第五次背书中被背书人 A 以及第四次背书中被背书人 B 均为原来的票据债务人。

回头背书与一般的转让背书相同,都发生转让票据权利的效力。但是,由于回头背书中被背书人的特殊性,该被背书人享有的票据权利也会受到某种限制。

回头背书的被背书人(持票人)为出票人,对其前手无追索权,如上例中的持票人 A 对 B、D、E、F 均无追索权。

回头背书的被背书人(持票人)为背书人,对其后手无追索权。例如,在 A(出票人)→B→D→E→F→B(汇票第一次背书的背书人)的流通转让过程中,持票人 B 对 D、E、F 无追索权,只对 A 以及承兑人有追索权。

回头背书的被背书人(持票人)为承兑人,对任何人均无追索权;回头背书的被背书人为保证人以及参加承兑人,其权利限制具体视被保证人和被参加承兑人为何人而定。

(三)背书的伪造(Forged Endorsement)

在背书转让票据中,背书人应当亲自签章于票据背面,表示转让票据是其本人的真实意思。若背书签章是伪造的,被伪造签章的背书人可以此抗辩事由对抗任何持票人,并对该票据不承担任何责任。但是,伪造背书后的持票人的权利是否受到限制,两大法系的观点有很大的分歧。日内瓦统一票据法认为,汇票的持票人以背书的连续证明其对汇票的权利,付款人应负责查验背书的连续,但对背书人的签章,不负认定之责;英国票据法采用只有合法拥有的权利才可转让的一般原则,伪造背书之后的持票人不享有票据权利。我国采纳了日内瓦统一票据法的做法。

假设 A 签发给 B 的汇票,付款人为 C,其背书转让情况如表 3-4 所示:

表 3-4　　　　　　　　　　　伪造背书

当事人	顺　序				
	第一次	第二次	第三次	第四次	第五次
背书人	B	D	E	F(签章伪造)	G
被背书人	D	E	F	G	H

其中,当 F 通过背书受让该张汇票后,被小偷所盗,小偷伪造了 F 的签章转让给 G,而 G 背书转让给 H。根据英国票据法,持票人 H 不得享有票据权利,H 对 C 提示付款,C 可以签章不真实为由拒绝付款,但是若付款人 C 对 H 付款,则 F 仍可以对付款人主张其付款请求权,只要 F 能证明签章是伪造的。付款人有义务对汇票的真正权利人再次付款。而根据日内瓦统一票据法以及我国《票据法》,持票人以背书连续证明其对汇票的权利,只要背书连续,H 对 C 提示付款,C 付款后,票据的债权债务即告消灭。事后若 F 再对付款人主张权利,则付款人无义务进行第二次付款。

四、汇票的提示(Presentment)

票据具有提示性。汇票的提示,是指持票人对付款人现实地出示汇票要求其承兑或者付款的法律行为。

提示包含提示承兑(Presentment for Acceptance)和提示付款(Presentment for Payment)。提示承兑是汇票持票人在承兑期限内,以确定和保全其票据权利为目的,向付款人出示票据,请求予以承兑的行为。对远期汇票,持票人有两次提示,首先提示承兑,然后在汇票到期日对付款人提示付款;对即期汇票,持票人对付款人直接提示付款。

提示必须在法定期限内进行:

对于即期汇票,有付款提示期限,日内瓦统一票据法规定,自出票日起 1 年,我国《票据法》规定 1 个月。

对于远期汇票,包括承兑提示期限和付款提示期限两部分。关于前一部分,日内瓦统一票据法规定,见票后定期付款的汇票应自出票日起 1 年内为承兑的提示;我国《票据法》规定,见票后定期付款的汇票,持票人应当自出票日起 1 个月向付款人提示承兑。关于后一部分,日内瓦统一票据法规定,应于到期日或者前后 2 个营业日中之一日为付款提示;我国《票据法》规定,定期付款、出票后定期付款或者见票后定期付款的汇票,自到期日起 10 日内向承兑人提示付款。

有关提示地点,根据汇票上付款地的记载。若汇票上未记载付款地,则付款人的营业场所、住所或者经常居住地为提示地点。

有关提示方式,若付款人为银行,则有 3 条渠道:通过票据交换所提示;直接在付款行柜台提示;委托代理行或者联行代为提示。

五、汇票的承兑(Acceptance)

汇票的承兑,是指远期汇票的付款人签章于汇票的正面,明确表示于到期日支付票据金额的一种票据行为。远期汇票一经承兑,付款人就成为承兑人,即票据的主债务人。承兑人不得以与出票人之间欠缺资金关系为由对抗持票人。

按照承兑人在票据正面所记载关于承兑事项的不同,承兑有普通承兑(General Acceptance)和限制性承兑(Qualified Acceptance)两种。

(一)普通承兑

若承兑人的记载如下:

ACCEPTED

13th, July, 20—

For C Company

(signed)

即为普通承兑,表示付款人 C 公司完全接受出票人的无条件支付命令。

(二)限制性承兑

限制性承兑,是指付款人于签章前加载其他事项,限制或者更改出票人的无条件支付命令。常见的限制性承兑有:

1. 有条件的承兑(Conditional Acceptance)

它是指承兑人支付票据金额必须以所列条件实现为前提,实际上更改了汇票支付的无条件性。例如:

ACCEPTED

13th, July, 20—

Payable on delivery of bills of lading

For C Company

(signed)

2. 部分承兑(Partial Acceptance)

它是指付款人只对票据的部分金额承担到期支付的责任,如下列承兑记载(假设票据金额为 1 000 英镑):

ACCEPTED

13th, July, 20—

Payable for amount of £1,000 only

For C Company

(signed)

3. 限制地点的承兑(Local Acceptance)

它是指承兑人只限在特定的地点支付票款。例如：

ACCEPTED

13th，July，20—

Payable at the Bank of Europe，London and there only

For C Company

(signed)

4. 延长付款时间的承兑(Qualified Acceptance as to Time)

它是指承兑人延长支付票款的时间(假设票面记载的付款期限为见票后 90 日)。例如：

ACCEPTED

13th，July，20—

Payable at ninety days after sight

For C Company

(signed)

尽管存在限制性承兑，但我国《票据法》规定："付款人承兑汇票不得附有条件；承兑附有条件的，视为拒绝承兑。"

持票人向付款人提示请求承兑，付款人有权选择是否予以承兑，但应尽快决定承兑或者拒绝。票据法规定了给予付款人考虑的时间，即承兑时间。日内瓦统一票据法规定，承兑时间为从第一次提示后的次日到第二次提示的这段时间。我国《票据法》规定："付款人对向其提示承兑的汇票，应当自收到提示承兑的汇票之日起三日内承兑或者拒绝承兑。"

对于一式多份的汇票，各张分次先后提示要求承兑的，付款人只能按照提示的先后顺序，承兑首先提示的汇票，后来提示的不予承兑。

六、汇票的付款(Payment)

汇票的付款，是指付款人支付票据金额从而消灭票据债权债务关系的行为。付款必须由付款人或者承兑人所为，汇票经全额付款后，汇票上的债权债务关系全部消灭，不仅付款人免除付款责任，在汇票上签章的所有票据债务人均因此解除责任。

付款人实施付款行为时，应当履行付款的义务。我国《票据法》规定："付款人及其代理付款人付款时，应当审查汇票背书的连续，并审查提示付款人的合法身份证明或者有效证件。付款人及其代理付款人以恶意或者有重大过失付款的，应当自行承担责任。"据此，付款人对于持票人的资格仅限于形式上的审查义务，即对票据的记载是否合法、绝对必要项目是否齐全、背书是否连续进行审查。而对背书人签章的真实性及持票人是否真正权利人等实质问题，并无审查的义务。但是付款人实施付款行为时，必须主观上没有恶意或者重大过失,若付款人明知持票人不是票据真正权利人或者稍加注意就可查知持票人非票据真正权利人而付款,则其不能免除付款的责任。此外,付款人应当在到期日付款,付款人在到期日前付款的,由付款人自行承担所产生的责任。若到期日前,付款人对非真正票据权利人付款,即使持票人具备上述形式上的资格,付款人仍不能免责。

持票人提示付款时,付款人应当及时付款。英国票据法给予付款人3日的宽限期,而我国《票据法》规定必须当日足额给付。

对于部分付款,各国观点不一。日内瓦统一票据法规定,持票人不得拒绝部分付款,就未获付款部分,持票人得以向前手行使追索权。我国《票据法》不承认部分付款,部分付款视同拒绝付款。

七、汇票的退票、退票通知和拒绝证书

(一)退票(Dishonor)

汇票的退票,又称拒付,是指持票人提示承兑时,付款人拒绝承兑(Dishonor by Non-acceptance);或者提示付款时,付款人拒绝付款(Dishonor by Non-payment)。持票人在法定时间内为提示,若遭到拒付,即刻产生追索权。持票人可以向其前手追索票据金额。此外,某些事实造成持票人无从提示承兑或者提示付款的(如付款人死亡、宣告破产、避而不见,又或者被上级主管部门勒令停止营业活动)持票人也可以行使追索权。

我国《票据法》规定下列情形出现时,持票人可以行使追索权:

(1)汇票到期被拒绝付款;
(2)汇票于到期日前被拒绝承兑;
(3)承兑人或者付款人死亡、逃匿的;
(4)承兑人或者付款人被依法宣告破产的或者因违法被责令终止业务活动的。

(二)退票通知(Notice of Dishonor)

汇票退票后,持票人应当作退票通知,使汇票的债务人及早知道拒付,并做好及时付款的准备。英国票据法认为,持票人未做通知或者未及时发出通知,则其丧失追索权。而日内瓦统一票据法认为,持票人并不丧失追索权,但是因未及时通知,造成前手损失的,应负赔偿之责,其赔偿金额以汇票金额为限。

持票人作退票通知,可以采用依次通知的方式,即持票人在退票后的一个营业日内发出,就退票事实通知其前手,前手背书人应于接到通知后的一个营业日内再通知他的前手背书人,依次通知,直至出票人。也可以采用另一种方式,即持票人就退票事实通知全体前手。

我国《票据法》规定,持票人应当自收到被拒绝承兑或者被拒绝付款的有关证明之日三日内,将被拒绝事由通知其前手;其前手应当自收到通知之日起三日内再通知他(她)的前手。持票人也可同时向各汇票债务人发出书面通知。未做通知,持票人仍可行使追索权,给前手造成损失的,应承担赔偿责任。

(三)拒绝证书(Protest)

汇票退票后,持票人应当提供有关拒绝证书,以证明自己在法定期限内,未获承兑或者未获付款,或者无从提示。

英国票据法规定,外国汇票在付款人退票时,持票人须在退票后的一个营业日做成拒绝证书。日内瓦统一票据法规定,汇票未获承兑或付款时,须以正式行为证明之,即做成拒绝承兑证书或者拒绝付款证书。我国《票据法》规定,持票人在行使追索权时应当提供拒绝承兑或者拒绝付款的有关证明。

拒绝证书可以是正式的,也可以是略式的。我国《票据法》规定,拒绝证书可以有下列形式:

1. 拒绝证书

正式的拒绝证书是指由拒付地点的法定公证人出具拒付事实的法律文件。持票人应交付汇票给公证人,由公证人持票对付款人再作提示,遭拒付时,公证人即做成拒绝证书,连同汇票交还持票人。

2. 拒绝证明书或者退票理由书

持票人提示承兑或者提示付款被拒绝的,承兑人或者付款人必须出具拒绝证明书或退票理由书,未出具拒绝证明书或退票理由书的,应当承担由此产生的民事责任。

3. 司法文书以及有关行政主管部门的处罚决定文件

承兑人或者付款人被人民法院依法宣告破产的,人民法院的有关司法文书具有拒绝证明书的效力;因违法被责令终止业务活动的,有关行政主管部门的处罚决定文件具有拒绝证明书的效力。

八、汇票的追索(Recourse)

汇票的追索,是指汇票未获承兑或者未获付款,或者其他法定原因出现时,持票人在履行的保全手续后,向其前手背书人、出票人要求清偿票据金额以及费用的票据行为。

退票是产生追索权的原因。汇票退票事实存在,持票人就可以行使追索权,但是在追索前,持票人必须履行保全手续:

(一)合理提示(Present within a Reasonable Time)

持票人必须在法定期限内提示承兑或者提示付款,否则就丧失票据的追索权。

(二)退票通知(Notice of Dishonor)

持票人应当将拒付事实通知其前手。

(三)拒绝证书(Protest)

持票人完成必要的保全手续以后,选择追索对象进行追索。只要在票据上签章的当事人,包括出票人、背书人、保证人以及其他票据债务人,对持票人均承担连带偿付责任。持票人可以向自己的直接前手追索,也可以选择向任何一个背书人、出票人或者保证人进行追索;可以向一个票据债务人追索,也可以同时向数个或者全体票据债务人进行追索。债务人承担票据债务没有先后顺序之别。在实务中,持票人通常对出票人追索。因为出票人是票据的基本债务人,所以按照顺序追索,最终还是出票人的责任。即使存在承兑人,承兑人付款的资金来源于出票人,但实际上仍然是出票人付款。除非出票人破产或者无力支付,承兑人才以自有资金直接付款。

持票人选择追索对象后,还应当确定追索金额。追索金额包括被拒付票据金额;票据到期日或者提示付款日与清偿日之间的利息以及相关拒绝证书和退票通知的费用。具体而言,与期前追索和期后追索有关。期前追索是指汇票不获承兑时,或者付款人死亡、破产时,不必等到到期日持票人即可行使追索权,追索金额是票据金额减利息再加上费用;期后追索是指汇票不获付款时持票人可以行使的追索权,追索金额为票据金额加上利息和费用。

【案例3-1】[①]　2021年6月7日,A置业公司开出8张电子商业承兑汇票,出票人及承兑人均为A置业公司、收款人均为B工程公司;票据到期日均为2021年12月6日。其中7张票据的金额为20万元,1张票据的金额为5万元。同年6月15日,B工程公司将上述8张电子汇票背书给C安装公司。次日,C安装公司将8张汇票背书给D贸易公司,用以支付货款。2021年12月6日,D贸易公司通过电子商业汇票系统就上述8张汇票提示付款,票据状态最终显示"提示付款已拒付"。于是D贸易公司向法庭提起诉讼,请求法庭支持其对A、B、C公司的票据权利。法院以持票人有权向出票人和其他票据债务人行使追索权为由,依法判令出票人A置业公司、前手C安装公司、收款人B工程公司,连带支付D贸易公司票面金额145万元及利息。

分析:根据我国《票据法》相关条款规定,持票人在汇票到期后被拒绝付款的,可以向出票人和其他票据债务人行使追索权;持票人对出票人、背书人、承兑人和保证人可以不按照汇票债务人的先后顺序,对其中任何一人、数人或者全体行使追索权。持票人可请求被追索人支付应清偿的汇票金额,到期日至付款清偿日按中国人民银行规定的利率计算的利息,及因取得有关拒绝证明和发出通知书的费用。

本案所系8张电子商业承兑汇票,持票人在这些汇票到期后被拒绝付款时,应享有追索权,A、B、C作为出票人、背书人承担连带清偿责任。因此,3位债务人应当支付D贸易公司8张汇票的票面金额145万元及利息。

持票人向其前手背书人追索,被追索权人清偿了追索金额以后,取得与持票人相同的权利,有权对其前手进行再追索。再追索金额包括已清偿的全部金额、前项金额自清偿日起至再追索清偿日止的利息及发出通知的费用。若出票时注明"Protest Waived"或者"Notice of Dishonor Excused",则出票人和全体背书人对拒绝证书和退票通知的费用免责。

---

① 参见http://www.chinacourt.org/article/detail/2022/06/id/6748131.shtml。

九、汇票的参加承兑（Acceptance for Honor）

参加承兑，是指在汇票未获承兑或者未获付款后，某当事人为了防止特定债务人被持票人追索而要求承兑汇票的行为。日内瓦统一票据法以及英国票据法均有参加承兑行为，而我国《票据法》并没有参加承兑的规定。

参加承兑应当在汇票上记载，由参加人签章，并记载被参加人（由于参加承兑人的参加行为而免予追索的特定票据债务人）的姓名；未记载的，被参加承兑人视为出票人。例如：

ACCEPTED FOR HONOR

Of B Company

19th, July, 20—

For K Company

(signed)

这时，K 公司为参加承兑人，B 公司为被参加承兑人。根据日内瓦统一票据法，参加承兑人可以是除承兑人之外的任何人，包括出票人、背书人、保证人、预备付款人等。英国票据法认为，参加承兑人应当是票据债务人之外的第三者。

参加承兑人参加承兑，应在法定期限内通知被参加承兑人，并且要取得持票人的同意。持票人若允许其参加承兑，则持票人对被参加承兑人及其后手不得于到期日前行使追索权。参加承兑人对持票人以及被参加人之后手，承担与承兑人相同的责任。若持票人到期向付款人做付款提示时被拒付，则参加承兑人就应当承担付款义务。

十、汇票的保证（Guarantee）

汇票的保证，是指票据债务人以外的第三者，为担保特定票据债务人履行债务而自愿负担同一内容的票据债务的票据行为。汇票的出票人、背书人或者承兑人都可以是被保证人。

汇票的保证，应当在汇票上或者其粘单上做成，应当记载相应的事项，如表明保证的字样、保证人的名称地址、保证日期、被保证人的名称，以及保证人的签章。根据我国《票据法》，必须记载表明保证的字样、保证人的名称及其签章。未记载被保证人名称的，已承兑的汇票，承兑人为被保证人；未获承兑的汇票，出票人为被保证人。常见的保证格式有：

PAYMENT GUARANTEED

For account of _____

Signed by _____

Dated on _____

GOOD AS AVAL _____

For account of _____

Signed by _____

Dated on _____

PER AVAL _____
Given by _____
Signed by _____
Dated on _____

汇票的非票据债务人,在汇票上做成上述记载,就成为保证人。保证既有从属性又存在相对独立性。在被保证的债务有效时,保证具有从属性,保证人责任与被保证人相同,各保证人责任因其被保证人责任的不同而互有差异。我国《票据法》规定,保证人与被保证人对持票人承担连带责任。但是,保证又有独立性。被保证的债务只要具备形式上的有效性,即使在实质上为无效,如被保证人为无行为能力人,或者被保证人的签章伪造,其保证仍然有效,保证人不能因此免责。但是,假如被保证的债务因欠缺绝对必要记载事项而无效,则该保证行为无效。我国《票据法》规定:"保证人对合法取得汇票的持票人所享有的汇票权利,承担保证责任。但是,被保证人的债务因汇票记载事项欠缺而无效的除外。"

汇票保证人清偿票款后,其保证责任消灭。保证人取得持票人的资格,有权向票据上的相关债务人行使追索权,即向被保证人及其前手行使追索权,被追索权人不得以其与原持票人之间存在的抗辩事由对抗保证人,而被保证人的后手即可免责。

本章小结

汇票是出票人签发的无条件的书面支付命令。其所记载的事项包括绝对必要项目和相对必要项目,其中绝对必要项目是必须记载的事项,欠缺其中一项,汇票即告无效。汇票当事人有基本当事人(出票人、付款人以及收款人)和其他当事人(背书人、被背书人、保证人、参加承兑人以及持票人等)。汇票当事人实施的票据行为能引起票据法律关系的发生、变更或者消灭,具体包括出票、背书、提示、承兑、付款、追索、保证以及参加承兑等。

关键名词

指示性抬头汇票　空白背书　限制性背书　普通承兑　期前追索　再追索
汇票保证　参加承兑

课后练习题

一、选择题

1. 根据日内瓦统一公约,汇票的绝对必要项目包括(　　)。
A. 汇票金额　　　　B. 付款日期　　　　C. 出票人签字　　　　D. 出票地点

2.（　　）是票据债务人。
　　A. 出票人　　　　　B. 承兑人　　　　　C. 被背书人　　　　D. 保证人
3.（　　）的持票人可以取得超越其前手的票据权利。
　　A. 支付对价取得票据　　　　　　　B. 欺诈取得票据
　　C. 受赠与取得票据　　　　　　　　D. 因继承取得票据
4. 票据在（　　）情形下，持票人可以行使追索。
　　A. 付款人死亡　　　　　　　　　　B. 付款人宣告破产
　　C. 付款人逃匿　　　　　　　　　　D. 拒绝承兑
5. 票据的（　　）是提高票据流通性的有效手段之一。
　　A. 参加承兑　　　　B. 追索　　　　　C. 保证　　　　　　D. 背书

二、判断题

1. 出票日期是汇票的相对必要项目。　　　　　　　　　　　　　　　　　（　　）
2. 票据背书人通过背书，对其受让人及其后手承担担保付款责任。　　　　（　　）
3. 以背书转让取得票据的持票人，背书连续即可证明其票据权利的合法性。（　　）
4. 汇票因为拒绝承兑或者拒绝付款发生可生成追索权。　　　　　　　　　（　　）
5. 持票人在法定期限内没有及时提示付款，并不影响其追索权。　　　　　（　　）

三、问答题

1. 什么是汇票保证的从属性和独立性？
2. 我国《票据法》规定的汇票绝对必要项目包括哪些要素？
3. 持票人实施追索权的前提条件包括哪些要素？
4. 我国《票据法》规定的票据背书的绝对必要项目包括哪些？
5. 票据参加承兑行为的目的是什么？

第四章
本票与支票

本票与支票是汇票之外的两类票据。这两类票据与汇票存在着共性,但也有特殊的一面。票据法在本票、支票的当事人及票据行为方面都有特殊的规定。

第一节 本票

一、本票的概念

本票是出票人做成的一项无条件的书面支付承诺。

英国票据法将本票定义为:"A promissory note is an unconditional promise in writing made by one person to another signed by the maker engaging to pay on demand or at a fixed or determinable future time a sum certain in money to or to the order of a specified person or to bearer."

(本票是一人向另一人开出的,由出票人签字,保证对某一特定的人或其指定人或持票来人即期或固定地,或在可以确定的未来某一日期支付一定货币金额的书面的无条件支付承诺。)

我国《票据法》将本票定义为:"本票是指出票人签发的、承诺自己在见票时无条件支付确定金额给收款人或者持票人的票据。"我国《票据法》所称本票是指银行本票。

二、本票的必要项目

本票的样本如表4-1所示:

表4-1　　　　　　　　　　　　　本票的样本

```
Promissory Note for £1,000                        13ᵗʰ Nov. 20——London
    At   Thirty   days   after date we promise to pay   B Co. or order   the sum of   one   thousand
Pounds

                                                    For A Company, London
                                                         (signed)
```

根据日内瓦统一票据法,本票必要项目包括以下几项:

(1)表示本票的字样;

(2)无条件支付承诺;

(3)付款日期(未记载,视为见票即付);

(4)付款地(未记载,视出票地或者出票人之住所为付款地);

(5)收款人或者其指定人的名称;

(6)出票日以及出票地；

(7)出票人的签章。

我国《票据法》规定,表示本票的字样、无条件支付承诺、确定的金额、收款人名称、出票日期以及出票人签章为必须记载事项,而付款地和出票地为相对必要记载事项。与英国票据法、日内瓦统一票据法不同的是相对必要项目欠缺付款期限,因为我国规定的本票是见票即付的银行本票。

三、本票的行为

本票的行为包括出票、提示、背书、保证、付款和追索等。本票没有承兑。

(一)本票的出票

本票的出票就是出票人根据票据法的规定做成本票并将其交付收款人的行为。与汇票的出票相同,本票的出票也包括做成与交付两个动作。但是本票出票的法律效力与汇票不同。本票是自我支付承诺,是自付证券,只有两个基本当事人,即出票人和收款人。本票没有承兑人,本票出票后,出票人就是主债务人,承担无条件的、绝对的、最终的票据责任。出票人的支付义务除因时效届满消灭外,不因持票人行使权利或保全权利的手续欠缺而免除。出票后收款人取得付款请求权和追索权。

出票人做成本票时,只能签发单张本票,这与汇票不同。汇票可以成套签发,一式多份。

(二)本票的提示

同汇票一样,本票持票人必须提示票据,才能实现其票据权利。持票人必须在法定期间提示付款。我国《票据法》规定,本票自出票日起,付款期限最长不得超过2个月。本票的持票人若未按照规定期限提示本票,则其丧失对出票人以外的前手的追索权。需要强调的是,本票持票人的前手,仅指背书人或者保证人,不包括出票人,因为出票人是票据的主债务人,承担绝对付款的责任。

本票的其他行为,包括背书、保证、付款和追索等,按照汇票的各项规定,只要这些规定不与本票的性质相抵触。我国《票据法》规定:"本票的背书、保证、付款行为和追索权的行使……适用本法第二章有关汇票的规定。"

四、商业本票和银行本票

从出票人角度看,本票可以划分为商业本票(Trader's Promissory Note)和银行本票(Banker's Promissory Note)。

商业本票是指公司、企业或者个人签发的本票。商业本票有交易性的商业本票以及融资性的商业本票。国际贸易结算中使用的本票一般是为了清偿债权债务,属于交易性的商业本票。由于商业本票的信用基础是商业信用,所以中小企业较少使用商业本票,国际贸易中也只有出口方在提供出口信贷的情况下,才接受进口商签发的分期付款的本票,而且必须由进口国银行的背书保证。融资性的商业本票目的在于短期的资金融通，类似公司债券。在资本市场发达国家，商业本票是货币市场的短期融资工具，一些著名的跨国公司经常通过发行大面额的商业本票进行短期资金融通。商业信用与商业本票的发行使用密切相关，企业信用等级状况良好以及资本运作管理制度完善是一国发展商业本票的基础。我国由于企业信用普遍存在问题，资本市场有待进一步发展完善，允许公司、企业签发使用商业本票会引起信用膨胀，因此限制使用商业本票。我国《票据法》所规定的本票也专指银行本票。

银行本票是指由银行签发的本票，通常被用于代替现金支付。银行本票有即期和远期之分。即期银行本票是支付凭证，而不是信用工具。银行本票多为即期本票。远期本票受到严格限制。由于银行本票在很大程度上可以替代现金流通，所以各国为了加强对现金和货币市场的管理，一般对银行发行本票加以规范。如我国《票据法》规定："本票出票人必须具有支付本票金额的可靠资金来源，并保证支付。本票出票人的资格由中国人民银行审定，具体管理办法由中国人民银行规定。"

五、本票的形式

（一）国际限额本票（International Money Order）

这是国际流通的银行本票，由美国、英国、加拿大等国的大银行发行，出票人就是付款人，使用范围多为旅游支出。持票人携带这类本票在海外使用，再流向发行中心支付。

（二）旅行支票（Traveller's Cheque）

旅行支票名为支票，事实上属于本票范畴。因为旅行支票的发行银行和在不同国家兑付的付款人均属于旅行支票的发行银行在海外的分支机构或者特约的代理银行。旅行支票发行的目的在于供旅游者在旅途中购买物品、支付旅费。旅行支票有不同面额，一般没有日期的限制，也不指定付款地点，使用范围较广。

（三）国库券（Treasury Bill）

国库券是由政府发行的本票。西方国家财政部可以发行来人抬头的大面额的本票，期限为91天，可以流通转让、贴现抵押。由于该类本票的出票人是政府，有税收和其他财政收入为国库券的还本付息提供担保，因此国库券成为金融市场重要的短期投资工具，也成为政府宏观调控的重要工具。

（四）可转让存单（Negotiable Certificate of Deposit）

可转让存单是银行发行的存款单，具有面额大、可流通转让的特点。最早是在20世纪60年代由美国花旗银行推出，此后各大银行相继发行。银行凭借自己信誉发行大面额可转让存单，成为银行负债管理的重要手段。

（五）信用卡（Credit Card）

信用卡的发行者和支付者为同一家金融机构，因此具有本票的性质。由于信用卡使用方便，其发行者一般为信誉卓著的大银行，所以信用卡已经成为大众消费的支付手段。

第二节　支　票

一、支票的概念

支票是无条件的书面支付命令,是一种以银行为付款人的即期汇票。

英国票据法把支票定义为:"Briefly speaking, a cheque is a bill of exchange drawn on a bank payable on demand. Detailedly speaking, a cheque is an unconditional order in writing addressed by the customer to a bank signed by that customer authorizing the bank to pay on demand a sum certain in money to or to the order of a specified person or to bearer."

(简单地说,支票是以银行为付款人的即期汇票。详细而言,支票是银行客户向银行开出,由银行客户签字,授权银行对某一特定的人或其指定人或持票来人即期支付一定货币金额的书面的无条件支付命令。)

我国《票据法》把支票定义为:"支票是出票人签发的、委托办理支票存款业务的银行或者其他金融机构在见票时无条件支付确定的金额给收款人或者持票人的票据。"

二、支票的必要项目

支票的样本如表 4-2 所示:

表 4-2　　　　　　　　　　　　　　支票的样本

```
Cheque No. _____                                    13ᵗʰ Dec. 20—London

     Pay to the order of   B Company   the sum of (one thousand) Pounds Sterling   ONLY
                                                                  GBP1,000.00

To: Bank of Europe
    London
                                                         For A Company, London
                                                             (signed)
```

根据日内瓦统一票据法,支票应当记载以下项目:

(1)表示支票的字样;

(2)无条件支付一定金额的委托;

(3)付款人名称;

(4)付款地(未记载付款地的,以付款人地址为付款地);

(5)出票日期以及出票地(未记载出票地的,以付款人地址为出票地);

(6)出票人签章。

我国《票据法》规定,支票必须记载下列事项:表明支票的字样、无条件支付委托、确定的金额、付款人名称、出票日期、出票人签章。支票上未记载上述事项之一的,支票无效。

支票是最重要的支付工具,使用范围广泛。由于在支付中往往难以确定支票的金额,所以为了方便支票的使用人,我国《票据法》又规定,支票上的金额可以由出票人授权补记,未补记前的支票,不得使用。可见,支票金额实际上只是相对必要记载事项。但是应当强调授权补记是对出票人欠缺记载事项的补充措施,应当由收款人补记,限制收款人以外的其他人补记。不做限制,就会出现因超越授权随意补记而扩大支票金额的后果,从而损害出票人的利益。所以,支票金额未补记之前,收款人不得背书转让和提示付款。

三、支票的出票(Issue)

(一)出票的概念

支票的出票,是指出票人做成支票并交付支票的行为。在实践中,出票人签发支票,均应使用由银行规定格式并统一印制的支票用纸。按照中国人民银行的规定,存款人在领用支票时,应填写三联空白重要凭证领用单,并在第一联上加盖预留银行印鉴。签发支票时,应使用碳素墨水填写,未按规定填写,被涂改冒领的,由签发人负责。

(二)支票出票的效力

对于出票人而言,支票出票后,出票人承担担保付款的责任。出票人的担保责任是最终的、绝对的。具体包括:

(1)支票出票时,出票人应当首先在金融机构开设支票存款账户,将用于支付支票票款的资金存入该账户下,并且拥有用支票处分资金的权限,否则出票人签发的支票不能兑现就会构成空头支票。我国《票据法》第八十八条规定:"支票的出票人所签发的支票金额不得超过其付款时在付款人处实有的存款金额。出票人签发的支票金额超过其付款时在付款人处实有的存款金额的,为空头支票。禁止签发空头支票。"

空头支票实际上是出票人因欠缺资金关系而签发的。支票作为最重要的支付工具,特别注重资金关系。滥发空头支票,会影响金融秩序的混乱和信用危机,所以大多数国家均对空头支票规定了一定的法律制裁,有以瑞士为代表的损害赔偿、以日本为代表的行政处罚以及以法国为代表的刑罚。我国《票据法》第一百零三条规定,"对签发空头支票或者故意签发与预留印鉴不符的支票,骗取财物的",依法追究刑事责任,要是上述行为"情节轻微,不构成犯罪的,依照国家有关规定给予行政处罚",支票的付款行也可以收取罚款或者撤销该出票人的支票存款账户,而汇票的出票人在此情况下将受持票人的追索,持票人还有权对出票人实施惩罚或者要求做出额外的赔偿。例如,根据我国相关法律,持票人有权要求出票人支付相当于支票票面金额2%的赔偿金。

(2)出票人签章是重要的绝对必要项目,出票人出票时所做的签章必须与其在开立支票存款账户时预留的签名式样和印鉴相同。为了保证银行支付的票款确系出票人签发支票的票款,我国《票据法》规定,支票出票人不得签发与其预留本名的签名式样或者印鉴不符的支票。

(3)若付款行拒付,则支票出票人应当承担偿还的责任。付款行拒付,持票人仍然有对出票人的追索权。即使签发的是空头支票,只要出票记载了绝对必要项目,该支票仍发生支票的效力。所欠缺的资金关系是票据的基础关系,而票据的无因性决定了支票的效力只与支票的形式是否齐全有关,而与支票的原因无关。

(4)若持票人在提示期间届满后提示付款,则出票人仍对持票人承担票据责任,即持票人仍保存对出票人的追索权。但是,若因持票人过失而造成出票人损失的,持票人应当予以赔偿,赔偿金额以支票票面金额为限。例如,A 签发一张金额为 1 000 美元的支票交付给收款人 B,B 过期提示,后来因付款行 C 破产倒闭而未获付款。由于付款行无力退还客户存款,所以 A 损失 1 500 美元,若 B 在法定期限内提示,就可以提取 1 000 美元而使存款人 A 减少损失 1 000 美元。因为 A 多损失的 1 000 美元与 B 过期提示直接相关,所以就损失部分可以解除 A 的责任,因此 A 可以对该支票解除票据责任。

四、支票的提示(Presentment)

支票持票人要实现其票据权利,必须向付款人现实地出示票据请求付款。支票的付款提示也有法定期限。对提示期限的规定,各国法律不大一致。日内瓦统一票据法规定,出票与付款地在一国之内,付款提示期限为 8 日;不在一国之内的,提示期限为 20~70 日,再由各国具体规定。我国《票据法》第九十一条规定:"支票持票人应当自出票日起十日内提示付款;异地使用的支票,其提示付款的期限由中国人民银行另行规定。"

持票人在法定提示期间为付款提示,有取得票款的权利,若被拒绝付款,持票人对于前手享有追索权,但是应依法做出拒绝证书。持票人未在提示期间内为付款提示,对于一切前手丧失追索权,但是出票人除外。

五、支票的付款(Payment)

(一)付款人的义务

支票限于即期付款,因此,出票人可以随时向付款人请求付款。持票人在法定提示期间内为付款提示,付款人应当付款。出票行为属于单方行为,出票人可以为持票人创设权利,但是无权为付款人设定义务,付款人因为出票行为取得了按照支票的记载付款的权限,但是付款人不承担票据法上的付款义务。付款人的付款权限是出票人基于与付款人的资金关系而授予的,因此,付款人只在一定的条件下对支票持票人承担付款的义务,付款人的付款是有条件的、相对的。我国《票据法》规定,出票人在付款人处的存款足以支付支票金额时,付款人应当在当日足额付款。

当出票人与付款人之间存在资金关系时,支票的付款行根据下列情形(抗辩事由)也可免除其付款义务,拒绝付款：
　　(1)持票人未在法定提示期间为付款提示行为；
　　(2)出票人撤回付款委托,且支票提示期间已经届满；
　　(3)支票的票据权利时效届满,如我国规定,持票人对支票出票人的权利,自出票日起6个月后就属已经届满；
　　(4)付款人已经收到出票人宣告破产的通知。
　　支票付款人除了承担相对付款义务外,在付款时还须对提示付款的支票进行审查,这是支票付款人的随附义务,这一责任同汇票付款人的责任相同。付款人的审查义务包括对票据形式的审查,即审查是否欠缺法定的绝对必要记载事项、支票背书是否连续,以及出票人的印鉴是否与出票人在银行的预留印鉴相符合。

(二)支票付款委托的撤销(Countermand of Payment)

　　支票是出票人签发的指示付款行支付确定金额的无条件书面支付委托。支票的出票是出票人赋予付款人一定的付款权限,因此,撤销付款委托就是出票人撤回赋予付款人的付款权限。对于出票人是否可以任意撤销付款委托,各国法律规定不一。英美法对此持肯定的态度,认为出票人撤销付款委托并不能摆脱其债务,若出票人拒不付款,债权人可以上诉,出票人作为债务人不可能逃脱付款的义务。但是在实践中,会出现滥用撤销付款委托的后果。这种做法在保护出票人利益的同时,忽视了对持票人利益的保护。《统一支票法公约》规定,出票人在提示期间经过后,可以撤销付款委托,而在提示期间内,不得撤销付款委托。大多数国家均采纳这一做法。这一做法可以防止出票人通过签发空头支票同时又撤销付款委托的手段以逃避债务的现象发生。

六、支票的划线(Crossing the Cheque)

　　根据支票付款人所承担的相对付款义务,只要提示的支票合格,且出票人在付款人处的存款足以支付支票的金额,则支票付款人在不存在法定抗辩事由的情形下,必须承担付款的义务。由于支票很容易被冒领,所以一旦遗失,损失很难追回。为了有效防止冒领,保障支票存款账户的资金安全,一些国家设立了支票的划线行为。划线是支票特有的行为,源于英国票据法,后为其他国家所采纳,《统一支票法公约》也对划线支票做了相应规定。我国《票据法》将支票分为现金支票和转账支票,没有规范划线支票,但是,中国人民银行的《支付结算办法》有相关规定。
　　所谓支票划线,是指在支票正面划上平行线。划线后的支票只能委托银行凭以办理转账,将票款收入记入支票上记载的收款人账户,持票人不能直接提取现金。所以,持票人若要取款首先必须在银行开立账户。支票票款若被冒领,由于是代收银行为冒领者收账,所以就比较容易追踪查出,有利于保护票款真正权利人的票据权利。支票划线根据划线的形式以及效力的不同,可分为一般划线(General Crossing)和特别划线(Special Crossing)。
　　一般划线,是指下列情形中的一种：

(1)支票带有横过票面的两道平行线,中间无任何加注。
(2)两道平行线中间加注"Banker"或者"&Co."字样。
(3)两道平行线中间加注"Not Negotiable"字样,表示支票不可流通转让,若转让,受让人的权利不得优于其前手转让人。
(4)两道平行线中间加注"Account Payee"字样,表示根据代收行的指示,要求其将票款计入收款人账户。

特别划线是指支票正面的两道平行线中间加注的是一家银行和划收账户的名称。该指定的银行就是代收行,付款人只能对被指定的代收行付款。

上述情形如下所示:

1. ————————————————

2. ————Banker————

3. ————Not Negotiable————

4. ————————————————
   ————Account Payee————

5. ————Midland Bank Ltd., London————　　　（特别划线）

支票的划线可以由出票人作成,若出票人未做划线,持票人可以根据自己的意思作成一般划线和特别划线。托收银行可以加注自己银行的名称作成特别划线。普通支票可以经划线成为划线支票,一般划线的支票可以通过加注指定代收行而成为特别划线的支票。

支票划线后,付款行必须按照规定办理转账业务,对一般划线支票只能转账付款给一家代收银行的账户,而对特别划线支票,只能转账付款给划线中指定的银行的账户。若付款人对一般划线支票付款给非银行机构或者对特别划线支票付款给非线内所示银行或其代收银行之外的银行,则付款人就应对支票的真正所有权人遭受的损失承担责任。

七、支票的保付（Certified to Pay）

支票保付,是指支票的付款人表示对支票票款承担保证支付的行为。保付包括两个动作:一是对支票记载保付事项,二是将支票交付给持票人。支票保付是美国规定的支票特有的票据行为,英国票据法、《统一支票法公约》以及我国《票据法》均无支票保付的规定。美国统一商法典认为,支票的保付属于承兑。

付款人为保付行为时,应当记载表示保付的字样、保付的日期和保付人的签章。例如:

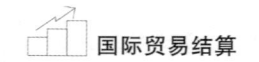

CERTIFIED TO PAY

Dated on _____

For Bank of ABC, New York

(signed)

但是,保付毕竟不是承兑。由于支票限于即期付款,因此支票没有承兑行为。汇票有承兑行为,一旦承兑,承兑人就成为主债务人。除此之外,汇票还有次债务人,如出票人、背书人或者保证人等,这些次债务人对汇票仍然承担担保付款的责任。但是,支票保付行为完成后,出票人和所有的背书人都被免除支票担保付款责任。

支票的出票、背书、付款行为以及追索权的形式,除上述做法以外,其他均适用汇票的规定。

八、支票的种类

(1)根据支票是否记载收款人名称的不同,有记名支票(Cheque Payable to A Specified Person or to Order)和无记名支票(Cheque Payable to Bearer)。

(2)根据支票是否划线的不同,有普通支票(Open Cheque)和划线支票(Crossed Cheque)。划线支票根据划线形式的不同,又分为一般划线支票(Generally Crossed Cheque)和特别划线支票(Special Crossed Cheque)。我国《票据法》将支票分为现金支票和转账支票。转账支票的作用类似于划线支票。

(3)根据支票上记载的事项不同,记载保付事项的支票称为保付支票(Certified Cheque)。

本章小结

本票是出票人无条件的书面支付承诺。本票无付款人,出票人作为本票的主债务人承担担保本票付款的责任。本票的法定付款提示期限与汇票不同,过期提示时,本票的持票人就丧失出票人之外的、对其他前手的追索权。本票有银行本票和商业本票之分。支票是一种特殊的汇票,支票的出票人与付款人有特定的资金关系。出票人对支票承担担保付款的责任,不能签发空头支票,不能签发支票印鉴与其在付款人处预留的印鉴不符的支票,对过期提示的持票人仍然承担票据的责任。支票付款人对支票承担相对付款义务,无法定抗辩事由,付款人对持票人不应拒绝付款。支票可以划线,划线支票的持票人不可以直接提取现金。支票的付款人可以对支票保付,支票一经保付,保付人就是支票唯一的债务人,支票的所有其他票据债务人,包括出票人、背书人均被免除对票据的责任。

关键名词

银行本票 商业本票 空头支票 一般划线 特别划线 支票的保付

课后练习题

一、选择题

1. 本票行为包含（   ）。
   A. 出票   B. 承兑   C. 背书   D. 保证

2. 本票的持票人过期提示,丧失对（   ）的追索权。
   A. 出票人   B. 承兑人   C. 第一背书人   D. 第二背书人

3. 支票是以（   ）为付款人的即期票据。
   A. 企业   B. 商业银行   C. 信托公司   D. 租赁公司

4. 支票付款行在（   ）情形下可以拒绝付款。
   A. 持票人过期提示   B. 支票权利时效届满
   C. 出票人撤回付款委托   D. 出票人存款不足

5. 支票行为包含（   ）。
   A. 出票   B. 承兑   C. 提示   D. 付款

二、判断题

1. 支票是出票人出具的一项无条件的书面自我支付承诺。（   ）
2. 我国规定的本票是见票即付的,没有远期本票。（   ）
3. 我国允许支票金额由出票人授权补记,出票时金额可以空缺,但收款人补登记前不得背书转让。（   ）
4. 支票若过期提示,则丧失对所有前手(包括出票人)的追索权。（   ）
5. 支票可以是现金支票也可以是转账支票。（   ）

三、问答题

1. 根据我国《票据法》规定,试述支票的必要项目的内容。
2. 为什么要对支票划线?
3. 试述支票、本票与汇票之间的区别。
4. 请说明支票付款人的付款权限。
5. 试分析本票的主要功能。

第五章
国际贸易结算币种选择

在进出口贸易过程中,进出口商面临着合同计价货币和结算货币的选择问题。在国际商品买卖合同中,价格通过一定数量的货币表现。用来计价的货币,可以是出口国家货币,也可以是进口国家货币或双方同意的第三国货币,由买卖双方协商确定。在全球主要货币普遍实行浮动汇率的条件下,合同的计价货币汇率经常变化,甚至在一段时期内波幅巨大。国际商品交易通常的交货期都比较长,从订约到履行合同往往需要一个过程。在此期间,计价货币汇率的大幅度波动,必然直接影响进出口双方的经济利益。因此,选择何种货币作为合同的计价和结算货币就具有重大的经济意义,是买卖双方在确定价格时必须注意的问题。若选择出口国货币作为计价货币,则进口商面临本币与出口国货币之间汇率波动的风险,承担着对外支付过程中本币兑换成出口国货币的交易成本;反之,选择进口国货币作为结算货币,则出口商将承担汇率的不确定性以及交易成本。本章将对结算币种选择的影响因素、人民币跨境清算模式、清算系统以及人民币跨境结算现状逐一进行介绍。

第一节 国际贸易结算币种选择的决定

一、国际贸易结算币种选择的理论阐述

(一)格拉斯曼经验法则

格拉斯曼(Grassman,1973)[①]通过对瑞典和丹麦进出口合同所使用的结算货币的经验估计,发现两国之间的贸易大部分以出口国货币结算,其他则多以进口国货币结算,而第三种货币只占很小的比重。在进出口贸易中主要以出口国货币计价结算这一经验法则在国际结算领域中被称作格拉斯曼法则。此后,很多学者研究并验证了格拉斯曼法则的适用性。

格拉斯曼法则强调了出口国货币在国际贸易中的作用,但这仅仅是一个经验法则,并未有效解释选择出口国货币的原因,而美国经济学家麦金农(Mckinnon,1979)对此做出了解释。麦金农[②]认为,在选择货币作为国际贸易结算货币时,因为国际贸易合同中的相关费用难以削减,所以出口商比进口商更愿意使用本国货币作为结算货币。出口商所生产的产品差异化程度不断加大,价格支配能力不断增强,出口工业中间产品引致的价格支配能力等,谈判、交涉能力有所提高,因此在进出口贸易中,出口商较进口商处于更有利的地位,能够以本币计价防范汇率风险。应该说,早期的结算币种选择更侧重于对汇率风险的回避,而发达工业国的出口商明显具有更强的汇率风险回避的能力,因而以发达出口国货币作为结算币种。

---

① Grassman Sven. A Fundamental Symmetry in International Payment Patterns[J]. Journal of International Economics,1973(3):105-116.
② Mckinnon Ronald. Money and International Exchange: The Convertible Currency System[M]. Oxford: Oxford University Press,1979.

格拉斯曼法则能够解释20世纪六七十年代发达国家之间贸易的结算货币使用情况。但是,若将研究视角从发达国家扩大到发展中国家,那么以出口国货币作为结算货币不再成为通行的规则。实际上,无论是出口贸易还是进口贸易,发展中国家同发达国家之间的贸易大多采用的是发达国家的货币,而发展中国家与发达国家以外的国家或地区之间的贸易则大量使用第三国货币即媒介货币(Vehicle Currency)。显然,格拉斯曼法则无法解释全球所有国家进出口贸易结算币种选择的一般规律。

(二) 理论进展

1. 基于出口企业利润最大化的结算货币选择理论

当一国货币自由浮动时,其汇率波动不仅仅涉及进出口商品价格的不稳定,而且关系到需求的不稳定。若价格确定于汇率波动之前,订单决定于汇率波动之后,而出口商以本国货币定价(Producer Currency Pricing,PCP),那么出口商将面临出口订单的波动、贸易品需求量的不确定性;若出口商以进口国货币定价(Local Currency Pricing,LCP),则其将面临贸易品价格的不确定性。

吉奥瓦尼尼(Giovannini,1988)[1]分析了国内外市场由于价格歧视偏离一价定律所带来的影响,研究了在汇率不确定条件下通过对结算货币的选择以实现利润期望效用最大化。他认为,结算货币的选择与厂商利润函数的凹凸性有关。如果厂商在国外市场上具有垄断优势,即需求对于价格的弹性不大,那么出口商更倾向于用本币计价,以规避汇率波动的风险。但是当某个出口产业存在众多竞争对手时,所有的出口商都会选择用同一种货币结算,在现实中常会用美元计价结算。

唐纳费尔德、杰尔恰和弗里伯格(Donnenfeld, Zilcha & Friberg, 1991)[2]建立了结算货币选择的动态经典模型(简称DZ模型)。该模型将出口企业(厂商)的产量、价格和出口量的决定予以阶段化和动态化,将交易的步骤分为以下几个阶段:首先,厂商决定自己的生产水平;其次,根据外部信号来制定国内外价格;最后,订单下达,交易最终达成。他们同时假设出口商在国内和国外市场都具有垄断优势,可以进行价格歧视,所以不存在一价定律。厂商是风险中性的,不存在远期市场,这样其产品在国内外市场上的需求就只取决于各自的价格,生产成本与汇率无关。如果出口商选择以对方的货币进行结算,需求数量就可以立刻确定,这是因为早在订单实际发生前,国内和国外市场上的价格就已经事先声明。唐纳费尔德和杰尔恰指出,如果以国外市场价格为自变量的利润函数为凹函数,即出口需求函数的弹性较大时,由于汇率的不稳定性造成的国外市场价格的波动越大,带来的预期利润就越低,这样固定国外价格的外币结算相对于本币结算就是一个占优策略;反之亦然。

---

[1] Giovannini Alberto. Exchange Rates and Traded Goods Prices[J]. Journal of International Economics, 1988, 24: 45-68.

[2] Donnenfeld, Shabtai and Itzhak Zilcha. Pricing of Exports and Exchange Rate Uncertainty[J]. International Economic Review, 1991, 32(4): 1009-1022.

弗里伯格(1998)[①]、约翰逊和匹克(1997)[②]将第三国货币,即媒介货币纳入模型中,对DZ模型进行了完善。弗里伯格将风险回避的假设和远期市场引入其中,认为货币选择的次优战略取决于汇率的相对波动性,如果进出口国货币与媒介货币之间的汇率波动小于进出口国货币之间的汇率波动,则媒介货币为出口商首选;反之亦然。约翰逊和匹克将贸易的出口方延伸到多个国家的厂商。他们认为,当本币或外币的汇率波动太大,或者受流动性等限制使直接结算的成本大幅上升时,交易双方就会倾向于选择汇率相对稳定的媒介货币。而且由于其他国家竞争对手的存在,即便选择进口商的货币进行结算,也不能确定厂商在国外市场的需求。此时,各竞争者之间的相对价格就显得非常重要,因此,要达成一个纳什均衡,所有出口商都将选择汇率稳定的媒介货币进行结算。

威恩和德·菲尔斯(1992)[③]考虑到结算货币的选择并非完全由出口商单方面决定,将讨价还价策略和远期市场引入模型。他们认为,结算币种的选择与进出口商之间的非合作博弈相关。他们发现,在一个厂商随机配对的双边协商模型中,由于出口商的垄断优势大于进口商,因此在市场上具有更大的讨价还价的能力,从而会选择对他们有利的货币进行结算。这一解释在一定程度上弥补了DZ模型只考虑出口商而忽略了进口商的不足。

2. 基于交易成本的结算货币选择理论

克鲁格曼(Krugman,1980)[④]引入一个三国三货币的模型,从交易成本视角分析了结算货币选择问题。他首先将货币汇兑结构分为直接汇兑、局部间接汇兑和全部间接汇兑。三国货币在各自外汇市场两两双边汇兑结算为直接汇兑;一国引入媒介货币与其他两国进行国际收支差额清算,另外两国使用直接汇兑清算为局部间接汇兑;三国均使用同一种媒介货币清算国际收支差额为全部间接汇兑。由于外汇市场存在交易成本,因此,直接汇兑成本与间接汇兑成本存在差异。假定交易成本随着交易规模的扩大具有递减趋势,那么国际收支规模在全球占主导地位的货币将成为国际结算媒介货币。克鲁格曼的理论为美元作为全球最重要的国际结算货币提供了理论依据。配吉(1981)[⑤]将各国的出口额和货币使用量在全球贸易中所占的比重进行对比后发现,只有美元的使用比重远远超过其出口份额,在初级产品上尤为明显。

多德和格林纳韦(Dowd & Greenaway,1993)[⑥]研究了货币交易网络的外部性以及货币

[①] Friberg Richard. In Which Currency Should Exporters Set their Prices?[J]. Journal of International Economics,1998,45:59-76.

[②] Johnson Martin and Daniel Pick. Currency Quandary:The Choice of the Invoicing Currency under Exchange-Rate Uncertainty[J]. Review of International Economics,1997,5(1):118-128.

[③] Viaene Jean-Marie and Casper G. de Vries. On the Design of Invoicing Practices in International Trade[J]. Open Economies Review,1992,3:133-142.

[④] Krugman P. Vehicle Currencies and the Structure of International Exchange[J]. Journal of Money,Credit,and Banking,1980,12:513-526.

[⑤] Page S.. The Choice of Invoicing Currency in Merchandise Trade[J]. National Institute Economic Review,1981,98(1):60-72.

[⑥] Dowd K.,D. Greenway. Currency Competition,Network Externalities and Switching Cost:Towards an Alternative View of Optimum Currency Areas[J]. Economic Journal,1993,102:1180-1189.

兑换之间的兑换成本,认为货币使用存在惯性,并存在自我强化的特征。只有当新货币较现存媒介货币具有明显的非网络优势时,货币替代才可能在大范围内发生。

哈特曼(Hartmann,1998)[①]进一步分析了货币的网络外部性。他认为,由于规模效应的缘故,一种货币的交易规模越大,交易成本就越低,人们所使用的媒介货币就会趋向一致。而具备网络外部性和交易成本优势的媒介货币消失的速度往往与贸易和投资额以及外汇市场对该货币的预期冲击程度紧密相关。他还用这一假说解释了欧元在短期内难以替代美元成为最主要的媒介货币的原因。

3. 基于宏观视角的结算货币选择理论

国际贸易结算货币的选择,不仅与进出口企业的利润最大化目标相关,而且与一国的宏观经济特征和制度特征密不可分。很多学者运用宏观经济多个变量构建的一般均衡模型也成为国际结算货币的主要研究工具。巴切塔和范·温库帕(Bacchetta and Van Wincoop)、福田和小野(Fukuda and Ono)、德弗罗和恩格尔(Devereux and Engle)以及戈德堡和泰尔(Goldberg and Tille)等学者分别从出口国商品的市场份额、出口国经济体的规模、进出口国货币政策的稳定性、进出口国汇率制度的特征以及金融市场的完善程度等角度考察了结算货币的选择。

巴切塔和范·温库帕(2005)[②]认为,出口商的海外市场份额以及产品差异化程度是影响结算币种选择最主要的因素。出口市场份额越大,出口产品差异化程度越高,越倾向于使用出口国货币;反之,则使用进口国货币。他们验证了一国市场份额与其本币计价结算的比例存在着明显的正相关关系,指出美国和德国的市场份额远大于其他国家,因此美元和德国马克也就成为全球主要的媒介货币。由于日本输出的商品大部分进入美国市场,全球平均市场份额不高,因此日元作为全球媒介货币之一,其地位低于美元和德国马克。他们还认为,对于一个货币联盟而言,联盟的对外出口多以本国货币计价,联盟的进口也多以本国货币计价,这是整个货币联盟在全球的市场份额普遍较高所致。

出口国商品市场份额越大,其货币在国际市场上的影响力就越大,可接受程度越大,采用出口国货币作为结算货币的可能性也就越大。福田和小野(2006)[③]的研究表明,出口国经济体越大,出口商品在海外的市场份额就越大。这不仅增强了出口商的垄断势力,而且提高了进口商对出口国货币的接受程度。此外,国际结算货币的选择和使用与货币的国际化程度紧密相关,且在很多情况下具有相当大的历史惯性和趋同性,实力强大的经济体往往越有能力并且越倾向于选择本国货币。

---

① Hartmann, Philipp. The Currency Denomination of World Trade after European Monetary Union[J]. Journal of the Japanese and International Economics, 1998, 12:424-454.

② Bacchetta Philippe, Eric van Wincoop. A Theory of the Currency Denomination of International Trade[J]. Journal of International Economics, 2005, 67(2):295-319.

③ Shin-ichi Fukuda, Masanori Ono. On the Determinants of Exporters' Currency Pricing: History vs. Expectations [J]. Journal of the Japanese and International Economies, 2006, 20(4):548-568.

德弗罗、恩格尔和斯托加德(2004)[①]在黏性价格假说下引入两个国家的动态一般均衡模型,研究了不同类型货币政策下汇率的价格传导差异。他们发现,货币政策的波动往往与汇率的波动相联系,稳定的货币政策能够增强货币持有者的信心,从而人们会更多地选择用该货币进行结算。货币政策波动性小的国家,其汇率波动对价格的冲击就小,因此稳定的货币政策能够抵御汇率价格转移对物价和工资的不利影响,出口商也就更愿意用该国货币进行结算。

戈德堡和泰尔(2005)[②]对24个国家的结算货币数据进行分析后发现,当前美元在全球贸易中占主导地位,这一方面要归功于美国在世界贸易中的影响力,另一方面是由于各国采取的汇率制度。不少国家实行钉住美元的汇率制度,其国内企业采用本国钉住货币结算,等同于用本币进行结算,可以规避汇率波动风险。如果有几个国家同时钉住某种货币,那么本国的出口商品价格就能同这些国家的同类商品价格保持相对稳定,从而避免汇率波动带来的需求波动。

国际金融市场是否完善,有没有健全的远期市场为进出口商提供套期保值工具,有没有发达的银行票据市场和国债市场便于货币的运用和筹措也会对结算货币的选择产生影响。亚洲学者在研究中发现,日元在全球贸易结算中所占比重较小与长期以来以日元计价的银行票据市场和短期国债市场的发展比较落后有关,货币市场的不发达抑制了日元的运用和筹措,从而限制了日本进出口贸易中的日元结算比例。

上述理论不仅从微观视角,即从厂商利润最大化以及交易成本角度阐述了汇率波动、出口需求波动以及交易成本大小如何决定企业选择国际结算货币,而且从宏观视角考察了开放经济条件下诸多经济变量及其相互关系对国际贸易结算货币选择的影响,运用了理论分析与实证检验相结合的分析方法,为国际结算货币选择提供了理论基础。

二、国际贸易结算货币选择的影响因素

国际贸易结算货币选择的一般理论为企业结算币种的选择提供了依据,据此,国际结算货币选择的影响因素可以概括为以下几个方面:

(一)出口商品的差异化程度

贸易品为同质产品,即产品之间可以完全相互替代,产品需求的交叉弹性极高,消费者对此类产品的消费偏好几乎相同,特别是大宗初级产品和标准化中间产品,如小麦、大豆等,出口商宜选择与竞争者使用同种货币。采用同一币种结算有利于国际市场上对不同贸易商提供的报价进行综合比较,增强市场的透明度。此外,在一物一价的一价定律作用下,还应采用具有规模效应的货币充当结算手段。因此,同质产品的贸易宜采用媒介货币进行结算,

---

① Devereux Michael, Charles Engel, Storgaard. Endogenous Exchange Rate Pass-Through when Nominal Prices are Set in Advance[J]. Journal of International Economics, 2004, 63(2): 263–291.

② Goldberg Linda S., Cedric Tille. Vehicle Currency Use in International Trade. NBER Working Paper, 2005, No. 11127.

如美元。

异质性产品,即产品之间不可以完全替代,其特征表现为产品差异化程度较大,价格需求弹性较小。由于出口商的利润取决于汇率波动引起的出口品价格的变动以及价格变动连锁引发的需求量的变化,当汇率波动引起出口品价格上升时,其需求量却下降,因此,利润是增加还是减少并不确定,在很大程度上取决于价格需求弹性。考虑到产品差异化程度大的商品,其价格需求弹性较小,出口品价格变动对于需求量的增减影响不大,因此,出口商将更关注汇率波动对于出口品价格的不利影响。所以,当贸易品差异程度较大时,出口商基于自己较强的贸易谈判能力,宜选择出口国货币作为结算货币。

(二) 货币交易成本

外汇市场上两种货币相互兑换存在交易成本,具体可以表现为政策层面的交易成本和市场层面的交易成本。如果一国政府限制本国货币的自由兑换,如因为经常账户或者资本金融账户下的交易引发的货币兑换受到数量或者其他方面的管制,那么受制于该国政策所引发的交易成本,进出口贸易不应采用该国货币结算,而应选择可自由兑换货币。市场层面引发的交易成本与货币的交易规模相关。交易成本随着货币交易规模的扩大而减小。因此,基于交易成本的考量,外汇市场交易品种齐全、交易规模巨大的货币成为进出口商偏好的媒介货币;同时,考虑到货币交易网络的外部性,货币使用存在惯性并具有自我强化特征,宜选择已具备规模优势的货币作为国际贸易结算的主要货币。

(三) 出口国经济实力及其商品的全球市场份额

一国经济实力越强大,其出口商在国际市场的竞争力也越强,该国的贸易规模、贸易方向以及贸易结构对全球其他国家的影响力就越大,该国货币在全球的可接受性也就越强。由于国际贸易结算货币的选择在很多情况下受到惯性以及趋同性的影响,为了扩大或者巩固本国货币的国际化程度,经济实力强大的国家在贸易中宜采用本国货币结算。此外,出口国在全球市场份额的大小同样也影响结算货币。出口国贸易方向多样化,商品在各个市场的占有率较高,将使出口商在国际结算货币选择中占据有利地位,因此全球化市场份额高的出口商可选择本国货币结算;相反,如果出口国贸易方向单一,商品出口过度依赖单一市场,或美国,或欧元区,则其全球市场份额不高,在结算货币选择中的话语权受限,可采用进口国货币结算。

(四) 货币稳定性

一国通货膨胀率越低,通货膨胀率的波动性越小,其货币的购买力就越稳定,越容易被贸易商所接受。由于通货膨胀率的高低反映了货币购买力的变化,影响进出口商对货币的信心,因此,如果进出口国的通货膨胀表现差异较大,应选择低通货膨胀率国家的货币结算;如果进出口国的通货膨胀率以及波动幅度都较高,则双方应选择币值更加稳定的第三国媒介货币结算。

(五) 汇率制度

一国若采用钉住汇率制度,宜选择所钉住货币作为结算货币,对于进出口商而言,其效果类似于选择本币结算。进出口国都采用钉住汇率制度的情况下,若所钉住货币为同一货币,应采用共同钉住的货币结算。

(六) 金融市场发达程度

进出口贸易结算中不仅仅涉及简单的债权债务清算,而且会面临结算过程中的汇率风险以及中短期的资金融通需求。在汇率波动剧烈的情况下,进出口商产生套期保值的迫切需求;在资金紧张的前提下,进口商在对外支付时可能面临流动资金的匮乏,要求获得资金融通,同样出口商也可能急于回笼资金,要求银行先予资金借贷。但是,如果缺乏发达的外汇市场依托,将无法为进出口商提供套期保值的远期交易工具帮助进出口商有效防范汇率波动风险;缺乏发达的货币市场依托,也将无法为进出口商提供有效的资金支持。因此,如果进出口国有一方金融市场非常发达,进出口双方可以选定以该国货币作为结算货币;如果进出口国的金融市场均发展不足,则双方可以选择有发达金融市场为依托的媒介货币结算。

第二节 人民币跨境贸易结算

一、人民币跨境贸易结算的发展背景

(一) 全球金融危机与人民币国际化和人民币跨境结算

自 2008 年美国次贷危机升级为全球金融危机以来,对于金融危机爆发的原因探讨全面而广泛,如美国金融市场过度自由的监管模式、对金融创新和高杠杆衍生品的过度需求、脱离经济基础无限透支的信用以及全球经济结构失衡等。但是,在众多因素中,国际货币体系的缺陷和不合理性是最重要的因素之一,改革国际货币体系的呼声也日益高涨。

当前国际货币体系虽然储备货币多元化,但是仍然以美元为主导,美元在国际货币中所占份额过大,导致全球经济过度依赖美国,全球货币体系陷入失衡状态。美国作为美元的发行国,在享受国际货币丰厚的铸币税的同时,却不承担调节全球货币供应量的绝对义务,其经济政策的制定可以仅仅取决于本国宏观经济基本面,而不必对美元的国际价值做任何承诺,因为牙买加体系缺乏对储备货币发行国的制度约束,导致储备货币发行国家的权利与义务脱节。因此,美国过度宽松的货币政策势必引发全球汇率不稳定和金融市场的动荡;通过不加节制的贸易逆差向全球输出美元,必然导致全球美元泛滥和美元贬值;与此同时,美国政府和私人部门向银行无约束地透支,形成庞大的外债,并将外债作为绑架全球经济的筹码,这使得国际货币体系呈现不公正、不合理的特性。

2008 年金融危机对中国也产生了巨大影响。首先,全球金融危机对中国出口产业造成巨大冲击。虽然金融危机的重灾区是在美国和欧洲地区,但是由于这两个经济体恰恰是中

国最主要的出口市场,金融危机导致美国和欧盟经济全面萎缩的同时,全球进口需求快速下降,因此,全球金融危机对中国国内出口影响尤其巨大。2007年,欧盟和美国分列中国出口市场的第一位和第二位,中国对欧盟和美国的出口占中国出口市场份额的40%;若加上经中国香港转口贸易的部分,欧盟和美国市场的份额应该超过50%。可以说,中国出口市场半壁江山坍塌。其次,全球金融危机以来,美元汇率波动巨大,美元贬值趋势明确,这使得中国自改革开放以来所积累的巨额财富遭遇巨大的汇率风险。中国巨额的外汇储备有60%~70%是以美元资产方式持有的。随着金融危机的深化和扩展,美国政府实行量化宽松政策导致美元贬值以及美国政府的主权债务危机,使得中国持有的美国资产遭遇巨大的信用风险和市场风险。中国越来越清楚地意识到过度依赖美元的货币体系所潜伏的巨大风险。中国政府自2008年底开始致力于重构中国的国际金融战略,降低中国经济增长对美元的依赖程度。这一国际战略包含三个组成部分,其中人民币国际化就是重要构成之一。2022年党的二十大报告提出高质量发展是全面建设社会主义现代化国家的首要任务,坚持高水平对外开放,有序推进人民币国际化。

人民币国际化是指推动人民币由国内货币发展为区域性或者全球性货币,成为国际上普遍认可的计价货币、结算货币和储备货币。人民币成为国际货币,除了可以享有铸币税收益外,中国可以在全球经济一体化中获得主导权,从国际分工和贸易中获得更多利益;中国经济政策的制定和调整拥有更多的独立性,减少美国经济政策对其的影响;人民币用于国际计价和结算,还可以帮助扩大本国银行在国际金融市场的份额;可以有效控制外汇储备规模,减少美元资产的持有量,降低外汇储备的汇率风险,摆脱美国通过美元对中国经济的绑架。

人民币跨境贸易结算是指在国际货物、服务以及其他经常项目下的贸易使用人民币结算,这是人民币国际化的重要组成部分。从货币国际化进程看,一国货币要成为国际货币,首先必须成为贸易领域广为接受的国际支付结算货币,然后成为国际投资领域中的支付结算货币,最后成为国际储备货币。人民币跨境贸易结算就是人民币国际化关键的第一步。

(二)人民币汇率波幅加大与人民币跨境结算

自改革开放以来,我国进出口贸易通常是以美元、欧元和日元进行计价结算,其中,美元结算份额最高。中国对美国、欧盟以及日本以外的其他国家或地区的贸易用美元计价和结算的份额超过80%,这增加了国内企业的美元兑换成本。以美元兑换人民币为例,银行需按照交易额的1.25‰收取汇兑费用,如果贸易伙伴是美国之外的其他国家或地区,则进出口商都需要承担汇兑费用。此外,采用美元计价和结算,若人民币对美元汇率可以浮动,则国内企业面临的汇率风险增加。2005年7月的人民币汇率形成机制改革增加了人民币汇率弹性;2007年5月,银行间即期外汇市场人民币兑美元交易价日浮动幅度由0.3%扩大至0.5%;2012年4月,央行将这一幅度从0.5%扩大至1%;2014年3月,该浮动幅度进一步扩大至2%。人民币汇率双向波动开始呈现,国内企业面临的汇率风险也日益增大。

人民币汇率波动幅度扩大增加了进出口企业的财务成本。在采用美元进行计价结算时,企业为了对冲汇率风险需要委托银行购买外汇衍生产品。从国内商业银行远期结售汇的收费标准看,买入 3 个月的美元按照交易金额的 2.5‰收取费用,卖出 3 个月的美元需按照交易金额的 5‰收取费用;外资银行的收费标准普遍高于中资银行。

以外币计价和结算的贸易合同在执行过程中由国内企业承担外币的兑换成本,在人民币汇率弹性加大的情况下,导致国内进出口商的汇率风险以及外汇避险引发的交易成本增加。如果人民币能够广泛应用于进出口贸易,就能够减少汇率波动引发的交易成本,这增强了企业对人民币结算的需求。

二、人民币贸易结算开展的意义

(一)国家层面

首先,人民币跨境贸易结算预示着在跨境贸易中人民币从计价货币提升为结算货币,提升人民币在国际市场中的购买力有助于实现人民币国际化。

其次,人民币跨境贸易结算有利于促进我国与周边国家和地区的贸易发展,扩大人民币在周边国家和地区的流通规模,进一步巩固人民币在周边国家和地区的地位。

最后,人民币跨境贸易结算有助于人民币汇率形成机制的完善。人民币在世界范围内用于跨境结算,币值的参考范围和比例将更加优化,汇率市场化程度得以深化,有利于汇率形成机制的完善。

(二)企业层面

对进出口企业而言,首先,直接用人民币收付避免了汇率风险。人民币是境内企业的本币,因为合同计价和企业运营的主要货币相一致,企业在合同签订前就能够切实了解交易的成本和收入,有助于企业财务核算清晰化,加快企业资金运转速度,从而提高贸易决策的有效性,防范汇率风险。也就是说,出口企业可以因此锁定收入,进口企业可以因此锁定支出。

其次,利用人民币结算能有效地降低企业的财务管理难度,消除外币衍生品交易产生的费用。当企业以外币结算时,必须采用相应手段进行汇率风险管理,其财务管理的难度和费用相应增加。对中小企业而言,企业并不具备汇率风险管理的能力,采用人民币结算可以降低对冲风险的难度。对于大企业而言,用人民币结算,则无须承担外币衍生产品交易的费用,降低财务成本。

最后,人民币结算可以加快结算速度,提高资金的使用效率。一方面,结算遵循的国际惯例和规则没有变化,没有新增成本;另一方面,人民币结算不纳入外汇核销和外债额度管理,企业无须提交核销单,出口货物仍能够享受退(免)税待遇,贸易结算更加简单、便利,这大大加快了结算速度,降低了贸易成本。

(三)商业银行层面

在人民币跨境贸易结算中,商业银行可以扮演 4 种角色,分别为境内结算银行、境内代理银行、境外参加行以及清算行,这将大大增加商业银行的业务种类以及中间业务收入。

首先,商业银行因为人民币跨境结算需求,增加了跨境人民币信用证、跟单托收、人民币预收预付等结算业务。传统的跨境贸易外币结算需由境内银行通过境外外币账户行与境外银行进行贸易项下的资金清算,开展人民币跨境贸易结算将使结算模式改变为由境外银行通过境内人民币账户行与境内银行进行贸易项下的资金清算。结算模式的改变将导致大量的境外银行寻求适合其人民币资金清算的境内账户行,使境内账户行获得相当规模的人民币资金存款,同时大幅增加人民币资金结算量,并由此带来可观的结算手续费收入。另外,境内银行也可以为境外同业提供人民币资金理财服务,并获得理财产品的中间业务收入。

其次,商业银行在提供人民币跨境贸易结算的同时,增加了各类人民币贸易融资产品。传统国际贸易外币结算时,银行为进出口企业提供相当规模的外币融资。开展人民币跨境贸易结算将使原有的外币融资转变为人民币融资,商业银行将在传统贸易融资业务的基础上增加新的融资业务品种,如为进出口企业提供人民币信用证项下的融资业务,为境外银行提供人民币代付和福费廷转让业务。境内银行具有丰富的人民币资金融资渠道,资金成本将优于境外银行,同业间利差的存在客观上形成了通过同业合作开展人民币代付和福费廷转让实现双赢的业务需求。

最后,商业银行开展人民币跨境贸易结算的同时,增加了人民币衍生产品交易。开展人民币跨境贸易结算,境内企业可以规避汇率波动风险,对外汇衍生产品等避险工具没有需求,但另一方面境外企业面临人民币汇率波动风险,对人民币衍生产品的需求增加。为此,商业银行将通过为境外企业提供人民币衍生产品等避险工具,满足其套期保值的需求。人民币衍生产品的提供和推广将增加商业银行人民币汇兑及手续费收入。另外,商业银行通过提供结构性人民币资产组合产品在满足企业投资理财需求的同时,也为自身带来中间业务收入。

三、人民币跨境贸易结算的推行和发展

(一)人民币跨境贸易结算开展进程

2003年,中共十六届三中全会通过《中共中央关于完善社会主义市场经济体制若干问题的决定》,提出"在有效防范风险的前提下,有选择、分步骤放宽对跨境资本交易活动的限制,逐步实现资本项目可兑换,加快推进与港澳地区货物贸易的人民币结算试点"。

2008年12月8日,国务院《关于当前金融促进经济发展的若干意见》明确了政府将允许香港非金融性企业发行以人民币计价的债券,支持香港人民币业务的发展,扩大人民币在周边贸易中的计价结算规模。

2008年12月,我国央行与韩国达成1 800亿元人民币(38万亿韩元)货币互换协议,此后又分别与中国香港、马来西亚、白俄罗斯、印度尼西亚、阿根廷、冰岛、新加坡、新西兰、乌兹别克斯坦、蒙古国、哈萨克斯坦、澳大利亚、英国、俄罗斯等28个国家和地区的中央银行或货

币当局签署了双边本币互换协议,为境外银行从事人民币结算业务有充足的人民币头寸提供保证。截至2022年底,中国和其他国家的央行达成了逾3.99万亿元人民币的货币互换协议。

2008年12月24日,国务院常务会议提出,在广东和长三角地区与港澳地区、广西和云南与东盟的货物贸易试点人民币结算。

2009年4月8日,国务院常务会议正式决定,在上海、广州、深圳、珠海、东莞5个城市率先进行人民币跨境贸易结算试点工作。

2009年7月2日,中国人民银行会同财政部、商务部、海关总署、国务院税务总局、银监会共同制定并对外颁布《跨境贸易人民币结算试点管理办法》。

2009年7月3日,中国人民银行印发了《跨境贸易人民币结算试点管理办法实施细则》,进一步细化了人民币跨境贸易结算的具体操作规则。

2009年7月6日,人民币跨境贸易结算业务开通,首批业务成功开展。中国银行上海分行首先收到中银香港汇来的我国第一笔人民币跨境贸易结算业务款项。其后,香港汇丰银行也与交通银行合作为上海一家进出口公司办理了人民币跨境结算业务。

2010年6月17日,中国人民银行、财政部、商务部等发布了《关于扩大跨境贸易人民币结算试点有关问题的通知》,将人民币跨境结算的境外地域由港澳、东盟地区扩展到所有国家和地区;增加北京、天津、内蒙古、辽宁、吉林、黑龙江、江苏、浙江、福建、山东、湖北、广西、海南、重庆、四川、云南、西藏、新疆18个省(自治区、直辖市)为试点地区。

2010年8月,中国人民银行进一步推出了跨境贸易人民币结算试点的两项配套政策:一是发布《关于境外人民币清算行等三类机构运用人民币投资银行间债券市场试点有关事宜的通知》,允许境外中央银行或货币当局、港澳人民币业务清算行和境外参加银行使用依法获得的人民币资金投资银行间债券市场;二是发布《境外机构人民币银行结算账户管理办法》,明确境外机构可申请在境内银行开立人民币银行结算账户用于依法开展各项跨境人民币业务。

2011年8月,人民币跨境贸易结算境内地域范围扩大至全国。

2012年3月,中国人民银行、财政部、商务部、海关总署、国家税务总局和银监会联合发布《关于出口货物贸易人民币结算企业管理有关问题的通知》,具有进出口经营资格的企业可按照《跨境贸易人民币结算试点管理办法》开展出口货物贸易人民币结算业务。至此,参与出口货物贸易人民币结算的主体不再限于列入试点名单的企业,所有具有进出口经营资格的企业均可开展出口货物贸易人民币结算业务。

2012年12月,中国人民银行批复《前海跨境人民币贷款管理暂行办法》,标志着深圳前海地区跨境人民币贷款业务正式启动。

2013年8月22日,国务院正式批准设立中国(上海)自由贸易试验区,这是我国内地第一个自由贸易区。随后,政府出台了多项金融细则简化和取消了多项外汇管理规定,以支持上海自贸区的发展。央行上海总部也颁布了多项扩大人民币跨境使用的业务细则,进一步便利人民币跨境支付和融资。

2013年7月,人民银行明确境内非金融机构可开展人民币境外放款结算业务和人民币对外担保业务,进一步放宽了境内银行向境外参加行提供人民币账户融资的期限和限额。2013年9月,人民银行明确境外投资者可使用人民币投资境内金融机构。

2014年11月,跨国企业集团开展跨境人民币资金集中运营业务,允许人民币合格境内机构投资者(RQDII)以人民币开展境外证券投资,明确了"沪港通"有关跨境人民币结算事宜,将资本项目下的人民币跨境结算扩展到直接投资以外的范围。

2014年10月,英国财政部宣布发行人民币国债,英国成为首个发行人民币国债的外国政府,人民币首次纳入外汇储备中。

2015年10月8日,人民币跨境支付系统(一期)成功上线运行。

2015年11月30日,国际货币基金组织(IMF)执董会决定将人民币纳入特别提款权(SDR)货币篮子,SDR货币篮子相应扩大至美元、欧元、人民币、日元、英镑5种货币,人民币在SDR货币篮子中的权重为10.92%,美元、欧元、日元和英镑的权重分别为41.73%、30.93%、8.33%和8.09%,新的SDR篮子于2016年10月1日生效。这意味着各国政府将扩大投资人民币,提高人民币在国际储备的地位。

2017年5月23日,中国人民银行印发《人民币跨境收付信息管理系统管理办法》,加强人民币跨境收付信息管理系统管理,保障人民币跨境收付信息管理系统安全、稳定、有效运行。

2018年1月5日,中国人民银行印发《关于进一步完善人民币跨境业务政策促进贸易投资便利化的通知》,明确凡依法可使用外汇结算的跨境交易,企业都可以使用人民币结算。

2018年5月2日,人民币跨境支付系统(二期)全面投产,符合要求的直接参与者同步上线。

2022年5月11日,IMF执董会完成了5年一次的SDR定值审查,将人民币权重由10.92%上调至12.28%,人民币权重仍保持第三位。新的SDR货币篮子在2022年8月1日正式生效。

2022年6月20日,中国人民银行印发《关于支持外贸新业态跨境人民币结算的通知》,支持银行和支付机构更好地服务外贸新业态发展。

至此,跨境人民币结算已经形成了以跨境贸易为主、直接投资迅速发展、其他投资为补充的模式。

(二)人民币跨境结算的发展现状

1. 人民币在中国对外收支中的使用

自2009年7月试点以来,跨境人民币结算规模持续扩大。2022年跨境人民币收付金额合计42.1万亿元,同比增长15%,其中,货物贸易收付金额为7.9万亿元,服务贸易及其他经常项目收付金额为2.6万亿元;资本账户下人民币收付金额合计31.6万亿元,同比增长10%。2009—2022年人民币货物贸易结算由32亿元迅猛增加到7.9万亿元(见图5-1)。

跨境人民币结算的相对规模亦不断增加，人民币在本外币跨境收支中的使用占比提升。根据国家外汇管理局的相关数据，2010年，我国对外贸易支付货币中，美元支付占贸易额的85%以上，人民币所占比重不到1%；2022年在跨境收付中人民币使用占比已经达到49%，其中，货物贸易结算占比达到18%，直接投资使用占比达70%。

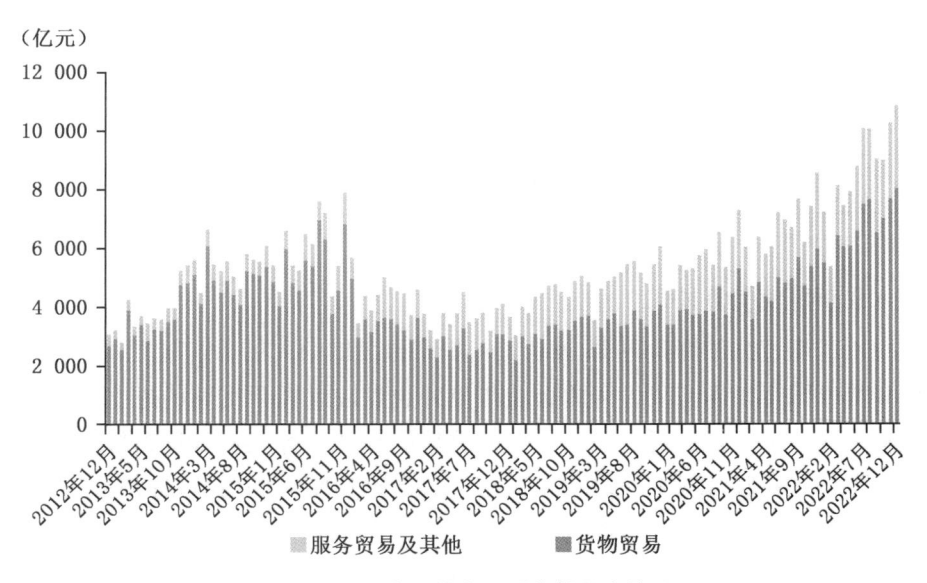

图 5-1　经常项目人民币收付月度情况

数据来源：中国人民银行。

2. 人民币在全球支付中的使用

当前各国间支付使用最多的货币包括美元、欧元、英镑、日元和人民币。根据SWIFT客户汇款和金融机构间汇款的数据，2023年3月美元使用占比41.74%，欧元使用占比32.64%，英镑使用占比6.19%，日元使用占比4.78%，人民币使用占比2.26%，排位第五。

此外，SWIFT有关托收及信用证业务报文的数据显示，2023年2月美元在跨境货物贸易中的使用占比达84.32%，欧元使用占比6%，人民币使用占比4.7%，日元使用占比1.47%，英镑使用占比0.18%。人民币在国际支付结算中正占据越来越重要的份额。

3. 人民币在国际储备中的使用

随着2016年10月IMF正式宣布人民币加入SDR，人民币的国际地位明显改善，逐步成为各国政府的投资标的，人民币在全球外汇储备中的份额显著提高。截至2022年第三季度，IMF官方外汇储备币种构成调查（COFER）报送国持有的人民币储备规模为2 977.9亿美元，占COFER报送国外汇储备总量的2.76%（见表5-1）。

表 5-1　　　　　　　　　　　全球主要储备货币占比　　　　　　　　　　单位：%

币　种	2016 年	2017 年	2018 年	2019 年	2020 年	2021 年	2022 年 9 月
美元	65.36	62.73	61.76	60.75	59.92	58.81	59.79
欧元	19.14	20.17	20.67	20.59	21.29	20.6	19.66
英镑	4.35	4.54	4.43	4.64	4.73	4.81	4.62
日元	3.95	4.9	5.19	5.87	6.03	5.52	5.26
人民币	1.08	1.23	1.89	1.94	2.29	2.8	2.76

数据来源：IMF 官网。

（三）人民币跨境清算模式

在人民币跨境贸易结算过程中，商业银行提供最关键的人民币跨境支付清算渠道，需要境内银行和境外银行共同完成。国内企业与境外企业以人民币结算的进出口贸易，可以通过境外人民币业务清算行进行人民币资金的跨境结算和清算，也可以通过境内商业银行代理境外商业银行（即境外参加行）进行人民币资金的跨境结算和清算，即商业银行参与人民币跨境结算包括清算行模式和代理行模式。

代理行模式，即可以通过境内商业银行代理境外商业银行进行人民币资金的跨境结算和清算，其路径和目前美元等国际货币的清算模式相类似。由于境内商业银行是中国人民银行大额支付系统（High Value Payment System，HVPS）的直接参与者，并且在国内建立了覆盖面较广的行内人民币清算系统清算和结算，因此，具备国际结算能力的境内商业银行可以与境外商业银行签署人民币代理结算协议，为其开立清算账户（即人民币同业往来账户），利用人民币同业往来账户，并通过 HVPS，完成人民币资金的跨境清算和结算。

在清算行模式下，人民币业务的境外清算行一方面被授权与自愿接受清算条件和安排的境外参加行签订人民币业务清算协议，为这些境外参加行开立人民币账户，并按协议为其办理人民币拆借业务；另一方面与中国人民银行的 HVPS 相连，按照央行的有关规定从境内银行间外汇市场、银行间同业拆借市场兑换和拆借资金，与境内人民币市场建立人民币流动、清算渠道。2009 年，经中国人民银行和香港金融管理局、澳门金融管理局认可，中国银行成为港澳人民币清算行，这是最早设立的人民币清算行。截至 2023 年 3 月，中国已在境外设立多家人民币清算行，主要集中在亚洲地区（见表 5-2）。境外人民币清算行的布局扩大并完善了人民币国际支付的网络。

表 5-2　　　　　　　　　　　　境外人民币清算行分布

区域	地点	人民币清算行
亚洲	中国香港	中国银行
	中国澳门	中国银行
	中国台北	中国银行
	老挝万象	中国工商银行
	新加坡	中国工商银行
	柬埔寨金边	中国工商银行
	巴基斯坦	中国工商银行
	韩国首尔	交通银行
	卡塔尔多哈	中国工商银行
	阿联酋	中国农业银行
	哈萨克斯坦	中国工商银行
	马来西亚吉隆坡	中国银行
	泰国曼谷	中国工商银行
	菲律宾	中国银行马尼拉分行
	日本东京	中国银行日本分行
	日本	三菱日联银行
大洋洲	澳大利亚悉尼	中国银行
欧洲	英国伦敦	中国建设银行
	德国法兰克福	中国银行
	法国巴黎	中国银行
	俄罗斯莫斯科	中国工商银行
	匈牙利布达佩斯	中国银行
	瑞士苏黎世	中国建设银行
	卢森堡	中国工商银行
北美洲	加拿大多伦多	中国工商银行
	美国纽约	中国银行
	美国	摩根大通银行
南美洲	智利圣地亚哥	中国建设银行
	阿根廷布宜诺斯艾利斯	中国工商银行
	巴西	中国工商银行
非洲	南非约翰内斯堡	中国银行
	赞比亚	中国银行

(四)人民币跨境清算体系

随着人民币逐步成为全球主要的跨境支付工具,人民币结算迫切需要完善金融基础设施,为境内外金融机构人民币跨境和离岸业务提供资金清算。中国人民银行于2012年启动建设人民币跨境支付系统。李克强总理在2015年政府工作报告中指出,要"加快建设人民币跨境支付系统,完善人民币全球清算服务体系"。该系统根据计划分两期建设:一期工程便利跨境人民币业务处理,支持跨境货物贸易和服务贸易结算、跨境直接投资、跨境融资和跨境个人汇款等业务。其主要功能特点包括:一是CIPS(一期)采用实时全额结算方式处理客户汇款和金融机构汇款业务。二是各直接参与者一点接入,集中清算业务,缩短清算路径,提高清算效率。三是采用国际通用ISO20022报文标准,便于参与者跨境业务直通处理。四是运行时间为北京时间9:00—20:00,覆盖欧洲、亚洲、非洲、大洋洲等人民币业务主要时区。五是为境内直接参与者提供专线接入方式。二期工程着眼于改进和提高人民币跨境资金的清算与结算效率,其主要功能特点包括:一是丰富结算模式,在实时全额结算模式基础上引入定时净额结算机制,满足参与者的差异化需求。二是支持金融市场业务。根据不同金融交易的资金结算需要,系统能够支持人民币付款、付款交割(DvP)结算、人民币对外币同步交收(PvP)、中央对手集中清算和其他跨境人民币交易结算等业务。三是延长系统运行时间。系统运行时间由(5×12)小时延长至[(5×24)+4]小时[1],覆盖全球各时区的金融市场。四是拓展直接参与者类型。引入金融市场基础设施类直接参与者,明确不同类型参与者的准入条件,为引入更多境外直接参与者做好制度和业务准备[2]。

2015年9月,跨境银行间支付清算有限责任公司在上海成立,负责人民币跨境支付系统的运营。2015年10月,人民币跨境支付系统一期成功上线运行。2018年5月人民币跨境支付系统二期全面投产。CIPS首批直接参与机构包括工商银行、农业银行、中国银行、建设银行、汇丰银行(中国)和花旗银行(中国)等19家境内中外资银行;间接参与者包括位于亚洲、欧洲、大洋洲、非洲等地区的38家境内银行和138家境外银行。2018年3月26日,CIPS系统(二期)成功投产试运行;2018年5月2日,CIPS系统(二期)全面投产,符合要求的直接参与者同步上线。截至2023年2月,CIPS系统共有79家直接参与者,1 287家间接参与者,覆盖全球109个国家和地区。

专栏5-1:跨境支付的国家金融安全

跨境资金清结算安全关乎一国金融安全和经济发展。然而,受制于以美元结算为主的贸易结算机制以及SWIFT系统强大的网络外部性,跨境资金清结算存在诸多安全隐患。推广人民币跨境支付系统(CIPS)和发展金融科技有助于保证中国跨境资金清结算的安全。

全球跨境支付主要涉及资金流转移和信息流转移两个方面。资金流转移主要包括银行

---

[1] 系统业务处理分为日间场次和夜间场次。一般工作日的日间场次运行时间为当日8:30至17:30(其中17:00至17:30为清零等场终处理时间);周末及法定节假日后第一个工作日的日间场次运行时间提前为当日4:30。夜间场次的运行时间为当日17:00至下一自然日8:30(其中8:00—8:30为清零等日终处理时间)。

[2] 来自中国人民银行网站。

账户间的资金划转和账务处理,信息流转移主要包括支付指令的发送、传递和清分。全球跨境支付清算网络由资金结算渠道和信息传输渠道交织而成。其中,资金结算渠道为各国货币的跨境支付清算系统。信息传输主要渠道为 SWIFT 系统。目前,SWIFT 系统已对接全球两百多个国家和地区的超过 1.1 万家金融机构,在跨境支付信息收发领域具有垄断地位,是国际收付清算体系基础设施。

但正是因为 SWIFT 的垄断地位,使得跨境支付很难摆脱对 SWIFT 的依赖,各国都面临因此带来的数据安全隐患及制裁风险。

一是数据安全隐患。全球跨境支付信息传递高度依赖 SWIFT 系统,而 SWIFT 系统数据为美国所监控。2001 年"9·11"事件后,美国政府获得向 SWIFT 获取数据信息的权利。跨境支付交易数据蕴含海量信息,若美国掌控并滥用 SWIFT 数据库,就将对全球各国金融安全造成重大威胁。

二是被切断跨境支付的风险。在当前以美元为主导的全球支付体系下,若美国通过禁止使用美元交易以及切断 SWIFT 渠道等方式对一国发动金融攻击,那么该国就很可能面临资本外逃、本币贬值甚至金融危机、经济衰退等严重后果。

CIPS 自 2015 年投入运行,已取得明显发展,但发挥作用仍显不足。一是系统覆盖率不高。CIPS 参与者主要集中在亚洲,而亚洲又以境内参与者为主,在非洲、拉丁美洲等发展中国家的覆盖率仍然较低。二是系统的跨境金融信息传递高度依赖 SWIFT,仍然存在较大安全隐患。可见,传统金融框架下人民币支付体系仍不足以替代美国主导的国际金融体系。

以数字经济和金融科技赋能支付体系,持续加大对区块链、数字货币等前沿领域应用的研究,建立数字人民币跨境支付系统也许能够另辟蹊径。

[资料来源]中国进出口银行清结算研究课题组.跨境资金清结算安全问题探究[J].海外投资与出口信贷,2022(4):16-19.

本章小结

合同结算货币的选择是企业在国际结算过程中面临的重大问题。在全球汇率波动日益加大的背景下,选择不同的结算货币意味着企业承担的交易成本存在差异。国际结算货币问题的探讨始于布雷顿森林体系崩溃时期,不同学者从宏观经济以及微观经济视角分别对国际结算货币选择做出理论分析。根据这些理论,国际结算货币选择的影响因素可以概括为出口商品的差异化程度、货币交易成本以及出口国经济实力及其商品的全球市场份额、货币稳定性、汇率制度、金融市场发达程度。

当前国际结算货币的使用以美元为主。美元在亚太地区结算中占据绝对主导地位,在欧元区和欧洲其他国家的地位低于欧元。欧元的使用增长明显,从最初只是对欧元区原有货币的取代,到目前向欧元区外围国家逐渐扩散。日元在日元国际化扩张阶段取得斐然的成效,但是在 20 世纪 90 年代以后,其份额趋于减小。

国际贸易结算

人民币跨境贸易结算是在全球金融危机以及人民币汇率弹性增加的背景下推出的,具体而言是指在国际货物、服务以及其他经常项目下的贸易使用人民币结算,是人民币国际化的重要组成部分。人民币跨境贸易结算推进迅速,目前人民币已取代加元和澳元,成为全球第五大支付货币。人民币采用清算行模式和代理行模式完成跨境清算。

关键名词

格拉斯曼经验法则　贸易结算货币　国际储备货币　媒介货币　人民币跨境贸易结算　清算行模式　代理行模式

课后练习题

一、选择题

1. 国际贸易结算货币选择的影响因素包括(　　)。
   A. 所交易商品的差异化程度　　　　B. 美元化程度
   C. 货币交易成本　　　　　　　　　D. 货币稳定性

2. 美元在大宗商品交易中成为最主要的计价货币,其主要原因是(　　)。
   A. 外汇市场交易成本　　　　　　　B. 大宗商品的特质
   C. 大宗商品的市场份额　　　　　　D. 美国的汇率制度

3. (　　)是人民币的跨境清算模式。
   A. 代理行模式　　　　　　　　　　B. 清算行模式
   C. 代理行模式和清算行模式　　　　D. SWIFT

4. 全球美元清算模式主要是指(　　)。
   A. 代理行模式　　　　　　　　　　B. 清算行模式
   C. 代理行和清算行模式　　　　　　D. SWIFT

5. CIPS 的运行特征是(　　)。
   A. 全额结算和净额结算相结合　　　B. 系统运行时间 5×24 小时+4 小时
   C. 采用 ISO20022 报文系统　　　　D. 银团合作

二、判断题

1. 国际货币的使用存在惯性,具备自我强化的特征。(　　)
2. 异质性商品的贸易更倾向于使用进口国货币结算。(　　)
3. 格拉斯曼法则揭示了发达国家和发展中国家贸易中计价货币与结算货币使用的规则。(　　)
4. 中国维持物价的稳定性有利于人民币在全球领域的使用。(　　)

5. 人民币跨境支付系统 CIPS 的建立主要用于中国境外人民币的资金清算。（   ）

三、问答题

1. 格拉斯曼经验法则是否为全球结算货币选择的通行法则？
2. 国际贸易结算货币选择的影响因素有哪些？
3. 试述全球国际结算货币的使用现状以及发展前景。
4. 试分析人民币跨境贸易结算的利弊。
5. 人民币跨境清算渠道有哪些？

第六章
国际贸易结算的方式——汇款

汇款是建立在商业信用基础上的结算方式。汇款方式速度快、使用灵活、费用低,是跨国公司分支机构之间以及跨国公司相互之间经常采用的结算方式。本章将详细介绍汇款方式的定义、程序、偿付及运用。

第一节 汇款的定义及当事人

一、国际汇兑与汇款

国际汇兑分为静态和动态两种。静态的国际汇兑主要是指外汇,即一国以外币表示的用于国际结算的支付手段。动态的国际汇兑是指一国汇款人通过银行将资金汇付另一国收款人,以实现国际债权债务清偿和国际资金的转移。所谓"汇",是指货币资金在国际的转移;所谓"兑",是指两种不同货币资金的转换。国际汇兑不仅运用于进出口贸易的汇款支付,而且被广泛地运用于对外投资等非贸易领域的结算。本章所讨论的国际汇兑是指动态的国际汇兑。

国际汇兑按照资金流向和结算工具流向的不同,可以分为顺汇和逆汇两大类。

顺汇(Remittance)也称汇付,是由债务人主动将款项交给本国银行,委托该银行通过某种结算工具的使用将汇款汇付给国外债权人或者收款人,因为结算工具的流向与资金的流向相同,故称之为顺汇。顺汇就是汇款的结算方式,其结算工具和资金的流向见图 6-1。

图 6-1 顺汇简易流程

逆汇(Reverse Remittance)是债权人通过出具票据委托本国银行向国外债务人收取汇票金额的结算方式,因结算工具的流向和资金的流向相反,故称之为逆汇。逆汇包括托收结算方式和信用证结算方式。逆汇通常是由债权人签发汇票向债务人收款,这种方法又称为出票法。图 6-2 是托收结算的流程图。

二、汇款的当事人

汇款结算方式有 4 个当事人:汇款人(Remitter)、汇出行(Remitting Bank)、汇入行或解付行(Paying Bank)以及收款人或受益人(Payee or Beneficiary)。

汇款人即付款人,是委托汇出行将款项汇交收款人的当事人,通常是国际贸易合同中的买

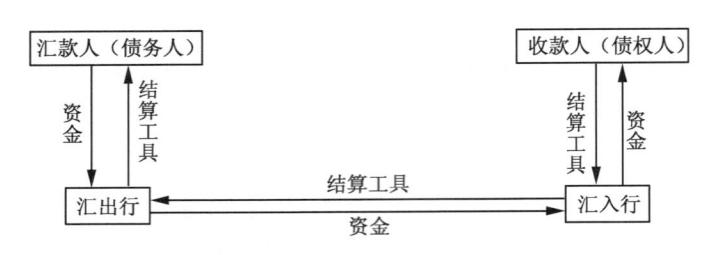

图 6-2 托收结算简易流程

方。汇款人在委托汇出行办理汇款时要出具汇款申请书,该申请书是汇款人与汇出行之间的契约。汇款人应当正确填写汇款申请书,申请书填制上的错漏所引起的后果由汇款人自己负责。

汇出行是接受汇款人委托汇出款项的银行。汇出行对汇款申请书的内容应仔细审核,如有危及汇款解付的应予指出,或要求汇款人修改或将申请书退给汇款人。汇款申请书一经接受,汇款人与汇出行之间的契约关系立即正式生效。汇出行应完全遵照汇款申请书的内容办理汇款业务。汇出行通常是汇款人所在地银行,即进口地银行。

汇入行是接受汇出行委托,并解付一定金额给收款人的银行。汇入行解付汇入款必须严格按照汇出行的支付委托书(Payment Order,P.O.)执行,收到 P.O. 后不论电汇、信汇和票汇均应验对印鉴密押,若有疑惑必须与汇出行进行联系,并通过加押电加以确认。汇入行通常是收款人所在地银行,即出口地银行。

收款人就是接到汇入行通知后收取汇款金额的当事人,通常是国际贸易合同中的卖方。

第二节 汇款的种类及业务程序

汇款人汇款必须向汇出行递交汇款申请书,委托汇出行办理汇出汇款业务。汇出行根据申请书的要求以不同的传送方式通知汇入行;汇入行则根据汇出行的汇款指示向收款人解付汇款。汇款申请书样式如表 6-1 所示:

表 6-1　　　　　　　　　　　汇款申请书
APPLICATION FOR OUTWARD REMITTANCE

□电汇(T/T)　　　　□信汇(M/T)　　　　□票汇(D/D)

大写金额 AMOUNT IN WORDS		金额 AMOUNT	
收款人姓名 BENEFICIARY NAME			
收款人往来银行名称 BENEFICIARY'S BANK ACCOUNT NUMBERS			
收款人地址 BENEFICIARY ADDRESS			

续表

汇款人姓名 REMITTER'S NAME 地址 ADDRESS		电话 TEL.
汇款人附言 MESSAGE		

□上述汇款偿付办法
IN PAYMENT OF THE ABOVE REMITTANCE

□请借记我行在贵行开立之账户,账号_____
PLEASE DEBIT MY/OUR ACCOUNT WITH
YOU A/C No. _____

□付现金/支票
I/WE SEND YOU CASH/CHEQUE
....

申请人签名盖章(APPLICANT'S SIGNATURE)

(请用留存本行之印鉴)

银行专用 FOR BANK USE ONLY.	
银行编号 BANK REF.	
手续费 COMMISSION	
邮电费 POSTAGE/CABLE	
银行盖章	
主管	复核
核印	经办

汇款结算方式根据所使用结算工具的不同,可分为电汇、信汇和票汇 3 种。

一、电汇(Telegraphic Transfer,T/T)

电汇是汇出行根据汇款人申请拍发加押电传或电报给其国外的汇入行,指示其解付一定金额给收款人的结算方式。

电汇经历了从电报到电传再到 SWIFT 通信方式的演变过程。随着通信技术的发展和电传费用的降低,电传逐渐取代了电报。此后又出现了 SWIFT 通信方式,该方式相对于信汇具有传递速度快、正确性高、收费合理等特点,所以已经成为银行汇款业务中的主要传送方式。

电汇方式速度快、银行占用客户资金的时间比较短,另外由于银行之间直接通信差错率低,遗失的可能性极小,因此,电汇比较其他汇款方式收费较高,主要适用于汇款金额较大的业务。

电汇结算业务的程序如图 6-3 所示。

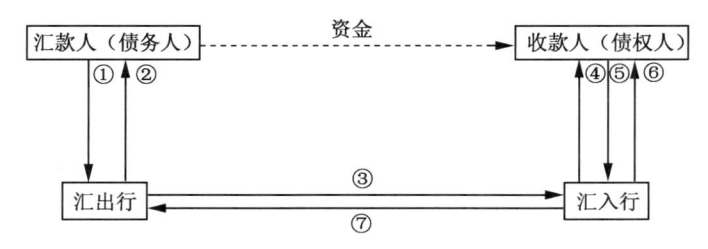

图 6-3 电汇结算业务程序

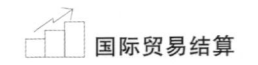

图 6-3 的说明如下：

①汇款人填写汇款申请书连同汇款金额交给汇出行，在电汇结算业务中汇款人应在申请书上选择电汇这一方式；

②汇出行接受申请，将电汇回执交付汇款人；

③汇出行根据申请书的内容，用电传或者 SWIFT 方式向其国外的联行或代理行（汇入行）发出汇款委托书；

④汇入行收到汇款委托书后应核对密押，再通知收款人取款；

⑤收款人持通知书及其他有关证件前去汇入行取款，并在收款人收据上签字；

⑥汇入行核对无误即刻解付汇款；

⑦汇入行将付讫借记通知书邮寄给汇出行。

二、信汇（Mail Transfer，M/T）

信汇是汇出行根据汇款人的申请用航空信函指示汇入行解付一定金额给收款人的结算方式。

与电汇不同的是汇出行不是用电传或电报的方式，而是通过航空邮寄信汇委托书（Mail Transfer Advice）或者支付委托书（Payment Order）。由于邮寄时间较长，收款时间相应较慢，故信汇的费用较电汇低。

信汇业务程序与电汇业务大致相同。

三、票汇（Remittance by Banker's Demand Draft，D/D）

票汇是汇出行根据汇款人的申请代汇款人开立以其联行或代理行为解付行的银行即期汇票，并支付一定金额给收款人的结算方式。

与其他汇款方式比较，票汇取款灵活，汇票的持票人可以将汇票卖给任何一家汇出行的代理行；汇票具有流通性，可以背书转让；票汇可以节省取款手续，汇入行不必花时间和人力去通知收款人。

票汇结算业务的程序如图 6-4 所示。

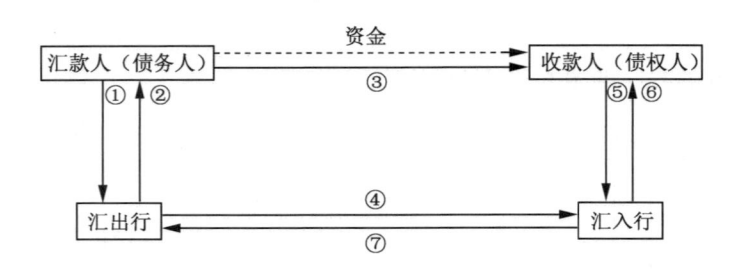

图 6-4 票汇结算业务程序

图 6-4 的说明如下：
①汇款人填写汇款申请书时应当选择票汇这一方式；
②汇出行根据汇款申请书开立银行即期汇票交给汇款人；
③汇款人自行邮寄汇票给汇款人，或亲自携带汇票给收款人；
④汇出行开立汇票后，将汇款通知书（票根）邮寄给汇入行；
⑤收款人持汇票向汇入行取款；
⑥汇入行核对票根无误后解付票款给收款人；
⑦汇入行将付讫借记通知书邮寄给汇出行。

在银行票汇业务中，汇出行开立的即期汇票若付款人是汇票上所用货币清算中心的银行，则该汇票称为中心汇票。该票汇业务也称为中心汇票汇款。

中心汇票汇款的产生是有一定原因的。在电汇和信汇中会发生汇入行通知收款人而无人领款的可能；另外，汇入行往往在获取汇款金额之后才解付给收款人，若偿付路径迂回曲折，收款人收款就可能滞后。而中心汇票的付款人都是出票行（汇出行）在某货币清算中心的账户行，出票行无须划拨资金，收款人持票提示付款，付款行见票即付，这就解决了电汇和信汇业务中的上述问题。而且，买入汇票的银行只要将中心汇票邮寄到汇票所用货币的清算中心银行即可收款，手续简单，同时买入汇票时还可以获得一定天数的贴息，故中心汇票汇款业务有较大的使用范围。

第三节 汇款的偿付与退汇

一、汇款的偿付

汇款业务中解付汇款的是汇入行，从汇款人处收取汇款资金的是汇出行，汇款资金在两行之间的调拨是这两类银行非常关注的问题。所谓汇款偿付，就是指汇出行办理汇出业务时应及时将汇款金额拨交给解付汇款的汇入行的行为。

结合汇出行和汇入行开设账户的情况，汇款资金的偿付有以下 4 种不同的方式：

（一）主动贷记

当汇入行在汇出行开立往来账户，汇出行在委托汇入行解付汇款时，汇出行应在支付委托书上注明偿付指示："In cover, we have credited your a/c with us"（作为偿付，我行已经贷记你行在我行开立的账户），表明汇出行已主动将相应头寸贷记汇入行的账户（见图 6-5）。

汇入行收到支付委托书，知悉汇款头寸已拨入自己账户，即可使用拨妥的头寸解付汇款给收款人。

（二）授权借记

当汇出行在汇入行开立往来账户，汇出行在委托汇入行解付汇款时，汇出行应在支付委

```
                    支付委托书
账户行 ─────────────────────→ 开户行
 汇                作为偿付，我行已经              汇
 出                贷记你行在我行开立的账户         入
 行 ←─────────────────────── 行
      寄出贷记报单告知已贷记汇入行账户
```

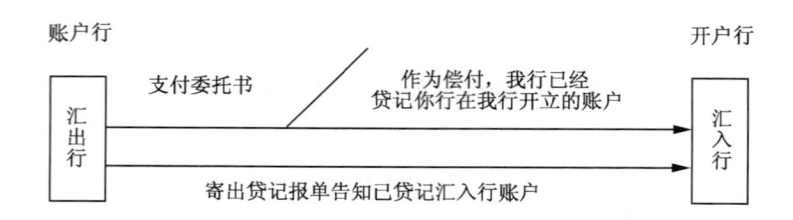

图 6-5　汇款偿付安排(主动贷记)

托书中注明偿付指示："In cover, please debit our a/c with you"(作为偿付,请借记我行在你行开立的账户),表明授权汇入行借记在汇出行中的账户(见图 6-6)。

```
                    支付委托书
开户行 ─────────────────────→ 账户行
 汇                作为偿付，请借记              汇
 出                我行在你行开立的账户           入
 行 ←─────────────────────── 行
      寄出借记报单告知已借记汇出行账户
```

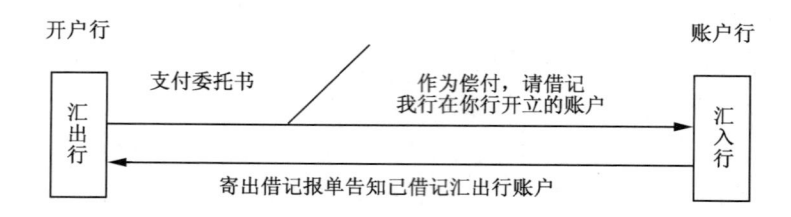

图 6-6　汇款偿付安排(授权借记)

汇入行收到汇款委托书后借记汇出行账户,拨出头寸解付收款人,并寄出借记报单通知汇出行。

(三)共同账户行转账

当汇出行与汇入行相互之间没有往来账户,但是在同一代理行均开立账户时,为了偿付解款,汇出行可以在支付委托书上做偿付指示："In cover we have authorized X bank to debit our a/c and credit your a/c with them"(作为偿付,我行已经授权 X 银行借记我行的账户并同时贷记你行在它们银行所开立的账户),表明汇出行授权它们共同账户行(X bank)借记汇出行账户并同时贷记汇入行账户(见图 6-7)。

```
         ①
汇出行 ─────────────→ 汇入行
  ↑ ╲ ②
  │  ╲
③ │   ╲   ③
  │    ↓
  │  共同账户行
  └── X bank
```

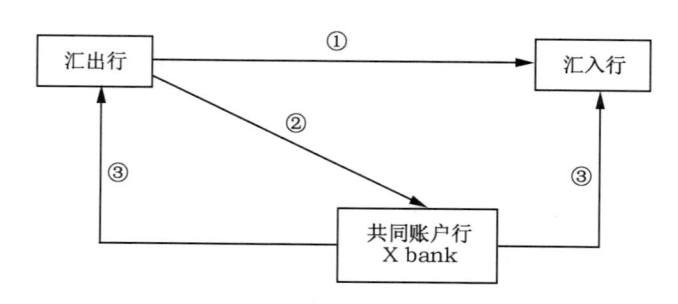

图 6-7　汇款偿付安排(共同账户行转账)

图 6-7 的说明如下:
①汇出行向汇入行发出汇款委托通知;

②汇出行向共同账户行发出指示,授权共同账户行借记汇出行账户并将头寸拨交汇入行账户;

③共同账户行向汇入行邮寄贷记报单并同时向汇出行邮寄借记报单。

(四)各自账户行转账

当汇出行与汇入行之间没有共同账户行,但它们各自的账户行之间有账户往来关系时,汇出行应在支付委托书上做偿付指示:"In cover,we have instructed X bank to pay the proceeds to your account with Y bank"(作为偿付,我行已经指示 X 银行支付款项于你行在 Y 银行所开立的账户),表明汇出行指示其账户行(X bank)拨付头寸给汇入行在其账户行(Y bank)开立的账户(见图 6-8)。

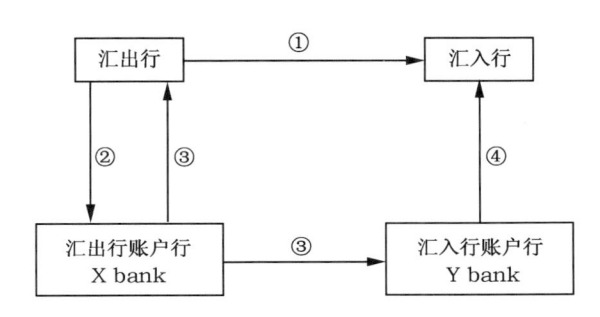

图 6-8 汇款偿付安排(各自账户行转账)

图 6-8 的说明如下:

①汇出行向汇入行发出汇款委托;

②汇出行向其账户行发出指示,授权其账户行借记汇出行账户并将款项汇给汇入行的账户行;

③汇出行账户行向汇入行账户行邮寄贷记报单并同时向汇出行邮寄借记报单;

④汇入行账户行贷记汇入行账户并邮寄贷记报单给汇入行。

二、汇款的退汇

退汇就是汇款在解付前的撤销。退汇可能是收款人提出的,也可能是汇款人提出的。

(一)收款人退汇

在信汇、电汇业务项下,收款人若拒收信汇或电汇,就需通知汇入行,汇入行可将支付委托书退给汇出行,再由汇出行通知汇款人前来办理退汇。在票汇业务项下,收款人若拒收票汇,就应当将汇票邮寄给汇款人,由汇款人自己到汇出行办理退汇手续。

(二)汇款人退汇

在信汇、电汇业务项下,汇出行接到退汇申请应立即通知汇入行停止解付,撤销汇款。汇款人退汇只有在撤销通知抵达汇入行时,该行尚未解付款项才生效,若汇入行已经解付汇款款项,则汇入行不能向收款人追索,汇款人也不能要求退汇,而只能直接向收款人交涉退还。

在票汇业务项下,汇款人在邮寄汇票之前可由汇款人持该汇票到汇出行申请办理退汇,汇出行应发函通知汇入行将有关汇票通知书注销寄还。若汇款人已将汇票寄出,汇票款项已被收款人领取或者虽未领款但估计已在市场中流通,则汇款人不可以办理退汇。因为汇出行虽然是根据汇款人的申请开立汇票的,但是作为出票人,应对善意持票人承担保证付款的责任,若无理拒付就会影响汇出行的信誉。

在票汇业务项下,若汇票遗失、被窃,则汇款人应办理挂失止付手续。办理挂失止付手续时,汇款人需要向汇出行出具担保书,担保若发生重付,由汇款人负责赔偿。汇出行收到担保书后即可通知汇入行挂失止付,待汇入行书面确认后,方可办理退汇手续或者办理补发汇票。

第四节 汇款方式的特点与运用

一、汇款方式的特点

跨境汇款广泛地运用于国际货物贸易、服务贸易和对外投资的支付结算,占据国际结算份额的85%,已经成为商业银行最传统的结算业务。但是随着金融脱媒的日益加剧,银行的跨境汇款业务面临着前所未有的严峻形势,特别是个人跨境支付,互联网公司凭借自身的科技和平台优势,抢占第三方支付市场,逐步蚕食银行跨境支付的份额。当前汇款结算领域商业银行与互联网支付平台的竞争日益激烈。

商业银行的跨境汇款主要依托代理行关系,通过 SWIFT+各货币清算系统完成。由于代理行每天需安全处理数百万笔跨境支付,中间环节繁杂、时间周期长,因而很难事先明确告知客户需要经过多少环节、需要支付多少手续费,再加上各国和地区的跨境支付系统各不相同,因此存在着汇款速度慢、查询困难、扣款不透明、支付信息难以完整传递等缺陷。

2017 年 SWIFT 推出全球支付创新 GPI 项目,通过引入云储存、区块链等技术,对传统汇款方式进行变革。从全球看,超过 40%的 GPI 支付实现 5 分钟到账,55%以上的到账时间在 30 分钟以内,几乎 100%的 GPI 支付到账时间在 24 小时内。目前,全球共有超过 4 000 家银行签约 GPI,GPI 的日均结算量占跨境支付的比例超过 80%。商业银行的 GPI 汇款业务实现了高速、全程跟踪、中间行扣费透明和汇款信息完整传递等特点,为客户提供高时效、低成本、可预知以及透明化的跨境支付。[①]

---

① 徐捷.用科技创新开启跨境支付新时代[J].中国外汇,2018(3-4):76-77。

二、汇款在国际贸易中的运用

汇款结算方式的基础是商业信用。进出口贸易合同中货款约定以汇款方式结算,出口方在装运货物后能否顺利收回汇款,进口方在预付汇款后能否收到与合同相符的货物,这些都分别取决于进出口双方的信用。银行在汇款业务中只是处于受委托的地位,即按常规办理汇款业务,并对汇款的技术性问题负责,但是对货物的买卖和货款收付的风险不承担任何责任。这是汇款结算方式最主要的特点。

在国际贸易结算中,对汇款方式的运用主要反映在预付货款和货到付款这两个方面。

(一)预付货款

预付货款(Payment in Advance)是进口商先将货款的一部分或全部通过银行汇交出口商,出口商收到货款后按照合同约定装运货物。预付货款通常以部分预付居多,这主要是因为出口商担心进口商违约,所以以预收部分货款为担保。这种预付货款通常被称为"下定金"(Down Payment)。在出口畅销及稀缺商品时,出口商常常要求进口商预付货款。

预付货款结算方式对出口商较有利,而对进口商风险则较大。

一方面,进口商因为先行垫款占用了资金,会造成利息损失或者资金困难;另一方面,进口商还要承担出口商不交货或延迟交货的商业信用风险以及出口地相关政策引发的国家风险。

【案例 6-1】[①] 2021 年 10 月,印度尼西亚 A 公司与宁波 B 公司订立采购焊锡丝的合同,采用 30%定金,70%发货前 T/T 结算方式。印度尼西亚 A 公司于 2021 年 11 月支付了全部货款。宁波 B 公司却未能按照合约规定如期发货。此时,国际市场上锡产品价格暴涨,已经是签约时的 3 倍。印度尼西亚 A 公司认为宁波 B 公司无故违约,因此向中国贸促会提出仲裁,要求解除合同,退回货款。后经贸促会调解,继续完成合同履约。

分析:贸易合同采用预付货款方式的,进口商将承担出口商的信用风险以及国家风险。经了解,本案例中出口商 B 公司最初是受到当地政府疫情防控政策影响,当地临时性封闭导致其履约受阻,而后双方又约定新交期,但是临近春节,用工紧张,导致其再次违约。买方在宁波 B 公司发货前支付了全部货款,但是出口地政策变动以及卖方履约能力欠缺导致 B 公司迟迟未能交货。预付货款项下,进口商于约定时间后 3 个月左右才收妥货物,承担了延迟交货的风险。

(二)货到付款

货到付款(Payment after Arrival of the Goods)是进口商在收到出口商发出的货物后才按照规定支付货款的方式。它是一种赊销交易(Open Account Transaction,OA)或延期付款交易(Deferred Payment Transaction)。

[①] 参见 https://www.ctils.com/articles/7799。

货到付款的结算方式有利于进口商而不利于出口商,这是因为在该结算方式下资金的承担者是出口商,其货款的收回通常须在进口商收到货物后的一段时间,甚至有可能出现进口商在收到货物后不是立即付款的现象,因此出口商占用的资金时间长,而进口商则无偿或只承担较低的利息费用就可占用出口商的资金;同时货到付款结算方式中风险的承担者也是出口商。在发出货物后,出口商须承担进口商不付款或不按时足额给付的风险,而相反进口商则主动得多,在货物不符合合同规定时,可以不付款或少付货款。

【案例6-2】① 2015年,宁波C公司与土耳其P公司签订合同,向其出售价值20 747美元的扩音器产品。双方约定见提单后60天付款。2015年11月,宁波C公司装船发货。2016年1月付款到期日,土耳其P公司未支付货款。其后,宁波C公司每一次催款时,土耳其P公司均表示会尽快安排,但是一直拖延支付。2017年7月,土耳其P公司支付2 000美元货款,其余拖欠至2022年9月。宁波C公司向中国贸促会请求援助。2022年10月,双方达成分期付款协议,土耳其P公司先行支付1 500美元,后续每月支付3 000美元,直至付清。

分析:案例中双方约定的付款方式是典型OA方式。该方式下,买方先提货再付款,卖方要承担买方提货后拒绝付款或者延迟付款的风险。本案所涉土耳其P公司拖欠货款达6年之久,长期占用宁波C公司的资金,给卖方造成了极大的经济损失。

货到付款的结算方式有两种:售定、寄售。

售定(Be Sold out/up)是当进口商和出口商的交易条件达到一致时,双方在成交合同中明确规定货物售价和进口商付款时间等条款的贸易和结算方式。我国对港、澳地区鲜活商品的出口往往采用售定方式。

寄售(Consignment)是指出口商将货物运往国外,委托国外商人(通常是中间商)按照双方事先商定的条件在当地市场上代为销售,待货物售出,国外商人才将扣除佣金和有关费用后的货款汇交出口商的贸易和结算方式。

本章小结

汇款就是顺汇,其结算工具的流向与资金的流向相同。汇款具有4个当事人:汇款人、汇出行、汇入行及收款人。汇款人委托汇出行汇出汇款时可以选择不同种类的汇款方式:电汇、信汇和票汇。其中,电汇速度快、安全性高,占银行汇款业务的份额最大。银行办理汇款业务时,应当妥善安排汇出行与汇入行之间的资金偿付,尽可能缩短偿付路径,以避免影响汇款的速度。汇款在解付前可以撤销,汇款人可以向汇出行办理退汇手续。因为汇款的速度快、费用低且安全,所以在国际贸易结算中得到广泛应用,应用方法主要为预付货款和货到付款。

---

① 参见 https://www.ctils.com/articles/8095。

关键名词

顺汇　逆汇　汇出行　汇入行　电汇　信汇　票汇　汇款偿付　共同账户行　预付货款　货到付款　售定　寄售

课后练习题

一、选择题

1. 国际汇兑有顺汇和逆汇两类方式，逆汇包括（　　）结算方式。
   A. 信用证　　　　B. 承兑托收　　　C. 信汇　　　　　D. 电汇
2. 当汇入行在汇出行开立往来账户时，汇款的资金偿付安排一般采取（　　）。
   A. 授权借记　　B. 共同账户行转账　C. 主动贷记　　D. 各自账户行转账
3. 汇款结算方式的信用基础是（　　）。
   A. 银行信用　　　　　　　　　　B. 银行信用和商业信用
   C. 无信用　　　　　　　　　　　D. 商业信用
4. 国际贸易结算中，汇款方式的具体运用表现在（　　）。
   A. 预付货款　　B. 赊销　　　　C. 货到若干天付款　D. 承兑即付
5. （　　）是全球贸易市场使用占比最高的结算方式。
   A. 预付货款　　B. 赊销　　　　C. 承兑托收　　　D. 信用证

二、判断题

1. 国际汇兑中的顺汇包含有电汇、票汇和托收等结算方式。　　　　　　　　　（　　）
2. 汇款中的汇入行和汇出行没有往来账户关系时，资金的偿付可以采用共同账户行转账或者各自账户行转账。　　　　　　　　　　　　　　　　　　　　（　　）
3. 相比票汇和信汇，电汇速度更快、更安全，主要运用于汇款金额较大的业务。（　　）
4. 票汇可以退汇，应由汇款人持票到汇出行办理退汇手续。　　　　　　　　（　　）
5. 汇款方式相比信用证以及托收等方式，成本虽高但是结算速度快、效率高。（　　）

三、问答题

1. 汇款的基本当事人有哪几个？
2. 汇入行如何鉴别电汇的真伪？
3. 汇出行与汇入行如何进行头寸清算？
4. 票汇是否可以退汇？
5. 汇款有哪些种类？各自的特点是什么？

第七章
国际贸易结算的方式——托收

托收是建立在商业信用基础上的另一种贸易结算方式。与汇款结算方式的货到付款相比,由于其交货与付款方式的变化,托收方式下出口商收款的安全性得到加强。本章将逐一介绍托收定义、国际规则、种类与交单等内容。

第一节 托收的定义及当事人

一、托收的定义

托收是出口商(或债权人)开立金融票据或商业单据或两者兼有,委托托收行通过其联行或代理行向进口商(或债务人)收取货款或劳务费用的结算方式。其中,金融票据是指汇票、本票、支票、付款收据等工具,商业单据主要是指商业发票、运输单据、所有权单据或其他类似单据。

二、《托收统一规则》

《托收统一规则》(Uniform Rules for Collection,URC)是由国际商会编写的关于国际贸易和国际结算方面的重要国际惯例。1958年,国际商会为了调和托收业务中各当事人之间的矛盾,促进国际贸易和金融活动的开展,草拟了《商业单据托收统一规则》(Uniform Rules for Collection of Commercial Paper)("192小册子"),建议各国采用。1967年,国际商会重新制定了这一规则(即第254号出版物),为银行的托收业务提供了一套统一的术语、定义、程序和原则,也为出口商提供了一套在委托代收货款上的统一规则。1978年,国际商会根据当时的需要再次修改和补充了这一规则,并更名为《托收统一规则》(Uniform Rules for Collection,ICC Publication No. 322)(URC322)。1996年1月1日,URC522正式生效并实施。URC522的公布实施为减少当事人之间在托收业务中的误解、争议和纠纷起到了较大的作用。我国银行在采用托收方式结算时,也参照URC522的规定办理。URC522明确规定,除非另有规定,或与一个国家、一个地区或当地的法律、法规有所抵触,否则本规则对托收的所有当事人都具有约束力。

随着全球数字贸易和金融科技的发展,贸易项下电子单据的签发和流转已经成为趋势。国际商会认为URC522尽管在纸质世界极具价值,但如果应用到电子交易中,仅能提供有限的保护。2017年国际商会正式启动《跟单托收统一规则URC522关于电子交单的附则(版本1.0)》(eURC)的起草工作,并于2019年7月1日正式生效。用电子单证替代纸质单证,可以降低贸易结算的成本、提高单据流转时效、提升单证处理过程的安全性和准确性。eURC的生效填补了托收业务项下电子交单惯例规定的空白,一定程度上推动了单证业务电子化和自动化的进一步发展。

eURC惯例共有13个条款,包含惯例的适用范围、与URC522的关系、电子交单的相关定义、交单、电子记录的交付、电子记录数据受损、提交电子记录额外免责等方面的内容。就适用范围而言，eURC1.0 是对 URC522 的补充，在托收指示表明受 eURC 约束时适用，且仅适用于银行之间电子交单，不适用于委托人向托收行电子交单，亦不适用于代收行或提示行向付款人提示电子记录或混合交单。

三、托收的当事人

托收业务中有 4 个基本当事人，即委托人、托收行、代收行和付款人。此外，还可能出现其他当事人，主要有提示行和需要时的代理。

（一）委托人（Principal）

委托人就是委托银行进行托收的当事人。委托人一般是出口商，依据票据法，即为出票人。当贸易合同所确定的结算方式为托收时，出口商就需委托收款。因此，作为出口商和委托人，同时要受贸易合同与托收行之间的托收申请书的约束。委托人的责任与义务具体如下：

（1）根据贸易合同的要求交付货物。这是出口商最基本的合同义务，也是跟单托收的前提条件。

（2）提交符合合同要求的单据。跟单托收项下，进口商提货必须先获取单据，单据是合同项下货物所有权的代表。出口商在装运货物后需要取得证明自己履约的单据，如运输单据、保险单据（CIF 价格条件），连同自己缮制的商业发票等单据交给托收行。这些单据的名称、份数以及内容均应与合同相符。

（3）填写托收申请书，开立汇票，并将托收申请书和汇票连同商业单据一并交给托收行。委托申请书一旦为托收行接受，即成为委托人与托收行之间的法律契约，构成委托代理关系。委托人必须全面、准确地表达自己的意图和要求，根据商业合同条款据实填写申请书。若填制不当，所引起的后果由委托人自行负责。

委托申请书的内容包括：①托收申请人的名称、地址、有权印鉴；②托收付款人的名称、地址，或开户行的名称、地址、账号；③托收所附单据的名称与份数；④托收交单方式（D/P，D/A）；⑤托收收妥后的收账要求；⑥托收若遇拒付或者拒绝承兑时应采取的必要措施，如是否要求做成拒绝证书、货物抵港时是否代办存仓保险等；⑦托收费用由谁负担；⑧有关托收的其他要求。

（二）托收行（Remitting Bank）

托收行是接受委托人的委托并通过国外代理行办理托收的银行。托收行一般是出口商的往来银行。托收行是托收业务的代理收款人，其责任就是根据委托人的指示办理，并对自己的过失负责。具体而言，托收行有下列责任和义务：

1. 缮制托收委托书

托收行在接受委托时应当根据托收申请书的内容缮制托收委托书，并将委托书及单据寄给国外的代理行，指示其向付款人收款。托收委托书样式如下：

COLLECTION ORDER ORIGINAL

Office：

Address： Date _____

| Our reference number |
| For all communications |
| Please always quote |

Telex：
Fax：

Dear Sirs,

    We enclose the following documents for collection.

    ☐ Documentary Collection   ☐ Clean Collection

To(Collecting Bank)							Drawer			
Drawee							Amount			
Documents	Draft(s)	Commercial Invoice	Ocean B/L	N/N Ocean B/L	Airway Bill	Ins. Policy	P/W List	Cert. Of Origin	G.S.P Form A	Beneficiary's Cert
Disposal of proceeds upon collection：										

Collection Instructions are marked with "×" as below：

☐ Deliver documents against ☐ Payment ☐ Acceptance

☐ All your banking charges are for account of ☐ Drawer ☐ Drawee

☐ Waive banking charges and /or interest if refused by Drawee.

☐ Do not waive banking charges and /or interest.

☐ Advise us acceptance of draft(s) and giving due date by teletransmission.

☐ Hold draft(s) and documents pending further instructions from us in case of non-payment/non-acceptance.

☐ In case of dishonor, have the goods stored in bond and insured against usual risks when deemed necessary, and advise us immediately to that effect.

☐ If payment is delayed collect interest at _‰p. a. for the period of such delay.

☐ In case of need, refer to.

For _____
AUTHORIZED SIGNATURE(S)

2. 核验单据

托收行应当审慎核对实收单据的名称与份数是否与申请书中填写的相同，但除此之外没有进一步审核单据的义务。

托收行按照常规处理业务，对自己的过失承担责任。凡委托人就某些方面未提出要求的，托收行应当按照常规处理，如自行选择其在付款地的联行或代理行作为代收行。只要按常规处理，托收行选择代收行的费用和风险（如破产）由委托人负担，托收行就不承担责任。

（三）代收行（Collecting Bank）

代收行是指接受委托行委托向付款人办理收款并交单的银行。

代收行在托收业务中所承担的责任与托收行基本相同,如核对单据的名称和份数,若有不符立即通知托收行;代收行在未经托收行同意前不得擅自变更委托书上的任何条件,否则责任自负;除此之外,代收行负有如下责任:

1. 保管好单据

单据是物权代表,进口商取得货物必须先取得单据。代收行在进口商付款或承兑前不可以将单据释放给进口商。付款人拒付,代收行应当通知托收行,若发出通知90天后仍未收到指示,可将单据退回托收行。

2. 谨慎处理货物

代收行原则上无义务处理货物,只有在付款人拒付时,才会根据委托人指示办理存仓、保险等手续。但是,若代收行为了保护货物,则在天灾人祸等紧急情况下即使未得到委托人的指示也可以对货物采取行动。

（四）付款人（Drawee）

付款人是根据托收委托书被提示单据要求付款的当事人。付款人一般是进口商。依据票据法,即为受票人。付款人有审查单据以决定接受与否的权利,同时根据托收交单方式承担付款或承兑的业务。在具备正当理由的前提下,付款人有拒绝接受单据的权利,但其拒付理由必须经得住委托人的抗辩,否则会遭受信誉和经济上的损失。

（五）提示行（Presenting Bank）

提示行是指向付款人提示单据要求付款人付款的银行。一般情况下,代收行直接向付款人提示单据,但是如果代收行与付款人无账户关系或者不在同一城市,则代收行须转托另一家银行提示单据,该银行即为提示行。

（六）需要时的代理（Representative in Case of Need）

需要时的代理是指委托人指定的代表。付款人被提示付款时若拒绝付款或拒绝承兑,需要时的代理可代理委托人办理货物存仓、保险、转售、运回或改变交单条件等事宜。委托人在托收指示中应明确、完整地规定其权限,否则银行将不接受该代理的任何指示。

综上所述,托收行与代收行只是委托人收款的代理人,在具体执行委托时,仅被允许根据托收申请书所给予的指示和URC522办理,不能擅自超越、修改、疏漏、延误委托人在申请书上的指示,否则引起的后果将由银行负责。国际商会为了进一步明确银行在托收业务中的地位,减少银行与客户间的误解和争议,还规定银行的免责条款,主要条款如下所示:

"银行对于任何单据的形式、完整性、准确性、真实性、伪造或法律效力,或对于单据上规定的或附加的一般和/特殊条件,概不负责;银行对于任何单据代表之货物的描述、数量、重量、质量、状况、包装、交货、价值或存在,或对于货物的发货人、承运人、运输行、收货人或货物保险人或其他任何人的诚信、行为和/疏忽、偿付能力、执行能力或信誉也概不负责。

银行对于任何发电信件或单据在寄送途中的延误和/或丢失所引起的后果,或由于任何电信工具在传递中的延误、残缺或其他错误,或由于专门术语在翻译或解释上的错误,不承担义务或责任;银行对自己所收到的指示因意思不明而需澄清所引起的延误不负责任。

银行对由于天灾、暴动、内乱、叛乱、战争或它们所不能控制的任何其他原因,或罢工、停工、致使营业中断所造成的后果,不承担义务或责任。"①

第二节　托收的种类与交单方式

一、托收的种类

托收结算分为光票托收和跟单托收两个种类。

(一)光票托收(Clean Bill for Collection)

光票托收是出口商仅开立汇票而不随附任何商业货运单据,委托银行收取货款的一种托收方式。国际贸易中光票托收方式的货运单据由出口商直接邮寄给进口商。光票托收一般用于收取货款尾数、代垫费用、佣金、样品费或其他贸易从属费用。

光票托收的汇票有即期汇票和远期汇票。若是即期汇票,代收行应于收到汇票后立即向付款人提示,要求付款。若是远期汇票,代收行应在收到汇票后向付款人提示,要求承兑,以确定到期付款的责任。承兑后,代收行收回汇票,于到期日再作提示,要求付款。若付款人拒绝付款或承兑,除托收委托书另有规定外,应由代收行在法定期限内及时将拒付情况通知托收行,转知委托人。

(二)跟单托收(Documentary Bill for Collection)

跟单托收包括两种:金融票据随附商业单据的托收、商业单据不随附金融票据的托收。

金融票据随附商业单据的托收,一般是商业汇票随附发票、提单、装箱单、品质证以及保险单等其他单据。这种跟单托收是凭汇票付款,其他单据是汇票的附件,起"支持"汇票的作用。付款人根据该无条件支付命令对指定的收款人或持票人支付汇票金额,这一业务在托收中比较常见。

商业单据不随附金融票据的托收,一般指不附带汇票、仅提交发票等商业单据的跟单托收。与上述跟单托收比较无汇票这一重要单据。采用这类托收主要是由于某些国家对汇票征收印花税。为了减免税收负担,跨国公司内部之间以及相互信任的公司之间,均采用这种托收方式。

二、跟单托收的交单方式

根据 URC522,跟单托收的结算有两种交单方式:付款交单和承兑交单。

---

① URC522 对银行的免责条款。

(一)付款交单(Documents against Payment, D/P)

付款交单是指代收行必须在进口商付清票款后，才将货运单据交给进口商的一种交单方式。

付款交单又有即期付款交单(D/P at sight)和远期付款交单(D/P at ×× days after sight)两种。

1. 即期付款交单

即期付款交单是代收行提示跟单汇票给付款人要求其付款，而付款人见票即付后，代收行才交单给付款人的一种交单方式。即期付款交单的业务程序见图7-1。

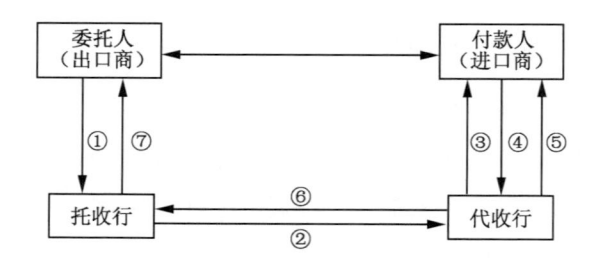

图7-1 即期付款交单的业务程序

图7-1的说明如下：

①出口商发运货物后，填写托收申请书，开立即期汇票，连同商业单据，交托收行委托收款；

②托收行接受委托后，将汇票、单据和托收委托书邮寄给代收行；

③代收行按照托收委托书向付款人提示汇票和单据；

④付款人审单无误后付款；

⑤代收行向付款人交单；

⑥代收行按托收委托书规定的方式将货款交付托收行；

⑦托收行向出口商交付货款。

2. 远期付款交单

远期付款交单是指代收行提示跟单汇票给付款人要求其承兑，付款人承兑后由代收行保管全套商业单据，于到期日提示付款，付款人付款后代收行才交单给付款人的一种交单方式。其业务程序见图7-2。

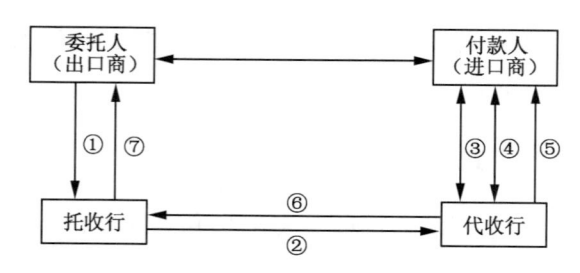

图7-2 远期付款交单的业务程序

图7-2的说明如下：

①出口商发运货物后，填写托收申请书，开立远期汇票，连同商业单据，交托收行，并委托托收行收款；

②托收行接受委托后，将汇票、单据和托收委托书邮寄给代收行；

③代收行按照托收委托书向付款人提示汇票和单据，付款人审单无误后，在汇票上承兑，代收行收回汇票和单据；

④到期时代收行向付款人提示付款，付款人付款给代收行；

⑤代收行向付款人交单；

⑥代收行按托收委托书规定的方式将货款交付托收行；

⑦托收行向出口商交付货款。

远期付款交单在托收委托书上往往加列以下条款：

(1)列明计息条款。

①"Discount at the rate of ＿＿% per annum is allowed on payment effected before the due date of the draft."

②"In case of the draft being not duly honoured by the drawer at maturity, kindly collect from the drawer an overdue interest at the rate of ＿＿% per annum from the original date of maturity to the date of actual payment."

(2)列明分期付款、分批提货的条款。

"Merchandise may be partially released against partial payment."

(二)承兑交单(Documents against Acceptance，D/A)

承兑交单是指代收行在付款人承兑远期汇票后，把货运单据交给付款人，于汇票到期日时由付款人付款的一种交单方式。其业务程序见图7-3。

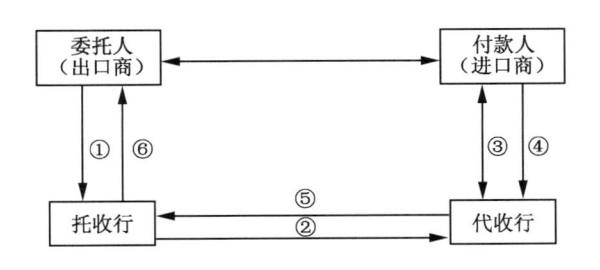

图7-3 承兑交单的业务程序

图7-3的说明如下：

①出口商发运货物后，填写托收申请书，开立远期汇票，连同商业单据，交托收行，并委托托收行收款；

②托收行接受委托后，将汇票、单据和托收委托书邮寄给代收行；

③代收行按照托收委托书向付款人提示汇票和单据，付款人审单无误后，对汇票进行承

兑,代收行收回汇票,将单据交给付款人;

④付款人到期付款;

⑤代收行按托收委托书规定的方式将货款交付托收行;

⑥托收行向出口商交付货款。

承兑交单与远期付款交单都是远期付款,但是交单条件不同。承兑交单仅凭付款人对远期汇票付款的承诺交单,而在远期付款交单的情况下,代收行必须在付款人对已承兑的远期汇票付款后才能交单。在实务中,远期付款交单使用不多,这主要是因为进口商无法从银行获得资金融通的便利,且有些国家和地区一直将远期付款交单作为承兑交单处理,这样将导致不同国家的银行可能由于对同一托收业务的理解及习惯做法的不同而引起不必要的纠纷、矛盾。其次,从票据法来看,付款人既已承兑了一张远期汇票,就成为汇票的主债务人,承担到期必须付款的法律责任,如到期不付款,便要受票据法的惩处。但是,付款人在承兑汇票的同时没有取得对价,即物权单据,这有欠公平。

【案例 7-1】[①] A 公司委托 N 银行办理了两笔 D/P 30 DAYS AFTER SIGHT 的出口托收业务,提交的出口单据中包括全套正本海运提单。之后 1 个月 N 银行未收到款项,数次催收代收行 I 银行仍毫无回音。而此时 A 公司告知 N 银行,进口商 B 公司已凭全套单据提取了货物,要求 N 银行催促 I 银行立即付款,否则退回全套单据。N 银行电告 I 银行,但 I 银行既不付款,也未退单。4 个月后,N 银行收到 I 银行的报文,称因货物质量问题 B 公司不同意付款,但未就退单做出答复。N 银行立即予以反驳,指出银行处理的是单据而不是货物,强调付款方式是 D/P 30 DAYS AFTER SIGHT,I 银行应该按照托收指示行事。1 个月后 N 银行收到了 I 银行的报文,确认单据已交 B 公司签收,并就放单做出了解释,称其是按照 D/A 30 DAYS AFTER SIGHT 的方式处理单据。为此,N 银行坚持要求 I 银行付款,否则必须立即退回全套单据。A 公司则在国内提起诉讼,将 N 银行列为第一被告人、I 银行国内代表处列为第二被告人。迫于压力,B 公司同意付款,N 银行最后收到全额款项。

分析:国际商会颁布的 URC522 明确规定托收业务的两种交单方式,即承兑交单和付款交单,且对即期和远期汇票的票据处理程序做出了明确阐述。但在实际操作中,许多国家尤其是一些欧洲国家,往往将远期付款交单视同承兑交单,违规操作。在这种情况下,如果进口商信誉欠佳,出口商就面临钱货两空的境地。

国际商会并不鼓励 D/P 远期的做法。URC522 第 7 条 a 款规定,带有凭付款交单指示的跟单托收不应含有远期付款的汇票;c 款规定,如果托收中含有远期付款汇票,而托收指示中又规定在付款后才交付单据,就应该仅凭付款交单,代收行对于迟交单所产生的任何后果概不负责。这均表明了国际商会对 D/P 远期业务

---

① 刘静. 远期付款交单托收业务蕴含的风险[J]. 中国外汇,2011(8):51.

的处理立场,即不可以按 D/A 处理。

第三节 托收结算方式的特点与运用

一、托收结算方式的特点

(一)托收是以商业信用为基础的结算方式

跟单托收中银行只提供代收货款的服务,款项能否按期收回完全取决于进口商的资信。若进口商不付款不承兑,或承兑后无力支付或故意拖延支付,出口商就收不到货款或不能按期收回货款;即使出口商还控制着物权但由于货物已发运至国外,所以出口商将承担货物存仓、保险、转售或运回的费用损失;另一方面,进口商也面临一定的商业风险,付款或承兑后,凭单提出的货物可能与单据、合同不符。进出口商之所以会面临上述风险是因为跟单托收的信用基础是商业信用。

(二)托收有比较强的安全性

虽然跟单托收以商业信用为基础,进出口双方仍面临商业风险,但是,与汇款结算方式的货到付款相比,其安全性有了较大的提高。跟单托收中出口商以控制物权单据来控制货物,以交付物权单据代表交货,而交单又是以进口商付款或承兑为条件的。采用付款交单方式,出口商一般不会遭受钱货两空的损失,比货到付款安全;采用承兑交单方式,虽然在进口商付款前已交付物权单据风险较大,但是与货到付款相比,同样是在付款前出口商已经交货,前者获得了一张已由进口商承兑的汇票,出口商可在汇票到期前以贴现方式提前取得货款。

(三)托收业务中资金负担不平衡

托收业务中,出口商的资金负担较重,在进口商付款前,货物的占用资金主要由出口商来承担;进口商基本不负担资金。虽然出口商有物权单据,可以通过出口押汇从银行融通资金,可在一定程度上减轻资金负担的压力,但是托收行对跟单托收较少做出口押汇;同时进口商也可以通过信托收据和担保提货向银行融资。

【案例 7-2】[①] 某外贸公司按 CFR(成本加运费)价格条件与德国汉堡贸易公司签订了出口石墨的合同,价值 4 万美元,托收方式为 D/P AT SIGHT。货物于 2020 年 3 月 13 日上午装船至"胜利号"货轮。当天装船完毕,因经办人员工作繁忙,于第二天 21 点才向德国买方发出装船通知。14 日,德国买家在接到出口方通知后向当地保险公司投保,但此时保险公司已获悉"胜利号"在完成装船当晚

[①] 曹远波,许俊铭.托收实务案例及风险解析[J].中国外汇,2022(5):61-63.

在海上遇险,保险公司拒绝承保。德国买家致电出口商,声明由于出口商没及时发出装船通知,以致其无法投保,货物损失应由出口商负担。由于进口商拒不赎单,因此通过托收银行寄往德国的全部单据被退回,出口商遭受了巨额损失。

分析:托收的信用基础是商业信用,出口业务是否顺利,完全取决于进口商是否赎单,托收中的银行只是一般的代理人,对托收业务中的一切风险损失、费用等概不负责。本案例中出口商货物装上船的次日晚上才向德国进口商发送装船通知,致使货物因出险在先而失去投保机会,其结果是进口商拒绝接受托收单据,对此托收银行无须承担任何责任。

二、托收结算方式的运用

托收结算方式有光票托收和跟单托收之分。不同结算方式有不同的运用特点。

(一)光票托收的运用

对于光票托收,一般是委托人向托收行提交国际汇票(出票人与付款人不在同一个国家),委托银行向国外付款人收款。在实务中,对于此类国际票据,银行不愿承办贴现业务,因为存在伪造票据的风险。因此,持票人均通过委托收款的方式向国外付款人收取款项。托收行将该票据邮寄至海外代理行向付款人提示付款,国内托收行只有在代理行收妥款项(已确认贷记国内银行账户)以后才能入委托人账户。款项无法收妥的风险由委托人自行承担。

(二)跟单托收的运用

跟单托收作为国际贸易主要结算方式之一,长期为进出口商所使用。跟单托收虽然仍建立在商业信用的基础上,但是与汇款结算方式相比,其收款的安全性有较大的提高,再加上托收手续较简便,银行费用也较低,所以有较大的适用范围。

但是,跟单托收给出口商收款带来的潜在风险依然是存在的。由于目前国际商品市场竞争激烈,所以出口商有时不得不采用这一对进口商相对有利的结算方式。为了进一步加强收款的安全,出口商在采用跟单托收方式的过程中应当注意以下几个方面的问题:

1. 对进口商的资信调查

采用托收方式,是出口商出于对进口商的信任,带有对进口商融资的性质。所以,出口商在托收前,应对进口商的资信进行详细的调查。若进口商资信不好,则最好不要使用托收方式,否则有可能出现进口商无理拖延货款的现象,出口商由此将遭受损失。因此,一般只在进口商资信较好时才采用托收结算方式。

2. 了解进口国信用

了解进口国的经济政治状况可以有效控制托收业务中出口商面临的国家信用风险。国际大银行通常都研究并发布本国以外其他国家的政治经济报告,详细反映有关国家的现行外汇管理政策、经济发展态势以及政治动态。

3. 正确使用交单方式和价格条件

在托收业务中,出口商还应注意妥善确定交单方式,尽可能采用即期付款交单方式。对远期付款交单,由于对该方式尚存诸多的分歧与争议,应尽量避免使用,若一定要使用,就应对期限加以控制,付款期限不宜过长,一般掌握在不超过从出口地到进口地的运输时间,否则,非但不能起到远期付款交单的作用,反而会受进口商所在国当地法规对收取货款设置障碍的影响,使出口商遭受经济损失。

同样,出口商在托收业务中还应该选择较好的价格条件。根据交货方式不同,国际商会在2010年出版的《国际贸易术语解释通则》中介绍的11种价格术语,分为实际交货条件和推定交货条件。所谓实际交货条件,就是以出口商向进口商实际交付货物的行为来履行其交货义务,进口商只有在收到货物后才有义务付款。EXW、DDP等都是实际交货条件,对于这类交货条件,不宜采用托收支付方式,因为出口商交货后不再拥有控制货物的物权单据。所谓推定交货条件,是指出口商不是直接将货物交给进口商,而是只要他将货物向承运人托运就作为自己向进口商交货,出口商向进口商出示物权单据,后者就必须付款。采用这种交货方式时,出口商交货与进口商付款不同时发生,转移物权以单据为媒介,CIF、CFR就是这类交货条件,采用这类交易条件时,一般宜于采用托收方式。不过,其中有些交货条件,如FOB、FCA,由于运输是由进口商安排的,所以也不宜采用托收方式。

4. 正确选择代收行

托收项下对代收行的选择非常重要。虽然托收中银行只是收款代理人,并不担保货款的回收,但是具体向付款人提示付款以及催收货款的是代收行,所以正确选择代收行,有利于保证国际惯例的遵守以及各种代收指示的执行,以减少收款的风险。

代收行可以由委托人在托收申请书中指定,也可以由托收行选定,托收行应当在进口商所在地选择一家资信良好、善于合作的银行作为代收行。

5. 注意投保运输险

托收中出口商应要求由出口商安排相应的货物运输保险,以便货物万一在运输中发生灭失和损坏时或在目的港仓库遭到灭失或损坏时,可以通过向保险公司索赔以保障自己的权益。

另外,许多国家开展出口保险业务,对进口商拒付或由进口商国家风险导致的不能如期支付提供保险,如英国的出口信用(Export Credit Guarantee Department,ECGD)保险局以及中国出口信用保险公司均提供此类服务。出口公司只要向中国出口信用保险公司投保短期出口信用险,则对于以付款交单和承兑交单为方式的放账期限不超过180天的出口合同,一旦进口商无力支付货款,不按期付款,或因进口国实施外汇和贸易管制、发生战争和骚乱,使出口商遭受经济损失,保险公司将予以赔付。

本章小结

托收是出口商开立金融票据和(或)商业单据,委托银行通过其在国外的联行或代理行向进口商收取款项的结算方式。托收一般有4个基本当事人:委托人(即出口商)、托收行、代收行及付款人(即进口商)。托收根据所附单据的不同,有光票托收和跟单托收之分。光票托收是指仅有金融票据的托收,一般用于收取货款尾数、代垫费用、佣金、样品费或其他贸易从属费用。跟单托收是指金融票据随附商业单据或者仅有商业单据的托收,国际商品贸易的托收一般是指跟单托收。跟单托收有两种不同的交单方式,即付款交单和承兑交单。与汇款方式相比,跟单托收是建立在商业信用基础上的具有较高收款安全性,且对进口商较为有利的结算方式。但是由于对出口商而言,货款能否回收依赖于商业信用,因此为了进一步提高收款的可能性,在采用跟单托收方式时应当注意考察各相关因素,如进口商的信用、进口国的信用、交单方式和价格条件的选定、代收行的选择、运输保险等。

关键名词

托收　光票托收　跟单托收　承兑交单　即期付款交单　远期付款交单　托收行　代收行　委托人　付款人

课后练习题

一、选择题

1. 托收项下托收行责任包括(　　)。

   A. 核验单据　　　　　　　　　　B. 承诺单据的真实性

   C. 根据委托人指示交付单据　　　D. 担保单据的内容符合合同约定

2. 对于国际贸易合同的贸易尾款,出口商委托商业银行收款时,一般选择(　　)。

   A. 跟单托收　　　　　　　　　　B. 金融票据随附商业单据的托收

   C. 仅凭商业单据的托收　　　　　D. 光票托收

3. 托收结算方式的信用基础是(　　)。

   A. 银行信用　　　　　　　　　　B. 银行信用和商业信用

   C. 无信用　　　　　　　　　　　D. 商业信用

4. 代收行在付款人承兑远期汇票后,将物权单据交付给付款人,并于到期日再向付款人提示付款,即(　　)。

   A. 即期付款交单　B. 远期付款交单　C. 承兑交单　　D. 担保交单

5. 出口商选择(　　)结算方式,收款的安全性比赊销更强。

A. 即期付款交单　　B. 远期付款交单　　C. 承兑交单　　　　D. 担保交单

二、判断题
1. 托收中的委托人在向商业银行提交托收申请时应同时提交货物。（　）
2. 跟单托收的随附单据中一定含商业汇票,该汇票起到支持单据的作用。（　）
3. 承兑交单与付款交单都是托收结算的交单方式,交单方式虽然不同,但是对委托人来说收款的风险相当。（　）
4. 托收行和代收行遭遇特殊情形时,可以超越委托人指示,相机抉择。（　）
5. 保管好委托人的商业单据是代收行的主要职责,单据关于货物的描述、数量、重量与实际交付之货物不相符,代收行应为此承担责任。（　）

三、问答题
1. 托收行的责任是什么?
2. 什么是光票托收?
3. 托收的交单方式包括哪些? 请阐述各自的特点。
4. 什么情形下,托收行可以对托收项下的风险免责?
5. 采用跟单托收时,出口商将如何有效提高收款的安全性?

第八章
国际贸易结算的方式——信用证

信用证是以银行信用为特征的贸易结算方式,它可以保证出口商安全收款,为互不了解或者互不信任的商人提供商业交易信心和安全。信用证作为比较完善的结算方式,给予进出口商较为充分的银行信用保障,已经在国际贸易结算中占据重要地位。本章将详细介绍信用证的定义、发展、内容、流程、电子交单和种类等内容。

第一节 信用证概述

一、信用证的定义

在国际贸易中,进出口双方可能远隔重洋,彼此间不熟悉。一笔交易从谈判一直到进口商提货、出口商收款,要历经很长时间。在交易中,进出口双方会面对商业信用风险、国家信用风险、外汇风险等,而其中最主要的是信用风险。卖方担心货物出运后,买方能否按期付款,买方国家的外汇管制以及外汇资源如何;买方则担心卖方是否按期交货以及货物的质量问题。买卖双方需要更高一级的信用保证来消除彼此间的疑虑,因此,银行信用作为更高层次的信用,有介入贸易结算的必要。而与此同时,物权单据化的概念得到进一步的接受,单据的买卖代表货物的买卖,这为银行提供贸易结算的信用支持提供了可能。信用证在这样的背景下应运而生。开证行以自己的银行信用替代进口商的商业信用,在出口商提交与信用证条款相符的单据时,保证出口商收取货款,同时保证进口商在付款时,被提示的单据完全与跟单信用证的条款相符合。信用证通过银行信用地提供以及付款时间与交货时间的合理搭配,使进出口双方的利益之间达成双方可接受的折中方法,从而促进国际贸易的进一步发展。

国际上对信用证(Letter of Credit)的定义有很多,其中最主要的是国际商会所下的定义。国际商会在"跟单信用证业务指南"中对信用证定义如下:

"跟单信用证是银行有条件的付款承诺。更详细地说,信用证是开证银行根据申请人的要求和指示,向受益人开立的,有一定金额的,在一定期限内,凭规定的单据,在指定的地点支付(即付款、承兑或议付汇票)的书面保证。"

另外,国际商会在《跟单信用证统一惯例》(UCP600)中对跟单信用证做了更加严谨、明确的定义:

"信用证意指一项约定,不论其如何命名或描述,该约定不可撤销并因此构成开证行对于相符提示予以承付的确定承诺。

承付意指:

a. 对于即期付款信用证即期付款;

b. 对于延期付款信用证发出延期付款承诺并到期付款;

c. 对于承兑信用证承兑由受益人出具的汇票并到期付款。

相符提示意指与信用证中的条款及条件、本惯例中所适用的规定及国际标准银行实务相一致的提示。"

从上述定义出发，可以说，信用证是开证行以其自身与进口商易位，从而确保出口商在提供与信用证条款相符（单证相符）的单据时，无论进口商是否能够或愿意付款，均能收到货款。出口商获得的不是贸易合同中进口商的付款承诺，而是信用证开证银行的付款承诺，这使出口商摆脱了对进口商付款意愿和付款能力的依赖。信用证以银行信用取代了商业信用。

二、信用证的发展——信用证电子化趋势

信用证自19世纪产生至今已有百余年的历史。信用证最初以纸质材料通过信函方式开立，20世纪80年代电报、电话等通信技术获得极大的发展，信用证的开立和通知开始通过电子的方式进行。随着SWIFT的成立，越来越多的商业银行加入该系统，各会员银行之间采用全球卫星或海底电缆与会员国的国内电子清算系统相互连接，极大地提高了银行同业间的通信效率，银行的信用证业务也开始逐步使用SWIFT的服务系统。当前全球信用证业务几乎都是通过SWIFT系统通知。信用证的开立和通知业务已实现电子化。

信用证业务的运转不仅仅指信用证开立、通知，而且包含信用证项下的交单、审单、付款等；其中交单和审单是信用证的核心环节。随着电子商务、云计算技术、数据库以及生物识别技术等前沿信息技术的进步和发展，新兴科技手段不断被应用到结算单证领域，一些金融机构已经实现了交单业务的电子化操作，审单自动化的应用也在探索之中。信用证全流程和全环节的电子化将是未来信用证发展的必然趋势。

三、信用证适用的国际规则

（一）《跟单信用证统一惯例》

《跟单信用证统一惯例》是国际商会制定并出版的关于跟单信用证的国际适用规则，是国际贸易和国际结算的最重要的惯例。目前世界上有一百多个国家和地区的近万家银行在信用证上申明适用该惯例。

1.《跟单信用证统一惯例》（UCP600）的适用

跟单信用证自19世纪以来，已经逐步成为使用最为广泛的结算方式之一。但是由于各国法律体系的不同，以及银行、保险、运输等制度和习惯的不同，导致各当事人对信用证条款的解释不同，争议甚至诉讼不断发生，严重影响跟单信用证的推广和使用。国际商会为了改变这种状况，使信用证成为国际有效支付工具，根据美国代表的提议，起草了关于跟单信用证统一惯例第一版的内容。此后，《跟单信用证统一惯例》根据国际经济环境的变化进行了多次修订，当前使用的版本是2007年修订本，称为《跟单信用证统一惯例》（国际商会第600号出版物；Uniform Customs and Practice for Documentary Credit, ICC Publication No.600，简称UCP600）。

UCP600是国际商会当前推荐给银行界的一套业务惯例,为各类跟单信用证交易提供指南,鼓励跟单信用证的推广使用,从而促进国际贸易的发展。但是应当指出,UCP600只是国际商会推荐使用的惯例,并不具备强制性,只对采用该惯例的银行具有约束力,而对不采用该惯例的银行而言,并不具备要求其强制遵守的法律效力。若信用证文本中注明:"Subject to the Uniform Customs and Practice for Documentary Credits(2007 Revision, International Chamber of Commerce, Publication `No. 600)"[根据《跟单信用证统一惯例》(2007年修订本,国际商会第600号出版物)],则该信用证当事人均受UCP600约束,在处理信用证纠纷时,法院以UCP600为法律依据加以裁决。我国银行在开立信用证时被要求注明上述条款。

2. UCP600的特点

在UCP600正式启用之前,相关信用证适用《跟单信用统一惯例》(1993年修订本,国际商会第500号出版物,简称UCP500)。从基本结构、条款内容和条款措辞看,UCP600较之UCP500均有所变化。

(1)基本结构变化

UCP600对UCP500的49个条款进行了大幅度调整和增删,变成现在的39条。第1~5条为总则部分,包括UCP的适用范围、定义条款、解释规则、信用证的独立性等;第6~13条明确了有关信用证的开立、修改、各当事人的关系与责任等问题;第14~16条是关于单据的审核标准、单证相符或不符的处理规定;第17~28条为单据条款,包括商业发票、运输单据、保险单据等;第29~32条是有关款项支取问题的规定;第33~37条是银行免责条款;第38条是关于可转让信用证的规定;第39条是关于款项让渡的规定。

UCP600增加了第2条(定义条款)和第15条(相符交单),删除了UCP500中不必要或过时的条款——第5条(开立信用证的指示)、第6条(可撤销与不可撤销信用证)、第8条(信用证的撤销)、第12条(不完整与不清楚的指示)、第30条(运输行出具的运输单据)、第33条(运费到付/预付运输单据)和第38条(其他单据)。

(2)内容变化

首先,UCP600增加了专门的定义条款,引入了"Honour"(承付)定义,包括了在即期付款、延期付款和承兑信用证下的付款行为;明确了"Negotiation"(议付)的含义,删除了争议颇大的"给付对价"的提法,将议付定义为是对票据和单据的购买,属于对受益人的融资——预付或者承诺预付,从而将议付信用证对受益人的融资功能纳入统一惯例的保护范围。

其次,取消了UCP500中可撤销信用证的类型。由于可撤销信用证对受益人的权益缺乏保障,因而在实际业务中鲜有使用,UCP600的适用意味着所有信用证都具备不可撤销性。

最后,审单标准进一步清晰。审单时间从UCP500"不超过7个银行工作日的合理时间"改为"最多不超过5个银行工作日";明确了交单期限的适用范围;将单据与信用证相符的要求细化为"单内相符、单单相符、单证相符";银行处理不符单据的选择增加到4种:持单听候交单人的处理;持单直到开证申请人接受不符单据;径直退单;依照事前得到的交单人的指示行事。

(3)条款措辞变化

UCP600的条款措施体现了通俗易懂和简练的特征,删改了容易造成误解的用语和表达。例如"合理时间",因为在各国的银行惯例中,何为"合理时间"存在较大争议,删除该条款消除了统一惯例的不确定性。

(二)《审核跟单信用证项下单据的国际标准银行实务》

《审核跟单信用证项下单据的国际标准银行实务》(International Standard Banking Practice for the Examination of Documents under Documentary Credits,ISBP,简称《国际标准银行实务》),是根据国际商会《跟单信用证统一惯例》设立的。根据UCP500第13条a款规定,"本惯例所体现的国际标准银行实务是确定信用证所规定的单据表面与信用证条款相符的依据",该条款表明,银行在审核单据时必须根据国际标准银行实务,但UCP500并没有具体规定何为国际标准银行实务。由于没有统一的国际标准,加之各国对UCP500的理解及各自审单标准的不统一,在跟单信用证统一惯例适用中产生了一些问题,据统计有60%~70%的信用证在第一次交单时被认定存在不符点而遭到拒付,这一情况已经严重影响了国际贸易的发展,并导致了大量争议乃至仲裁、诉讼的出现。为了解决这一问题,1996年,美国国际金融服务协会(IFSA)制定了一套信用证项下审单的标准银行惯例,为美国和墨西哥的银行所采用,从而使得两国间信用证项下的拒付有了明显的减少。

有鉴于此,国际商会银行委员会于2000年5月成立了一个专门的工作组,对世界主要国家审单惯例加以统一编纂和解释,旨在为适用UCP500的跟单信用证项下单据的审核制定一套国际标准,以促使各国银行的审单人员正确理解UCP500,统一信用证审单标准,规范各国信用证业务,并减少因不符点而引致的信用证拒付纠纷。专门工作组以IFSA制定的惯例为基础,收集了世界上有代表性的五十多个国家的银行审单标准,结合国际商会汇编出版的近300个意见,并邀请了13个国家的贸易融资业务专家和法律专家,于2002年4月完成了ISBP的初稿,并向全世界的银行征询意见。ISBP初稿经过四次修改,于国际商会2002年在意大利罗马召开的秋季年会上获得通过,并于2003年1月作为ICC第645号出版物正式出版。此后,为了配合2007年7月1日正式实施的UCP600,国际商会又进一步修订ISBP,并于2007年7月20日推出ISBP2007年修订版,即国际商会第681号出版物。但是ISBP681只是对UCP500项下的ISBP645的简单调整,于是2008年国际商会正式发起动议,修订起草新版ISBP745,以反映不断发展中的信用证审单实务,并于2013年正式颁布发行。

ISBP745首先澄清了其与信用证统一惯例之间的关系,阐明ISBP745是UCP600的补充,是对UCP600所反映的信用证审单实务的最佳解释,强调了ISBP745必须结合UCP600进行解读。其次,ISBP745对汇票、发票、多式运输单据、提单、租船提单、空运单、保险单据、原产地证等单据规则进行相关调整,并新增对不可转让海运单、装箱单、重量单、受益人证明以及检验证明的规定。ISBP745把极易产生争议的不符点认定问题做了更清晰的阐述,为贸易界、银行界以及法律界等相关人员提供了专门针对UCP600项下单据的国际惯例。

(三)《〈跟单信用证统一惯例〉电子交单补充规则》

国际商会为了适应电子商务在国际贸易领域的广泛应用,于2000年5月24日根据当时适用的《跟单信用证统一惯例》(UCP500)对电子交单等制定了一个补充规则,并为此成立工作组。2002年4月1日,《〈跟单信用证统一惯例〉电子交单补充规则》(国际商会eUCP1.0版)生效。UCP600规则出台后国际商会又推出了eUCP1.1版本,以满足信用证实务的需求。2017年6月6日,国际商会银行委员会成立工作小组,评估国际商会先行规则的电子兼容性,以预测和跟进贸易融资的数字化进程。根据评估结果,国际商会银行委员会授权成立起草小组,启动了eUCP的修订工作。经三易其稿,eUCP 2.0最终以47票同意、2票弃权的结果获得通过,并于2019年7月1日正式启用。

《〈跟单信用证统一惯例〉电子交单补充规则》全文共14条,主要条款包括适用范围、eUCP与UCP的关系、定义、格式、交单、电子记录和纸质单据与货物、服务或履约行为关系、审核、拒绝通知、正本与副本、出单日期、运输、交单后电子记录的损坏、eUCP电子交单的额外免责和不可抗力。当信用证表明受eUCP约束时,eUCP应作为UCP的增补使用,受eUCP约束的信用证也受UCP的约束,无论其是否在信用证中明确这一条款,如果使用eUCP和UCP产生不同的结果时,应当优先适用eUCP。信用证必须表明其所适用的eUCP的版本,否则,受信用证开立时有效版本的约束。

四、信用证的特点

根据《跟单信用证统一惯例》关于信用证的解释,信用证可被归结为具有以下3个特点:

(一)信用证开证行负第一性付款责任

信用证是开证行有条件的付款承诺。只要条件已经兑现,即所提示的单据单证相符,开证行首先承担付款的责任,无论是议付行、付款行、承兑行还是受益人本人向开证行交单,开证行都必须履行其付款承诺,不管开证申请人是否有付款的意愿或者能力。信用证体现了银行信用。

🖱 **【案例8-1】**[①]　Z银行日照岚山支行(以下简称"岚山Z行")根据授信长期为日照广信化工科技有限公司(以下简称"广信公司")购买生产原料开立信用证。本案例涉及岚山Z行开立的3份90天远期不可撤销信用证,受益人均为Marubeni Corporation(以下简称"丸红公司")。丸红公司委托承运人天津西南海运有限公司(以下简称"西南公司")运输,承运人向丸红公司签发3套指示提单,托运人为丸红公司,装货港为韩国蔚山,卸货港为连云港,货物品名为聚合级丙烯,船名

[①] 摘自中国法院网典型案例。

"HONG YU"轮。此后,丸红公司交单,岚山Z行根据信用证贸易单证流程于2017年4月14日收取包括3套提单在内的商业单据,对单据相符岚山Z行未提出异议,3个月后因广信公司无力全额付款赎单,岚山Z行对外偿付,为此垫付信用证金额2 033 796.85美元。

分析:信用证开立后,开证行对受益人承担不可撤销的付款责任。受益人只要提交规定的单据给开证行,并且构成相符交单,开证行就必须承付,其付款责任不以进口商的付款为前提。本案例中所涉申请人广信公司面临资金困难无力支付,这并不影响开证行岚山Z行的付款义务,岚山Z行理应偿付信用证受益人。

(二)信用证是自足文件,具有独立性

信用证开立的基础首先是进出口双方所签订的销售合约,其次是进口商与开证行之间的开证申请书。开证行在此基础上向受益人开立信用证,但是这些文件是相互独立的,每个文件只能约束相关当事人。UCP600第4条a款指出:"信用证与其可能依据的销售合约或其他合约是相互独立的交易。即使信用证中包含有关合约的任何援引,银行也与该合约完全无关,并不受其约束。一家银行做出承付、议付以及/或履行信用证项下其他义务的承诺,不受申请人与开证行或与受益人之间在已有关系下产生的索赔或者抗辩的制约。"因此,信用证开出后即与基础合约相互独立;信用证约束开证行和受益人,规范开证行与受益人的权利与义务。开证行只对信用证负责,只要信用证项下付款的依据已经成立,开证行就必须履行付款的义务,而无须过问销售合同的履行状况。

(三)信用证业务处理的对象是单据

信用证业务是关于单据的买卖,银行处理的是单据,而不是货物。对货物的真假、质量优劣,对货物是否确实已装船、是否抵达目的港等概不负责。UCP600第5条规定,在信用证业务中,各有关当事人所处理的只是单据,而不是单据所涉及的货物、服务或其他行为。因此,银行对单据的准确性、真伪性不承担责任,若任何单据中有关货物的描述、数量、种类、质量、包装等不真实,只要单据内容符合信用证规定,银行善意付款也不承担任何责任。

五、信用证的作用

跟单信用证是比较完善的结算方式。由于以银行信用替代商业信用,信用证对于进出口双方以及银行都有相当大的作用,在国际商会的"跟单信用证业务指南"中将信用证用途归结为以下几个方面:

(1)为购买外国货物和外国设备融通资金的极好的工具;
(2)有助于开证行向进口商融通资金,并控制资金的用途;
(3)能有效为商业和有关方面在交易中提供信心和安全因素;
(4)若不为额外的复杂条款所累赘,信用证将成为保障出口商取得货款的常用工具。

根据信用证特点以及上述用途,跟单信用证的作用就是:

(1)保证出口商安全收款。只要将符合信用证条款的单据交给出口地银行,出口商就可以取得货款,不必担心进口商收到货物不付款。

(2)保证进口商付款后,可以取得代表物权的单据,从而凭此提货。进口商通过控制信用证条款,约束出口商按照销售合约规定的数量、规格、质量、装船日期等装运货物。进口商付款后,开证行保证其获取与信用证条款相符的物权凭证。

(3)进出口商可以在信用证项下分别获得开证行或者其他银行所提供的资金融通。例如,进口商获取开证行授予的开证额度,在额度内不必缴纳保证金就可申请开证。出口商可以获取出口地银行所提供的打包放款、提货担保等融资服务。

六、信用证的格式与内容

(一)信用证的格式

世界各国银行都有自己的一套信用证格式,但是内容大致相同。信用证格式和内容自信用证产生经历较大的发展变化,并且正趋向统一。

最早在信用证格式方面做出努力的是1922年美国的"纽约银行信用会议",该会议制定了一套称作"商业信用协商格式"(Commercial Credit Conference Form)的信用证格式,美国商人承认并劝说美国银行使用。此后,国际商会在信用证格式的统一以及标准跟单信用证的推广方面做出了卓有成效的贡献。1962年国际商会修订的跟单信用证统一惯例第222号出版物,制定了跟单信用证开立的6种标准格式,为世界大多数国家所采用,被称作20世纪70年代标准格式。1974年国际商会为了配合新修订的惯例,即第290号出版物的执行,于1987年以323号出版物公布了新的标准跟单信用证格式,适用于3种不可撤销跟单信用证的任何一种,包括付款信用证、承兑信用证以及议付信用证。此后,国际商会为了配合新惯例的修改,即第400号出版物,又于1986年以第416号出版物推出标准跟单信用证格式。"416格式"成为世界通用的格式。随着1994年UCP500取代UCP400,国际商会又制定使用500条款的最新国际商会标准跟单信用证格式,即所谓的"516格式"。2007年,UCP600开始启用,但是还没有配套的标准信用证格式推出,所以以信函方式开立的信用证仍然沿用"516格式"。

"516格式"推荐的标准格式包括不可撤销跟单信用证申请书(Irrevocable Documentary Credit Application Form)、不可撤销跟单信用证格式——给受益人的通知[Irrevocable Documentary Credit Form (Advice for the Beneficiary)](见表8-1)、不可撤销跟单信用证格式——给通知行的通知[Irrevocable Documentary Credit Form (Advice for the Advising Bank)],以及不可撤销跟单信用证修改书格式(Irrevocable Documentary Credit Amendment Form)(见表8-2)等。"516格式"的开立和操作,既考虑申请人与受益人的利益,便利了国际商界的沟通;又考虑到银行的利益,方便国际银行间的沟通。

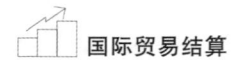

表 8-1　　　　　　　　不可撤销跟单信用证格式——给受益人的通知

Irrevocable Documentary Credit Form（Advice for the Beneficiary）

Name of Issuing Bank	Irrevocable Documentary Credit	Number
Place and Date of Issue		
Applicant：	Expiry Date and Place for Presentation of Documents Expiry Date： Place for Presentation：	
Advising Bank　　　Reference No	Beneficiary：	
	Amount：	
Partial shipments □allowed □not allowed Transhipment □allowed □not allowed □Insurance covered by buyers Shipment as defined in UCP500 Article 46 From： For transportation to： Not later than：	Credit available with nominated bank： □ by payment at sight □ by deferred payment at： □ by acceptance of drafts at： □ by negotiation Against the documents detailed herein： □ and Beneficiary's draft(s)drawn on：	

Documents to be presented within □days after the date of shipment but within the validity of credit

We hereby issue the Irrevocable Documentary Credit in your favour. It is subject to the Uniform Customs and Practice for Documentary Credits (1993 Revision, International Chamber of Commerce, Paris, France, Publication No. 500)and engages us in accordance with the terms thereof. The number and the date of the Credit and the name of our bank must be quoted on all drafts required. If the Credit is available by negotiation, each presentation must be noted on the reverse side of this advice by the bank where the Credit is available.

This document consists of □signed page(s)　　_____Name and signature of the issuing bank

表 8-2　　　　　　　　不可撤销跟单信用证修改书格式

Irrevocable Documentary Credit Amendment Form

Name of Issuing Bank：	Amendment to Documentary Credit	Number
Date of amendment	Place and date of issue：	
Applicant：	Beneficiary：	
Advising Bank　Reference No.：	This amendment is to be considered as part of the above-mentioned Credit and must be attached thereto.	

The above-mentioned Credit is amended as follows：

All other terms and conditions remain unchanged.
The above-mentioned Documentary Credit is subject to the Uniform Customs and Practice for Documentary Credits(1993 Revision, International Chamber of Commerce, Paris, France, Publication No. 500).

Please advise the Beneficiary _____ Name and signature of the Issuing Bank	Advising Bank's notification _____ Place, date name and signature of the Advising Bank

（二）信用证的内容

根据"516 格式"，信用证包含以下内容：

(1)信用证性质；

(2)信用证号码；

(3)开证行名称和地址；

(4)开证地点和日期；

(5)信用证的有效地点和日期；

(6)申请人名称、地址；

(7)受益人名称、地址；

(8)通知银行；

(9)信用证金额；

(10)指定银行、信用证种类、汇票和付款期限、付款人等（每个信用证都须规定指定银行，以便明确受益人与银行的关系，指定银行可以是付款信用证的付款行、承兑信用证的承兑行、议付信用证的议付行或者保兑信用证的保兑行）；

(11)分批装运；

(12)转运；

(13)卖方投保；

(14)起运港、目的港、装期；

(15)对货物或服务的描述；

(16)规定的单据；

(17)商业发票；

(18)运输单据（普遍的）；

(19)运输单据（特定的）；

(20)保险单据；

(21)其他单据；

(22)交单期限；

(23)对通知行的指示，如要求其对信用证加具保兑等；

(24)偿付指示（开证行表明何时、以何种方式偿付信用证的付款行、承兑行或者议付行）；

(25)信用证开立的页数；

(26)签字。

信用证修改书是信用证不可分割的内容。开证行在开立信用证修改书时，修改书本身必须完整明确；开证行指定某银行将信用证事宜通知当事人时必须指定同一银行将该证项下的修改书同时通知当事人，开证行在发出修改书后，即受修改书的约束；保兑行将信用证修改书通知当事人，则代表其接受修改书的内容并受修改书的约束。

国际商会推荐了不可撤销跟单信用证修改书格式（见表 8-2）。该格式包括以下内容：

(1)被修改的信用证号码；

(2)修改日期；

(3)开证日期与地址；

(4)被修改的信用证的申请人；

(5)受益人；

(6)通知银行；

(7)中间空白部分,用于缮制修改内容；

(8)开证行有权签字人的签名；

(9)通知行指示,通知行将本行通知修改书的说明加以注释。

第二节 信用证的当事人及其权利与义务

根据信用证相关国际规则,信用证的主要当事人包括开证行、保兑行以及受益人,相关当事人包括开证申请人、通知行、保兑行、指定银行(包括付款行、议付行或承兑行)和偿付行。信用证的当事人最少也有两个,即开证行和受益人,这以开证行自身开出的融资信用证为代表。信用证当事人的权利与义务比较复杂,因为他们同时受不同契约关系的约束。

一、开证申请人(Applicant)

开证申请人通常是进口商,由于在贸易合同中约定信用证的结算方式,因此申请人向开证行申请开证。于是,申请人受两个合同的约束:一是与出口商所签订的进出口贸易合同;二是申请开证时与开证行签订的业务代理合同,即开证申请书。

作为进口商,必须根据合同内容,在合理时间内开证。信用证的开立是为了贸易合同支付结算的完成,合同是信用证的基础,因此信用证的内容必须服从合同的内容。进口商申请开证必须根据合同内容,只有两者的内容一致,出口商才有可能在履行合同义务的同时获取信用证项下的金额。

作为开证申请人,必须遵守开证申请书的约定,享有并承担相应的权利与义务:

(一)合理指示开证

为了提高信用证业务的效率,申请人在申请书中的措辞必须明确(Certain)、简洁(Concise)、前后一致(Consistence),以避免开证行和申请人对信用证内容在理解上有出入,致使信用证内容无法执行。

(二)提供开证担保

信用证是开证行对出口商的付款承诺,是对进口商的授信,开证行为了避免风险通常要求申请人提供一定形式的担保,可以是现金、动产或不动产,也可以是第三者提供的保证。现金保证就是开证押金,可以高达开证金额的100%,也可以为0,开证押金的多少与申请人的资信状况直接有关。

(三)及时赎单付款

开证申请书就是申请人对开证行的付款代理合同。开证行只是付款代理人，而申请人应当是承担付款责任的委托人。开证行履行其付款义务后，进口商应及时偿付货款向开证行赎取单据。当然，根据付款代理合同，对与信用证条款不符之单据，申请人有拒绝付款赎单的权利。进口商赎单提货后，若发现货物规格、质量、数量等方面与单据不符，即单货不符，进口商无权要求开证行赔付，而只能根据过失的责任，向出口商、运输公司或者保险公司追究责任。

二、开证行(Issuing Bank)

开证行受3个合同的约束：与申请人之间付款代理合同、与受益人之间的信用证、与通知行或议付行之间的代理协议。因此，开证行的权利及义务如下：

(一)根据申请书内容，按照 UCP600 要求开证

开证行作为申请人的付款代理人，应当根据申请人的要求开立信用证，按照统一惯例处理业务。由于单据是申请人对受益人行为进行约束的工具，受益人通过提交的单据证明已经履行了基础贸易合同项下的义务，因此，申请人应当将出口商承担的合同义务条款转化为受益人在信用证项下获取开证行承付的条件。UCP600 第 14 条 h 款规定，如果信用证中包含某项条款而未规定需提交与之相符的单据，银行将认为未列明此条件，并对此不予处理。因此，开证行开证时应当将申请人在申请书上所列的全部条款加以单据化，更好地保护开证申请人的利益。

(二)取得质押的权利

进口商被通知付款赎单，若无能力付款，开证行可以取得对货物的质押权。开证行取得对货物的质押，通常通过要求申请人在申请开证时出具总质押书或者赔偿保证书来获得。在申请人无力支付货款时，由开证行自由处理货物，开证行可以出售货物用以抵偿自己的垫款，若销售款不足以弥补垫款，则开证行有权向进口商追索其不足部分。

(三)第一性付款责任

信用证一旦开立，开证行就对受益人及其指定人承担第一性的付款责任。其责任是绝对和不可撤销的，只要所提交的单据满足与单证相符的要求，开证行即根据下述信用证情形予以承付：

(1)由开证行即期付款、延期付款或者承兑；

(2)由指定银行即期付款而该指定银行未予付款；

(3)由指定银行延期付款而该指定银行未承担延期付款承诺，或者虽已承担延期付款承诺但到期未予付款；

(4)由指定银行承兑而该指定银行未予承兑以其为付款人的汇票，或者虽已承兑但到期

未予付款;

(5)由指定银行议付,而该指定银行未予议付。

开证行的第一性付款责任在单证相符的情况下予以确立。但是,若存在单据欺诈,即单据不能代表货物时,开证行是否需继续履行其义务与责任?关于欺诈,UCP600并无相关约定。然而,信用证实务中的确有一条"欺诈例外"原则,即如果信用证交易中存在欺诈行为,即使收到相符单据,开证行仍然可以摆脱付款责任。

如何正确把握欺诈例外原则,对银行信用证业务意义重大。首先,欺诈的认定只能由法院裁决。我国最高人民法院《关于审理信用证纠纷案件若干问题的规定》第八条规定:"凡有下列情形之一的,应当认定存在信用证欺诈:(一)受益人伪造单据或者提交记载内容虚假的单据;(二)受益人恶意不交付货物或者交付的货物无价值;(三)受益人和开证申请人或者其他第三方串通提交假单据,而没有真实的基础交易;(四)其他进行信用证欺诈的情形。"可见,欺诈的认定在货物和单据方面有一定的标准和条件,必须是受益人未发货、货物无价值或者受益人伪造单据、提交没有真实基础交易的虚假单据。严格地说,一定程度之内的货物质量纠纷尚不能构成欺诈。

开证申请人若发现受益人存在欺诈,就必须在开证行付款之前收集足够证据,向地方法院申请止付令,阻止开证行付款。

其次,善意第三方是否存在。根据我国法律,发生下列4种情形,法院不应签发止付令:开证行的指定人、授权人已按开证行指令善意地进行了付款;开证行或其指定人、授权人已对信用证项下的票据善意承兑;保兑行善意地履行了付款义务;议付行善意地进行了议付。也就是说,即使存在欺诈,如果开证行已经付款或承兑,或者信用证交易链条中存在善意第三方已经进行了付款或议付,法院也不应签发止付令,信用证"欺诈例外"原则存在例外。

【案例8-2】[①] 委托人HJ公司委托信用证申请人XY公司向信用证受益人HH公司进口高密度聚乙烯,同时允诺如采购的货物销售情况不理想,另一家公司EMA将全部回购。因此,XY公司分别与HH公司、EMA公司签订了买卖合同,同时向开证行申请开立了以HH公司为受益人的远期不可撤销信用证。

随后,HH公司通过交单行OP银行向开证行交单。开证行收单审核后,交单相符,向交单行发送承兑电,明确付款到期日。随后,受益人HH公司在交单行叙作福费廷业务,获得融资款。

另一方面,申请人XY公司从开证行承兑赎单后,根据信用证项下单据与报关单前往仓库提货,却发现这批货物不存在。随后XY公司向法院申请止付,要求HJ公司、HH公司以及交单行OP银行(议付行)赔偿损失。

根据后续的调查得知,本案涉嫌欺诈的HJ公司的实际控制人为W。HH公司和EMA公司是W的离岸公司。HJ公司因经营不善,欠下巨额债务。W以HJ

---

① 吴斌斌.信用证融资中"善意第三人"身份认定问题分析[J].中国外汇,2022(20):45-47.

公司的名义委托 XY 等多家贸易公司向 HH 公司代理进口塑料粒子。随后,W 经由 HH 离岸公司向银行提交虚假单据骗取融资与货款。

最终法院判定,欺诈事实成立,但是由于存在善意第三人——交单行 OP 银行,欺诈例外原则不能适用,开证行仍需偿付信用证项下款项。

分析:在信用证欺诈中,议付银行要豁免欺诈例外原则就必须获得善意第三方的身份,而其中的关键在于法院对于第三方"是否善意"是如何认定的。法院对于"善意"的判定标准可以简单概括为:议付行未参与或不知晓欺诈,并且尽到了合理谨慎的职责。OP 银行在为 HH 公司开立离岸账户时,已按照内部规定进行了调查,并对提交资料进行了审核,已尽到开户审核的基本注意义务;没有证据证明 OP 银行对于没有真实的基础交易、HH 公司提交伪造单据等行为知道或者应当知道;OP 银行基于信用证与单据表面信息审核单据,单证一致,单单一致。因此,OP 银行的议付行为是善意的,得以对抗法院的止付令。

三、受益人(Beneficiary)

受益人通常是出口商或者中间商。受益人受两个合同的约束:一是与申请人之间的贸易合同,二是与开证行之间的信用证。

作为出口商,必须履行贸易合同的义务,按合同要求发货并提交符合合同要求、与货物相符的单据,即做到货约一致、单货一致。

作为受益人,是可以支取信用证金额的权利人,但其权利的兑现是以提交正确的单据为前提的。受益人必须在信用证规定的装船期限内装运货物,并在信用证效期内和交单期限内向指定银行交单,做到单证相符。因此综合上述两种身份,出口商要履行合同义务并取得信用证项下的货款必须做到 3 个相符:货约相符、单货相符、单证相符。但是同时做到 3 个相符是以信用证与合同条款一致为条件的,因此在收到信用证后,受益人应当及时与合同核对,若信用证条款与合同不符,应当尽早提出修改或者拒绝接受。出口商交单后,若开证行无支付的意愿或者能力,出口商就可以向进口商直接交单要求付款。

四、通知行(Advising Bank)

通知行是应开证行要求通知信用证的银行,通常是受益人所在地的银行,是开证行的联行或者代理行。它受与开证行之间的代理协议的约束。

通知行在收到开证行的信开或者电开的信用证后,必须核对印鉴或者密押,合理、谨慎地检验信用证的表面真实性,确定无误后根据开证行的要求通知受益人。开证行通过受益人所在地银行通知信用证,这是为了充分利用银行间的核对真实性的手段保护受益人的利益。通知行若不能核准印鉴与密押的真实性,则不应当通知受益人。通知行如果仍然决定通知该证,则必须告知受益人它不能核对信用证的真实性。若受益人对信用证有不明白或不能接受之条款,则通知行可以根据受益人的要求对开证行提出要求修改或者澄清信用证

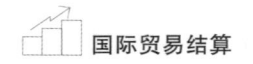

疑点。

通知行可以利用另一家银行的服务向受益人通知信用证及其修改,该银行称为第二通知行。UCP600明确了第二通知行的义务,即只有核符所收到通知的表面真实性后,才能将信用证或修改书通知受益人。

对开证行的电开信用证应当核对密押,对于转递行转递的电开信用证应当要求转递行加押并核对其密押,这都是确保信用证真实性的有效手段,是符合统一惯例有关通知信用证的要求的。通知行的行为可以在一定程度上防范利用假信用证的诈骗活动。

五、保兑行(Confirming Bank)

开证行可以授权或要求通知行或者其他银行对不可撤销信用证加具保兑(Add Confirmation),若该银行加具保兑即为保兑行。当受益人向保兑行提交单据时,在单证相符的情况下,就构成保兑行在开证行之外的确定付款承诺。对于受益人或者其指定人,保兑行承担与开证行相同的付款责任。若信用证指定保兑行承付(包括即期付款、延期付款或者承兑),则保兑行必须承付;若信用证由另一家指定银行承付而该银行未承付,则保兑行必须承付;若信用证指定保兑行议付,则保兑行必须无追索权的议付;若信用证由另一家指定银行议付而该银行未议付,则保兑行必须承付;若另一家指定银行已经对单据予以承付或者议付,并将单据寄给保兑行向其索偿,则保兑行必须偿付。

保兑行承付或议付后向开证行索偿,开证行有对其偿付的义务。即使开证行无能力或者无理拒付,保兑行也无权向受益人或者其他前手银行追索。

由于保兑构成不可撤销的付款承诺,因此,为了降低潜在风险,被授权加具保兑的银行一般要对开证行的资信状况以及信用证条款进行严格的审核,然后才能决定是否加具保兑,除非两个银行之间的代理协议有硬性规定。UCP600第8条d款规定,被授权加具保兑的银行有权不予照办,但是必须不延误地告知开证行,并仍可通知此份未加保兑的信用证。

六、指定银行(Nominated Bank)

信用证必须规定信用证的种类,即它是否适用于即期付款、延期付款、承兑或议付,同时对应信用证也必须规定它所适用的银行(即可以对信用证予以即期付款、延期付款、承兑或议付的银行),该银行根据UCP600被定义为指定银行,指定银行可以特指某一家银行,也可以是任何银行。

(一)议付行(Negotiating Bank)

对于适用于议付的信用证,当开证行授权另一家银行依据表面符合信用证条款的单据议付单据并对受益人垫款时,该指定银行就是议付行。指定银行通常是通知行。当开证行授权任何银行议付单据时,受益人可以自由选择一家银行向其交单要求议付,受益人自行选定的银行也是信用证项下的议付行。

议付行议付单据后,有权向开证行索偿,开证行有责任对已议付的指定银行予以偿付。

若开证行资信不佳或者破产倒闭,则议付行议付就有风险。被授权议付的指定银行为了降低来自开证行的信用风险,对于资信不佳的开证行的信用证可以拒绝议付。若仍决定议付,则被授权议付的指定银行有权要求受益人提交总质押书,并由受益人声明,在发生意外时,议付行有权处理单据,甚至变卖货物,以减少议付行议付单据的风险。

议付行向开证行行使索偿的权利是以提交正确的单据为前提的。若单据与信用证条款不符,则开证行可以拒绝付款。因此,议付行应当严格审单,坚持单证严格相符原则,以降低议付的风险。若单证相符,但是开证行破产无力偿付,则议付行还可以对受益人追索。议付行的权利相当于汇票善意持票人的权利。

(二)付款行(Paying Bank)

对于适用于即期付款或者延期付款的信用证,当开证行授权另一家银行依据表面符合信用证条款的单据付款或者承担延期付款责任时,该指定银行即为付款行。即期付款信用证规定受益人提交汇票的,上述指定银行就是汇票的受票行(Drawee Bank);若不要求提交汇票,上述指定银行就是付款行(Paying Bank)。延期付款信用证不需要提交汇票,只有付款行,没有受票行。

指定付款行是开证行的代理付款人,付款行一经接受开证行的授权,就承担凭单付款的责任。付款行付款后,可以向开证行索偿。但是,即使开证行无力支付或者无付款意愿,付款行也不享有对受益人的追索权。因此,在开证行资信较差的情况下,指定付款行可以不接受开证行的授权,拒绝付款。

(三)承兑行(Accepting Bank)

对于适用于承兑的信用证,当开证行授权另一家银行依据表面符合信用证条款的单据承兑汇票时,该指定银行就是承兑行。这类信用证规定受益人提交远期汇票,该汇票的受票行就是指定银行。受益人向受票行提示单据请求承兑,指定银行若予以承兑,就成为承兑行,在远期汇票到期时承担付款的责任。承兑行承兑汇票后,可以向开证行索偿,开证行对已承兑汇票的指定银行承担到期偿付的责任。

七、偿付行(Reimbursing Bank)

开证行若授权另一家银行代为偿付付款行、承兑行或议付行(均称作索偿行)的索偿时,则后一银行为偿付行。通常,信用证的货币不是开证行所在国的货币,开证行为了头寸调拨的便利,可授权一家在该货币清算中心的联行或者代理行作偿付行。

开证行指定索偿行向偿付行索偿时,应当及时给偿付行下达偿付授权书(Reimbursement Authorization)。偿付行只有在收到偿付授权书后,才有权偿付信用证的金额。偿付行只相当于开证行的出纳行,单据正确与否并不构成其偿付的依据,因此索偿行不必向偿付行提供与信用证条款相符的证明,而只要向偿付行发出索偿书(Reimbursement Claim)即可。若偿付行未能偿付,则开证行并不能解除其自行偿付的义务;若偿付行未能在首次索偿时即予偿付,则开证行应对索偿行的利息损失负责。因此,在指定偿付行的情况下,索偿行一方面向偿付行寄索偿书,另一方面向开证行寄单,开证行若收到与信用证不符的单据,则有权向索偿行追回已经偿付的款项,但开证行不得向偿付行追索。

第三节 信用证的业务程序

一、进口商申请开证

贸易合同约定以信用证方式结算,进口商应当在合同规定的期限内,或者合理期限内,向进口地银行申请开证。申请开证,进口商应当填写开证申请书及开证担保书。

(一)开证申请书(Application for Issuing Letter of Credit)

开证申请书是开证申请人与开证行之间的法律文件,同时也是开证行开立信用证的依据。其内容的完整、明确非常重要。开证申请书的主要内容见表 8-3。

表 8-3　　　　　　　　　　　　开证申请书的格式

Irrevocable Documentary Credit Application

Applicant:	Issuing Bank:
Date of Application:	Expiry Date and Place for Presentation of Documents Expiry Date: Place for Presentation:
☐ issue by (air)mail ☐ with brief advice by teletransmission ☐ issue by teletransmission	Beneficiary:
Confirmation of the Credit: ☐ not requested ☐ requested ☐ authorised if requested by Beneficiary	Amount in figure and words (Please use ISO Currency Codes):
Partial shipments ☐ allowed ☐ not allowed	Credit available with Nominated Bank: ☐ by payment at sight ☐ by deferred payment at: ☐ by acceptance of drafts at: ☐ by negotiation
Transhipment ☐ allowed ☐ not allowed	
☐ Insurance will be covered by us	
Shipment From: For transportation to: Not later than:	Against the documents detailed herein: ☐ and Beneficiary's draft(s) drawn on:
Goods (Brief description without excessive details-See UCP 500 Article 5):	Terms: ☐ FAS ☐ CIF ☐ FOB ☐ Other Terms: ☐ CFR ☐ as per INCOTERMS

续表

Commercial invoice ☐ signed, original and ☐copies. Transport Documents: ☐ Multimodal Transport Document, covering at least two different modes of transport ☐ Marine/ocean Bill of Lading covering a port-to-port shipment ☐ Non-Negotiable Sea Waybill covering a port-to-port shipment ☐ Air Waybill, original for the consignor ☐ Other transport document: ☐ To the order of ☐ Endorsed in blank ☐ Marked freight ☐prepaid ☐payable at destination ☐ Notify: Insurance Document: ☐Policy ☐Certificate ☐Declaration under an open cover. Covering the following risks: Certificates: ☐ Origin ☐ Analysis ☐ Health ☐ Other Other Documents: ☐ Packing List ☐ Weight List	
Documents to be presented within ☐days after the date of shipment but within the validity of credit	
Additional Instructions:	We request you to issue on our behalf and for our account your Irrevocable Credit in accordance with the above instructions [marked (×) where appropriate]. This Credit will be subject to the Uniform Customs and Practice for Documentary Credits(2007Revision, Publication NO. 600 of the International Chamber of Commerce, Paris, France), insofar as they are applicable. _____ Name and signature of the Applicant

（二）开证担保书（Secured Agreement for Letter of Credit）

开证担保书是进口商与开证行之间的法律契约，是开证申请人对开证行做出的保证，其主要内容有：

（1）明确申请人的及时偿还开证行的义务；

（2）明确表示同意开证行根据国际商会《跟单信用证统一惯例》规定的免责条款义务；

（3）申请人同意在付款前将货物的所有权转让给开证行；

（4）申请人承诺支付信用证项下的各项费用；

（5）申请人明确遵循国际商会《跟单信用证统一惯例》的开证要求。

银行通常将信用证申请书与开证担保书合并在同一张纸上，正面为信用证申请书内容，反面是申请人对开证行的声明和保证，经申请人和银行签字后方能生效。

二、开证行开立信用证

（一）开立信用证前的审查和检验

对进口商的开证申请，开证行为了降低信用证潜在的风险，应当严格把关，谨慎开立信用证。

(1)审查开证申请书与开证担保书。

(2)审查开证申请人的资信状况、申请人目前的经营状况、财务状况以及经济实力,申请人过去有无不良的信用记录等。

(3)查验进口开证应当提供的有效证件。各国对进口商品有不同的管理条例。我国规定,开证申请人在向开证行递交开证申请书的同时,应提供由开证申请人填写的贸易项下进口付汇核销。另外,对实行进口配额管理或者特定产品进口管理的货物进口,申请人应当持进口许可证或者特定商品进口登记证明,对实行自动登记制的货物进口,申请人持相应的登记文件即可。

(4)落实开证保证金。开立信用证是开证行对开证申请人所做的付款保证。开证行为了防范开证申请人无力付款赎单的风险,要求不同的开证申请人提供某种形式的保证,或现金,或抵押品及质押品,或第三者出具担保书。现金保证即为保证金,可以以提交现款的形式,也可以通过存款账户扣存备付的形式。保证金可以高达开证金额的100%,也可能很低,甚至不要求交存保证金。保证金的多少与申请人的资信直接有关。各国银行对保证金的掌握并不一致,对于经常往来的客户一般会授予其一定的授信额度,申请人在额度内申请开证可以免交保证金,但超过额度则要交付保证金。

(二)开立信用证

开证行完成上述审查和检验后,向申请人收取开证手续费,依据《跟单信用证统一惯例》开立信用证。开证行将所开立的信用证以电报或电传或航空邮递的形式送达所选定的通知行,由其代为通知或者转交受益人。

信用证的开证方式有信开(Open by Airmail)和电开(Open by Telecommunication)两种方式。信开是指开证行以航邮将信用证寄给通知行;电开是指开证行将信用证加注密押以电信方式通知通知行,请其转交信用证。电开有全电(Full Cable)开证和简电(Brief Cable)开证两类。前者是指以电信方式发出内容完整的信用证,是有效的信用证正本;后者是指电文内容不完整,只是包含信用证主要内容的信用证文本,一般作预先通知受益人用,不是有效的信用证文本,银行随后寄出的证实书(Mail Confirmation to Follow)才是信用证有效文本。现在银行多用全电开证的方式开立信用证。

各国银行可以信开方式开立信用证,内容基本接近"516格式";以全电方式开立信用证,多采用Telex或者SWIFT,其中SWIFT正逐步取代Telex。

SWIFT信用证是指根据国际商会所拟订的电报信用证格式,利用SWIFT系统所设计的格式化电文来传递信息的信用证。SWIFT设计的信用证开立格式代号为MT700和MT701。2018年11月,SWIFT格式完成升级。与信开信用证相比,SWIFT信用证将保证条款省略,但加注密押,密押核对无误后,SWIFT信用证才生效。目前SWIFT信用证均受《跟单信用证统一惯例》约束,除非电文中特别注明。下面的英文全文为SWIFT信用证样本。

Status:MESSAGE DELIVERED

Station:BEGINNING OF MESSAGE

FIN/SESSION /OSN：F01 2391 750752

OWN ADDRESS： ××××××

Output Message Type：700 ISSUE OF A DOCUMENTARY CREDIT

Input Time ： ××××

MIR：

Sent by ： ××××××

Output Date /Time ： ××0928××××

Priority ： Normal

27 /SEQUENCE OF TOTAL　　　　1/1

40A /FORM OF DOCUMENTARY CREDIT IRREVOCABLE

20 /DOCUMENTARY CREDIT NUMBER　　××××××

31C/DATE OF ISSUE　　××0928

31D/DATE AND PLACE OF EXPIRY　　××1030CHINA

50 /APPLICANT　　××××，JAPAN

59 /BENEFICIARY　　××××，CHINA

32B/CURRENCY CODE AMOUNT　　USD 50,000.00

39A/PERCENTAGE CREDIT AMT TOLERENCE 05/05

41D/AVAILABLE WITH\BY　　ANY BANK BY NEGOTIATION

42C/DRAFTS AT …　　DRAFT AT SIGHT FOR FULL INVOICE VALUE

42A/DRAWEE　　××××××

43P/PARTIAL SHIPMENTS　　ALLOWED

43T/TRANSSHIPMENT　　PROHIBITED

44A/ON BOARD/DISP/TAKING CHARGE　　SHANGHAI CHINA AIRPORT

44B/FOR TRANSPORTATION TO　　JAPANESE AIRPORT

44C/LATEST DATE OF SHIPMENT　　××1020

45A/DESCP OF GOODS AND /OR SERVICES

　　MACHINE DFH-3

　　TOTAL：USD 50,000.00

　　CIF JAPANESE AIRPORT INCLUDING PACKING CHARGES

　　SHIPPING MARK：FKE-415041

　　―――――――

　　　TOKYO，JAPAN

　　PACKING：STANDARD EXPORT PACKING

46A/DOCUMENTS REQUIRED

+ SIGNED COMMERCIAL INVOICE IN 5COPIES INDICATTING L/C NO. AND CONTRACT NUMBER.

+ AIR WAYBILLS SHOWING 'FREIGHT PREPAID' AND CONSIGNED TO ×× CORPORATION, JAPAN AT THE DESTINANTION NOTIFYING APPLICANT.

+ INSURANCE POLICY /CERTIFICATE IN 2 COPIES FOR 110% INVOICE VALUE SHOWING CLAIMS PAYABLE IN JAPAN IN CURRENCY OF THE DRAFT, BLANK ENDORSED, COVERING AIR TRANSPORTATION ALL RISKS,WAR RISKS.

+ PACKING LIST IN 2 COPIES.

+ CERTIFICATE OF QUALITY IN 2 COPIES ISSUED BY MANUFACTURER.

+ BENEFICIARY'S CERTIFIED COPY OF CABLE/TELES DISPATCHED TO THE ACCOUNTEES WITHIN 48 HOURS AFTER SHIPMENT ADVISING FLIGHT NO. DATE, QUANTITY, WEIGHT AND VALUE OF SHIPMENT.

71B/ALL BANKING CHARGES OUTSIDE THE OPENING BANK ARE FOR BENEFICIARY'S ACCOUNT.

48/PERIOD FOR PRESENTATION

DOCUMENTS TO BE PRESENTED WITHIN 15 DAYS AFTER THE DATE OF ISSUANCE OF THE TRANSPORT DOCUMENTS BUT WITHIN THE VALIDITY OF THIS CREDIT.

49 /CONFIRMATION INSTRUCTIONS　　　WITHOUT

53A/REIMBURSING BANK　　　　　　　××××××

78 /INSTRUCS TO PAY/ACCPT/NEGOT BANK

NEGOTIATING BANK MUST FORWARD BENEFICIARY'S DRAFTS AND DOCUMENTS TO ISSUING BANK IN TWO CONSECUTIVE REGISTERED AIRMAIL. REIMBURSEMENT CLAIM MUST BE SENT TO REIMBURSING BANK.

57D/ADVISE THROUGH BANK—NAME /ADDR　　　××,CHINA

72 /SENDER TO RECEIVER INFORMATION

THIS CREDIT IS SUBJECT TO U. C. P. (2007 REV.)I. C. C. PUB. No. 600 〈MAC：〉〈CHK：〉〈SAC：〉〈COP：P：〉〈[PCC：F：PC Connect：]〉

(三) 开立信用证修改书

信用证开立后,开证申请人认为或者应受益人要求,需要对原信用证的内容或条款进行修改时,可以向开证行提出修改申请。银行凭修改申请书缮制信用证修改通知书,一般用Telex 或者 SWIFT 方式通知国外通知行,然后将修改通知书副本按修改日期依次附于信用证上留底备查。

三、通知行通知信用证

(一)通知信用证

信用证是以通知行为收件人的,通知行收到信用证且核对密押或印鉴无误后,可以按自己的通知书格式照录全文,通知受益人。办理该业务的银行就是通知行。一般电开信用证均需通知行通知信用证。

若信用证以受益人为收件人,寄给出口地银行后,银行核对印鉴无误后,即可将原证照转给受益人。办理该业务的银行被称为转递行(Transmitting Bank)。

(二)通知加保信用证

若通知信用证时要求对信用证加具保兑,这时开证行通常会邀约通知行对信用证加具保兑。因此,保兑行通常是通知行或者其他信誉卓著的银行。由于保兑行在信用证项下责任等同开证行,因此被邀约加具保兑的银行应该注意避免风险,只对开证行资信、资金能力较强者加具保兑,对含有于受益人收款不利的条款的信用证应拒绝加具保兑。

(三)通知修改书

信用证开立后,开证申请人或者受益人若需要对其中某些条款予以修改,就需告知开证行,经开证行同意后,由开证行以电开修改通知书通知通知行转告受益人。

在受益人表示接受该修改书之前,原信用证的条款和条件对受益人仍然有效;受益人应该发出接受或者拒绝接受修改的通知。若受益人表示接受修改书,修改书生效;若受益人拒绝接受,则修改书无效,信用证仍以原条款为准;若受益人未提供上述表示,则以其提交给指定银行的单据为判定依据:所提交单据与修改书条款一致,则该事实即视为受益人已做出接受修改的通知。在信用证实务中,有些信用证修改书加列诸如此类的条款:"除非信用证受益人在某一时间内拒绝修改,否则修改书将开始生效",UCP600认为受益人"沉默"并不等同于接受,加列此类条款损害了受益人的利益,所以,在UCP500的基础上增加了相关条款规定,即第10条f款规定此类条款不发生效力,可不予理会。

四、受益人审证、交单

(一)受益人审证

受益人审证是信用证业务重要的环节,关系到受益人在支取信用证金额的同时能否顺利履行贸易合同项下义务。信用证与贸易合同既相互独立又存在统一。为了保证受益人(出口商)同时完成信用证以及贸易合同项下的义务,受益人在受证时,必须严格根据合同审证,消除信用证交单时的潜在风险。具体而言,受益人应当审核以下内容:

(1)信用证是否属通知行正式通知的有效信用证。
(2)信用证种类。

(3)信用证有无保兑。信用证有第三者加具保兑,即在开证行的责任上,加上另一家银行的保证,其可靠程度要比一般信用证高。

(4)申请人、受益人名称、地址是否正确。

(5)货币符号和单价金额是否与合同一致。

(6)付款期限是否与合同一致或者可接受。

(7)货物描述、规格、数量等是否与合同一致,所引用的参考文件号码(如合同、定单)是否正确。

(8)运输条款是否与合同一致或可接受,包括起运港、目的港、运输方式、工具、路线、对运输工具的要求等。

(9)装运期、分批、转运条款是否与合同一致或可接受。装运期原则上应当与合同一致。若信用证到达过迟而不能按期装运,则应及时接洽开证申请人展延装运期;若由于生产或船期等原因造成无法在装运期内安排装运,也应与开证申请人联系展延装运期。信用证如规定分批、定期、定量装运,在审证时应当注意每批装运的时间是否留有合适的间隔,因为根据UCP600第32条规定,如信用证规定在指定的时间段内分批支款或分批装运,任何一期未按信用证规定期限支取或发运,信用证对该期及以后各期均告失效。此外,信用证装运期与信用证的有效期应当有一定合理间隔,以便货物装运后有足够时间制单和交单。

(10)保险条款。

(11)有无佣金以及银行费用条款,可否接受。

(12)特别条款中是否包含软条款,使开证行在信用证项下承担的不可撤销的付款责任变相成为可撤销(见第十三章)。

若信用证内容与贸易合同不符,则受益人可以联系开证申请人,请其通过开证行修改信用证;若信用证条款不清楚、不明确,则受益人可以通过通知行要求开证行进行修改。

(二)受益人交单

受益人审证后,按照信用证规定准备货物、装运货物,同时制作商业单据(如商业发票),取得货运单据等,向指定银行交单。制单和审单是保证信用证单据质量的重要环节,在信用证效期和交单期限内交单也关系到受益人能否获得货款。UCP600规定,所有信用证必须规定提示单据的有效期限。信用证的有效期限就是提示单据的有效期限,受益人必须于到期日或到期日之前交单。凡要求提交运输单据的信用证,尚需规定一个在装运日后交单的特定期限,若未规定,则受益人必须在不迟于装运日后21个公历日内提交单据,但是无论如何,提交单据不得迟于信用证的到期日。受益人只有在信用证效期和交单期限内将单证相符的单据交付银行才完成信用证项下的义务,取得支取信用证金额的权利。

五、银行审单、寄单并索偿

(一)审单、寄单

指定银行应对受益人提交的单据审核。关于银行审单标准,UCP600较UCP500有所不同。UCP500规定,银行必须合理、小心地审核一切单据,以确定其表面是否符合信用证条款和条件的要求,确定信用证规定的单据表面上符合信用证条款要求的依据是根据 UCP 条文所述的国际标准银行实务。各种单据之间表面上的不符将被视为表面上与信用证条款不相符。银行对单据必须执行严格相符原则(the doctrine of strict compliance)。但是,UCP600审单标准有所变化,指定银行必须对提示的单据进行审核,并仅以单据为基础,以决定单据在表面上是否构成相符交单。从相关条款看,UCP600的审单尺度更加宽松且有弹性(具体内容参见第十二章的"单据审核"部分)。

若单据存在不符点,银行则可以要求受益人修改单据,无法修改的,银行应当电提或者表提不符点。所谓电提不符点,是指银行审单后,向开证行电告声明不符点,单据保留在银行,要求开证行接洽申请人,并回复申请人是否接受不符点单据。若申请人接受不符点,则银行可履行议付等责任,寄单并根据信用证规定索偿;所谓表提不符点,是指银行寄单时在面函(Cover Letter or Bill of Purchase)上(寄单面函是银行寄单时应当缮制的寄单索汇面函,面函中说明单据种类份数、索偿金额、费用,以及指示开证行或偿付行如何付款)声明不符点,要求开证行联系申请人,并回复是否接受不符点并付款赎单。若申请人接受不符点,则银行按面函上付款指示付款或回复寄单行按信用证规定索偿。

（二）付款、议付或者承兑

根据开证申请书,信用证项下的支付可以是付款、议付或者承兑。与之相对应,指定银行可以是付款行、议付行或者承兑行。

(1)受益人若向指定保兑行或者付款行交单,后者则需审单,单证相符后,就对受益人付款。该银行付款后不具有对受益人的追索权。

(2)受益人向议付行交单,无论是信用证指定的议付行还是受益人自己确定的议付行,受益人得到的只是凭单据抵押的银行融资或垫款,即称作议付。议付行对受益人的垫款是有追索权的,开证行若拒付,议付行就可向受益人追索。

(3)受益人向指定的承兑行交单,承兑行承兑后可以将已获承兑的汇票退还受益人。开证行一般会指定自己或者出口地某银行作承兑行。汇票到期,承兑行进行无追索权付款,但是为了保证受益人利益,不管谁承兑,开证行都承担到期付款的责任。

（三）索偿

根据信用证要求,若开证行未指定其他银行偿付,则指定银行可以将单据一次或分次寄开证行并同时向开证行索偿。若信用证规定向第三国银行索偿,即指定偿付行,则所指定银行应当一方面把单据寄给开证行,另一方面直接向偿付行索偿。

开证行在信用证规定的索偿方式一般有4类:单到付款、主动借记、授权借记,以及向偿付行索偿。

单到付款,是指议付行向开证行寄单、索偿,开证行审单无误后付款。这种信用证的偿付条款的措辞一般如下:

"Upon receipt of the documents in compliance with credit terms we shall credit your account with us or we shall remit the proceeds to the bank named by you."

(一旦收到与信用证条款相符之单据，我行将贷记你行在我行所建立的账户或者我行将款项汇给你行所指定之银行。)

主动借记，是指开证行或其总行在议付行开立账户，信用证规定，议付后可立即借记其账。这种信用证的偿付条款的措辞一般如下：

"You are authorized to debit our account with your Beijing Head Office under advice to us."

(授权你行借记我行在你北京总行所建立的账户，并通知我行。)

授权借记，是指开证行在议付行虽然开立账户，但信用证规定，必须在开证行收到正确单据后，再授权议付行借记其账。授权借记的偿付条款一般如下：

"Upon receipt of the shipping documents in compliance with the terms of L/C, we shall authorize Bank of China Head Office Beijing to debit our account with them."

(一旦收到与信用证条款相符之运输单据，我行将授权中国银行北京总行借记我行的账户。)

向偿付行索偿，是指开证行指定第三家银行为偿付行。偿付行一般设在开证货币的发行国。信用证议付后，议付行在向开证行寄单的同时，向偿付行索偿。偿付条款一般如下：

"In reimbursement of your negotiation under this credit, please drawn on our account with the ABC bank[①]."

(为偿付此信用证项下你行之议付，请于我行在 ABC 银行的账户中支取议付款。)

六、开证行审单、偿付

开证行收到指定银行寄来的单据，应当根据信用证条款全面审核单据与信用证之间、单据与单据之间是否相符。单证相符，即可将款项偿付议付行；单证不相符，如装期超出信用证规定的要求、货运单据不清洁等，则开证行有权拒绝接受与信用证不符之单据，拒绝对外支付信用证金额。

开证行审单必须遵守国际惯例，审单必须合理谨慎。若单证相符，开证行应予以承付：即期付款信用证，开证行应予以即期付款；延期付款信用证，开证行应承诺延期付款并于到期日付款；承兑信用证，开证行应承兑受益人开立的汇票，并于汇票到期日付款。

开证行确定单证不符时，可以拒绝承付或议付，也可以自行联系申请人放弃相关不符点。若开证行决定拒绝承付或议付时，必须一次性通知交单人，该通知必须申明下列内容：银行拒绝承付或议付，银行拒绝承付的依据即单证的所有不符点，以及对不符点的处理选择（见第十二章）。该通知必须以电信方式或者以其他快捷方式通知交单人，但不得迟于交单

---

① the ABC bank 就是偿付行。

日次日起第五个银行工作日终了。发出该通知后,开证行在任何时候都可以将单据退还交单人。此外,开证行必须一次性提出所有不符点,不可以分次分批提出。

七、申请人付款赎单

开证行受单偿付后,应当立即通知申请人付款赎单。单证相符,申请人则应根据开证行与申请人双方在开立信用证过程中形成的权利与义务关系立即付清款项,从而获取代表物权的单据。单证不符时,申请人可以拒绝付款赎单。此时,开证行要自己承担损失,对已偿付的款项,无追索的权利。

申请人付款赎单后,取得单据,可凭以报关提货,若所提取的货物与单据不符,则对开证行无要求赔偿的权利,因为信用证业务的对象是单据而不是货物,信用证对进口商担保可获得单证相符的单据,而不是单货相符的货物。进口商对自己遭受的损失,只能通过诉讼或仲裁要求出口商赔付。

国际商会的跟单信用证业务指南第515号出版物提供规范的信用证业务程序,共有12个,见图8-1。

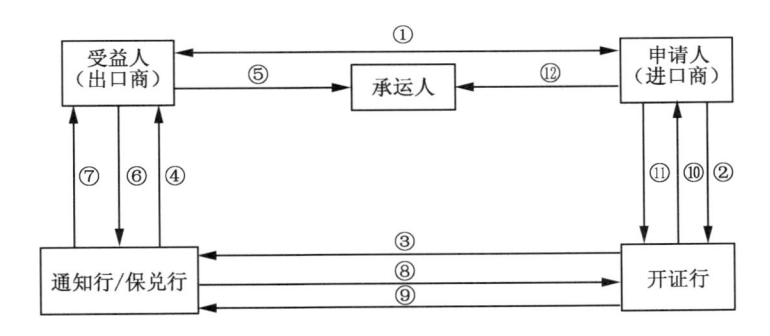

图8-1 信用证的业务程序

图8-1的说明如下:

①进出口双方签订贸易合同;

②进口商申请开立信用证;

③开证行接受申请并开立信用证然后通知通知行/保兑行;

④通知行/保兑行通知受益人信用证已开立/已加保兑;

⑤受益人根据信用证规定发货;

⑥受益人向通知行/保兑行/付款行/议付行交单;

⑦上述银行根据信用证审单,并且付款或承兑或议付;

⑧上述银行向开证行寄单索偿或者向开证行寄单并向偿付行索偿;

⑨开证行或者偿付行对外偿付;

⑩开证行通知申请人付款赎单;

⑪申请人付款赎单;

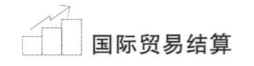

⑫申请人提货。

第四节 信用证电子交单

信用证项下电子交单,是指信用证结算方式下,银行应客户申请,开立适用于《〈跟单信用证统一惯例〉电子交单补充规则》(eUCP)的信用证,信用证项下部分或全套单据通过指定的电子交单系统提交,并在信用证交易各方之间流转的业务模式。电子交单可以避免传统信用证操作中单据在邮递过程中丢失或延误的问题,单据的安全性获得保证;通过身份认证和加密技术,电子交单可以保证单据在传输过程中不被第三方知晓并且无法对单据做任何修改,单据的真实性能够得到保证,单据的欺诈行为可得到有效控制;此外,单据的流转通过电子系统完成,可加快贸易进程,提高银行结算效率,提升企业资金周转效率。

一、电子单据

信用证是以单据为载体的结算工具,单据电子化是交单电子化的前提条件。根据技术实现方式,可将电子单据划分为影印文件、电子文件、结构化文件、区块链文件4类。这4类电子单据均在 eUCP2.0 对电子单据的定义范畴内。

(一)影印文件

影印文件(Photocopy Files)是纸质文件的电子化图形储存记录。其初始形态是纸质文件,借助扫描、拍摄等设备转换为电子化图形,可以进行电子传输,但是其承载的业务信息难以被系统自动识别。

(二)电子文件

电子文件(E-Files)是系统创建生成、可以在电子渠道传播和存储的文件。其文件内容可以在一定程度上被系统自动识别,但由于文件易被篡改,因此其真实性需借助第三方查验、电子签名等方式佐证。

(三)结构化文件

结构化文件(Structured Files)是在电子文件的基础上,对文件格式进行标准化、规范化、体系化,从而形成的一种报文类电子文件。结构化文件需在封闭系统内传输,可以被高效精准自动识别,安全性和保密性较高。SWIFT 报文就是一种典型的结构化文件。

(四)区块链文件

区块链文件(Blockchain Files)是结构化文件与区块链技术的有机结合,需在全封闭系统内传输。区块链技术使电子单据全生命周期内所有环节可被追踪且不易被篡改,这与信用证的业务流程和业务逻辑高度契合。

二、电子交单方式

根据 eUCP 规则,信用证需指定交单的电子地址。电子地址意指电子记录能发送的确切电子地点或专用的系统,可能是指一个互联网地址、电子邮箱,或者专用系统上的地址。据此,信用证电子交单方式可以分为电子邮件交单和电子系统交单。

(一)电子邮件交单

电子邮件交单是指使用银行专用电子邮件系统完成影印文件、电子文件的传输,一般还需要交单行发送 SWIFT 自由格式报文来证实真实性及有效性。该交单方式一般适用于时效性较强的结算场景,且交单单据中通常不含纸质物权凭证(如海运提单)。

【案例 8-3】 2022 年 3 月,国内某公司向银行申请开立远期信用证,交单单据中不含海运提单,客户对结算时效性要求较高,该银行未接入电子交单系统。综合上述因素,银行决定参照国际商会《针对新冠肺炎疫情影响下适用国际商会规则的贸易金融交易指导文件》,开出适用 eUCP2.0 的信用证,并在条款中设置有关电子邮件交单的要求,即交单行需向开证行指定邮箱发送含银行面函及全套纸质单据的影印文件,并同时发送 SWIFT 报文列明该笔交单的业务编号、发票金额、单据种类等相关要素。信用证开立一个月后,银行收到相符的电子邮件交单及 SWIFT 报文,审核无误后于当日通知信用证申请人;5 个工作日后,银行按照申请人指示向交单行做出承兑。

分析:本案例属于典型的电子邮件交单实务,从交单行交单到开证行通知申请人仅用 1 天时间,与纸质交单相比缩短了 5～7 天时间,国际结算效率大幅提高。可以看出,电子邮件交单能够节省邮寄时间,同时技术门槛低,适用于大多数银行。同时也应注意到,电子邮件交单有其局限性,如交单单据中不能包含纸质物权凭证。

(二)电子系统交单

电子系统交单是指信用证项下部分或全套单据通过指定的电子交单系统提交。受益人经通知行收到信用证后,将电子单据经电子交单系统通过交单行传递给开证行。开证行在收到通过电子交单系统提交的单据和佐证的 SWIFT 报文后,依据国际惯例和信用证要求审核单据,并及时通知申请人到单情况和审单结果。需注意的是,开证行在完成付款或承兑后,方可通过电子交单系统将电子单据放单给开证申请人,申请人凭借电子单据办理通关和提货事宜。

当交单为影印文件或电子文件时,电子系统起到文件传输作用,单据传输到开证行后,审核环节依靠人工处理;当交单为结构化文件时,电子系统和银行间可以实现直通式连接,在此基础上,银行可以进行智能化审单,并且电子单据可以实现在信用证交易各方之间流转。

三、电子交单系统

开展电子系统交单业务时,银行需选择合适的电子交单系统展开业务合作,并且应预先对申请人和受益人的资质及其在电子交单系统的准备工作做出评估和确认。信用证业务涉及的各交易方,包括但不限于开证行、开证申请人、受益人、交单行等,均应与电子交单系统签署协议,创造满足电子交单系统的硬件设施及软件环境,提前完成电子交单系统的安装。

目前,国际上已成立的一些电子商务系统都在积极推动电子交单,如 BOLERO(Bill of Lading Electronic Registry Organization)系统、ESS(Electronic Shipping Solutions)系统、TRADECARD 系统和 CCEWEB 系统等。其中 BOLERO 系统、ESS 系统是国内商业银行使用较多的电子交单系统。

BOLERO 系统是欧共体运输业共同保险机构 TT Club 与 SWIFT 组织共同开发,以互联网为基础的传输、交换电子单据与数据的系统平台,其用户包括国际贸易中的进出口商、银行、保险公司、运输行、承运人、港务机构、海关、检验机构等。用户通过这个单一窗口,就可直接与全球的物流及金融服务机构连接,并通过互联网进行交换单据、核查数据、结算,完成整个贸易过程;同时,用户还可通过权利注册申请,在线转让货物所有权。

国际结算环节的银行相关人员可以在专门的电脑上通过网络直接登录 BOLERO 核心信息传递平台进行业务操作,也可以将银行的内部局域网与 BOLERO 系统直接连接。银行经由该系统可进行在线开证、通知信用证和审单,并可通过与银行自身电子支付系统的连接,完成付款、清算、融资等系列信用证操作。目前,欧洲、日本和美国的一些国际知名银行均加入了 BOLERO 系统,中国很多知名的公司亦加入了该系统,如中国银行、中国工商银行、中国农业银行、中信银行、中国海运、中国五矿、中化、宝钢等企业。

ESS 系统是由美国公司开发的联合海关、货运、企业、银行等的区块链系统,主要针对金属及矿物、农产品、能源等大宗商品贸易,在全球范围内进行电子单证的传递。

四、银行电子交单业务流程

(一)开证申请人提出开证申请

信用证开证申请书上应列明电子交单条款以及适用 eUCP 条款,开证行审核无误后通过 SWIFT 系统通知信用证。

开证行开立电子交单信用证之前,需要与申请人充分沟通。这是因为,电子交单业务适用 eEUCP 条款,与一般信用证适用的 UCP 条款在开证要求以及后续处理上存在诸多不同,需提示申请人关注相关风险。开证申请书需注明适用于 eUCP 规定的条款,明确交单形式,写明是只允许提交电子记录还是允许混合交单。开证申请书必须规定每条电子记录的格式和地址;允许混合交单的,还需注明纸质单据的寄单地址。

(二)受益人经由电子交单系统提交电子单据

受益人经由通知行收到信用证,将电子单据通过电子交单系统发送到交单行。交单行审核受益人提交的电子单据后,添加银行面函后将电子单据通过电子交单系统一起发送给开证行。

(三)开证行通过电子交单系统审单

开证行收到电子交易系统提交的电子单据后,根据相应的国际惯例进行审核,并及时通知申请人到单情况与审核结果。

(四)开证行放单

申请人向开证行确认付款/承兑,开证行完成付款/承兑,然后在电子交单系统中修改提单权属登记,将电子单据交付申请人凭以通关和提货。

(五)申请人提货

申请人凭借电子单据办理通关和提货事宜。[①]

第五节 信用证的种类

信用证的种类有很多,主要用于贸易结算。常见的信用证按其付款方式、付款期限、用途以及流通方式等,可以分为以下9种类型:

一、光票信用证与跟单信用证

根据信用证项下的汇票是否随附商业单据,信用证可分为光票信用证与跟单信用证。

(一)光票信用证(Clean Credit)

光票信用证是指仅凭汇票而不随附商业单据付款的信用证。光票信用证可以用于贸易结算与非贸易结算两个领域。在贸易结算中,由于受益人在货物装运前就可以开立汇票分批或一次请求议付行垫款,所以该信用证可以起到预先支取货款的作用,预支信用证就是一种光票信用证。在非贸易结算中,主要有旅行信用证。旅行者在信用证总金额范围内,在国外一次或数次向指定银行凭汇票或收据支取现金。

(二)跟单信用证(Documentary Credit)

跟单信用证是指凭跟单汇票或仅凭商业单据付款的信用证。国际贸易结算中所使用的信用证基本上是跟单信用证。单据,作为货物所有权或证明货物已经装运的凭证,成为国际贸易结算的关键。银行通过对物权单据的控制来控制货物所有权;通过转移物权单据来转移货物所有权;根据单据提供信贷,担保付款。以下所讨论的信用证,除预支信用证外,都是跟单信用证。

---

① 王雨奇,等.信用证电子交单助力外贸保稳提质的思考与展望[J].海外投资与出口信贷,2022(6):30-34.

二、不可撤销信用证

UCP500根据开证行对开立的信用证所承担的责任,将信用证分为可撤销信用证和不可撤销信用证。由于可撤销信用证项下,开证行有权不征求受益人的同意而随时撤销或修改信用证,加大了受益人承担的风险,因此,可撤销信用证在实务中鲜有使用。考虑到可撤销信用证的使用情况,国际商会在UCP600中废除了可撤销信用证的开立与使用,规定信用证是不可撤销的,即使信用证中对此未做指示。

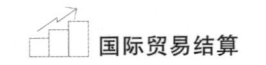

信用证是不可撤销的,这意味着信用证一经开立,未征得受益人和保兑行(若是保兑信用证)同意,开证行不得单方面修改或撤销信用证。信用证的不可撤销性构成开证行一项确定的付款保证。只要受益人提交与信用证条款相符的单据,开证行就必须承担其付款的义务。

三、保兑信用证与未加保兑信用证

(一)保兑信用证(Confirmed Credit)

1. 保兑信用证的概念

受益人受证时,若除开证行外,另有一银行保证对符合信用证条款规定的单据承担付款的责任,则该信用证就是保兑信用证。加具保兑的银行通常在信用证上批注或者加盖"我行保兑"的字样,常见的措辞有:

"This credit is confirmed by us."

(此信用证由我行保兑。)

"We hereby added our confirmation."

(我行特在此信用证上加上保兑。)

"This credit bear our confirmation and we undertake that documents presented for payment in conformity with the terms of this credit will be duly paid on presentation."

(此信用证由我行保兑。我行承诺,与信用证条款相符之单据在提示付款时我行将及时承付。)

2. 保兑行的责任

若需对信用证加保,则开证行开立信用证时会要求第三者对信用证加具保兑,第三者往往是出口地银行,而且以通知行的可能性为最大。被要求加具保兑的通知行在通知信用证时若加具上述的保兑文句并作签章,该银行即为保兑行。保兑信用证必须获得开证行的同意。

保兑行的责任相当于其本身开证,即保兑行对受益人承担确定的付款责任,而且其责任不能单方面撤销。UCP600指出,保兑行与开证行都负第一性付款责任。但只有当单据在到期日前向保兑行提示,保兑行才履行第一性的付款责任。

由于保兑行承担的责任等同于其本身开证,因此,保兑行在加保信用证时一定要慎重考虑,只有在很好掌握开证行资信的状况下,才能做出加保的选择。

3. 保兑信用证对受益人的影响

保兑信用证有双重付款保证,对受益人最为有利。但是对大多数受益人而言,只要开证行的资信良好,能够承担付款责任,就无加具保兑的需要。因为保兑行要收取较高的保兑费,特别是该费用要由受益人承担。开证行一般也不轻易对自己开立的信用证要求第三者加具保兑,除非开证行认为本身资信不佳或无付款的能力。而有些加具保兑的信用证之所以开立是因为受益人受当地法律、法规的约束造成的。某些国家规定,受益人只可接受由本地银行加保的信用证,由于开证行和开证申请人不愿接受,就产生实务中所谓的缄默保兑或局外保兑(Silent Confirmation),即无须开证行知道的保兑,这仅仅是受益人与本地保兑行之间的一种契约。

(二)未加保兑信用证(Unconfirmed Credit)

被授权加保的银行可以选择不对信用证加具保兑。未加保兑信用证就是指没有另一家银行对受益人承担保证付款的承诺,而只有开证行承诺付款的信用证。通知行在通知信用证时,一般加注下列条款:

"This is merely an advice of credit issued by the above mentioned bank which conveys no engagement on the part of this bank."

(此仅为上述银行开立的信用证的通知书,该通知书未加具本银行的任何保证。)

四、即期付款信用证、延期付款信用证、承兑信用证与议付信用证

UCP600规定,一切信用证都必须明确指出该证适用于即期付款、延期付款、承兑或者议付。除非信用证规定只能由开证行办理,否则一切信用证均须指定某家银行(指定银行)并授权其付款、延期付款、承兑汇票或议付。对自由议付的信用证,任何银行均可以为指定银行。也就是说,任何一张信用证必须说明以上4种付款方式中的一种,并说明由哪一家银行办理。

(一)即期付款信用证(Sight Payment Credit)

即期付款信用证是开证行或其指定银行凭受益人提交的单证相符之单据立即付款的信用证。这类信用证中有类似下列条款:

"This credit is available with advising bank by sight payment against the documents detailed herein."

(此信用证适用于通知行凭此处所指定之单据即期付款。)

即期付款信用证的付款行可以是开证行,也可以是开证行的指定银行。开证行可以指定通知行或另一家银行作为付款人,信用证的有效地点是指定付款行的所在地。该类信用证一般不要求受益人开立汇票,只凭商业单据付款,但是也可以要求开立以指定付款行为付款人的即期汇票。

即期付款信用证的受益人将单据提交指定的付款行,经审核无误后,即可获得款项。若指定的付款行不是开证行,则付款行在付款后向开证行寄单索偿或按照规定的方式索偿。付款行一般是主动借记开证行账户,而不垫款。付款行审单付款后,对受益人无追索权,而且承担证实单证相符的责任,若开证行提出不符点,则付款行就应当退款给开证行,自行承担风险。

(二)延期付款信用证(Deferred Payment Credit)

延期付款信用证是指开证行或其指定银行在信用证中规定货物装运后若干天付款或交单后若干天付款的信用证。为了减少印花税支出,这类信用证一般不要求受益人开立汇票,常见下列类似条款:

"This credit is available with advising bank by deferred payment at 30 days after date of bill of lading against the documents detailed herein."

(此信用证适用于通知行凭此处所指定之单据于提单出单日后 30 天付款。)

延期付款信用证的付款行可以是开证行,也可以是开证行的指定银行。在延期付款信用证的条件下,受益人交单时,只要单证相符,指定付款行就可寄单给开证行,并通知受益人于到期日付款。到期日之前,指定银行应根据信用证偿付指示进行索偿,以保证在到期日收到款项。对受益人而言,若指定银行是保兑行,则收款有直接的保证,因为到期日不管其是否从开证行取得索偿资金,都要保证向受益人付款;若指定银行是未对信用证加具保兑的银行,由于其不构成确定的付款承诺,所以,虽然最终由开证行承担到期付款的责任,但是,受益人还是缺乏来自出口地银行的直接收款保证。因此,受益人为了收款顺利,更倾向于接受对延期付款加保兑的信用证。

当事人要是不申请开立汇票,就不能利用远期票据获得资金融通。而如果当事人有这方面的需求,就只能自行垫款或向银行借款。由于银行贷款利率高于贴现利率,所以这类信用证的货物成交价必然比承兑信用证的货价高。

(三)承兑信用证(Acceptance Credit)

承兑信用证是指开证行或其指定银行在收到符合信用证条款的跟单汇票后予以承兑,于汇票到期日再付款的信用证。该类信用证一般有下列条款:

"This credit is available with issuing bank by acceptance against beneficiary's draft at 30 days sight drawn upon issuing bank and the documents detailed herein."

(此信用证适用于开证行凭受益人开立的以开证行为付款人的见票后 30 天付款的汇票以及此处所指定之单据承兑。)

受益人按规定开立远期汇票连同单据向指定银行提示付款,单证相符,则指定银行承兑汇票。承兑前,银行对受益人的权利与义务均以信用证为准。承兑后,汇票与单据相脱离,承兑后的银行成为汇票的承兑人,即票据法规定的主债务人,对出票人、背书人、持票人承担保证付款的责任。承兑银行在承兑后可以将已获承兑的汇票退回出票人,但是,多数跟单信用证项下的汇票在承兑后由承兑行保管,承兑行向受益人发出承兑通知书。若指定的承兑行不是开证行,则承兑行向开证行寄单索偿,说明汇票承兑以及到期日,并说明承兑行将于到期日付款。

承兑信用证的贸易合约基础可以是约定远期付款的销售合约,也可以是约定即期付款的销售合约。在远期销售合约的基础上开立的承兑信用证,称为卖方远期信用证(Seller's Usance Credit)。该证项下受益人可以向指定银行申请贴现融资,指定银行支付给受益人扣除贴息后的汇票净额。

在即期销售合约的基础上开立的承兑信用证,称为买方远期信用证(Buyer's Usance Credit)。开证行对受益人开立的远期汇票仍承担即期付款的责任,由此产生的银行承兑费用以及贴现费用由开证申请人承担。买方远期信用证又称假远期信用证,在这类信用证中常见下列一些条款:

"The usance drafts are payable on a sight-basis, discount charges and acceptance commission are for buyer's account."

(远期汇票按即期付款,贴现利息和承兑手续费由买方承担。)

"Drawer bank's discount or interest charges, stamp duty and acceptance commission are for account of the applicant and therefore the beneficiary is to receive value for term draft as if drawn at sight."

(出票行的贴现或者利息费用、印花税以及承兑手续费由开证申请人承担,因此受益人可以像收到即期汇票那样及时获得远期汇票的面值金额。)

(四)议付信用证(Negotiation Credit)

UCP500规定所谓议付,是指被授权议付的银行对汇票及/或单据给付对价,但是,没有明确给付对价的含义。议付信用证项下,指定银行是否一定实际购买受益人的汇票或单据后才构成议付,对此业界分歧较大。此外,根据UCP500的相关规则,议付信用证应当是即期的,但在实际业务中,议付信用证又有即期与远期之分。

为了消除业界对议付定义理解上的混乱,结合银行结算业务的实际操作,UCP600第2条重新给出议付的定义。所谓议付,是指"指定银行在其应获得偿付的银行工作日当天或之前,向受益人预付或者同意向受益人预付货款,从而购买汇票(其付款人为指定银行以外的其他银行)及/或单据的行为"。可见,议付就是指定银行在相符单据的前提下对受益人汇票及/或单据的购买,是对受益人的一种融资——预付或者承诺预付。

根据UCP600,议付信用证是指开证行指定某一银行或者任何银行买入受益人提交的相符单据的信用证。受益人交单后,议付行审核单据无误,可以购买汇票、单据,根据票款扣除议付手续费以及贴息后,将净额支付给受益人。议付行按照信用证规定向开证行寄单索偿。议付行对受益人的议付有追索权,除非议付行同时是保兑行。

UCP600规定,除非信用证规定由开证行办理,否则,议付信用证应授权一家银行议付,若信用证中没有表示限定某家特定银行议付,则任何一家自动承担议付的银行就成为指定银行。据此,议付信用证可分为限制议付信用证、自由议付信用证和不可议付信用证。

1. 限制议付信用证(Restricted Negotiable Credit)

限制议付信用证是指只准许指定银行进行议付的信用证。这类信用证一般注明下列一些条款:

"This credit is available with advising bank by negotiation."

(此信用证适用于通知行议付。)

"Negotiation under this credit is restricted to advising bank."

(此信用证的议付限于通知行。)

限制议付信用证的有效地点是议付行所在地,该类信用证项下的汇票付款人可以是开证行、开证申请人、通知行或者其他银行。

在国际结算业务中,银行一般只对本行开户的客户议付信用证,这有利于款项的划拨和对拒付的追索。当信用证指定的议付行并不是受益人的开户行时,实务中单据通常先交开户行议付,再交限制议付行,由限制议付行寄单给开证行。这种做法不仅增加了受益人的费用,而且缩短了交单期限和推迟款项回收,对受益人不利。

2. 自由议付信用证(Freely Negotiable Credit)

自由议付信用证是指任何银行均可议付的信用证。该类信用证中常见下列条款:

"This credit is available with any bank by negotiation."

(此信用证适用于任何银行议付。)

以及开证行的保证文句:

"We hereby agree with the drawers, endorsers and bona fide holders of drafts drawn under and in compliance with the terms of this credit that such drafts will be duly honored on due presentation of the drawees if negotiated on or before the expiration date or presented to the drawees together with this letter on or before that date."

(我行特向出票人、背书人和善意持票人保证,按此信用证条款开出的汇票,若于到期日或之前议付的,或者于到期日或之前连同此信用证直接向付款人提示的,在提示我行时我行将及时予以承付。)

自由议付信用证的有效地点是出口地,这对受益人比较有利。

3. 不可议付信用证(Straight Credit)

若信用证中的保证文句如下:

"We hereby engage with you (beneficiary) that all drafts and documents verified in compliance with the terms of this credit will be duly honored on delivery and presentation to us."

[我行向你(受益人)保证,当所有与信用证条款相符的汇票和单据经证实已交付和已提示我行时,我行将及时予以承付。]

这种以开证行本身为付款人的信用证为不可议付信用证或称作直接信用证,表示受益人应将单据直接寄给开证行,不能交其他银行议付,而开证行只对受益人负责。

不可议付信用证的有效地点是开证行所在地,所有单据必须在效期内全部到达开证行。开证行付款或议付后,对出票人无追索权。

五、预支信用证(Anticipatory Credit)

预支信用证是指准许受益人在装货交单之前支取全部或部分货款的信用证。预支款多为受益人用以收购或包装货物的贷款,因此预支信用证又称打包放款信用证(Packing Letter of Credit)。这类信用证中有下列关于预支的条款:

"We (Issuing bank) hereby authorize you (Advising bank) at your discretion to grant to the beneficiary an advance or advance to the extent of ×××(金额), any interest accrued thereon should be charged to him from the date of each advance to the date of repayment at the current rate of interest in ××(通常为出口地). The proceeds of any draft negotiated under this credit may at your discretion be applied by you in the repayment to you of the whole or any part of such advance together with interest as aforesaid.

In consideration of your bank making such advance to the beneficiary who will eventually fail to effect shipment covered by the credit, we guarantee repayment and undertake to pay you on demand any sum owing by the beneficiary in respect of such advance together with interest thereon."

[我行(开证行)特授权你行(通知行)自行处理,给予受益人×××(金额)的贷款。自贷款日至还款日的应付利息按照××(通常为出口地)的当时利率向受益人收取。你行议付此信用证项下的汇票所得的款项由你行自行处理,可以作为归还全部或部分贷款和上述利息。

鉴于贷款由你行贷给受益人,如受益人最后未能出运信用证项下的货物,我行保证还款并承诺支付你行索取的受益人所欠有关这笔贷款和利息的所有金额。]

开立预支信用证,由申请开证的进口商要求开证行在信用证上加列预支条款。开证行授权出口地银行(一般为通知行或保兑行)作议付,受益人提交单据前就可以签发光票支取全部或部分货款。待受益人交单时,银行从货款金额中扣除已预支的款项和利息,受益人获得货款的净额。银行预支款项后要求受益人将信用证正本交出,以控制受益人向该行交单。若受益人不能装运货物、交单,垫款的银行即可向开证行提出还款要求,开证行保证偿还其垫款后,立即向申请人追索款项。预支信用证实际上是进口商利用开证行的信用对出口商进行的融资。

早期预支信用证的开立以信开为主,为了强调信用证中的预支条款,通常用红字或绿字打印,故预支信用证又称作红条款信用证或绿条款信用证。传统预支信用证主要用于澳大利亚、南非的羊毛进出口贸易。而预支信用证发展到现在,基本采用电开,预支条款不可能用红字或绿字来强调,因此目前较少使用绿条款信用证和红条款信用证的称谓。

六、循环信用证（Revolving Credit）

循环信用证是指信用证的部分或全部金额被使用以后可以回复到原金额再被利用的信用证。与一般信用证相比，它多一个循环条款，如：

"The amount of this letter of credit USD100,000 is revolving on a monthly basis for the first time in ××, for the last time in ×× maximum amount payable under this credit USD800,000."

（此信用证金额为 100 000 美元，每月循环一次，第一次于×月×日，最后一次于×月×日，此信用证可以支付的最多金额为 800 000 美元。）

进出口双方若订立长期销售合约，需要均衡地分批装运货物时，为了节省开证手续费和保证金，进口商可以申请开立循环信用证。信用证通常以时间或金额为循环基础，据此循环信用证分为按时间循环信用证与按金额循环信用证。

（一）按时间循环信用证

按时间循环信用证是指受益人在一定时间内可支取信用证规定的金额，支取后，在下次一定时间内仍可支取的信用证。

按时间循环信用证根据每期信用证余额处理方式的不同，有不可积累循环信用证（Non-cumulative Revolving Credit）和可积累循环信用证（Cumulative Revolving Credit）。不可积累是指受益人在规定循环期限内可支取的信用证金额有余额，该余额不可转移到下一期使用。如循环信用证中有下列条款：

"The amount of this credit is revolving on a monthly non-cumulative basis for six times commending May 18, 20××."

（此信用证金额每月循环一次，不可积累，循环 6 次，从 20××年 5 月 18 日开始循环。）

可积累是指受益人上一期未使用完的信用证金额，可以转移到下一期使用。

（二）按金额循环信用证

按金额循环信用证是指在信用证金额议付后，仍恢复到原金额，可以再次支取，直到用完规定的总金额。如信用证条款规定：

"Amount of this credit USD100,000, revolving 5 times to maximum USD600,000."

（此信用证金额为 100 000 美元，循环 5 次，最多金额为 600 000 美元。）

按金额循环信用证，在信用证金额用完后恢复至原金额，但是其恢复的方式不同。据此信用证又可分为自动循环信用证（Automatic Revolving Credit）、半自动循环信用证（Semi-automatic Revolving Credit），以及被动循环信用证（Non-automatic Revolving Credit）。

自动循环是指受益人按照规定期限装运、交单、支取信用证金额后，不需要等待开证行通知，信用证金额自动恢复到原金额，即信用证金额用完后自动恢复。条款的具体内容如下：

"The amount of this credit USD400,000 shall be renewable automatically twice after date of payment, thus making an aggregate amount of USD800,000."

(此信用证金额 400 000 美元在付款日后应自动复原 2 次,从而使总金额达到 800 000 美元。)

半自动循环是指受益人按规定装运、交单、支取信用证金额后在一定时间内开证行未提出中止循环的通知,信用证自动恢复至原金额。条款的具体内容如下:

"Should the issuing bank not advise stopping renewal within 7 days after each negotiation, the unused balance of this credit shall be increased to the original amount on the 8th day after each negotiation."

(若开证行在每次议付后 7 天内未通知停止恢复原金额,则此信用证的未用余额在每次议付后第 8 天应增加到原来金额。)

被动循环是指受益人每次支取信用证金额后,需等待开证行的通知,只有在收到开证行的通知后信用证才可恢复至原金额,以供再次支取。条款的具体内容如下:

"The amount of this credit shall be renewable after each negotiation only upon receipt of issuing bank's notice stating that the credit might be renewable."

(每次议付后只有在收到开证行通知说明信用证可以复原时,信用证金额才可以复原。)

七、可转让信用证(Transferable Credit)

(一)可转让信用证的含义

可转让信用证是指明确表明其"可转让"的信用证。根据可转让信用证的受益人的请求,转让行将信用证的权利(即装运货物、交单取款的权利)部分或全部地转让给第三者的信用证。若是适用于任何银行的信用证,则开证行应在信用证中明确指定一家转让行。UCP600 指出,开证行也可以担当转让行。

开证行必须在信用证中注明"可转让",信用证方可转让。信用证转让后,原受益人就是第一受益人,受让信用证权利者就是第二受益人。这里,为了有所区别,我们可以将第一受益人收到的可转让信用证称为原证,而已转让的第二受益人收到的信用证称为新证。

(二)可转让信用证的背景

在国际贸易中,中间商和代理商的存在是可转让信用证产生的直接原因。

经营出口商品的中间商或代理商,手中并无货物,只是利用其国际交往关系向国外进口商出售商品。中间商与国外进口商成交后,再向实际供货商购进货物,赚取其中的买卖差价。因此,中间商通常要求国外进口商开立可转让信用证,将信用证权利转让给实际供货商。在可转让信用证项下,进口商就是开证申请人,中间商为第一受益人,信用证的转让由第一受益人向转让行申请,实际供货商为第二受益人。根据 UCP600 规定,所有因办理转让而产生的费用(包括佣金、手续费、成本或开支)必须由第一受益人负担。

(三)可转让信用证的程序

1. 第一受益人申请转让信用证

UCP600规定,原证受益人即第一受益人可以向指定银行(转让行)申请转让信用证。申请时,第一受益人一般须填写转让申请书(Request for a full or partial transfer of the Documentary Credit),发出转让指示。转让行可以根据其指示以新开证的方式实现转让。但在转让时,转让行必须准确转载原证的条款和条件,包括保兑(如有),对某些项目可以做相应的变动。可变动内容包括:

(1)开证申请人。申请人可以不同于原证,若有必要,第一受益人(中间商)可以将自己作为已转让信用证上的开证申请人。这样可以避免让第二受益人知道真正的买主,避免实际供货商舍弃中间商直接出口。

(2)受益人。以实际供货商作为已转让信用证的受益人。

(3)信用证金额与单价。已转让信用证的金额与货物单价可以比原证小,其差额就是中间商赚取的差价。

(4)最迟装运日期与效期。已转让信用证中最迟装运日期与效期一般提前,交单期也缩短,这是为了在第二受益人交单后,第一受益人有充裕的时间换发票。

(5)投保比例。已转让信用证中规定的投保比例一定高于原证,因为已转让信用证中的货物单价以及总额比原证少,只有提高投保比例,才能使保险金额达到原证的要求。

2. 转让行办理转让手续

受益人向指定银行发出转让申请后,转让行转让信用证。转让只能一次,第二受益人不能再转让给第三受益人;转让时可以分为若干部分予以分别转让,只要信用证允许分批装运、分批支款。将信用证分成几部分同时转让给数人,仍然被认为该证只转让一次。

3. 转让行通知新证

转让行根据原证换开新证,若转让行与第二受益人不在同一国,则应当通过第二受益人所在地银行通知第二受益人。

4. 第二受益人交单

第二受益人受证后,装运货物,并按照已转让信用证条款规定开立汇票,将汇票连同商业单据、已转让信用证一起交当地指定议付行。

5. 指定议付行向转让行寄单索偿

指定银行议付后,向转让行寄单索偿。转让行收到单据后,通知第一受益人按照原证开立汇票和发票。与UCP500不同的是,UCP600特别强调第二受益人或者代表第二受益人提交的单据必须向转让行提示,从而避免第二受益人绕开第一受益人直接向开证行交单,损害第一受益人的利益。

6. 第一受益人替换汇票和发票

第一受益人收到通知后,应当立即把自己的汇票和发票交转让行以替换第二受益人的汇票与发票。转让行将两张汇票的差额付给第一受益人,即中间商。中间商赚取其中的差价。UCP500规定转让行只有一次通知的义务,若第一受益人不前来替换,则转让行有权将单据直接寄给开证行,不再对第一受益人负责。这一规定保护了无过错的第二受益人的权利。UCP600承袭了这一规定,并加列条款进一步保护第二受益人的利益,即"第一受益人提交的发票导致了第二受益人提示的单据中本不存在的不符点,而未能在收到第一次要求时予以修正,转让行有权将第二受益人的单据直接寄给开证行。"

7. 转让行寄单索偿

转让行审单无误并支付票款后,就可以将单据寄给开证行向其索偿。开证行认为单证相符后,将款项汇交转让行,并通知申请人付款赎单。可转让信用证的业务程序见图8-2(上述程序的1,2,…,7相当于程序图中的①②…⑦)。

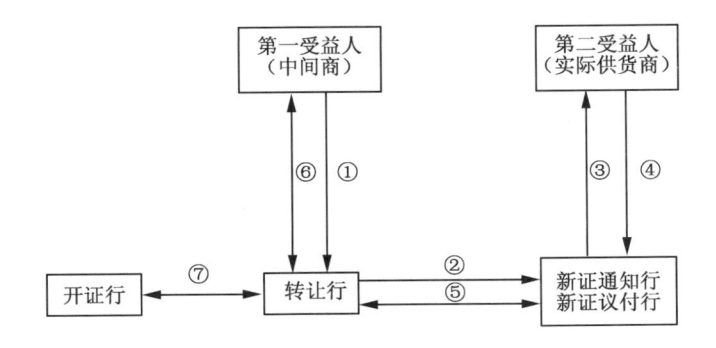

图8-2 可转让信用证的业务程序

🖱️ **【案例8-4】**[①] Z银行北京分行(以下简称"北京Z行")收到经由乌克兰第聂伯信贷银行以SWIFT格式转递的可转让信用证,该证显示开证行为斯洛伐克的劳埃德贸易储蓄委员会,开证申请人是塞浦路斯塔塔卢卡有限公司,受益人为倍恩公司,转让行和通知行为北京Z行。同日,北京Z行向受益人倍恩公司通知了该证,倍恩公司向北京Z行申请以绿源公司为第二受益人转让该信用证,并指定Z银行山东栖霞支行(以下简称"栖霞Z行")为通知行。北京Z行按照倍恩公司的指示转让了该信用证,并以SWIFT格式发送转让信用证电文。但该转让信用证通知书所标明的开证行为乌克兰第聂伯信贷银行。绿源公司交单后未收到信用证项下款项,经联系与查询,发现开证行是劳埃德贸易储蓄委员会,并非第聂伯信贷银行,遂以信用证通知信息错误导致绿源公司损失为由,向法院提起诉讼,请求判令北京Z行赔偿绿源公司经济损失。最终,法院支持绿源公司的诉讼请求。

分析:北京Z行对开证行名称出现的通知错误存在重大过失。转让行转让信用证时,可以变动原证的内容,但限于申请人名称、受益人名称、信用证金额和单价、最迟装船日期、效期和投保比例等,开证行名称不在转让信用证条款变动范围之内。北京Z行作为转让行,擅自改动开证行名称,导致绿源公司错误信赖开证人是一家信用良好的银行从而接受信用证并遭受损失,绿源公司的损失与北京Z行

[①] 摘自中国法院网典型案例,https://www.chinacourt.org/article/detail/2017/05/id/2863097.shtml。

在转让和通知信用证中的错误存在因果关系，因此，北京 Z 行应当根据过错程度承担相应的赔偿责任。

八、对背信用证（Back to Back Credit）

（一）对背信用证的概念

对背信用证是指某一信用证的受益人以该证为保证，要求一家银行开立以实际供货商为受益人的信用证。

对背信用证产生的背景与可转让信用证相似，通常因为出口商只是中间商或代理商。由于进口商所开立的信用证是不可转让的，因此作为受益人的中间商，就会以该证作保证，要求该证的通知行或其他银行在该证的基础上开立一张以本地或第三国的实际供货商为受益人的新证。这张新证就称作对背信用证。由于对背信用证是在原证的基础上开立的，所以又称从属信用证（Subsidiary Credit）。中间商开立对背信用证，可以以原证项下收到的货款来支付对背信用证开证行垫付的资金，从而无须向实际供货商直接支付货款。

（二）对背信用证的程序

1. 原证受益人申请开立对背信用证

中间商在收到进口商申请开立的信用证后，以该证作保证，要求其往来银行根据原证开立以其为申请人、以实际供货商为受益人的对背信用证。

2. 开立对背信用证

开证行要求中间商交出原证作为开证保证，因为原证是原开证行保证付款的承诺，对背信用证必须以这一承诺作为开立新证的依据，没有这一承诺，开证行将拒绝开立对背信用证。除此之外，开证行可能要求中间商交付其他形式的保证。其原因在于对背信用证存在风险，尤其在对背信用证项下单据已经付款，但是原证项下的款项因意外情况而无法回收时，开证行就要遭受风险损失。

对背信用证的开立建立在原证的基础上，因此其条款与原证基本相同，但略有变动，变动具体表现在以下几个方面：

（1）开证申请人。对背信用证的开证申请人是原证的受益人。

（2）受益人。对背信用证以实际供货商作为受益人，不同于原证项下的受益人即中间商。

（3）开证行。对背信用证的开证行一般是原证的通知行或者其他出口地银行，而原证的开证行是进口地银行。

（4）信用证金额与单价。对背信用证的金额与单价减少。

（5）装（货）期与（有）效期。对背信用证的装货期、有效期缩短。因为中间商常常为了避免进口商与实际供货商拉直关系而不得不要求实际供货商先发货给自己，然后自己再按照原证要求重新发货。信用证的效期通常为 3 个月左右，在此期间安排 2 次发货，中间商不得不缩短对背信用证的效期。

3. 通知对背信用证

对背信用证开立后,开证行可以邮寄或发电文的方式通过受益人所在地银行通知该证。

4. 实际供货商交单

实际供货商受证后,根据对背信用证的条款备货装运。一般对背信用证的装货期和有效期较短,实际供货商应当把握装货交单的期限,向对背信用证的通知行交单议付。

5. 对背信用证议付行向开证行寄单索偿

对背信用证议付行审核单据无误,议付实际供货商并同时向对背信用证的开证行寄单索偿。

6. 中间商换发票与汇票

对背信用证的开证行收到单据后,要在审单付款的同时通知中间商换发票与汇票。中间商按原证另开立汇票与发票,以替换对背信用证项下的汇票与发票。

7. 向原证的开证行寄单索偿

对背信用证的开证行若就是原证的议付行,则其在发票替换后,将已议付的单据寄往原证的开证行索偿;若不是原证的议付行,则将原证项下的单据交议付行议付,由议付行向原证的开证行寄单索偿。

对背信用证的业务程序见图8-3(上述程序的1,2,…,7相当于程序图中的①②…⑦)。

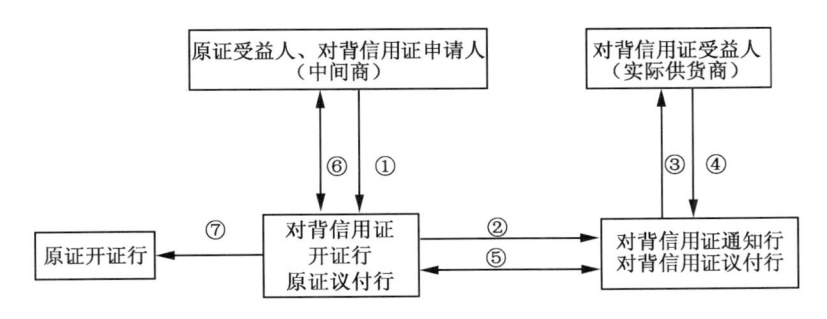

图8-3 对背信用证的业务程序

(三)对背信用证与可转让信用证的区别

对背信用证与可转让信用证都产生于中间贸易,且都是中间商利用信用证方式进行融资的手段,但是两者的性质是不同的。具体表现在以下两个方面:

(1)对背信用证根据原证开立,但对背信用证和原证是两张独立的信用证,有不同的开证行,对各自开立的信用证承担确定的付款承诺。而可转让信用证的新证是根据原证换开的,只是原证借以转让的形式,只有一家开证行(原证的开证行)承担确定的付款承诺。

(2)可转让信用证要征得开证申请人和开证行的同意方可转让,原证必须注明"可转让"字样,第一受益人与第二受益人同等得到开证行的付款承诺。而对背信用证的受益人只能得到对背信用证开证行的付款承诺。

九、对开信用证(Reciprocal Credit)

对开信用证主要运用于易货贸易,补偿贸易以及来料加工等贸易活动。在补偿贸易中,双方都因担心对方只享受权利不履行相应的义务而要求对方开立信用证,第一张信用证的受益人就是第二张信用证的申请人,第一张信用证的通知行往往是第二证的开证行;反之亦然。如A与B之间发生补偿贸易,A申请开立以B为受益人的信用证,同时B申请开立以A为受益人的信用证,后开的信用证,即第二证,称为回头证,与先开的信用证即第一证金额大致相等。同时,信用证一般加列下列条款:

"This is a reciprocal credit against ××Bank Credit No. ×× favoring ×× covering shipment of ××."

(这是凭××银行开立的以×××为受益人,运送×××货物的第×××号信用证所开立的对开信用证。)

对开信用证一般规定生效条款,主要有两种不同的生效方式:

(一)同时生效

第一证开立后暂不生效,待对方开来回头证,经受益人接受后,再通知对方银行生效,即两证同时生效。该信用证条款中通常注明:

"This credit shall not be available unless and until the reciprocal credit is established by ×× bank in favor of ×× for a sum of ×× covering shipment from ×× to ××. This reciprocal credit in effect shall advise by telex from ×× Bank to beneficiary."

(此信用证待××银行开立了以×××为受益人,金额为×××,货物由××地运至××地的对开信用证后生效。此证生效方式将由××银行以电传方式通知受益人。)

(二)分别生效

各证开立后立即生效。第一证开立后不以回头证的开立和接受为条件而是立即生效,回头证另开,或者,第一证受益人交单议付时,附一担保书,保证在若干时间内开立以第一证申请人为受益人的回头证。但是,在分别生效的条件下,第一证的申请人存在风险。

在补偿贸易以及来料加工活动中,进口机器设备、原料等一般是远期付款方式,而出口成品往往要求即期付款。在采用对开信用证结算方式时,可列明分别生效条款,例如:

"This credit is available by draft drawn on us at 180 days after bill of lading date. Payment will be effected by us on maturity of the draft against the above-mentioned documents and our receipt of the credit opener's advice stating that a reciprocal credit in favor of applicant issued by ×× Bank for account of beneficiary available by sight draft has been received by and found acceptable to them."

(此信用证适用于以我行为付款人、提单出单日后180天付款之汇票。我行将于汇票到期日凭上述之单据,以及开证人之通知书予以付款。该通知书将声明以申请人为受益人、受益人为申请人、由××银行所开立的适用于即期汇票的对开信用证已经收妥并且可接受。)

贸易双方采用对开信用证在一定程度上可以起到防范风险的作用。下面的来料加工案例就说明了对开信用证这一主要功能。

思政专栏二：信用证反洗钱，打击金融犯罪

洗钱是指通过各种手段掩饰、隐匿、转化，使得违法收入在形式上转化为合法收入的过程。利用国际贸易活动，借助结算主要工具——信用证进行洗钱是洗钱犯罪行为的主要渠道之一。反洗钱是金融监管的重点内容，是金融机构的法定义务，了解和掌握反洗钱的基本知识，识别贸易结算中隐匿的洗钱行为，打击洗钱犯罪，有助于维护金融秩序的稳定和安全。

随着国际贸易量的不断增加，贸易洗钱日渐成为洗钱犯罪行为的主要渠道。信用证是国际贸易中最常见的一种支付方式，呈现交易主体多、流程长、时空跨度大的复杂性，加之信用证交易具有合法金融机构参与和正常贸易活动的表象，更增加了信用证洗钱手法的欺骗性。

洗钱分子可以通过虚假的贸易背景申请开立信用证，之后再提交伪造的单据。UCP600规定，银行处理的是单据，而不是单据所涉及的货物、服务或其他行为；开证行在相符交单的情况下将无条件地向出口商付款。利用虚假贸易和信用证结算，洗钱分子的资金就实现了非法跨境转移，并将非法资金转化为正常贸易买卖所获取的合法收入。

在开展信用证业务时，金融机构应承担反洗钱的重任。银行从业人员应从"风险为本"的角度，依据国际反洗钱最佳实践及相关指引，结合客户的风险等级，履行尽职审核义务。对具有不同洗钱或者恐怖融资风险特征的客户、业务关系或交易，应采取不同的措施，了解客户及其交易目的和交易性质，掌握客户的实际控制人和交易的实际受益人的信息，及时向中国反洗钱监测分析中心报告人民币、外币大额交易和可疑交易。

[资料来源]张晓妩.信用证洗钱风险识别及管控[J].中国外汇,2019(11):60-61.

本章小结

信用证是银行有条件的付款承诺，是建立在银行信用证基础上的结算方式。为了减少信用证业务的纠纷，国际商会颁发《跟单信用证统一惯例》《审核跟单信用证项下单据的国际标准银行实务》和《〈跟单信用证统一惯例〉电子交单补充规则》，用于规范信用证业务。信用证具有三方面的特点，即信用证的开证行承担第一性的付款责任；信用证是自足文件，具有独立性；信用证业务的处理对象是单据。信用证的上述特点支持信用证在贸易结算领域中的运用，使信用证成为目前重要的贸易结算方式。原先信用证没有统一的格式，各银行采用的格式各不相同，但是信用证的基本内容相似。为了统一格式和内容，国际商会经过几次修订，向各国银行推荐标准格式，包括开证申请书、信用证以及信用证修改书等。信用证有很多当事人，包括开证申请人、开证行、受益人、通知行、保兑行、指定银行(议付行、承兑行、付

款行)以及偿付行。各当事人依据国际规则享有权利并承担义务。信用证的业务程序主要包括七大环节:进口商申请开证;开证行开立信用证;通知行通知信用证;受益人审证、交单;银行审单、寄单并索偿;开证行审单、偿付;申请人付款赎单。信用证可以依据不同方式分类,包括光票信用证与跟单信用证,不可撤销信用证,保兑信用证与未加保兑信用证,即期付款信用证、延期付款信用证、承兑信用证、议付信用证、预支信用证、循环信用证、可转让信用证、对背信用证以及对开信用证。

关键名词

信用证　跟单信用证统一惯例　开证申请人　开证行　通知行　第二通知行　指定银行　议付行　承兑行　保兑行　转让行　偿付行　受益人　保兑信用证　预支信用证　循环信用证　可转让信用证　对背信用证　对开信用证

课后练习题

一、选择题

1. 信用证的承付是指(　　)。

A. 对于即期付款信用证即期付款

B. 对于延期付款信用证发出延期付款承诺并到期付款

C. 对于承兑信用证承兑由受益人出具的汇票并到期付款

D. 对于议付信用证到期付款

2. (　　)是国际商会规定的适用于跟单信用证的国际规则。

A.《跟单信用证统一惯例》(UCP600)

B.《审核跟单信用证项下单据的国际标准银行实务》(ISBP745)

C.《国际备用证惯例》

D.《〈跟单信用证统一惯例〉电子交单补充规则》(eUCP)

3. 跟单信用证项下承担不可撤销付款责任的银行有(　　)。

A. 议付行　　　B. 通知行　　　C. 开证行　　　D. 保兑行

4. 通常基础合同中的(　　)成为跟单信用证的受益人。

A. 进口商　　　B. 出口商　　　C. 承运人　　　D. 保险人

5. 中间贸易一般选择(　　)作为结算方式匹配其特殊的结算需求。

A. 可转让信用证　B. 对开信用证　C. 背对背信用证　D. 循环信用证

二、判断题

1. 自由议付信用证项下受益人可以自由选择一家银行并向其交单要求议付。　(　　)

2. 通知行通知信用证之前,应当核符信用证的表面真实性。　　　　　　(　　)
3. 跟单信用证的性质为不可撤销,开证行开立信用证后,不可以随时解除其付款责任。
　　　　　　　　　　　　　　　　　　　　　　　　　　　　　　　　(　　)
4. 可转让信用证项下转让后的信用证是一张独立的新信用证,新证有独立开证行,有别于原证。　　　　　　　　　　　　　　　　　　　　　　　　　　　　(　　)
5. "三来一补"加工贸易中经常采用循环信用证以控制贸易结算风险。　　(　　)

三、问答题

1. 阐述信用证发展的电子化趋势。
2. 阐述跟单信用证的主要特点。
3. 信用证的承付和议付是指什么?
4. 可转让信用证开立的贸易背景是什么?
5. 阐述对开信用证的优缺点。

第九章
国际贸易结算的方式——银行付款责任

银行付款责任(BPO)是2008年全球金融危机以后推出的一种国际贸易结算方式。它以银行信用为基础,融合了信用证和赊销方式的特点,通过电子化、自动化的业务处理,为国际贸易结算提供了安全且迅捷的服务,是对传统国际贸易结算方式的一项创新。本章将详细阐述其产生的背景、定义、程序和特点。

第一节　银行付款责任概述

一、银行付款责任产生的背景

(一)应对以赊销为主导的国际结算市场的需要

随着生产力和生产水平的提高,各国商品供给能力增强,国际贸易市场发生深刻的变化,国际市场格局逐渐从卖方市场转化为买方市场。为了抢夺订单、扩大市场份额,出口商之间的竞争越来越剧烈,在国际市场上的议价能力和谈判能力也随之减弱。在国际结算方式的选择上,出口商更多地被动接受更有利于买方的赊销方式。在传统结算方式的使用中,赊销约占80%。赊销可以为买方提供30天、90天、180天等延期付款的有利条件,但是对出口商而言,由于货款的回收通常在买方收到货物甚至销售货物之后一段时间,资金被占用的时间较长,资金周转紧张;同时,由于赊销以买方商业信用为基础,出口商还有可能承担货款无法回笼的风险,即付款到期日,买方有可能不付款或不按时足额给付。因此,赊销给出口商带来更多的不确定性。例如,2008年金融危机期间,商业信用风险激增,导致全球应收账款呆账和坏账率上升,充分暴露赊销的巨大风险。如何在当前赊销方式占主导的市场环境下,减少应收账款风险、降低交易成本、增强国际交易安全性成为贸易界和银行界共同关注的问题。金融机构迫切需要开发一种新的既具备安全性,又能够适应赊销贸易的结算方式。

(二)适应全球供应链发展的需要

货物(或服务)地提供包含原材料采购,中间品、最终产成品的制造,以及各类渠道的销售等环节,据此可以将对应各环节的供应商、生产制造商、分销商、零售商和最终用户连成一个供应链。当前全球的市场竞争不仅仅是单个企业相互之间的竞争,而且是供应链与供应链之间的竞争。在供应链中,物流、商流、资金流、信息流等相互独立、相互依存;其中物流,即货物(或服务)从供给者到需求者的物理运动,包括货物运输、搬运装卸、仓储、流通加工等环节,决定着供应链的效率,而资金流,即上下游企业之间的货款结算对于整个供应链的运转发挥着"润滑剂"的作用。在全球供应链发展的大背景下,商业银行突破单个企业的限制,从整个产业供应链出发,向所有成员提供结算和融资服务,为供应链提供金融支持。供应链金融与物流只有实现完美结合,才能支持该供应链在全球竞争中胜出。

进入21世纪,伴随物流行业的高速发展,货物(或服务)从采购到最终送达用户的时间大大缩短,但是商业银行提供的货款结算服务,由于仍然依赖纸质文件资料(单据)的处理和传递,已经滞后于物流,限制了整个供应链效率的提高。供应链的发展需要引入电子交易数据,加快单据的处理和传递,提高结算和融资的效率。

二、银行付款责任的定义及其运行原理

(一)银行付款责任的定义

银行付款责任是国际商会和SWIFT组织研发推出的一种新型的国际结算方式,是指一家银行向另一家银行所做的有条件的不可撤销的付款承诺,即收款行(Recipient Bank)提交的数据集与已创建基础信息数据匹配或者虽然错配但是被接受的前提下,付款行(Obligor Bank)即期支付或者承担延期付款责任并于到期日支付确定金额。

其中:

付款行,指开立BPO的银行,付款行可以是买方银行,即代表买方的银行。

收款行,指作为BPO受益人的银行。收款行始终为卖方银行,即代表卖方的银行。

基础信息,指买方银行或者卖方银行提交给交易匹配应用程序(Trading Matching Application,TMA)的数据,反映基础贸易合同相关信息。

已创建基础信息,指TMA发送零错配的基础信息匹配报告并显示状态为"已创建"之时的基础信息。

数据集,指卖方银行向TMA提交的用于与已创建基础信息进行比较的数据要素,包括商业、运输、保险、证明信等5种数据类别,反映卖方履约状况。

数据匹配,指卖方银行向TMA提交的数据集与已创建基础信息相匹配,数据集匹配报告显示为零错配。

数据错配,指数据集匹配报告的结果显示一个或多个不相匹配。

(二)银行付款责任业务的运行原理

银行付款责任作为银行有条件的付款承诺,付款行的责任以数据匹配为条件,因此,BPO业务的核心内容是数据的交换、分析和匹配。BPO业务的运行将通过一个完整的框架达成,即利用交易匹配应用程序TMA、报文信息传递标准ISO20022以及银行付款责任国际规则,促进买卖双方交易的成功实现。

首先,BPO的数据匹配并非依靠买方银行或卖方银行的分析和判断,它是由一个计算机程序,即TMA判断匹配成功与否,该过程实现了自动化和电子化。任何想要参与BPO业务并为其客户提供相关服务的商业银行,必须首先订购一个TMA。为了顺利交换BPO的相关数据,参与同一业务的商业银行必须订购同一个TMA。买方银行和卖方银行在同一个TMA程序中录入数据,由TMA程序负责对数据进行匹配,并发送匹配结果报告。当前SWIFT官方指定的TMA是SWIFT开发的贸易服务设施系统平台(Trade Services Utility,TSU),未来并不排除还会有其他TMA出现。BPO并不必然与TSU绑定。

其次，买方银行和卖方银行与 TMA 之间数据交换，采用 ISO20022 TSMT 标准[①]，银行据此能够以最低程度的人工干预通过电子方式交换信息，提高信息交换的效率。

最后，卖方银行或卖方银行与 TMA 之间的互动以及银行之间的权责遵从国际商会颁布的《银行付款责任统一规则》。

三、贸易服务设施系统平台 TSU

当前 BPO 均在 SWIFT 开发的贸易服务设施系统平台 TSU 运行。TSU 系统是 2003 年由 SWIFT 组织的 12 家银行发起组成贸易服务咨询小组（Trade Services Advisory Group，TSAG），针对主流国际贸易结算方式的变化趋势以及供应链管理的发展趋势专门设计开发的。由于赊销贸易方式占据主导地位，商业银行业不仅面临中间业务收入急剧下降的压力，而且面临为客户提供的服务由多重变为单一，逐渐被客户"边缘化"的威胁。为此，银行业必须不断创新金融服务产品，为企业全流程的供应链融资提供服务，才能更好地满足客户需求。TSAG 基于 SWIFT 系统，研发了 SWIFT Net TSU 系统。该系统通过集中化数据处理和工作流引擎，对订单、运输单据和发票等单据通过数据进行集中化匹配处理，有助于银行把握基础合同从签订到最后合同履约的每一个过程，降低交易的不确定性和风险，也为进出口企业的贸易融资提供了可能和便利。

TSU 系统的核心功能是进出口信息的核对与共享。TSU 的主要思路是买卖双方及各自相关的银行将基于销售订单的基础信息（见表 9-1），以及证明卖方履约的有关反映商品信息、物流信息等的数据集（见表 9-2）全部输入 TSU，由 TSU 进行内容的自动匹配、校验、分析，最终达到买卖双方银行能透过 TSU 共享经过认证的信息，控制风险的目的。由于 TSU 同时可对多笔贸易批量处理；运用电子化手段节约了人力和物力，极大提高了银行在风险、成本和运营效率方面的管理水平。

表 9-1　　　　　　　　　　TSU 创建基础信息所要求提交的数据

序号	数据内容
1	交易编号
2	销售订单编号
3	买方名称及国别
4	买方银行识别码
5	卖方名称及国别
6	卖方银行识别码（BIC8）

---

① ISO20022 是 2004 年由国际标准化组织在 ISO15022《证券报文模式（数据域字典）》的基础上制定并发布的国际标准，是一个以 XML 为基础的信息标准，主要由 SWIFT 组织 XML 信息标准（SWIFT XML，MX）、贸易产业标准 FIX 组织标准（FIXml）及金融衍生性商品交易信息标准（FpML），为主要骨干形成架构，其主要目标是订定并推动产业金融标准整合、制订方法［含方法论（methodology）、标准制定流程（process）及标准维护单位（repository）］，使与金融机构往来的单位或使用者，可以透过单一标准与金融机构资讯系统往来交易，达到跨产业协同运作的理想（引自百度百科）。

续表

序号	数据内容
7	货物:每项的数量和金额
8	付款条件
9	商业数据集提交行识别码(卖方银行/提交行)
10	BPO(可选)
11	联系人(买方银行/卖方银行)

表9-2　　　　　　　　　　　　TSU要求提交的数据集

商业数据集	运输数据集	保险数据集	证明数据集	其他(证明)数据集
交易编号	运输数据集识别码	保险数据集识别码	证明数据集识别码	证明数据集识别码
商业数据集识别码	发货人名称及国别	保单出具人:名称及国别	证明编号	证明编号
发票号及出单日	运输单据号及出单日	出单日	证明类型	证明类型
销售订单编号	预计或实际装运日	保险单据编号	证明特性	证明出具人:名称及国别
买方名称及国别	运输;至少一个起运港和一个目的地	保额	证明出具人:名称及国别	出单日
买方银行识别码(BIC8)	销售订单号	被保险人:银行识别码(BIC8)或名称及地址	出单日	
卖方名称及国别索赔地点				
卖方银行识别码(BIC8)				
付款条件				
货物:每项的数量和金额				
结算方式:贷方账户账号				

目前,TSU系统已覆盖30个国家和地区,全球已有89家银行成为TSU成员银行,其中,中国内地有11家银行加入。中国第一家适用TSU系统的银行是中国银行。2007年12月12日,中国银行率先在中国开通基于SWIFT Net TSU的服务,从而为企业客户提供了基于TSU的赊销供应链融资服务。

TSU为银行客户提供相关数据处理、匹配服务,并不必然包含BPO。BPO需要在TSU系统中另行设置并建立。创建BPO时,买方银行和卖方银行向TSU提交基础信息,应在可选项选择BPO。2009年,TSU2.0版投入运行,首次在电子化信息平台中引入"银行付款责任"选项,可以说,BPO只是TSU的一个选项(见表9-1)。银行若选择BPO,需另外提交以下相关数据要素。

付款行:该BPO下承担付款责任的银行。

收款行:该BPO下收取款项的银行。

金额:该BPO下需支付的最高金额。

比例:该BPO下需支付的最高金额,表述为在已创建基础信息中的比例。

费用:付款行的扣款金额。

费用比例:付款行支付金额中的占比。

适用法律:BPO适用哪国法律。

付款条件(付款代码、比例及金额):转账所需的付款处理细节,包括扣费前的金额等。

结算条件:转账指示。

买方银行和卖方银行向TMA提交包含一个BPO的基础信息时,TMA向相关银行通知BPO的存在,确定它们同意参与一个包含BPO的交易。当生成零错配的基础信息匹配报告时,即基础信息已创建,TMA将通知所有相关银行有关数据匹配是BPO成为具有法律约束力且不可撤销付款责任的条件,至此一个BPO建立。

四、银行付款责任适用的国际规则

BPO业务正式推出后,为了推进该业务市场化进程,2011年7月国际商会成立相关顾问小组,着手制定用于规范行业行为的银行付款责任统一规则。经过多轮研讨及测试,2013年里斯本会议通过了《银行付款责任统一规则》(URBPO)。目前URBPO已正式在全球范围内实施,为BPO业务的发展奠定了良好的基础。

URBPO共含16项条款,阐述了BPO规则的适用范围和适用对象,澄清了BPO规则中的相关专用术语,明确了BPO相关当事人的职责、权利与义务,规定了BPO效期,并对BPO相关的数据、单据、货物、服务或履约行为的关系,以及BPO的修改、不可抗力、适用法律、款项让渡等方面进行了说明和解释。

(一)适用与应用

URBPO的第1、2条对该规则适用及应用要求予以规定与阐释。URBPO为银行付款责任(BPO)提供使用框架范围,其使用仅限于银行之间。所有涉及的参与行均同意通过使用TMA履行BPO项下各自的责任与义务,URBPO并不提供判断数据匹配或错配的依据,该问题由参与行共同适用的TMA的功能以及每个参与行应用该TMA的条件决定。

URBPO项下的信息传递标准是ISO20022,该标准为国际标准组织的贸易服务管理(Trade Services Management,TSMT)信息报文。

URBPO适用于所有已创建基础信息中明确表明适用该规则的BPO,或者当参与行通过一份独立的协议表明同意适用URBPO时,该BPO将受此规则约束。该规则所有条文对每一个参与行均具有约束力。

(二)URBPO 相关术语的定义与解释

URBPO 第 3 条对相关专有名词或术语进行了界定,包括银行付款责任(Bank Payment Obligation)、银行工作日(Banking Day)、基础信息(Baseline)、买方银行(Buyer's Bank)、数据匹配(Data Match)、数据错配(Data Mismatch)、数据集(Data Set)、已创建基础信息(Established Baseline)、参与行(Involved Bank)等 19 项。URBPO 第 4 条对一些主要报文术语进行了解释,包括 19 条报文术语。URBPO 第 5 条对相关术语做出了规定。BPO 的卖方银行或收款行(依赖于其在不同时间段的职责)、买方银行、付款行均为该项 BPO 下的参与行,一家参与行在不同国家的分支机构被视为不同的银行。

(三)URBPO 明确银行付款责任的独立性、效期

URBPO 明确了银行付款责任与基础合同之间的关系,它虽然基于基础交易关系产生,但是一旦确立,就独立于基础合同的权利和义务。

根据 URBPO 第 6 条的规定,就性质而言,BPO 独立于基础贸易得以建立的销售合同或其他合同。即使在已创建基础信息中包含对该合同的任何援引,参与行也与该合同完全无关,且不受其约束。因此,付款行的责任,并不受买方基于其与参与行或卖方之间已有关系产生的索偿或抗辩的约束。收款行在任何情况下,不得利用买方与买方银行或非买方银行的付款行之间的合同关系。

URBPO 第 7 条规定参与行处理的是数据,而不是单据,或与数据相关的货物、服务或履约行为。数据根据单据提取,但是单据不纳入 BPO 业务处理范围,参与行对卖方交付的单据、货物、服务或履约行为不承担责任。

URBPO 第 8 条规定 BPO 的效期;该效期是指数据集提交的最后日期,并非 TMA 完成数据匹配流程的最后日期。数据提交截止时间是该最后日期当天的世界标准时间 23 时 59 分 59 秒。

(四)URBPO 对各参与行的职责、权利和义务的约定

URBPO 第 9 条阐明各参与行的职责,第 10 条对付款行的责任进行详尽的解析。根据第 10 条规定,卖方银行及买方银行根据买方和买方提供的基础交易信息,向 TMA 录入基础信息,当 TMA 发送零错配的匹配报告时,基础信息转化为已创建基础信息,付款行的付款责任随之建立。其责任大小以 BPO 总金额为限。

BPO 项下付款行的责任不可撤销。根据 URBPO 第 11 条的规定,对已创建基础信息下的银行付款责任,若需修改已创建基础信息,需征得每一家参与行的同意。

BPO 项下参与行对数据有效性免责。根据 URBPO 第 12 条的规定,参与行对从买卖双方取得的数据的来源、准确性、真实性、虚假性或法律效力概不负责;参与行对单据,或者上述数据代表之货物、服务或履约行为的描述、数量、重量、品质、状况、包装、交付、价值或存在概不负责;此外,银行对任何数据涉及的货物发货人、承运人、货运代理人、收货人、保险人或其他任何人的诚信、行为或疏忽、清偿能力、履约或信誉也概不负责。

BPO 项下参与行在不可抗力情形下的免责,如根据 URBPO 第 13、14 条的规定,参与行对由于天灾、暴动、骚乱、叛乱、战争、恐怖主义行为或任何罢工、停工引发的包括 TMA 程序无法运行、设备故障、网络通信故障原因,或其无法控制的包括设备故障、网络通信故障在内任何其他原因导致营业中断而产生的后果,概不负责。

(五)URBPO 的适用法律

URBPO 第 15 条对 BPO 的适用法律进行了界定,BPO 的适用法律是在已创建基础信息内表明的付款行的分支机构或营业场所的所在地法律。URBPO 是对适用法律的补充,除非所适用的法律限制其使用。

最后,URBPO 对款项让渡的生效条件及让渡行为进行了说明。收款行可将 BPO 项下的款项进行让渡,只要符合所适用的法律。这里仅仅指款项的让渡,而不涉及收款行职责转让给其他银行。由于卖方银行是 BPO 的唯一收款行,但是收款行有可能不是为卖方提供融资服务的银行,在此情形下,收款行可以将款项让渡或转让给另一家银行。

第二节 银行付款责任的相关当事人和业务程序

一、银行付款责任的相关当事人

URBPO 仅仅适用于 TMA 及各参与行之间,银行和企业客户之间的关系、企业和企业之间的交易行为均不在 URBPO 的范围之内。因此 BPO 所涉及的相关当事人包括:

(一)付款行

BPO 一旦建立,付款行即对其受益人及其指定人承担付款责任,该责任独立且不可撤销,只要受益人提交的数据集与已创建基础信息相匹配,或者虽然错配但是被接受。付款行可能只有一家银行,可以是买方银行,或者除买方银行之外的其他银行,其付款责任以 BPO 金额为限;也可能含多家银行,一家付款行仅受 BPO 中与其相关的付款金额约束,与其他任何付款行付款与否无关,即付款行之间不产生连带责任。对于即期付款方式,付款行应立即付款,对于远期付款方式,付款行承担延期付款责任,并于到期日付款。付款行付款完全取决于数据匹配状况,其责任独立于基础贸易合同下买方的付款意愿和付款能力。

(二)受益人

BPO 下的受益人为卖方银行。卖方银行作为 BPO 的权利人,有义务在 BPO 规定的效期内提交代表卖方履约状态的数据集。数据匹配成功,受益人可以获取 BPO 的金额,兑现 BPO 下的权利。

(三)参与行

BPO 项下除了付款行和受益人即卖方银行之外,可能还有其他银行的参与。如提交银行,即指唯一的职责是根据已创建基础信息提交一个或多个数据集的参与行。参与行向 TMA 提交的数据应准确反映其从买方或者卖方处收到的数据,确保数据不被更改。

二、银行付款责任业务程序

银行付款责任的操作流程分为合同签订后卖方发货前的基础信息创建、卖方发货后的数据集匹配以及资金划转 3 个阶段。

(一)合同签订后卖方发货前的基础信息创建

首先,买卖双方签订贸易合同;买方提取贸易合同中相关的购买交易数据,将数据提供给买方银行;与此同时,卖方提取贸易合同中相关的销售交易数据,将数据提供给卖方银行。

然后,买方银行和卖方银行分别将买方和卖方提供的交易数据录入 TMA。

最后,TMA 对双方银行提交的数据进行匹配。买方和卖方将分别从买方银行和卖方银行处得知匹配结果。若匹配成功,基础信息完成创建。

(二)卖方发货后的数据集匹配

首先,卖方按合同发货,卖方发货后将与货物相关的装运和发票等数据集提交给卖方银行。卖方银行根据卖方提交数据录入 TMA,TMA 将卖方银行提交的数据集与先前已创建基础信息进行匹配。

然后,TMA 向买方银行和卖方银行发送匹配报告。

最后,若匹配成功,买方银行向买方发送匹配成功报告;若匹配不成功,买方银行通知买方是否接受错配。卖方银行获得匹配结果并将匹配结果通知卖方。

(三)资金划转

假若数据集匹配成功或匹配不成功但买方接受错配,卖方将发票、货运单据等商业单据直接寄给买方,买方收到后凭此提取货物。买方银行在规定的付款日期借记买方账户并汇款至卖方银行。卖方银行收到款项后将款项贷记到卖方账户。

至此,买方收到货物的同时卖方回笼货款,贸易结算完成,交易结束。

根据国际商会 BPO 实务场景,一个完整的 BPO 运作流程一般包括以下步骤,见图 9-1[1]:

①买方向卖方发出采购订单。

②买方从订单中提取基础信息,并交至付款行。

③若提交的基础信息在 TMA 中匹配成功,则基础信息创建。买方与卖方分别从付款行和收款行银行处得知匹配结果。

④卖方将货物运至目的地。

⑤卖方向收款银行提交发票、运输单据等数据集,确认在 TMA 中是否匹配成功。

⑥买方收到买方银行的匹配报告,并回复是否接受错配。

---

[1] 流程图引自 www.swift.com。

⑦收款行通知卖方匹配结果。
⑧卖方直接将纸质单据发至买方,以便买方收取货物。
⑨到期日,付款行从买方账户扣除款项并付至收款行,收款行将款项贷记卖方账户。

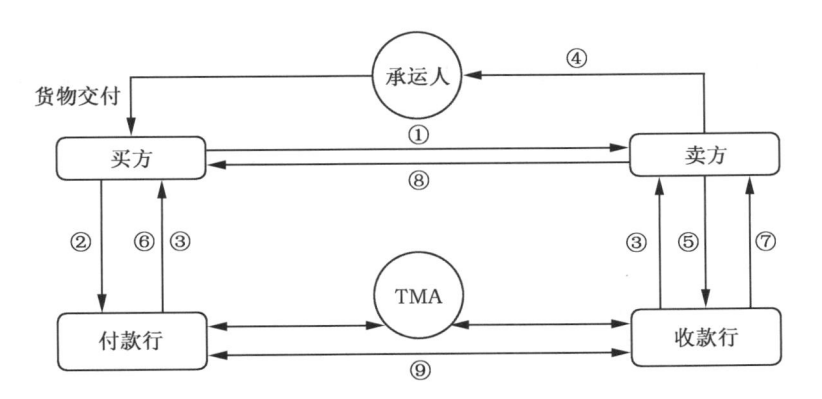

图 9-1 一个完整的 BPO 运作流程

第三节 银行付款责任的特点及其应用

一、银行付款责任的特点

(一)银行付款责任信用基础为银行信用

BPO 是一个有条件、独立且不可撤销的银行付款承诺,体现银行信用。但与具备相同信用基础的信用证不同,BPO 受益人是卖方银行而非卖方,是付款行对卖方银行的付款责任。采用 BPO 的基础合同,当卖方通过收款银行提交数据集与已创建基础信息相匹配时,付款行有义务将货款解付给收款行,卖方则可以经由收款行收回货款。BPO 下付款行的付款独立于基础合同买方的付款责任,弥补了赊销贸易下买方商业信用的不足,从而缓解并消化了应收账款的呆账坏账风险。

(二)银行付款责任业务数据化

采用 BPO 的基础合同并不限制单据的使用,纸质单据在买方、卖方以及承运人、保险人之间直接转移和交换,无须通过参与行实现。也就是说 BPO 参与行并不处理单据、审核单据,其业务处理的是数据,且数据匹配完全通过自动化和电子化手段实现。买方银行和卖方银行录入的基础交易信息数据相匹配;则生成已创建基础信息,从而建立 BPO;卖方银行录入的数据集与已创建基础信息相匹配,BPO 到期时,付款行有义务执行该付款承诺。BPO 的建立和执行就是数据的提交、分析以及匹配的过程。

二、银行付款责任业务的优势

(一)BPO结算速度快、费用低

与传统信用证相比较,BPO提供了高速、低廉的结算服务。BPO结算没有信用证业务包含开立、交单、邮递单据、审核单据的烦琐、冗长的过程;银行通过提交数据,由TMA进行数据自动匹配,根据匹配结果完成贸易结算,程序简单、速度快。据国际商会统计,使用信用证结算,即使是即期付款信用证,从交单到收汇,平均每单业务耗时将近11天,而使用BPO则通常只需3~5天。

此外,BPO的数据处理也较为简单,因此无须耗费类似于信用证业务涉及审单的人工费用以及单据的运输成本,而这恰恰是造成信用证结算成本高昂的主要原因。银行的主要职责是将客户的订单数据根据TMA标准化数据规则,做好数据的拆解转换、文件夹管理,将标准化订单数据提交到TMA程序。而且数据交换和匹配的核验服务完全由TMA程序自动完成,节约了银行的人力成本,从而降低了BPO的费用。

(二)BPO结算收款安全性强

BPO结算方式下,只要卖方发货后提交的数据集能够与之前创建的基础信息相匹配,付款行将承担付款责任,这一付款保证获得URBPO有关付款行责任义务的法律支持,增强了基础交易中卖方回笼货款的可能性。

与信用证相比较,BPO提供的结算服务更加安全。信用证方式下,卖方发货后向银行提交各类单据,银行对单据进行严格的审核,单据一旦存在不符点就有可能遭受开证行的拒付。由于单据的人工审核具有内在主观性,其结果往往具有较大不确定性。不符点的发生将导致结算过程中争议、延误以及滞期费的增加。据国际商会统计,70%以上单据在首次交单时发现不符点。而BPO下,TMA负责单据匹配,程序处理更为客观和标准,提升了处理的质量,降低了不符点和争议的发生。

(三)BPO结算融资便利

BPO下与基础交易相关的数据均获得参与行的验证。这些数据反映了基础交易的全过程,从订单下达、投保、货物装运直至货物的交付,整个交易进程具有可视性,而参与行可以通过TMA共享这些数据,随时掌握不同阶段的交易状况,这为银行融资服务增强了风险控制的能力。即使在赊销方式下,通过与BPO的结合,银行也可以根据基础交易的不同阶段提供多样化的融资选择;在订单下达、基础信息创建时,收款行可以根据销售订单的付款承诺给予卖方装船前融资;在数据集与已创建基础信息匹配成功后,收款行可以根据确认的应付账款向卖方提供装船后融资;BPO到期时,付款行也可以给予买方延期付款的便利。

三、银行付款责任的应用和前景

BPO业务集合了信用证和赊销两种传统结算方式的特点,具有显著的优势,但是目前在国际贸易中的应用仍然有限。根据 SWIFT 网站信息,截至 2016 年 7 月,全球 21 家银行集团正式采用 BPO,其中属于全球前 20 家最大贸易银行的有 18 家,22 家银行集团正进行系统测试。从国内银行的实践来看,从事 BPO 业务的银行家数并不多,2010 年 4 月,中国银行进行第一笔 BPO 交易,用 BPO 替代国内信用证,成为国内第一家在结算领域开立 BPO 的银行。此外,还有招商银行(2015 年 4 月完成)和中信银行(2014 年 7 月与马来西亚联昌银行合作完成)等正式采用了 BPO。显然,银行付款责任业务毕竟是一个新鲜事物,并不如拥有上百年历史的传统结算方式成熟,从产生到被认知并被广泛接受还需要一个过程。商业银行需要时间实现本银行业务系统和 BPO 所要求的 TMA 程序对接,URBPO 也需要经受时间的检验,毕竟如《跟单信用证统一惯例》(UCP600)就经历了多次修订;此外,还需要各国建立相关法律、法规应对 BPO 产生的诉讼等。总之,BPO 未来是否能够在国际贸易结算市场中取得重要份额,我们仍需拭目以待。

本章小结

BPO 是国际商会与 SWIFT 为了应对全球供应链发展和以赊销为主导国际结算市场的需要而建立的一种国际贸易结算方式,是代表基础贸易买方的付款行对代表卖方的收款行所做的独立的、不可撤销的即期或者延期付款的承诺。为了规范 BPO 的运行,国际商会推出《银行付款责任统一规则》,为 BPO 业务的市场推广提供了保障。BPO 以银行信用为基础,以数据匹配作为付款条件,其业务运行基本实现数据化、电子化和自动化。BPO 结算综合了赊销和信用证业务的优势,呈现速度快、成本低、安全性强、融资更便利的特征。作为一种新的结算方式,其市场发展前景有待进一步观察。

关键名词

银行付款责任　银行付款责任统一规则　付款行　买方银行　收款行　卖方银行　参与行　贸易服务设施　交易匹配应用程序　数据匹配　基础信息　已创建基础信息

课后练习题

一、选择题

1. 银行付款责任 BPO 的特点是(　　)。

A. 一家银行向另一家银行所做的不可撤销付款承诺

B. BPO 的收款行是指卖方银行

C. BPO 的受益人可以是基础合同的卖方

D. BPO 结算项下银行间的数据交换采用 ISO20022TSMT 标准

2. BPO 结算方式的信用基础是（　　）。
A. 银行信用　　　　　　　　　　B. 银行信用和商业信用
C. 政府信用　　　　　　　　　　D. 商业信用
3. BPO 付款行的业务对象是（　　）。
A. 纸质商业汇票　　B. 纸质运输单据　　C. 数据集　　　　D. 货物的收付
4. BPO 结算方式的优点包括（　　）。
A. 速度快　　　　　　　　　　　B. 收款安全性强
C. 克服信用证人工审单的缺陷　　D. 人力成本降低
5. 银行付款责任结算方式可以使用的国际规则为（　　）。
A.《银行付款责任统一规则》(URBPO)　　B.《见索即付银行保函统一规则》
C.《国际福费廷统一规则》(URF800)　　　D.《银行付款责任国际公约》

二、判断题

1. BPO 的产生是适应全球供应链金融发展的结果。（　　）
2. BPO 项下付款行的责任产生于并依赖于基础合同买方的付款责任。（　　）
3. BPO 的参与行处理单据、审核单据，以确保单据相符从而确立自身的付款责任。
（　　）
4. BPO 项下付款行付款的唯一条件是卖方向收款行提交的数据集与基础信息相匹配。
（　　）
5. BPO 相较于信用证虽然成本更低廉、速度更快，但是卖方无法凭此取得融资便利。
（　　）

三、问答题

1. 试分析银行付款责任产生的背景。
2. 阐述银行付款责任统一规则的内容。
3. 阐明银行付款责任的主要特点。
4. 银行付款责任与信用证有哪些异同点？
5. 银行付款责任与赊销有哪些异同点？

第十章
银行保函和备用信用证

在国际性经济交易(贸易、借贷、租赁、投资等)中,由于交易双方往往分处于不同的国家和地区,致使交易具有复杂性和风险性,因此,交易当事人常常不满足于对方在合同中做出的有关承诺,而是进一步要求由第三方对合同的履行及其他有关事项提供额外的保证,这就产生了对跨国担保业务的需求。商业银行是跨国担保业务的积极参与者,一方面,交易当事人需要和依赖银行信用对交易的介入,从而为合同的履行、价款的支付等提供较为可靠的第三者担保;另一方面,提供担保的商业银行虽然对合同的一方当事人承担责任,但是仅仅承担了一种支付的可能——在付款类担保项下,银行承担对合同价款的支付保证责任;在信用类担保项下,银行则承担对交易一方履行合约义务的保证责任。在国际经济交易中,银行担保普遍以保函和备用信用证的形式出现,该类金融信用工具的大量应用对保证合同项下有关当事人的义务履行起到了积极的作用。本章将详细介绍银行保函和备用信用证业务的概念、国际规则、内容、格式、使用和种类。

第一节 银行保函的定义、法律属性和特点

一、银行保函的定义

银行保函(Banker's Letter of Guarantee,L/G)是指银行以自身的信誉,应其客户(申请人)的要求或应其他人(指示方)的指示而开立的保证文件,它就申请人关于某一基础合同的债务或责任向第三方当事人(债权人或受益人)做出保证,如申请人未能履行合同规定的义务,则由银行向第三方当事人做出赔偿。所以,保函适用于任何经济交易中,为承受风险的一方提供保障。

实务中,保函的开立方可以是银行,也可以是工商企业和个人。凡是由银行开具的保函,均称为银行保函,属于银行信用,它表明银行以担保人的身份向受益人保证,其被保证人一定对受益人履行某项义务,否则,将由担保人负责支付受益人的有关损失。而由工商企业、个人开立的保函则属商业信用,称为商业保函或私人保函。银行保函也称为银行保证书或银行担保,是担保合同的一种形式。

二、银行保函的法律属性

从银行保函的定义中,我们可以看到银行担保与基础合同及基础交易之间的密切关系。离开了一定的基础交易,没有这种交易项下对银行信用的需求,也许就不会有银行保函的产生和存在。很明显,银行保函是基于一定的基础交易关系,或者是一定的合同关系和一定的经济关系而产生的。那么,在银行保函产生以后其与基础交易合约之间的关系究竟如何呢?在法律上对这种关系又是如何认定的呢?

综观世界各国传统的法律条文,对担保属性的法律认同大致可分为3种不同的情况:

(1)有些国家将担保合同仅看作基础商务合同的附属合同,即认为银行保函与基础合同是从属性关系;(2)有些国家将银行保函看作一个独立的法律文件,一个与信用证相类似的、由担保银行享有高度支付自主性和独立责任的信用工具,强调银行保函与基础合同之间的相互独立性以及保函项下的付款不受商务合同条款及执行情况干扰的特性;(3)还有些国家则采取折中的立场,既承认银行保函可具备独立于基础合同的特点,也允许非独立性的从属性担保的存在,赋予交易的有关当事各方选择不同属性之担保的自主性。

从实际情况看,多数国家的法律属于第一种情况,在担保业务中,尤其是在国内担保业务中,担保合同(包括银行保函)被普遍认为是一种从属性合同。我国《民法典》规定,除非另有约定,否则担保合同就是主合同(基础合同)的从合同,如果主合同无效,担保合同也无效。英国、美国、瑞士、法国等国家的法律也有类似规定。

从属性担保属性将银行保函这一银行信用置于基础交易的从属地位,认为担保合同只是其基础交易合同下的附属性契约或附属性合同,担保人开立保函所承担付款责任的成立与否,取决于基础合同条款及背景交易的实际执行情况。因此,银行开出担保后并不能依据保函的文字约定独立地承担起保函中所规定的支付责任,而只能在发生索赔时依靠对合同项下是非曲直的判断来决定支付与否。例如,我国《民法典》就明确规定,一般保证的保证人在主合同纠纷未经审判或者仲裁,并就债务人财产依法强制执行仍不能履行债务前,对债权人可以拒绝承担保证责任。这对于担保银行来说事实上操作难度较大,由于银行所处的地位,银行不可能像法院那样在错综复杂、纵横交错的合约纠纷中分清对错,因而总是陷入进退维谷、左右为难的境地,最终不得不依赖于法庭的判决来确定是否应该支付。传统担保的这种特色,尤其是赔付时责任的难以界定,不仅给银行担保业务本身的开展蒙上了重重阴影,造成了极大的不便和困难,而且着实难以给接受保函的受益方带来太多的安全感。正是因为这个原因,才使得传统的银行保函业务难以在全球范围内得到推广。

然而,随着各国间经济交往和贸易往来的日益密切,国际政治经济形势动荡不安,国际贸易中"保护主义"倾向日益抬头,产品交易不断呈现"买方市场"的趋势,这些都使交易双方的互不信任感日益加重,人们越来越强烈地感受到传统担保形式的弊端和不便,因此,受益方为了保证其自身正当权益不因合同纠纷的难以调节及旷日持久的诉讼过程而受到损害,纷纷要求申请人通过其往来银行所出具的担保能够具有独立于基础交易本身、独立于基础合同条款本身之规定的特点。与此同时,受托出具保函的银行,为避免在从属性担保项下经常被迫卷入背景交易的纠纷,致使其丧失信誉之情况的发生,并为迎合商业交易者的强烈需求,也愿意开立那种在其付款时可不必考查基础合同的实际履行情况的独立性担保。这样,国际银行保函业务就脱离了传统的担保模式而逐步得到发展,使得银行保函业务成为当今国际金融业务中不可或缺的手段和工具。时至今日,独立性保函已成为当今银行担保业务的主流。

独立性保函是一种虽根据基础交易的需要而出具,但一经开立,其本身的效力不依附于基础交易合同,其付款责任仅以其自身的条款为准的担保种类。在这种保函项下,保函与基础合同之间不再具有类似从属性担保那样的主从关系,而是呈现一种相互独立、各自独具法律效力的平行的法律关系,担保行的支付行为不再受制于基础合同的实际执行情况,而仅受保函本身条件规定的约束。独立保函的这一特点迎合了国际经济交易的需要,满足了银行摆脱与基础合约纠纷的意愿,这也正是独立保函之所以能如此迅速地在国际上得到认可和推广的原因。

三、银行保函的国际规则

(一)《合约保函统一规则》

随着银行保函在国际性经济交易中使用的日益广泛,各国关于保函业务的习惯差异与立法冲突也日益成为引起各类纠纷与争议的导火线。为了协调各国、各地区的做法,明确保函的性质和保函各当事人的责任,规范保函的格式,从而确保保函的普遍可接受性与理解、操作上的一致性,以适应并推动保函在国际结算中的应用,有必要制定一些关于保函业务的、国际通行的基本规则。因此,1978年,国际商会与联合国国际贸易法委员会(United Nations Commission on International Trade Law,UNCITRAL)组织了大批专家,共同制定了《合约保函统一规则》(Uniform Rules for Contract Guarantees,URCG),编号为国际商会第325号出版物。根据该规则,国际商会于1982年出版了《合约保函标准格式》(国际商会第406号出版物"Model Forms for Issuing Contract Guarantees No. 406")。

但是,《合约保函统一规则》(以下简称 URCG)并未被各国金融界与工商界所普遍接受,未能达到统一保函业务的目的。URCG 并未明确担保的法律属性问题,而只是片面强调了保函各方当事人之间利益均衡的观点,因而不符合当前实际业务中受益人一方出于其在国际经济交易中的优势地位而要求完全保障其权益不受侵害的愿望,不能解决银行担保业务中实际存在的一系列问题,自然难以得到世界各国银行界的认可。其缺点主要有:(1)URCG 适应面较窄,仅规定了投标保函、履约保函及还款保函3种,三者都是针对投标。对于商品供应、工程承包、租赁、信贷、维修等其他业务中使用的保函并不适用。(2)URCG 回避对保函的性质作规定,试图涵盖从属性与独立性两类保函,但因两者之间不可调和的差异,使得 URCG 对国际实际的保函业务指导意义不大。(3)URCG 规定受益人索赔时必须提供或在合理时间内补交证明申请人违约的文件,如法院判决或仲裁庭决议等。这样,复杂的程序会影响索赔效率,从而损害受益人的正当权益;另外,也使得担保行极易卷入基础合同的纠纷或争议中,导致银行信誉下降,进而丧失参与保函业务的积极性。(4)URCG 条款过于笼统,对于实务中出现的反担保,包含转让、费用、担保与反担保的关系等许多问题均未涉及,因而不能适应现代保函业务的需要。

(二)《见索即付银行保函统一规则》

因为存在上述缺陷,所以 URCG 最终未能成为规范保函实践的指导文件。另外,随着独立性保函的普遍使用,银行保函业务的发展呈现单据化、信用证化的趋势,为了保护银行的正当权益,国际商会在联合国贸易法委员会的支持下,邀请大批专家重新起草和拟订了新的统一规则,并经多次讨论、修正,几易其稿,终于在1992年制定出更接近于当前国际担保实务规范的《见索即付保函统一规则》(Uniform Rules for Demand Guarantee,Publication 458),即国际商会第458号出版物,简称URDG458。这一新的统一规则,摒弃了原来对保函属性不加限定、含糊不清、模棱两可的做法,明确界定了银行保函独立于基础合同的属性,即不依附、从属于基础合同,银行保函项下的责任与基础合约无关,从而避免了银行卷入基础合同纠纷。URDG458规定银行承担第一性付款责任,保函赔付处理仅凭单据和文件,与事实交易无涉,即单据化业务。URDG458下的保函索赔简单,通常只需要受益人提交汇票以及说明基础合同主债务方违约的申明文件即可获得赔付,而不需要像URCG那样为了获取司法文件或仲裁决议而陷入旷日持久的等待甚至法律纠纷中。更重要的是,URDG458澄清了保函业务中的一些概念,阐释了一些常用的规则,比如对担保与反担保的关系及各自适用法律、保函费用归属、保函的转让以及保函款项的让渡等事项均有明确的规定,而且,URDG458针对的是当前国际经济交易中最常见的保函,因而具有普遍适用性,对保函业务有明确、统一的指导意义。

2007年,国际商会开始对《见索即付保函统一规则》进行修订。2010年修订本《见索即付保函统一规则》,即国际商会第758号出版物(简称URDG758)正式出版并运作。相较于URDG458规则,URDG758项下保函的独立性和单据化趋势更加明显,与信用证更加接近;保函操作的具体规则更加详尽,便于具体实务的运作。

2010年7月1日或该日期之后开立的见索即付保函或反担保函,声明其适用URDG,但未声明是适用1992年版本还是2010年修订本,亦未表明出版物编号,则该见索即付保函或反担保函应适用URDG2010年修订本。

(三)《见索即付保函国际标准实务》

见索即付保函主要依据URDG规则运作,其核心运作机制是关于相符交单的判断。URDG758第2条关于相符交单的判断依据包含保函条款、URDG相关条款和见索即付保函国际标准实务。2021年4月,国际商会发布《见索即付保函国际标准实务》(ISDGP),ISDGP条款涉及见索即付保函(包括反担保函)全生命周期的各个阶段。该标准实务共分为17个部分,215个条文,内容包括ISDGP的适用范围、定义、保函起草、保函开立、保函通知、修改、交单、索赔、或延或付的索赔、审单、付款、不相符索赔及不符点的放弃和通知、保函的减额和有效期、不可抗力、转让、款项让渡及杂项规定。

ISDGP是对现行见索即付保函国际标准实务的总结,因此ISDGP作为国际标准实务被保函当事人使用时,无须考虑保函的开立时间和争议发生时间是否在ISDGP公布之后。同时,ISDGP作为对URDG758的解释和适用文件,对于适用URDG758的保函,无须在保函中加以明确引用便可适用。

四、银行保函的基本特点

从保函的定义来看,银行保函是银行应申请人的要求向受益人开出的文件,属于银行信用。不同国际规则项下的银行保函特点各不相同。

(一)合约保函统一规则下的保函特点

根据传统担保的法律属性,保函具有如下特征:

1. 就保函性质而言,保函从属于基础合约

基础合约的存在是保函成立的前提条件,保函随基础合约的失效而失效。保函与信用证一样,也是以银行信用补充商业信用,解决合同双方互不信任,便利双方达成交易的一种手段。保函产生的基础是双方既定的商业合同关系,没有这样的商业关系就不会有保函的产生。

2. 只有在违约情况发生时才会支付

信用证是用于完成货物买卖合同下的支付,卖方装运货物后就在信用证下支款,在一般情况下,信用证下的支付是确定会发生的。银行保函则与信用证正好相反,只有在申请人违约时,例如申请人(申请人)未履行基础合同义务或未能完全履行基础合同,受益人才会根据保函进行索偿,因此保函下的支付不一定发生。

3. 开立保函只是为了提供信用担保

申请人申请开立保函后,万一自己未履约就非支付赔款不可,因此开立保函能促使申请人履行基础合同。而对于担保行来说,是出于对申请人履约能力的信任才出具保函的,银行开立保函的目的不是赔款,而是提供信用保证,解决交易双方互不信任的问题,使得合同可以顺利实施。因此,银行一般不要求申请人交付押金,而只是要求质押或是提供反担保。

(二)见索即付保函统一规则下的保函特点

随着国际担保业务的发展以及为满足国际经济交易的需要,独立性保函得到了迅速发展,并越来越得到国际金融界和商业界的认可,所以,对独立性保函的规范和界定已成当务之急。为此,URDG758 第 5 条对保函和反担保函做出了如下定性:

"a. 保函就其性质而言,独立于基础关系和申请,担保人完全不受这些关系的影响或约束。保函中为了指明所对应的基础关系而予以引述,并不改变保函的独立性。担保人在保函项下的付款义务,不受任何关系项下产生的请求或抗辩的影响,但担保人与受益人之间的关系除外。

"b. 反担保函就其性质而言,独立于其所相关的保函、基础关系、申请及其他任何反担保函,反担保人完全不受这些关系的影响或约束。反担保函中为了指明所对应的基础关系而予以引述,并不改变反担保函的独立性。反担保人在反担保函项下的付款义务,不受任何关系项下产生的请求或抗辩的影响,但反担保人与担保人或该反担保函向其开立的其他反担保人之间的关系除外。"

这一定性,充分反映了国际上对目前所通行的保函的普遍看法和观点,同时也反映了独立性保函的新特征。概括起来,见索即付保函的主要特点有:

1. 保函独立于基础合同

根据 URDG758 的定义,见索即付保函是根据提交的相符索赔进行付款的任何签署的

承诺。可见,保函虽源于一定的商业合约关系,但一经出具,其本身的效力却不依附于保函赖以产生的基础交易合同而独立存在,基础合同的消亡并不意味着保函也随之自动失效。

毋庸置疑,保函作为银行应合约当事人的请求而签发的旨在保证合约项下某种义务的履行的担保文件,它源于基础交易的要求。没有这样的商业基础关系,就不会有保函产生和存在的必要和可能。但是见索即付保函作为担保银行自身的一种或有负债,是银行代表合同一方所承担的一种可能的赔偿责任,保函一经开出,担保银行即在保函项下向受益人做出了一种支付的保证,担保行与受益人之间即产生了独立于申请人与受益人之间基础合约之外的一种经济、法律关系和或有债权、债务关系。当索赔发生时,作为担保人的银行不能以基础合同为根据来判别该索赔是否应该得到受理,不能以合同中的有关规定和合同的履行情况为由来对抗受益人,而只能根据保函项下是否相符交单,从而决定是否予以支付。

保函项下的相符交单是指所提交单据及其内容首先与该保函条款和条件相符,其次与该保函条款和条件一致的 URDG 规则有关内容相符,最后在保函及 URDG 规则均无相关规定的情况下,与见索即付保函国际标准实务相符。

2. 保函的单据化

银行在见索即付保函项下处理的是保函所规定的单据,而不理会基础合同本身的交易执行情况,为此 URDG758 第 6 条指出:"担保人处理的是单据,而不是单据可能涉及的货物、服务或履约行为。"担保银行赔付责任成立与否绝不受合同条款及事实情况的影响。在这一点上,保函和信用证是十分相似的,即银行在有关业务中处理的仅仅是单据。不同的是保函要求提交的单据并不是商业单据,而是受益人关于申请人违约的声明和有关证明。

例如,甲银行应 A 的请求开立一张以 B 为受益人的见索即付保函。B 在索偿时提交了保函规定的书面声明,说明 A 未在合约规定的完工日完工。尽管 A 认为书面声明的内容不正确,但如无欺诈的证据,则甲银行应予付款,因为银行与是否违约的事实无关。

对于非单据条件的情况,URDG758 第 7 条规定,除日期条件之外,保函中不应约定一项条件,却未规定表明满足该条件要求的单据。如果保函中未指明这样的单据,并且根据担保人自身记录或者保函中指明的指数也无法确定该条件是否满足,则担保人将视该条件未予要求并不予处理。

见索即付保函规则强调了担保的独立性和票据性,极大地增强了银行保函的运作效率,但是担保人仅仅审核单据表面从而决定赔付的行为,导致申请人无法以其自身在基础合同下的履约情况予以抗辩,这为受益人滥用索赔权提供了便利,例如欺诈索赔。多数国家针对欺诈索赔进行法律限制,确立保函欺诈例外。但是欺诈例外也需要审慎适用,我国高院的指导案例显示,"认定构成独立保函欺诈需对基础交易进行审查时,应坚持有限及必要原则,审查范围应限于受益人是否明知基础合同的相对人并不存在基础合同项下的违约事实,以及是否存在受益人明知自己没有付款请求权的事实"[①]。

[①] 摘自中国法院网指导案例 109 号,https://www.court.gov.cn/fabu-xiangqing-143392.html。

【案例 10-1】[①]　太湖公司与卡拉卡托公司签署一项发电机组建设工程的合同,合同规定使用银行担保,约定保函条款的性质、支付条件等。双方还明确约定,如修改合同,则必须采用合同修正案形式,会议纪要、传真等不能产生合同变更的效力。如果太湖公司违约,卡拉卡托公司可以索赔见索即付保函。后卡拉卡托公司以太湖公司违约为由要求保函出具方 Z 行无锡分行兑付保函。太湖公司提起诉讼,称双方已经通过会议纪要修改了合同,卡拉卡托公司索赔行为不符合合同约定,构成欺诈,请求止付保函。法院驳回太湖公司诉讼请求。

分析:独立保函独立于基础交易;担保人仅处理单据,不受基础合同关系的有效性、修改、转让、履行等情况的影响,但保函当事人在出现保函欺诈或止付情形时得以对抗受益人的付款请求权。其中在认定是否构成保函欺诈或止付情形时,需对申请人与受益人之间的基础交易关系进行审查。但是,该审查应限于受益人是否明知基础合同的交易对手并不存在基础合同项下的违约事实,以及是否存在受益人明知自己没有付款请求权的事实。

未按合同约定的形式和程序做出修改合同的会议纪要不产生变更合同的效力。在基础合同中保函条款约定的性质、支付条件等存在争议的情形下,受益人按银行出具保函时的条件提出索付,不构成保函欺诈,应按"先赔付、后争议"规则兑付保函。

第二节　银行保函的当事人、内容与格式

一、银行保函的当事人

根据现行国际惯例以及国际商会的有关规定,银行保函是银行应客户的请求向第三方出具的支付保证文件。银行保函主要当事人如下所示:

(一)申请人(Applicant)

申请人是指向银行提出申请并委托银行开立保函的当事人,亦即被保证人。申请人是基础合同中负有责任或义务的一方当事人,即基础合同的主债务人。该当事人通过保函的形式向合同的另一当事人巩固其履行合同责任的承诺,另外还应向开立保函的银行保证,在银行凭保函做出赔付后,对银行做出足额补偿。

(二)受益人(Beneficiary)

受益人也是基础合同的债权人(Creditor),是指接受保函并享有其利益的一方。受益人

[①] 摘自 https://www.chinacourt.org/article/detail/2015/07/id/1662479.shtml。

是基础合同中与申请人相对的当事人,例如在进出口合同中,若卖方交货并允许买方延期支付,则延期付款保函的申请人是买方,受益人是卖方;若买方已提供预付款或定金,则还款保函的申请人是卖方,受益人是买方。如果为租赁合同,则承租人是租赁保函的申请人,出租人是受益人,等等。受益人在基础合同项下的权益得到了保函的保障,若申请人违约,受益人就可以凭保函向银行索赔以维护自身的利益。

(三)担保人(Guarantor)

担保人即开立保函的银行。根据《见索即付保函统一规则》,银行应申请人请求,根据合同的要求出具保函,保函一经开立,担保银行即在保函项下按照担保书的承诺,独立承担支付责任。担保银行在对受益人承担一种或有负债的同时,也从申请人那里获得一种或有债权。担保人的责任是保证申请人对基础合同的履行,并在其违约时,根据受益人提交的符合保函规定的索赔文件,向受益人做出不超过保函金额的赔偿。担保行在凭保函做出赔付后,取得代位求偿权(Subrogation),即可取代债权人向申请人或其提供的反担保人索取赔偿。

(四)通知行(Advising Bank)

通知行也称为转递行(Transmitting Bank),是指那些由于担保行与受益人分处两地故而受担保行之托将保函代为转递或通知的银行。通知行通常为受益人所在地的银行,其主要职责是负责审核保函的真伪,并严格按照担保行的要求和指示及时通知受益人。通知行对于保函项下的赔付不承担任何责任,在发生索赔时,除可代受益人向担保银行转交索赔文件或其他书面单据外,并不受理任何索赔。URDG758 第 10 条规定:"保函可由通知方通知给受益人。无论是对保函直接进行通知,还是利用其他人(第二通知方)的服务进行通知,通知方都向受益人(以及适用情况下的第二通知方)表明,其确信保函的表面真实性,并且该通知准确反映了其所收到的保函条款。"

(五)反担保人(Counter Guarantor)

在国际经济交易中,作为合同双方当事人的申请人和受益人往往分处异地,源于某些国家法律上的强制规定,或出于对他国银行的不了解、不信任,某些国家的受益人往往只接受或只期望接受其本地的银行保函,然而,若要求申请人直接去受益人所在地银行申请开立保函,又往往是不现实或不可能的。因此,申请人就不得不求助于其本国银行的支持,要求本国银行委托其在受益人所在地的往来银行向受益人出具保函,并同时做出在受托行遭到索赔时立即予以偿付的承诺。这里提供给另一方承诺,以便该另一方开立保函;或另一反担保函的当事人即为反担保人,反担保人承诺在其开立的反担保函项下,根据该受益人提交的相符索赔进行付款。

处于申请人所在地、接受申请人请求而向受益人所在地银行发出开立保函委托指示的银行就称为反担保行,而受托行即实际上的担保行,此时也称为转开行(Reissuing Bank)。如果申请人出现违约,则基础合同债权人可以凭借转开行的保函向转开行索赔,转开行赔付受益人的索赔后,可以凭借反担保行开来的反担保函向该银行索偿。由此可见,受益人只能凭保函索赔，无权使用反担保，而担保人则依靠反担保来抵补其风险。

二、银行保函内容

根据《见索即付保函统一规则》的要求，银行保函的内容归纳起来主要有以下几个方面：

（一）各方当事人的名称和地址

保函应写明各方，包括申请人、受益人和担保人的名称和地址，尤其是担保人的完整名称和详细地址，因为URDG758明确规定，"除非保函另有约定，保函的适用法律应为担保人开立保函的分支机构或营业场所所在地的法律"，而各国法律差异很大，因此，明确当事人各方尤其是担保人的全称和地址，不仅可以保证保函的完整、真实，而且对于明确保函地有关法律问题以及各方当事人的权利、义务及处理纠纷，都十分重要。

（二）要求开立保函的基础关系

基础关系是指保函开立所基于的申请人与受益人之间的合同、招标条件或其他关系。保函的开立是为了担保申请人在基础合同项下履行其债务，而不同交易中申请人的债务是不同的，因此，保函须注明其起源的基础交易，包括基础合同的事由、编号、签订日期及当事人等。但是此项注明只是陈述一项事实而已，并不表示保函依附于该基础交易，事实上尽管保函应注明所担保的基础合同，但在性质和担保人责任方面完全独立于基础合同。

（三）保函的编号、开立日期以及保函的种类

为便于管理和查询，银行通常要对保函进行编号。注明保函开立的日期有利于确定担保银行的责任。对于不同性质和用途的保函，必须注明其种类，如标明是投标保函、预付款保函、履约保函、付款保函、留置金保函、质量保函等。

（四）保函的金额及币种

在跟单信用证交易中，信用证金额可以是一个最高限额，也可以是一个确定金额。但在保函业务中，担保人的赔付金额往往取决于申请人违约对受益人造成的损失程度。因为无法在开立保函时就规定确定的金额，所以，保函金额都是规定一个最高金额（Maximum Amount）。该金额是担保人承担责任的最高限额，也是受益人在保函项下的最高权益。此外，该金额也是担保人计收担保费用的依据。

（五）保函的失效

根据URDG758的规定，保函一旦脱离担保人的控制，即开立；一旦开立，即不可撤销，即使保函中并未声明其不可撤销；受益人有权自保函开立之日或保函约定的开立之后的其他日期或事件之日起提交索赔。根据保函的不同用途和避免无理索赔的需要，保函有着不同的生效办法，如投标保函一般自开立之日起生效，而针对预付款保函则自申请人收到款项之日起生效，以避免在申请人收到预付款之前被无理索赔的风险。而针对保函的失效，可以注明失效日或者失效事件（Expiry Event）。大多数保函会明确规定一个日历日期为到期日，保函将从这一天起失效，因此成为失效日期。保函也可以规定失效事件，即以规定事件的发

生之日为失效日,如以施工完毕、验收合格、交货结束等事件为到期事件。但需要注意,此类失效事件的发生必须以适当的单据(如完工证明、验收合格证书、交货收据等)加以证明,而且以此类单据向担保行提交之日为保函的失效日,或者,如果保函中没有指明该种单据,则为根据担保人自身记录可以确定失效事件已经发生之时。即使保函规定了失效事件,为了避免此类事件不发生而使担保责任无限制延续,保函仍可以规定到期日,并以两者之中先到之日为失效日期。

(六) 索偿条件

根据 URDG758 的规定,保函项下的索赔,应由保函所指明的其他单据支持,并且在任何情况下均应辅以一份受益人声明,表明申请人在哪些方面违反了基础关系项下的义务。该声明可以在索赔书中做出,也可以在一份单独签署的随附于该索赔书的单据中做出,或在一份单独签署的确认该索赔的单据中做出。担保银行在处理保函索赔时,认为索赔条件不必与事实相联系,但必须由受益人在有效期内提交保函规定的单据或书面文件,证明申请人违约,且申请人提不出相反证据时,即可认定所规定的付款条件已经具备,索赔有效。至于受益人提交来的文件或单据的形式、完整性、准确性、真实性、伪造及法律效力等,担保行一概不予负责。

(七) 交单方式和单据使用的语言

关于交单方式,根据 URDG758 的规定,如果保函表明交单应采用电子形式,则保函中应指明交单的文件格式、信息提交的系统以及电子地址。如果保函中没有指明,则单据的提交可采用能够验证的任何电子格式或者纸质形式。不能验证的电子单据视为未被提交;如果保函表明交单应采用纸质形式并以特定方式交付,但并未明确排除使用其他交付方式,则交单人使用其他交付方式也应有效,只要所交单据在规定的地点和时间能收到;如果保函没有表明交单是采用纸质形式还是电子形式,则应采用纸质形式交单。

关于单据使用的语言,根据 URDG758 的规定,除非保函另有约定,受益人或申请人出具的,或代表其出具的单据,包括任何索赔书及支持声明,使用的语言都应与该保函的语言一致。其他人出具的单据可使用任何语言。

(八) 费用承担

指示其他方提供服务的一方有责任负担被指示方因执行该指示而产生的费用,如果保函表明费用由受益人负担,但该费用未能收取,则指示方仍有责任支付该费用。如果反担保函表明保函有关的费用由受益人负担,但该费用未能收取,则反担保人仍有责任向担保人支付该费用,而指示方有责任向反担保人支付该费用。

上述八项内容为构成银行保函格式的基本条款,草拟保函时可以列出保函的基本要素,然后将各方面内容连贯起来,即可获得一份内容完整的保函。例如,我们可以如下撰写[①]:

---

① 国际商会见索即付保函统一规则(URDG758)(2010 年修订本)[EB/OL]. policy. mofcom. gov. cn/pact/pactContent. shtml? id=2408.

日期:【填写保函开立日期】

保函种类:【指出是投标保函、预付款保函、履约保函、付款保函等种类】

保函编号:【填写担保人开立保函设置的相关编号】

担保人:【填写名称及保函开立地址】

申请人:【填写申请人的名称及地址】

受益人:【填写受益人的名称及地址】

基础关系:【填写保函申请人基于基础关系产生的义务】

保函的金额与币种:【填写保函最高赔付的大小写金额及币种】

除下文明确要求的支持声明外,还需提交的支持索赔的单据:【填写需提交的支持索赔的附加单据。如果保函不需提交除索赔书和支持声明外的任何附加单据,此处空白或填写"没有"】

需提交单据的语言:【填写需提交单据的语言。除非另有规定,申请人或受益人出具单据使用的语言应与保函的语言一致】

交单形式:【填写纸质形式或电子形式。如采用纸质形式,需指明交付方式;如采用电子形式,需指明交单的文件格式、信息提交的系统以及电子地址】

交单地点:【采用纸质形式交单的情况下,担保人指明单据提交到其分支机构的地址;采用电子形式交单的情况下,指明电子地址,如担保人的 SWIFT 地址。如果未填写交单地点,则交单地点为前文中担保人开立保函的地点】

失效:【填写失效日期或描述失效事件】

费用的承担方:【填写费用承担方的名称】

作为担保人,我们在此不可撤销地承诺,在收到受益人提交的相符索赔后,向受益人支付最高不超过保函金额的任何款项。索赔应按上述交单形式提交,并随附前文列明的可能需提交的其他支持索赔的单据,并且在任何情况下提交一份受益人的声明,声明申请人在哪些方面违反了基础关系项下的义务。受益人的声明可以在索赔书中做出,也可以在一份单独签署的随附于该索赔书的单据中做出,或是在一份单独签署的确认该索赔的单据中做出。

保函项下的任何索赔必须在前文规定的失效当日或之前,于前文指明的交单地点被我们收到。

本保函适用规则:【填写保函适用国际规则,例如《见索即付保函统一规则》(URDG) 2010 年修订本,国际商会第 758 号出版物】

当然,保函中还可另外加入一些与保函有关的修改、金额变动、仲裁等内容。如金额变动条款,保函可明确规定,在某一特定日期或在向担保人提示保函规定的某种单据后,保函金额可以减少某一特定金额或可事先决定的金额。例如,履约保函可以规定,当承包工程完成一定进度后,凭项目监督工程师的进度证明,保函的最高金额可以降至某一金额。又如,还款保函可以规定,随着交货的分批进行,凭申请人的发货证明(如提单副本)可以按比例地扣减保函金额。当保函金额按约定方式扣减至零时,保函即自动失效。

在实际业务中,不管保函开立有怎样的要求,从保证保函的条款清楚无误,明确各有关当事人权责的角度来看,在具体业务运作中,还是应提倡尽可能使保函内容完整的做法。

三、保函格式

银行保函的开立通常采用 MT760 格式通过 SWIFT 发送报文,传统 MT760 只有 7 个固定栏位,保函几乎所有的关键要素和条款都放在了 77c,通过文字加以描述,该报文格式较为自由。具体包括:

27：Sequence of Total(页数)1/1

22A：Purpose of Message(报文目的)

20：Transaction Ref. No(基础合同参号)

30：Date(开立日期)

40：Applicable Rule(适用规则)

77c：Details of Guarantee(担保条件)

72z：Sender to Receiver Information(发报人给收报人的信息)

2021 年 11 月,SWIFT 保函报文格式升级。该次报文升级历时 4 年,升级后的 SWIFT 报文主要为了适应监管要求和自动化需求,将原有的 77c 栏位的内容拆解并格式化,呈现标准化、结构化的导向,使得保函格式化繁为简。保函中的要素以及担保条款分列在各自专属的栏位里,条目清晰。标准化的代码和数字将替代文字性描述,使得文字的使用大大减少,是保函格式的巨大创新。

具体而言,保函格式创新主要体现在标准化和数字化上。例如用于保函开立的 MT760 报文将被分为 Sequence A、Sequence B 以及 Sequence C 三部分,并引入大量标准化代码来替代以往的文字表述。如果直开保函,则报文格式包含 Sequence A 和 Sequence B,如果转开保函,报文则包含 Sequence A、Sequence B 以及 Sequence C 三部分,其中,Sequence B 用以显示反担保相关内容,Sequence C 用以显示主保函(Local Undertaking)相关内容。

下面以直开转递银行保函为例,显示 MT760 报文格式:

15A：New Sequence(A 部分开始)

27：Sequence of Total(页数)1/1

22A：Purpose of Message(报文目的) ISSU(表示开立保函)

15B：New Sequence(B 部分开始)

20：Undertaking Number(担保编号)

30：Date of Issue(开立日期)

22D：Form of Undertaking(担保形式) DGAR(表示见索即付保函)

40C：Applicable Rules(适用规则) URDG(保函适用 URDG758)

23B：Expiry Type(失效类型) FIXD(表示有固定失效日期的保函)

31E：Date of Expiry(失效日期)

50：Applicant(申请人)

52A：Issuer(开立人)

59：Beneficiary(受益人)

56A：Advising Bank(通知行)

32B：Undertaking Amount(担保金额)

45C：Document and Presentation Instructions(单据和交单指示)

77U：Undertaking Terms and Conditions(担保条款和条件)

45L：Underlying Transaction Details(基础交易详情)

24G：Delivery to/Collection By(保函接收方/地址)BENE(表示保函递交受益人)

一些栏位还有标准化代码可供选择,以代替文字性描述。例如22D用于描述担保形式,有2个4位的短语代码可供选择,包括:DGAR(Demand guarantee)、STBY(Demand guarantee),即独立保函或备用信用证。又如40c用于显示保函的适用规则,共有5个4位的短语代码可供选择,包括:ISPR(适用国际备用证惯例 ISP)、NONE(无适用规则)、OTHR(适用其他规则)、UCPR(适用 UCP)、URDG(适用 URDG)。

此外,保函格式的创新还体现在多样化的报文种类。升级前保函只有 MT760 和 MT767,分别用于见索即付保函的开立和修改,升级后增加了7种。其中,MT759 用于从属性保函的开立和修改,MT765 用于索赔,MT786 用于拒付,MT785 用于自动展期不再展期的通知,MT787 用于对修改的回复,MT759 用于其他信息的交涉。保函格式特别明确了见索即付保函的开立需使用 MT760,其他性质的保函开立使用 MT759,即独立保函用 MT760,从属保函用 MT759。这样的使用规则,可降低因保函性质引起的纠纷。

第三节　银行保函的开立方式与业务程序

一、银行保函的开立方式

银行保函的开立方式主要可分为直开和转开两种形式。

(一)直开

"直开",即所谓"直接担保",是指担保银行应合同一方当事人的申请,直接向合同的另一方开立以其为受益人的保函,并凭此直接向该受益人承担支付担保责任的一种方式。就保函的传递方式来说,"直开"又可分为担保银行开立保函后将其直接寄交或由申请人自行带交受益人,以及转请受益人所在地另一银行为通知行代为转交给受益人这两种形式,即所谓"直交"和"转交"(或称"转递")的做法。"直交"保函项下只有三方基本当事人,即申请人、担保行和受益人,而"转交"方式下涉及另一当事人即通知行。"直接担保"是保函业务开立方式中最基本的一种,"直交"和"转交"的程序如图 10-1、图 10-2 所示。

图 10-1 "直交"保函的开立

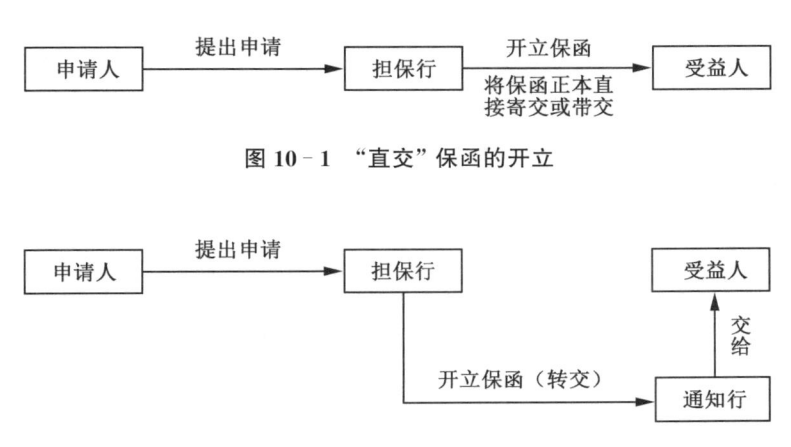

图 10-2 "转交"保函的开立

(二)转开

"转开",又称"间接担保",是指申请人所在地的银行应其客户的请求,根据标书或合同的有关规定、受益人所在国的惯常做法及法律要求,以提供反担保的形式来委托另一家银行(通常为受益人所在地的银行,即担保行)代其出具保函,并由后者向受益人承担付款责任的一种方式。在"转开"的情况下,与受益人构成担保合同关系的是受益人所在地的担保行,反担保行只是与担保行构成委托担保关系。如果发生申请人违约情况,或在受益人完成合约义务并取得了保函项下的求索权利时,受益人只能向担保行索偿,而无权越过担保行直接要求反担保行赔偿。反担保行仅就反担保对担保行负责,而不向受益人承担任何直接责任。

以间接保函的形式出具担保,保函项下的当事人就由原来直接担保的三方或四方增加到了四方甚至四方以上,即申请人、反担保行(可以是一个,也可以是两个或两个以上的银行,即"多重转开"的情况下)、担保行和受益人,有时也会有通知行的参与,如图 10-3、图 10-4 所示。

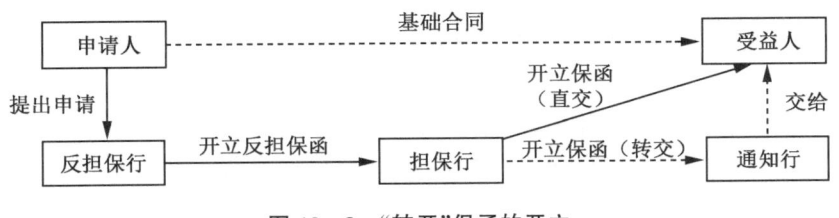

图 10-3 "转开"保函的开立

二、银行保函的业务程序

银行保函是银行应其客户的要求向与该客户签订了某项合同或与之有着某种经济关系的另一方所签发的一种付款保证文件。在保函有效期内,银行在该笔担保项下承担一种或有负债,直到保函效期届满为止,或直至保函受益人退回保函正本方可解除。一笔保函从开

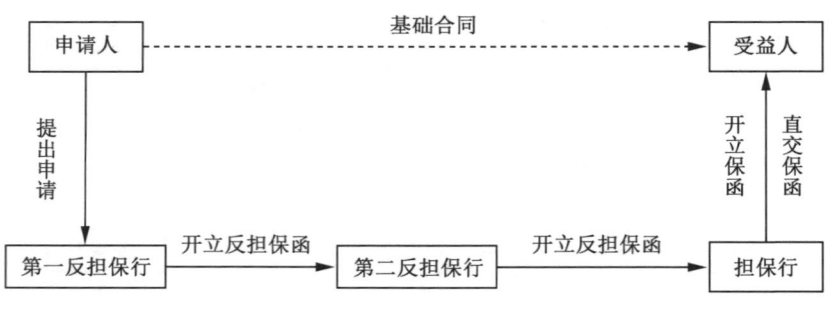

图 10-4 "多重转开"保函的开立

立到业务结束大体需经过以下几个环节：

（一）申请人申请出保

保函的出具和产生源于商业合约的要求和商业交易本身的需要。由于交易双方彼此间互不了解和互不信任，常常导致交易当事人产生通过引入银行信用来充当交易中介的需求，因此，作为交易某一方的当事人就会向其所在地的往来银行提出开立保函的申请。

保函申请人要求银行出具保函，一般应履行以下3个手续：填写开立保函申请书，或与担保行签订委托担保协议；提交一定的保证金或以其他形式的反担保作为抵押；提供有关的业务参考文件（如标书、合同、有关的契约、协议等），以便银行对拟担保的交易或项目本身做出审查，并据此做出是否接受该申请及收取抵押比例大小的决定，同时也便于银行对所开立保函的格式及相关内容进行审查。

保函申请书与信用证项下的开证申请书一样，是申请人与担保行之间代表了一定的法律义务和责任划分的书面文件。因此，银行在应申请人之托开立保函之前，一般要申请人缮制一定格式的申请书或与申请人签订一份委托担保协议，用以明确担保行与申请人各自所应承担的责任，明确各自的权利和义务，并以此作为各自间的某种契约和约定。担保行凭此约定，享有在保函项下发生索赔时和赔付行为后向申请人进行追索的权利，以及在出具保函后收取各项费用的权利，并依照申请书或委托担保协议及其附件中所要求的条件和条款来签发保函。

一份保函申请书，通常应包括以下方面的内容：保函申请人名称及地址、电话、电传及业务联系人等；保函受益人名称及地址；有关的合同号、标号或项目名称等；合同总金额；保函金额、种类、效期等；保函的开立方式；保函签发手段（电开或信开）；申请人希望选用的转交、转开保函或加保的国外银行名称及地址；申请人对担保人所做出的承诺；担保行和申请人各自的权利和义务，以及担保行可能的免责条款；申请人希望采用的保函格式（通常作为保函申请书的附件）；申请人的有效签章；等等。

申请人在缮制保函申请书时，一般应注意以下几方面的问题：(1)仔细阅读合同中的有关条款，根据合同的具体要求，填写申请书，核算保函的金额大小以及效期长短，做到准确无误，一丝不苟。(2)根据合同或标书的具体规定以及国外受益人所在国的传统习惯及法律要求,并结合费用多寡的因素,选择对自己最为有利且能为受益人所接受的开立方式。(3)在保函的开立方式确定后,还要对诸如转递行、背书行、保兑行、转开行这些国外受托银行进行严格遴选。

(二)担保行签发保函

保函,作为银行的一种或有负债,担保银行在其项下承担了一种付款的或有责任,面临着发生支付的可能性,因此,尽管凭借其与申请人事先所签订的委托协议或申请人提交的保函申请书,担保行可以向申请人或其反担保人进行追偿,但是,出于保护自身利益的考虑,在签发保函之前,作为担保人的银行都必然对申请人的资信情况、财务状况、反担保措施以及与担保相关的合约内容做出详尽的审查。

首先,银行要对担保品(Collateral)和反担保措施进行审查。保函是银行提供的一种付款保证,构成银行或有负债,担保的最终责任和风险落在申请人身上,一旦保函发生赔付,担保行对申请人享有追偿权。但是,假如申请人届时因资金短缺而无力偿付,甚至经营失败发生破产,那么银行自身权益将受到损害。为此,银行在出具保函前须根据保函本身的风险大小、效期长短、受益人所在国别的不同及项目的具体情况,要求申请人提供不同比例的担保物品或寻求其他反担保。这是银行办理保函业务的重要环节之一。在日常业务中,银行可以接受的反担保和担保品一般有:由其他银行或金融机构,有资金实力的商业团体、企业、公司或其他经济实体出具的反担保函;申请人自己或他人的不动产抵押(Mortgage)或动产质押(Hypothecation);申请人在担保行的账户头寸以及担保行给予申请人的授信额度抵押等。

其次,对项目可行性进行评估以及对效益进行审查。项目的评估和效益的审查,不仅对客户有利,而且与担保银行的切身利益息息相关。担保行应严格审查项目的盈利性和经济效益的好坏、预期利润和收入多寡,综合考虑可能影响项目实施过程中资金取得的各种因素,评判风险大小,做出决断。此外,还须将资金的取得时间与保函项下的付款时间衔接起来,以便尽可能避免担保行届时将不得不以自有资金为客户进行垫付的可能。显然,这项工作与对担保品和反担保措施的审查一样,也是以保护银行的自身利益,保证银行的资金安全,保证银行在一旦发生索赔时能有足够的资金支付,能及时得到补偿为最终目的的。

再次,对保函申请书及委托担保协议进行审查。对申请书及委托担保协议的审查,主要是从以下两个方面进行:

(1)结合有关合同、协议及标书的要求,审核申请书或委托担保协议有关内容的填写是否正确。比如,申请人和受益人的名称、保函的金额、效期、保函的开立方式、代理行的选择、项目名称、保函类别等是否符合有关合同、协议或标书的规定,填写是否得当。审查过程中一旦发现问题,银行应立即与申请人联系,及时做出更改,并要求其在更改处签章认可,作为日后解决争执时的凭据。

(2)结合保函格式的内容及保函的条款来审查保函申请书及担保委托协议中责任的划分是否合理、是否明确,申请人所做出的偿付承诺是否肯定和清楚,是否与担保行对外签发的保函所承担的义务相吻合等。

最后,对保函的格式、条款、内容进行审核。保函格式体现了保函项下银行所承担的职责和义务以及责任范围的大小。不同的格式反映着担保行在每一类保函项下不同的风险程度和不同的赔付承诺,担保行通过保函的文字阐述,明确自己的赔付条件,并以此来约束自己的行为。因此,对保函格式的审查是银行保函业务诸多程序中最为关键的一个环节。

保函的审查要围绕保函的八大基本要素逐项进行,看保函内容是否完备,是否与合同要求相一致。同时还要注意保函的语句是否流畅、通顺,用词是否妥当,条款的含义是否清楚、明确,剔除可能因歧义而产生不同理解的表述,避免出现上下文自相矛盾的情况。

在上述各项审查结束且审查结果令人满意的情况下,银行即会按照申请人的要求对外开出保函或反担保并将其发往国外同业,请其代为通知或转开保函,或以信函的形式开立后交由申请人直接寄往或转交国外受益人。

(三)保函项下的索赔和理赔

根据保函开立的方式,保函项下的索赔有下列3种形式:

1. 受益人凭保函进行索赔

如果申请人在履行基础合同义务时违约,受益人就可以提出索赔。受益人必须准备好保函所规定的索赔文件或单据,并在保函失效前送达担保行。如果受益人向保兑行索赔,则保兑行赔偿后可以获得受益人的索赔文件或单据,然后凭此再向担保人索偿。受益人在索赔时可以仅提出赔偿要求,也可以提出"展期或支付"(Extend or Pay)的要求。如果是后一种要求,则担保人有权在收到索赔翌日起不超过30个日历日的期间内中止付款,以便申请人与受益人就展期达成协议。如果在上述规定时间内未达成展期协议或申请人未发出展期通知,则担保人仍须对受益人相符索赔给予支付。但是,即使申请人同意展期,若担保人或反担保人不同意,则展期无效,担保人仍应承担付款的责任。

2. 担保人根据反担保协议向反担保人索赔

担保人在收到受益人的合格索赔要求时,在存在反担保协议的情况下,应毫不延迟地通知反担保人;在没有反担保协议时,应直接通知申请人。担保人在对受益人做出赔款后,应将受益人提交的单据或文件,以及担保人出具的说明已收到合格索赔要求的书面声明毫不延迟地转交给反担保人,并根据反担保协议从反担保人处获得足额补偿。

3. 反担保人向申请人索赔

反担保人收到担保人的通知后,应立即转告申请人,由其准备赔款资金。当反担保人在反担保失效前收到担保人寄来的其本人的书面声明及受益人提供的索赔文件或单据时,应在合理时间内根据反担保的要求进行审核。若审核中发现不符点,则可以立即通知担保人拒付,并留存单据及文件听候处置;若审核无误,则反担保人应立即做出赔付,并从申请人处获得相应的金额。

此外,随着见索即付保函在国际上越来越广泛的应用,银行担保实务中的保函通常为独立性保函,其项下的索赔以及索赔的受理与否,担保人应仅基于交单本身确定其是否表面上构成相符交单。因此,当受益人提出索赔时,必须以保函(而非合同)的规定为准,根据保函本身的条款去准备相应的索赔文件,提交保函所要求的单据向担保行求索。所以,在索赔之前,受益人应仔细阅读保函,注意其每一点要求,力求达到单据表面的内容与保函中的文字相一致,以免授人以柄,被担保行抓住破绽造成拒付,或使款项的支付被拖延。对于担保行来说,索赔处理原则,也只能以保函为唯一依据。担保人应结合该单据本身、保函和 URDG 的规定进行单据内容的审核,以此决定是否受理,而绝不能偏听、偏信申请人一方的申诉,致使自身陷入纠纷从而导致信誉受损。担保人应从交单翌日起 5 个营业日内审核该索赔并确定该索赔是否相符。一旦担保人确定索赔是相符的,就应当付款;若担保人确定该项索赔并不相符,则可以拒绝赔付,或者自行决定联系指示方(申请人),或者反担保函情况下的反担保人,放弃不符点。当担保人拒绝赔付时,应就此向索赔提交人发出一次性的拒付通知。该通知应说明担保人拒绝赔付,以及拒绝赔付的每个不符点,且拒付通知最晚不得迟于交单日翌日起第五个营业日结束之前发出。

(四)保函的终止

一般来说,保函一经到期,即应失效,此后担保行将不再对任何可能发生的索赔负责,保函即可注销,这已为绝大多数国家和银行所公认。但也有一些国家(如约旦、巴基斯坦、泰国等)的法律规定,在保函到期后的规定时日内(从 3 年、5 年到 60 年不等),只要受益人提出索赔,担保人仍将有义务受理并付款。根据《见索即付保函统一规则》,独立担保的效力并不依附于基础合同本身,因此,合同的失效并不意味着与此相关的保函的自动失效,只要保函尚未到期,担保就继续存在。保函的终止有 3 种情形:一是该保函失效,如果保函或反担保函既没有规定失效日,也没有规定失效事件,则保函应自开立之日起 3 年之后终止,反担保函应自保函终止后 30 个日历日之后终止;二是该保函项下已没有可付金额;三是受益人签署文件,明确放弃保函项下的一切权利,凭此担保行方有权办理保函的终止。随着保函的终止,担保行的担保职责即告解除,至此,保函业务随之宣告结束。

第四节 银行保函的种类

在国际性经济交易中,银行保函的使用范围是极其广泛的,大到斥资数亿元的项目建设或银团贷款,小到日常的流动资金透支或房租支付,只要当事人需要由第三者担保以防范风险,都可以考虑使用银行保函或备用信用证,尤其银行保函的使用更为普遍。由于基础合同交易五花八门,因此银行保函的名称和种类也相当繁多。虽然银行在保函项下的责任具有大致相似的性质,但因所担保事项的不同,银行责任的具体内容也不尽相同。

在实务中,依据保函业务性质的不同,以及由此产生的付款当事人的不同,可以将保函分为以下几类:

一、由商品或劳务的提供者、工程的承包方委托开立的保函

(一)投标保函(Tender Guarantee or Bid Bond)

近年来,随着国际贸易方式的变化,越来越多的买卖合同和劳务承包合同是在招标竞卖的基础上达成的。买主或业主为了以最优惠的价格获得最好的商品或劳务,常常以公开招标的形式邀请国内外的商品或劳务的提供者提供报价,从中选出最有利的投标报价,并与中标者签约成交。因此,投标人应在标书中按照招标人所规定的条件,报出各种价格及技术参数,提出履约方式等,并向招标人介绍自身的资格与业绩,以争取中标。为了防止投标者不遵守在投标书中做出的承诺,招标人通常要求投标人另行提供银行保函,作为有效投标的一个部分,这就是投标保函。

投标保函是招标人为了制约各投标人的投标行为和保证交易的最终达成而要求投标人委托银行开立的,该类保函以招标人为受益人,主要内容是保证投标人履行因投标而引起的各项义务。投标保函的基本作用和担保责任:保证投标人在其报价的有效期内不撤标、不改标,不更改原报价条件;一旦中标,则将按照招标文件的规定在一定期限内与招标方签订合同并提交履约保函;若投标人日后有违约行为,则担保银行将立即向招标人赔付一定金额的款项作为补偿。

投标保函的金额(也称为投标押金)一般是投标报价的1%~5%,具体比例视招标要求而定。有时投标人为了防止暴露标底,往往要求银行开出金额略高于指定比例的保函。投标保函一般自开立日起生效,到开标日后一定天数(例如30天)时截止,总有效日期多为3~6个月,个别较长期限者可达9个月。如果投标人落选,亦未有违约行为发生,则招标人将退还投标保函,以供银行解除担保责任。但若投标人有违约事件,则招标人可以按保函金额索赔,因为该保函不规定减额条款。

(二)履约保函(Performance Guarantee or Performance Bond)

履约保函是指担保银行应申请人(供货方或劳务承包方)的请求而向受益人(买方或业主)开立的一种保证文件,保证申请人忠实地履行商品或劳务合同,按时、按质、按量地交运货物或完成所承包的工程。一旦申请人未能遵照合约履行有关义务,如货物未能及时交运、施工质量、进度未能达标等,则受益人有权凭保函向担保行索赔。

由于履约保函基础交易的性质不同,因此,保函金额占基础合同总金额的比例也不尽相同。在国际贸易中,出口履约保函金额通常占合同总价的10%左右,若为工程承包履约保函,则这一比例常在10%~25%。履约保函的有效期取决于交货期或施工期的长短,一般以合同生效日为保函生效日。但有时出口商为了保护自身利益,可以规定在收到进口商开立的合格信用证时保函才生效。履约保函的失效一般有两种情况:(1)交货完毕或施工完工时即告失效,即以提单日或建筑师的完工证明提交日为到期日;(2)在交货或施工结束后再加一段规定的时期保函才到期,也就是说,此时要求担保银行对交货的质量或工程的维修继续

给予担保，对于这种情况，应尽量争取单独开立质量或维修保函，因为此类保函标的额较低，多为合同保函的5%左右，可以相应地减少银行承受的风险，同时也可降低申请人的费用。

(三) 预付款保函 (Advanced Payment Guarantee)

预付款保函也称为还款保函 (Repayment Guarantee)，在买卖合同下还可以称为定金保函 (Down Payment Guarantee)。在大额交易中，买主或业主方经常需要在合约签订后的一定时间内向供货方或劳务承包方支付一笔相当于合同价款一定比例的预付款 (通常为10%~25%)，以供卖方或承包商备货或购买有关物资之用，同时也可以确保买方或业主购买已签约的商品或劳务，避免卖方或承包商垫付前期的有关费用。但这一预付款会因对方违约而受损。因此，预付款保函即银行同意卖方或承包商的申请而出具的一种书面承诺：一旦申请人未能履行基础合约，或未能全部履约 (无论这种行为是有意或无意所造成)，担保行就将在收到买主或业主所提出的索赔后向其返还与预付金等额等值款项，或相当于合约尚未履行部分相应比例的预付金的款项。

预付款保函的有效期也取决于交货期或施工期的长短。在交货或施工完毕时，预付款全部转化为申请人的营业收入，保函项下已无款可还，这时预付款保函就自动失效，而一般不会像履约保函那样延长到把质量或维修的担保期也包括在内。但是预付款保函的生效一般不是自开立之日起，而是待申请人收到受益人应支付的足额预付款项时才生效，这也避免了受益人未付定金却可凭预付款保函进行索赔的情况发生，保障了申请人的权益。一般预付款保函都规定要有减额条款，即规定随交货情况或工程进度"自动地、按比例地"进行扣减，直至款额为零时，保函则告自动失效。

(四) 质量保函 (Quality Guarantee) 和维修保函 (Maintenance Guarantee)

质量保函和维修保函是指担保银行就合同标的物的质量所出具的一种担保，前者多用于大型机械设备等资本货物的进出口贸易中，后者则多用于劳务承包交易中。质量保函和维修保函的申请人为卖方或承包方，受益人是买方或业主，担保银行的责任是保证在交货或施工完毕之后规定的时间 (保修期或称维修期，通常为1年左右) 内，货物或工程的质量符合合同要求。如果在这一时期内发现货物或工程的质量与合同规定不符的情况，而供货方或承包方又不愿或不予进行修理、更换，则买方和业主有权凭此类保函向银行索赔，以弥补其所受损失。

质量或维修保函的金额通常是合同标的5%左右，有效期取决于合同规定的质量保证期或维修期，一般始于工程竣工之日或交货完成之日，止于验收合格之日。保函失效后，买方或业主应将其退还给担保银行注销。

二、由商品或劳务的购买者、工程项目的业主委托开立的保函

(一) 付款保函 (Payment Guarantee)

对于一般的商品劳务进口交易，买方通常采用跟单信用证结算，也可以使用付款保函来

担保付款。但对于大型资本货物交易或工程承包业务,买方或业主大多考虑使用付款保函来担保合同规定的分期付款或延期付款。付款保函,顾名思义,是对合同某一方在合同项下的付款责任所做出的担保,它是由买方或业主通过其银行向卖方或承包方所出具的一种旨在保证货款支付或承包工程进度款支付的保证文件。付款保函的作用就是要保证买方或业主履行其对合同价款的支付义务,付款保函与其他信用担保的不同之处在于它是对合同价款的支付保证,而不是一般的违约赔偿金的支付承诺。与信用证一样,它起到了以银行信用介入商业交易、用以取代和补充商业信用从而解决合同双方之间互不信任、保证贸易或劳务交易顺利进行的作用。

一般情况下,买方或业主申请开立付款保函时,不需要提前将款项存入担保银行,只有当受益人索赔时,才向担保银行拨付资金对外支付。但在有些情况下,申请人可能提前将足额合同款项交担保银行封存,指定出口商或承包商为账户受益人,可以凭有关单据从该账户支款。这种特殊的付款保函称为封存货款银行保付书(Blocked Funds Attestation)。

付款保函一般自开立之日生效,有时为了防范受益人无理索赔的风险,可要求受益人开立有效的履约保函作为付款保函生效的条件,付款保函的有效期为合同规定的付款期限。付款保函的金额应为基础合同总价款,若申请人已支付一定比例的定金,则应为扣除定金后的未付金额。付款保函规定有减额条款,保函金额随着申请人的每次支付而自动全额扣减,待扣减至零时,申请人履行了付款责任,付款保函也告失效。

(二)留置金保函(Retention Money Guarantee)

在一些合约(主要是工程建设以及大型机电产品、成套设备的出口合约)中往往有类似的规定:合同价款中一定比例(通常为5%～10%)的金额,将由业主或买方在每期进度款的支付中予以扣留,只有在项目全部建成竣工的一定时期后——通常为项目维修期结束,或在所提供的成套设备运转一定时间,并有保证所制造的产品符合合约规定之后,才能将此金额支付给承包方或供货方。这就是所谓的"留置金"(Retention Money)规定。留置金实际上是业主或买方以现金留滞的形式对承包方或供货方在项目和合同维修期间应负的维修责任所采取的一种制约手段。承包方或供货方为减少资金积压和避免资金风险,通常要求买主或业主提供留置金保函,保证在规定时间内不会出现设备或工程质量问题或保证一旦在发生那些可以使申请人向受益人索赔的事由时,自己将如数退还该笔留置金,否则卖方或承包商可以向担保银行索赔。

如果买方或业主有权留置部分合同价款,但提前支付给了卖方或承包商,买方或业主就可以要求后者提供留置金保函,保证在合同规定的留置期限内发现质量问题时,退还其本应有权扣留的款项,此时这份留置金保函相当于还款保函。

(三)提货保函(Shipping Guarantee)

在进出口贸易中,有时会出现货物比单据先到达目的港的情况。进口商在尚未收到正本提单,或提单在邮寄途中遗失的情况下,如其希望及时提取货物,以减少码头仓储费用和避免货物压舱变质,或是为了赶上最佳销售季节尽早获得转售利润,则其会向银行申请开立提货保函,以船公司为受益人,要求船公司允许进口商不凭正本提单提货。对于由此而使船公司承担的一切费用、责任及风险,银行保证进行赔偿,而且担保行保证一旦收到卖方寄来的正本提单或找到遗失的提单后,将及时把它交予船公司从而换回提货保函并注销。由于提货保函主要针对提单使用,因此又称提单保函(Bill of Lading Guarantee)。

提货保函不同于一般的货值保付保函,其金额通常都要远远大于货值本身,为货值的150%~200%,有的甚至是无限责任的担保。该保函的效期一般均无限制,直至买方向航运公司或承运代理人提示正本提单为止。

(四)费用保付保函(Payment Guarantee for Commission or any Other Charges)

费用保付保函实际上也是一种付款保函。它是银行应某些合约或协议项下的付款责任方的要求,就一些特殊的费用或其他款项的支付而向受益人所做出的保证,如对船方应付予港务当局的挂港费的保付、对航空公司应付予机场的起降费或其他机场使用费的保付、对卖方因中间商协助成交所应给予的佣金的保付、对代售人因他人委托其代售或寄售货物后向货主所应支付的货款的保付,以及对其他收益的代保管人向该收益的债权人保证归还该项收益的收益保付等。总之,这类特殊的保付保函对于保证一些特殊的合同或协议项下的价款支付是很有用处的,实务中并不鲜见。

三、其他形式的保函

(一)借款保函(Loan Guarantee or Security for a Credit Line)

借款保函又称贷款保函,是担保银行向贷款人保证借款人会按借贷协议的规定还本付息的文件。一旦出现借款人因某种原因(如破产、倒闭、资金周转困难,或财务状况恶化、丧失企业资格、更改公司章程等)而无力偿还或拒绝偿还的情况时,将由担保银行来负责履行偿债的职责。借款保函是借款人从境外获取资金来源的重要金融工具。

借款保函的有效期一般自开立之日起(也有的保函规定与贷款协议同一日)生效。保函到期日应为贷款本息还清之日。保函金额应等于贷款本金及利息外加各项银行费用,但是保函应规定随着借款人的每次还本付息,或随着担保银行的每次赔付,保函金额应自动地予以扣减。当扣减至零时,保函即告失效,贷款人应退还保函以供注销。

专栏 10-1:中国内保外贷支持"一带一路"建设

内保外贷业务是指境内企业通过向境内银行申请开立借款保函或备用信用证为境外银行向境外企业发放融资提供担保。

在"一带一路"建设中,中国企业广泛开展国际经济合作,通过多种跨境投、融资方式,积极对接东道国的产能合作、经贸合作等重大项目。其中,跨境并购就是广泛采用的一种业务模式,而内保外贷往往作为跨境并购业务中的重要融资工具。以境内 A 公司收购境外企业为例。A 公司就其收购行为履行了发改委的备案手续,在获得国内商务主管同意后,于境外成立B公司,作为收购行为的实施主体。项目资金来源分为自有资金和银行融资两部分。其中,自有资金部分以境外直接投资(ODI)形式,在银行办理外汇汇出手续至境外B公司;银行融资部分则采取了结构化的融资方案设计,即"内保外贷＋银团贷款"。该融资方案的具体流程如下:A公司作为申请人向境内C银行提出办理内保外贷业务的保函申请;境内C银行开具了以境外D银行作为保函受益人的借款保函,以便于境外B公司获取境外D银行的贷款;境内C银行和境外D银行共同为境外B公司提供银团贷款,境内、外银行各占银团份额的50%。境外D银行有3个身份,即内保外贷业务中的保函受益人、银团贷款业务中的银团参加行与代理行。

该方案通过内保外贷与银团贷款的巧妙结合,为客户跨境并购提供融资支持,践行金融服务与实体经济的深度融合,为"一带一路"建设保驾护航。

[资料来源]朱玉庚.内保外贷支持"一带一路"建设[J].中国外汇,2017(18):45-47.

(二)透支保函(Overdraft Guarantee 或称 Overdraft Facility Guarantee)

透支保函实质上是借款保函的一种特殊形式。在国际经济贸易中,如在一国公司派驻另一国分支机构开展业务时,或者在一国的工程承包公司在另一国施工时,许多情况下的短期流动资金贷款是通过透支实现的,即要求透支人向银行申请便利,经银行审批同意后签订透支协议,规定申请人在银行开立透支账户,由银行在一定期限、一定透支额度内给予融通资金,到期由申请人偿还透支金额及相应利息。

透支保函的有效期取决于银行给予的透支便利的期限,一般自透支协议签订日起生效,至透支便利结束后一定天数(如15天)到期。透支保函的最高金额应等于最大透支额及其利息和费用之和,申请人可以用足透支额度;透支保函也可以以透支额为保函金额,但另行订立利息条款;如果透支保函只以透支额为保函金额,但不订立利息条款,则透支银行往往只按透支额度的90%～95%提供贷款,余额作为对透支利息的担保。

(三)海关免税保函(Duty free Guarantee)

海关免税保函有时又称关税保付保函(Duty Payment Guarantee)、海关保函(Customs Guarantee)、临时进口保函(Temporary Importation Guarantee)。此类保函通常于劳务承包业务项下发生,间或也运用在国内企事业单位到海外举办各种展览、展销、博览会等场合。在对外承包工程建设中,往往需要承建人将大批的施工机具、车辆、材料等运进工程所在国运作,等到工程完工后再行撤离。对于这种临时进口的行为,为了减少将来退税的麻烦,工程所在地海关及展览会举办国海关一般都接受承运人或出展人通过其往来银行所出具的这种海关保函,凭此同意货物暂时免税入关。这种临时进口保函实际上是担保银行对工程承建人及出展团体的一种资金融通手段,它可消除工程承建人及出展团体本来可能发生的资金积压。在这种保函项下,担保银行凭此向工程所在国或举办展览、展销的国家的海关承诺:如日后发生免税入关的施工机具、材料及车辆等被转卖或参加展览的展品被出售的情况,将保证承建人或出展人照章补纳税款或代其履行这种纳税义务。

海关免税保函一般均按接受保函的海关的要求及格式办理,其金额通常与海关对临时进关的货物所课收的税金相等,某些国家则有要求与进口设备或物资本身等值的规定,并且规定保函金额随申请人或银行的每次支付相应地减少。如果保函金额扣减至零,则保函当即失效。此类保函一般自开立日生效,到期日则为施工期或展销期结束后一定时期,以便让申请人办理打包运回等事宜。

(四)租赁保函(Leasing Guarantee)

租赁保函是承租人根据租赁协议的规定,要求银行向出租人出具的一种旨在保证承租人按期向出租人支付租金的付款保证承诺。当承租人未能按期支付租金时,出租人可以凭借租赁保函要求担保银行代付拖欠的租金及产生的利息。就其根本而言,这种保函仍属于付款性质的保证凭信,也列于广义的付款保函的类别中。

租赁保函的最高金额应等于各期租赁的总金额,但应根据承租人或担保银行的每一期支付而自动扣减。租赁保函的生效日一般为开立之日或租赁协议生效日,但应尽可能以租赁资产的交付日或验收合格日为生效日,以保护承租人利益,防止不合理索赔。失效日一般为最后一笔租金的付清之日,若保函金额扣减至零,则当天即为保函失效日。

(五)保释金保函(Bail Guarantee or Bail Bond)

保释金保函是指银行所出具的一种旨在保释由于海事纠纷,或运输合同及贸易合同纠纷,或因牵扯到某一其他案件而被法院或港务当局扣留或留置的船只或其他财产,以法院、原告或港务当局以及其他有关的债权人或利益受损方面为受益人的带有抵押性质的担保付款文件。它主要是由有关的船主以及承担连带赔偿和支付责任的保险公司,或保赔公司,或船东互保协会或者其他有关方要求银行出具的,目的是避免由于解决纠纷的案件诉讼旷日持久,致使被扣留的船只或其他财物因长期无法营运或无法使用而给船方及财务所有人所造成的机会成本效益的损失。有关的法院及港务当局则在接到这种作为抵押替代的保函之后,以此作为保释金,将被扣船只或财物先予放行,使其投入营运和使用。

第五节　备用信用证

一、备用信用证的起源与含义

(一)备用信用证的起源

备用信用证最早产生于19世纪的美国。世界各国银行一般均可开立保函,而当时美国法律却禁止其国内商业银行开立保函,为与外国银行竞争,达到为客户担保之目的,美国银行于第二次世界大战后开始广泛使用实际上属于保函性质的支付承诺——备用信用证。作为一个独立的凭单付款的承诺,备用信用证通常仅要求受益人提交汇票和简单的文件,以证明申请人违约。在实际中,开具备用信用证被视作向客户发放中短期贷款。若该客户到期未能履约,开证行根据受益人的索偿,在备用信用证项下代客户履行付款责任。在美国,银行通常仅给资信良好的客户办理备用信用证业务,因而所开立的备用信用证多半是备而不用。时至今日,虽然美国限制商业银行开立保函的法律早已取消,但由于备用信用证具有独立性、单据化和见索即付的特点,在处理具体业务时又可根据《跟单信用证统一惯例》办理,因此,较保函而言,备用信用证更容易被银行和进出口商所接受,在国际经济交易中广为运用。

备用信用证自创立以后在实践中得到迅猛的发展,尤其是到了19世纪70年代,由于其用途的广泛性和运用的灵活性,它的使用已经突破了其发源地美国,在日本、法国以及中东、拉丁美洲的许多国家得到了广泛的运用。其应用的领域也从最初的国内交易扩展到国际贸易领域。有一个值得注意的情况是,备用信用证的业务量早已超过了商业跟单信用证,据相关统计,1998年全球备用信用证与商业信用证的业务量之比就已经达到7∶1,目前国外银行向美国开立的备用信用证余额已经超过了美国本土银行所开立的备用信用证的余额。

(二)备用信用证的含义

备用信用证在实践中得到广泛运用的同时,各国在立法中也对备用信用证做了相应规范。1977年美国联邦储备银行管理委员会对备用信用证做了如下定义:

"备用信用证,不论其名称和描述如何,是一种信用证或类似安排,构成开证行对受益人的下列担保义务:

(a)偿还债务人的借款或预支给债务人的款项;

(b)支付由债务人所承担的负债;

(c)对债务人不履行契约而付款。"

根据该定义,备用信用证实际上是指开证行根据开证申请人的请求对受益人开立的承诺承担某项义务的凭证。即开证行保证在开证申请人未能履行其义务时,受益人只要凭备用信用证的规定并提交开证申请人违约证明,即可取得开证行的偿付。它是银行信用,对受益人来说是备用于开证申请人违约时,取得补偿的一种方式。

二、备用信用证适用的国际规则

(一)备用信用证和《跟单信用证统一惯例》

国际商会银行委员会早在1977年3月14日就通过决定将备用信用证纳入国际商会《跟单信用证统一惯例》调整的范围。因此在1983年《跟单信用证统一惯例》(UPC400)的修订本中,首次特别写明该惯例适用于在其适用范围内的备用信用证。1993年和2007年的《跟单信用证统一惯例》修订本,即UCP500和UCP600同样也在第一条中指出该惯例适用于其适用范围内的备用信用证。UCP500将商业信用证和备用信用证结合在一起下了一个定义:

"就本惯例而言,跟单商业信用证和备用信用证(以下统称信用证)是指一项约定,不论其如何命名或描述,系由一家银行(开证行)应客户(申请人)的要求和指示或以其自身的名义,在与信用证条款相符的条件下,凭规定的单据:

(1)向第三人(受益人)或其指定人付款,或承兑并支付受益人出具的汇票;或

(2)授权另一家银行付款,或承兑并支付该汇票;或

(3)授权另一家银行议付。"

可见,备用信用证和商业信用证一样,也可适用《跟单信用证统一惯例》。

但是,备用信用证与商业信用证在很多方面存在差异,其根本的不同在于前者主要充当一种国际贸易的担保工具,而后者是一种国际贸易的支付手段,因此,备用信用证是在申请人未能履行其债务时由开证行赔偿,商业信用证则是受益人履行交货义务后由开证行承付,从而使得UCP的很多条款不能完全适用备用信用证。例如,UCP中关于运输单据、保险单据、商业发票等商业单据的条文及有关货物装运的规定,一般情况下均不适用于备用信用证,因为作为担保手段的备用信用证一般只需受益人提交证明申请人违约的声明,开证行就赔付,因而与那些代表货物所有权的商业单据的提交无关。而UCP中一些有关保兑、议付、承兑、款项索赔与追偿、单证一致、单单一致以及银行义务与责任的条款则可以适用备用信用证。正因为如此,国际商会在其第511号出版物中指出:"必须承认,无论对于商业信用证还是备用信用证来说,并非UCP500所有条文均适用,而对一张备用信用证来说,UCP大部分条款均不适用。如备用信用证的当事人欲排除UCP某些条文的适用,他们就应在备用信用证的条款中明确规定排除UCP中特定条文对备用信用证的适用。"因此,UCP只适用于其适用范围内的备用信用证。这也意味着只有UCP中适用于备用信用证的条款方能适用于备用信用证,而其他的条款就不能适用。但是究竟哪些条款是可以适用于备用信用证的,哪些条款是不可以适用的,UCP没有做出具体规定,国际商会也无法具体明确这一点。有鉴于此,尽管备用信用证的运作适用《跟单信用证统一惯例》,增强了备用信用证的独立性和单据性,但是,备用信用证的特点无法完全通过《跟单信用证统一惯例》得到体现,当事人易产生纠纷,因此,建立完全适用于备用信用证的国际规则还是很有必要的。

(二)备用信用证和《国际备用证惯例》

在UCP500于1993年修订以后,美国国际银行法律和惯例协会、美国国际金融服务协会与国际商会银行技术与实务委员会一起组织了专门的工作组,致力于制定一部专门适用于备用信用证的国际惯例的工作。经过5年努力,终于在1998年4月6日以国际商会第590号出版物的形式公布《国际备用证惯例》(International Standby Practice,简称ISP98),并于1999年1月1日起正式实施。从此就有了独立适用于备用信用证的国际规则。

ISP98共有10条规则、89款。这10条规则分别为:总则;责任,交单,审单,通知拒付、放弃拒付及单据处理,转让、让渡及依法转让,取消,偿付责任,时间规定,联合/参与等。ISP98明确了本规则的适用范围是备用信用证或其他类似承诺,无论如何命名和描述,用于国内还是国际,只要在正文中明确表明是根据ISP98开立的备用信用证,均可适用此惯例。

按照ISP98的规定,只有明确注明依据ISP98开立时,备用信用证方受ISP98的管辖。

(三)备用信用证和《见索即付保函统一规则》

备用信用证最初是作为保函的替代方式而产生的,所以,两者在性质上、应用上基本相同,都是由担保人应某项交易合同项下的当事人(申请人)的请求或指示,向交易的另一方(受益人)开立的书面文件,承诺对提交的在表面上符合其条款规定的书面索赔声明或其他单据予以付款。从法律观点来看,我们可以说备用信用证等同于见索即付保函。因此,有关保函的国际规则也可适用于备用信用证。国际商会银行技术与实务委员会与国际商业惯例委员会在其起草的《见索即付保函统一规则》中提到备用信用证,虽然其正文中没有明确有关备用信用证的条款,但是在其注释中规定备用信用证在技术上也可属本规则范围之内,开立者如为方便起见,也可规定适用《见索即付保函统一规则》。

(四)备用信用证和《联合国独立保函和备用信用证公约》

联合国贸易法委员会也致力于制定一项统一备用信用证法律的国际公约,但由于联合国贸易法委员会普遍认为备用信用证与银行独立保函有着共同的特点和功能上的等同性,因此1995年12月11日联合国大会通过了《联合国独立保函和备用信用证公约》(United Nations Convention on Independent Guarantees and Standby Letters of Credit,以下简称《公约》)。为了强调包含独立保函和备用信用证所具有的共同规则并克服可能存在术语上的歧义,《公约》将独立保函与备用信用证结合在一起,使用了"保证"(Undertaking)这一术语,既可以指独立保函,也可以指备用信用证。《公约》明确规定只适用担保人单方面出具的以独立保函或备用信用证形式提供的国际独立担保,包括反担保,并明确将从属性的保证及保险合同排除在《公约》的适用范围之外。

《公约》第2条专门对保证做了界定,即就《公约》的目的来说,保证是指国际实践中与独立保函或备用信用证相似的,由银行或其他机构或个人(保证人/开证人)做出的一项独立的承诺(Independent Commitment),保证人根据受益人的简单索偿要求(Simple Demand)或提交相关单据并提出索偿要求向受益人支付一笔确定的或可确定的款项。在需要提交相关单据提出索偿要求时,所提交的单据应与保证中规定的任何单据条款和条件相一致,这些单据应明确或能根据单据推断出付款义务的确立,即由于出现了债务人违约,或出现了某一突发事件等因素。

总而言之,当前可适用于备用信用证的国际规则主要有4个:一是《国际备用证惯例》,二是《跟单信用证统一惯例》,三是《联合国独立保函和备用信用证公约》,四是《见索即付保函统一规则》。如果备用信用证中指明同时适用ISP98和UCP600或者URDG,根据ISP98有关"在备用信用证也受其他行为规则制约而其规定与本规则相冲突时,以本规则为准"的规定,ISP98的条款应优先适用。就ISP98与上述《联合国独立保函和备用信用证公约》的关系而言,由于ISP98在制定时已经充分注意到与《公约》的兼容,而且《公约》的适用不是强制性的,因此,两者一般不会有冲突。当然,如果备用信用证中规定同时适用《公约》和

ISP98,那么,ISP98 并不能优先适用,因为对于缔约国的当事人而言,《公约》相当于法律,根据 ISP98 第 1102 条 a 款"本规则对适用的法律进行补充,只要不被该法律禁止"的规定,《公约》应该优先适用。

三、备用信用证的性质

根据 ISP98 所界定的"备用信用证在开立后即是一项不可撤销的、独立的、要求单据的、具有约束力的承诺",备用信用证具有如下性质:

(一)不可撤销性(Irrevocable)

不可撤销性是指备用信用证一经开立,除非有关当事人同意或备用信用证内另有规定,开证人不得撤销或修改其在该备用信用证项下的义务。

(二)独立性(Independent)

备用信用证一经开立,即作为一种自足文件而独立存在。它既独立于申请人与受益人之间的基础交易合约,又独立于申请人和开证人之间的开证契约关系;基础交易合约对备用信用证无任何法律约束力,开证人完全独立于基础交易的履约状况,其义务完全取决于备用信用证条款和受益人提交的单据是否表面上符合这些条款的规定。

备用信用证的独立性体现了长期以来为各界广泛接受的信用证业务的独立抽象性原则。正因为备用信用证具有独立性,开证人才有可能接受基础合同一方请求对另一方做出承诺和担保,开证人及其开立的信用证才能被受益人认可和接受。独立性是信用证存在的前提。

【案例 10-2】[①] 2011 年印度 Lanco Infratech 煤炭公司(简称"Lanco 公司")收购西澳大利亚州的 Griffin 公司,双方签署收购协议,约定收购款项分三次支付,其中首次收购款于 2011 年支付,第二次款项延期至 2013 年支付,第三次款项于 2015 年 2 月 28 日(周六)支付。基础合同对"营业日"约定是非周六、周日或者银行假日或者西澳珀斯(Perth Western Australia)公共假日。由于 3 月 2 日(周一)是西澳珀斯公共假日,因此,实际上第三次款项支付顺延至 2015 年 3 月 3 日。

2011 年 Lanco 公司委托印度 ICICI 银行向 Griffin 公司开立两笔备用信用证,其中担保第三次延期付款的备用信用证失效日为 2015 年 3 月 1 日。备用证遵循国际备用信用证惯例 ISP98。

2015 年 3 月 1 日为周日,ICICI 银行认为备用信用证按照 ISP98 规则顺延至 2015 年 3 月 2 日到期;而 Griffin 公司认为基础合同支付期限实际顺延至 3 月 3 日,对应的备用信用证至 2015 年 3 月 3 日应该仍然有效。最终,新南威尔士州上诉法院支持 ICICI 银行的主张,备用信用证于 2015 年 3 月 2 日(周一)到期,尽管备

---

① 参见 www.ccoic.cn/cms/content/32530。

用信用证到期时其所依赖的基础合同债务尚未到期。

分析：备用信用证具备独立性，必须严格按照其自身条款解释，不得参考基础合同或其他相关材料。根据独立原则，ICICI 银行审查 Griffin 公司所提交的单据时，只要单据与备用信用证的规定相符，单据之间在表面上相互一致，开证行就必须承担首要付款责任，而无须审查单据的真实性、有效性及基础合同的履约情况等。因此，虽然备用信用证到期时其所赖以的基础合同债务尚未到期，但是根据自身条款规定，2015 年 3 月 1 日是周日，并非营业日，因此该证有效期顺延至 2015 年 3 月 2 日。

（三）单据性（Documentary）

备用信用证亦有单据要求，并且开证人付款义务履行与否取决于受益人提交的单据是否符合备用信用证的要求。备用信用证的跟单性质和商业信用证并无二致，但后者主要用于国际贸易支付结算，其项下的单据以汇票和货运单据为主；而备用信用证则更普遍地用于国际商务担保，通常只要求受益人提交汇票以及声明申请人违约的证明文件等非货运单据。

（四）强制性（Enforceable）

不论备用信用证开立有无申请人的授权，开证人有无收取手续费，或受益人是否信任该备用信用证，有关开立的备用信用证或修改书均对开证人具有强制性的约束力。

备用信用证的 4 个性质相辅相成，其不可撤销性锁定了开证人的付款义务，进而更有效地保障了受益人的权益；其独立性传承了信用证和独立保函的独立性，赋予了其既定的法律属性；其单据性则将开证人的义务限定于凭单付款原则的基准之上，有益于独立性的执行；其强制性则是对开证人付款义务履行的严格规范，它与不可撤销性的融合体现了开证人责任义务的约束性和规范性，有助于杜绝非正常因素的干扰。基于上述性质，备用信用证融合了商业信用证和独立保函的优点，更能迎合实务中对独立担保的需求。

四、备用信用证的种类

ISP98 根据在基础交易中备用信用证的不同用途，对备用信用证进行了描述性的分类，并且列举了实践中常见的 8 种类型。这 8 种类型分别是：

（一）履约备用信用证（Performance Standby L/C）

履约备用信用证用于支持一项非款项支付的义务的履行，包括对申请人在基础交易中违约所造成的损失进行赔偿的保证。可见，该类信用证担保履行责任而非担保付款责任，在履约备用信用证有效期内如发生申请人违反合同的情况，开证人将根据受益人提交的符合备用信用证的单据（如索赔要求书、违约声明等）代申请人赔偿备用信用证规定的金额。

（二）投标备用信用证（Tender Bond Standby L/C）

投标备用信用证用于担保申请人中标后执行合同的责任和义务。若投标人未能履行合同，开证人必须按备用信用证的规定向受益人履行赔款义务。投标备用信用证规定的赔付金额一般为投标报价的 1%～5%（具体比例依招标文件规定）。

（三）预付款备用信用证（Advance Payment Standby L/C）

预付款备用信用证用于担保申请人对受益人的预付款所应承担的责任和义务。预付款备用信用证常用于国际工程承包项目中业主向承包人支付的合同总价 10%～25% 的工程预付款，以及进出口贸易中进口商向出口商支付的预付款。

（四）直接付款备用信用证（Direct Payment Standby L/C）

直接付款备用信用证用于担保到期付款，尤指到期没有任何违约时支付本金和利息。直接付款备用信用证主要用于担保企业发行债券或订立债务契约时的到期支付本息义务。直接付款备用信用证已经突破了备用信用证备而不用的传统担保性质。实践中，直接付款备用信用证普遍地用于商业票据融资支持或保证。

商业票据融资是国际短期资金市场最通行的直接融资方式，跨国企业因兼并、收购或其他经营活动而在短期内产生大量现金需求时，可以借用该融资工具。美国拥有全球最大的商业票据市场。在美国短期货币市场及资本市场上，外国公司利用直接付款备用信用证筹资颇为流行，其既可免受发债时所作信用评估结果的限制，又避免了信用评估所必需付出的时间、费用以及企业财务状况的披露。当企业在美国货币市场以发行商业票据方式筹资时，可以由一家美国当地银行开立直接付款备用信用证，为企业提供资信担保，并承担付款责任。当债务到期时，由开证银行直接以该备用信用证项下的资金进行支付，投资者主要依据开证银行的资信等级即可对该项投资的信用风险做出判断，而无须过多考虑实际借款人的信用级别。

（五）对开备用信用证（Counter Standby L/C）

对开备用信用证，又称反担保备用信用证，用于支持反担保备用信用证受益人所开立的另一份备用信用证或其他承诺。

（六）融资备用信用证（Financial Standby L/C）

融资备用信用证用于支持付款义务，包括偿还借款义务在内的付款义务履行，它被广泛用于国际信贷融资安排。境外投资企业可根据所有权安排及其项目运营需要，通过融资备用信用证获得东道国的信贷资金支持。

境外投资企业可以要求本国银行或东道国银行开立一张以提供融资的银行为受益人的融资备用信用证，通过开证行对融资银行提供不可撤销的、独立性的、偿还借款的支付承诺，向融资银行申请提供信贷支持。根据信贷协议，企业应在规定的额度和期限内循环使用、归还银行信贷资金；如果其正常履约，融资备用信用证则"备而不用"；如果其违约，融资银行作为融资备用信用证的受益人有权凭规定单据向开证行索偿，后者有义务偿付申请人所欠信贷资金。由于融资备用信用证的受益人为东道国商业银行，其信用度高于商业受益人，风险相对较小，加之规范备用信用证运作的国际规则较为完备，因此，银行通常乐于提供以备用信用证作抵押的融资支持。

专栏 10-2：备用信用证助力境外发债，服务实体经济

企业跨境融资多元化是金融市场发展的必然趋势。中资企业境外发债市场的蓬勃发展，给境内企业带来了更为丰富的融资选择。境外发债具有融资期限长、融资金额大、企业准入宽泛、融入资金来源广、市场化定价等优势。2016—2020年，中资企业境外发债规模逐年攀升，从2016年的约1 500亿美元增长至2020年的约3 000亿美元。从最近境外发债市场来看，自2020年年初到2021年4月末，我国非金融企业在境外累计发行外币债近2 200亿美元，发行债券个数近700个。境外发债企业主要分布在房地产、工业及制造行业，主要以美元为债务融资币种，发行方式集中在跨境担保方式、直接发行方式、银行备用信用证担保方式以及维好协议方式（见表10-1）。

表 10-1　中资非金融企业境外发债结构及规模情况（2020年1月—2021年4月）

发行结构	发行规模（亿美元）	发行债券个数
备用信用证	19.47	23
维好协议	75.39	23
直接发行	844.03	220
跨境担保	1 328.00	405
总　计	2 266.88	671

数据来源：Wind。

注：该表统计包括所有币种，均折算为美元。

银行备用信用证担保发债模式下，发行人首先向银行推荐的承销商提交相关资料，并将发行债券计划、筹集资金的回流方案向发改委、外汇局备案；之后，由发行人或其关联主体向银行申请开立备用信用证给代表投资人利益的境外信托代理人，用以保证发行境外债券到期后，向投资者还本付息；最后通过项目路演、承销商举荐，正式在境外上市发行。

表 10-2　中资非金融企业各类境外发债结构的比较（2020年1月—2021年4月）

发行结构	平均期限（年）	平均票面利率	平均单个债券发行金额
备用信用证	2.47	2.94%	0.85
维好协议	3.37	3.55%	3.28
直接发行	5.11	5.55%	3.84
跨境担保	4.12	5.89%	3.28
平均值	4.37	5.60%	3.38

数据来源：Wind。

注：该表统计包括所有币种，折算单位为亿美元。

从发债企业看，以银行的备用信用证作为增信工具，其第三方债券评级有很大程度上视同于其银行发行的债券评级，无须向评级机构披露企业业务或营运的相关信息，节省了第三方信用评级的手续和费用，降低了企业债券融资成本（见表10-2）。从国际债券投资者角度看,银行备用信用证的增信担保中,银行对债券的刚性兑付及利息支付承担第一性连带责任,使发行的债券获得企业信用和银行信用的双重担保,因而更安全。银行备用信用证担保发债日益成为中国企业境外融资的重要金融工具。

[资料来源]丁骊宽.银行参与境外发债 优化企业跨境融资[J].中国外汇,2021(14):48-50.

(七)保险备用信用证(Insurance Standby L/C)

保险备用信用证用于支持申请人的保险或再保险义务。

(八)商业备用信用证(Commercial Standby L/C)

商业备用信用证是指如不能以其他方式付款,开证人为申请人对货物或服务的付款义务进行保证。

五、备用信用证与银行保函

备用信用证往往被看成是具有信用证形式的银行保函,它与见索即付保函有许多相同之处:(1)两者都是独立于基础合同的信用工具;(2)两者所处理的都是单据或文件,与其所依赖的事实无涉,即都是单据化业务;(3)两者均为不可撤销的担保工具。但它与银行保函也存在极大不同之处。

(一)开证人(担保人)责任的性质

根据《国际备用证惯例》和《跟单信用证统一惯例》,备用信用证独立于基础合同,因此开证人对受益人承担第一性的付款责任,即使作为基础合同的交易无效,开证人仍须承担备用信用证项下的付款之责。而银行保函有从属性保函和独立性保函之分,担保银行由于申请人未履行基础合同所规定的义务、违约、过失而承担的赔付责任,有时是第一性,有时是第二性的。从属性保函以基础交易合同(主合同)的存在与执行状况为生效依据,是主合同的从合同,其依附性决定了担保人不能独立地承担保证责任,而只能依据基础合同的执行状况来确定担保责任的范围与程度;如果申请人在基础合同项下已经履行了相关责任义务,或者申请人根据基础合同条款,经权力机构裁决,已被解除基础合同项下的责任义务,则担保人也随之免除对受益人的偿付之责,即只有确认申请人违约时,担保银行才承担偿付责任。所以,对受益人而言,从属性保函担保人承担的是第二性付款责任。独立性保函开出后即完全不依附于基础交易合同而独立存在,其法律效力并不受制于基础交易合同的变更、灭失,只要受益人的索赔符合保函规定的索赔条件,不论该申请人是否同意,担保人就必须履行第一性付款责任。所以,不同法律属性保函担保人的付款责任性质有差异,对当事人的实质性影响截然不同。实践中,由于各国对保函的法律规范各有差异,现有的国际惯例《见索即付保函统一规则》影响力有限,围绕保函法律性质及其担保人付款责任的争议事例屡见不鲜;而备用信用证则具有鲜明的独立性,开证人的第一性付款责任始终是肯定和无可争议的。

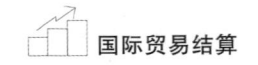

（二）兑付方式

备用信用证可在即期付款、延期付款、承兑和议付这 4 种方式中规定一种作为兑付方式，而银行保函的兑付方式为付款。相应地，备用信用证可指定议付行、付款行等，受益人可在当地交单议付或取得付款；保函则只有担保行，受益人必须向担保行交单。

（三）遵循的规则不同

在适用惯例方面，适用于备用信用证的国际规则包括《国际备用证惯例》《跟单信用证统一惯例》《联合国独立保函和备用信用证公约》以及《见索即付保函统一规则》。但从实务的观点看，更适用于《国际备用证惯例》和《跟单信用证统一惯例》。适用于独立性保函的国际规则为《见索即付保函统一规则》。

（四）适用领域

根据备用信用证的应用实践，ISP98 将其划分为履约备用信用证、预付款备用信用证、投标备用信用证、对开备用信用证、融资备用信用证、直接付款备用信用证、保险备用信用证、商业备用信用证 8 种类型，总结了备用信用证的适用领域。备用信用证不仅在国际工程承包、BOT 项目、补偿贸易、加工贸易、融资租赁、保险与再保险等国际经济活动中发挥着与银行保函类似的传统国际担保功能，而且在国际融资市场中充当融资工具（如直接付款备用信用证）。这使得备用信用证突破了传统保函的使用限制，包含的应用范围比银行保函更为宽广。

六、备用信用证和商业跟单信用证的关系

备用信用证和商业跟单信用证都是介入商业信用中的银行信用，都属于信用证范畴，具有独立性、不可撤销性、自足性的特征，在业务处理上也都可遵循《跟单信用证统一惯例》，凭有关单据而不是基础合约进行付款，它们的区别在于：

（一）付款责任不同

在商业跟单信用证业务中，开证行的付款责任是第一性的，只要受益人提示信用证中规定的单据，开证行就必须付款，而不管此时申请人是否或能否付款。而备用信用证的受益人多是在对债务人履约具有基本信任的基础上，将备用信用证作为风险规避的补充手段。若基础交易合约得以顺利履行，备用信用证通常"备而不用"，所以，备用信用证的开证人尽管在形式上承担了独立的、不可撤销的、强制性的责任义务，但其并不一定对外赔偿，事实上担负着"第二性"的付款责任。备用性使备用信用证的开证人遭遇受益人无理或恶意索赔的概率相对较低；相应地，开证人对申请人的信用额度、开证抵押或反担保要求较商业跟单信用证略显宽松，开证成本较低。备用信用证的"备用性"既使开证人承担的独立担保责任具有了一定弹性，又通过灵活的运作满足了国际经济交易对银行信用补充性支持的需求。

（二）单据不同

商业跟单信用证一般都要求凭符合信用证规定的货运单据、商业发票、保险单、商检证

书等单据付款,而备用信用证则要求凭受益人证明申请人违约的声明书或单据付款。可见,备用信用证仅要求凭简单单据付款,而商业跟单信用证是凭物权凭证的单据付款。

(三)适用范围不同

商业跟单信用证一般只适用于进出口商品贸易结算,而备用信用证则可用于诸多经济活动中的履约担保以及融资担保,运用十分广泛。

本章小结

保函是银行利用其良好的信用促进贸易发展和便利贸易结算的一种重要工具。另外,保函还可以用于租赁借贷海事担保等其他非贸易领域。

根据传统的法律规定,担保业务是从属于基础合同的,因而银行保函作为一种担保合同也具有从属性质,随着国际贸易的不断发展和经济全球化的逐步深化,从属性的银行保函因其自身的缺点逐渐丧失了吸引力,而独立性的银行保函则得到了迅速发展,并成为保函业务中的主流。国际商会制定了《见索即付银行保函统一规则》和《见索即付保函国际标准实务》,得到了国际工商界、银行界及司法界的认可,对保函业务具有明确、统一的指导意义。

银行保函为受益人避险,实际上是将风险转移到银行。银行必须通过适当的方法来有效地规避这些风险,常用方法是收取抵押、质押或反担保;另外,银行对保函条款的拟订(如付款条件、失效方式等)也须慎加斟酌。

银行保函通常通过 SWIFT 开立。2021 年 SWIFT 保函报文格式升级,实现报文格式标准化、结构化,保函条款更明晰。此外,SWIFT 还提供多样化的报文种类,避免了因保函性质引发的纠纷。

银行保函的用途很广泛,各类保函的名称、用法、具体条款等差异很大,形成了许多种不同的保函。但是,各类银行保函的共同之处就是由开立保函的银行就申请人对某一基础合同的未尽义务承担赔偿责任,这一点正是保函的核心所在。

19 世纪,美国银行业受金融管制无法开展担保业务,银行发行备用信用证取代担保函,故而备用信用证最初就是国际担保的工具。在备用信用证下,只要受益人向指定银行提交备用信用证规定的汇票和/或开证申请人未履约的声明或证明文件,即可取得开证人的偿付。备用信用证的这一功能与独立性银行保函(见索即付保函)相同。随着银行备用信用证业务的发展,备用信用证逐渐产生了其他功能,例如直接付款备用信用证,可以担当国际信贷融资的工具。备用信用证可以适用《国际备用证惯例》《跟单信用证统一惯例》《联合国独立保函和备用信用证公约》以及《见索即付保函统一规则》。但从实务的观点看,更适用于前两者。备用信用证具有不可撤销性、独立性、单据性以及强制性。备用信用证、银行保函与商业跟单信用证之间有共性,但也存在不同之处。

关键名词

银行保函　赔偿合同　独立性保函　减额条款　投标保函　履约保函　留置金保函　海关免税保函　直接付款备用信用证　融资备用信用证

课后练习题

一、选择题

1. 银行保函担保人的业务对象是(　　)。
   A. 货物　　　　B. 服务　　　　C. 履约行为　　　　D. 单据

2. 银行保函可以适用(　　)等国际规则。
   A.《见索即付保函统一规则》(URDG758)　　B.《跟单信用证统一惯例》(UCP600)
   C.《合约保函统一规则》(URCG325)　　D.《国际担保法》

3. 备用信用证可以适用(　　)等国际规则。
   A.《见索即付保函统一规则》(URDG758)　　B.《跟单信用证统一惯例》(UCP600)
   C.《合约保函统一规则》(URCG325)　　D.《国际备用证惯例》(ISP98)

4. URDG758规则下见索即付保函的特点包括(　　)。
   A. 银行保函独立于基础合同　　B. 银行保函单据化
   C. 担保人责任存在欺诈例外　　D. 担保人担保单据的真实性

5. 备用信用证的特点包括(　　)。
   A. 不可撤销性　　B. 独立性　　C. 单据性　　D. 强制性

二、判断题

1. 见索即付银行保函项下出现非单据化条款,担保银行可以忽略。(　　)
2. 工程承包合同往往是在招标的基础上达成的。工程建造方在投标时按照规定递交投标保函作为有效投标的一部分。(　　)
3. 备用信用证可以适用于即期付款、延期付款、承兑或者议付。(　　)
4. 备用信用证具备独立性,而银行保函可以是从属的也可以是独立的合同。(　　)
5. 备用信用证的特点是备而不用,只有在开证申请人违约场景下开证行才承担付款责任。(　　)

三、问答题

1. 银行保函的当事人有哪些?
2. 阐述《见索即付保函国际标准实务》的作用。

3. 阐述 SWIFT 银行保函格式升级的特点。
4. 简述备用信用证适用的国际规则。
5. 备用信用证的主要性质有哪些？
6. 银行保函与备用信用证的异同点有哪些？
7. 试述备用信用证与一般的跟单信用证的关系。

第十一章
国际贸易融资方式

在国际贸易结算业务中,银行往往向有资格的客户提供融资服务,这类服务与结算过程紧密相关,因此也称为国际结算融资。国际贸易融资业务包括两种形式:一种是由银行向客户直接提供资金融通;另一种则是银行为客户提供信用保证,以使客户能从贸易对方或第三方取得融资的方便。国际贸易融资方式根据银行提供融资便利的对象不同可以分为进口贸易融资和出口贸易融资,本章前两节将对各主要进出口融资方式进行介绍。包买票据业务(福费廷,Forfaiting)和保付代理业务(简称保理,Factoring)占整个国际贸易结算额的比重并不大,但是它们能很好地将贸易结算与融资业务紧密联系起来。随着中国经济的发展和对外贸易的扩大,这两类业务在中国的开展具有很大潜力。因此,本章将其单列出来,并对其概念、特点、程序等做一介绍,希望能对这两类业务的推广与普及有所裨益。

第一节 进口贸易融资

进口贸易融资是银行贸易外汇业务的一个重要组成部分。这类融资结合进口贸易各种结算方式,根据国家外贸信贷方针、政策,接受外资企业的申请,提供进出口贸易结算资金融通的便利,以利于进出口贸易的发展。进口贸易融资主要有以下几种形式:

一、开证额度(Limits for Issuing Letter of Credit)

跟单信用证是国际贸易中一种常见的结算方式。它的主要作用是通过银行作为中介人,来调解和消除买卖双方之间的互不信任心理。由于开证银行代进口商承担了有条件的付款责任,所以出口商只要满足了信用证的规定和要求,提交了严格相符的全套单据,便可保证收回货款。因此,银行均把开立信用证视为一种授信业务。进口商(开证申请人)必须向银行提供保证金、抵押品或担保书,银行才会考虑为该进口商开出信用证。为方便业务,对一些资信较好、有一定清偿能力的客户,银行通常根据客户提供抵押品的数量和质量及其资信状况,核定一个相应的开证额度,供客户循环使用,客户在额度内申请开立信用证时,可免收或减收保证金。

银行根据自己的实际业务需要,对开证额度进行分类。其基本类型主要有以下两种:普通信用额度(General L/C Limit)和一次性开证额度(One time L/C Limit)。前者是指银行订立额度后,客户可以无限次地在额度内委托银行对外开出信用证,额度可循环使用,银行根据客户的资信变化和业务需求变动随时对额度做必要的调整。后者是银行为客户的一个或几个贸易合同核定的一次性开证额度,不得循环使用,客户通过一次性开证额度可以弥补普通开证额度不能满足大宗交易需要这一不足或可避免普通开证额度的大量占用对其正常经营可能带来的影响。

客户每次申请开证时都应向银行提交开证申请书,银行除审查开证额度是否足够外,为维护银行信誉和资金安全,通常还要重点审查以下几个方面:货物的性质及变现能力、货物保险、对物权单据的控制。如发现开证申请书中的开证条款对银行和客户利益构成了潜在的威胁,银行就有权要求客户加入一些保护性条款或拒绝受理开证申请。

二、信托收据(Trust Receipt)

(一)信托收据的含义

所谓信托收据,是指进口商承认以信托的方式向银行借出全套商业单据时出具的一种保证书。这里银行是信托人(Truster),代表委托人掌握物权;进口商是被信托人或受托人(Trustee),代表信托人处理货物。进口商以银行受托人身份代办提货、报关、存仓、保险等手续,货权仍属银行所有;如果货物出售,则货款将存入银行。此后,进口商在汇票到期时向银行偿付票款,收回汇票,赎回信托收据。这时,该项融资业务即告结束。

(二)跟单托收中信托收据的应用

在远期付款交单托收结算方式中,进口商在承兑汇票之后、付款到期之前,是自己寻求融资的时间。有时候汇票的到期日会远迟于到货日,因为卖方对风险持谨慎态度,仅愿意承受较长期的资金负担,但不愿以承兑交单方式成交。因为远期付款交单方式在货到目的港以后会因买方尚未付款,银行不予交单,货物可能被卸在港口而使卖方遭受风险,甚至被海关罚款,所以实际上是不可行的。买卖双方之所以仍然签订这类合约,是因为进口方与代收银行之间已有约定,当货物到达后,买方在付款前出具一张信托收据向代收行(即信托人)借取单据以提取货物。代收行有保管好单据的责任,同意进口方凭信托收据借单,其实是代收行为进口方提供了到期付款的信用担保。倘若进口方提货后到期不能付款,则代收行应承担付款责任。所以,这种方式是以代收行提供信用为前提的,它使进口方得到了资金融通,当然进口方的信誉必须足够好。

(三)信用证中信托收据的应用

远期信用证中也同样存在上述远期付款交单的问题,即付款交单期限迟于到货日期,申请人(即被信托人或受托人)在付款赎单前,往往凭借信托收据向银行借取单据;开证行在借出单据后,即失去了对物权的控制,所以也只有在申请人信誉足够好的情况下,才会同意借单。

(四)信托收据使用过程中应注意的事项

信托收据在使用过程中,作为信托人,银行有权随时取消信托,收回货物或货款,如果遇被信托人破产,银行的债权可优先获得清偿。作为受托人,进口商应以银行的名义保护货物,如办理仓储、投保火险等,出售货物所得款项应交给银行或以银行名义单独保管,货物也不能抵押给他人。

利用信托收据进行融资时,存在的一个潜在风险是:受托人(进口商)有可能违反信托规定,不愿或无力退还货物或货款。发生这种情况时,如果该项融资经出口商的同意或授权,则风险由出口商自负;如果未经出口商同意,而是由充当信托人的银行主动提供这项融资,则风险由银行承担,届时银行必须支付货款,视同进口商已经支付,因为此时银行已经无法退回全套单据了。因此,在办理信托收据业务时,银行应严格审查进口商的资信等级,避免承担借出单据不获付款的风险。

三、担保提货(Shipping Guarantee,S/G)

担保提货是指在进口跟单信用证或是进口跟单托收项下,货物运抵目的港(地)后,包括提单在内的单据尚未寄到。由于没有正本提单,进口商就无法提货,而延期提货会使进口商增加额外开支,或者承受进口商品行情下跌、市价回落的风险,因此,进口商为了报关的需要,事先可以向开证行或代收行签具"申请担保提货书"连同进口商自己的担保信(又称联合保证书),以求通过银行的担保,及时通关提货。"申请担保提货书"的主要内容有要求凭担保在没有正本提单的情况下提货,银行向承运人保证赔偿因不凭正本提单交货而遭受的损失。进口商保证提单一经收到立即补交,换回银行担保,并承担运输公司的一切费用和损失。银行根据进口商的申请,可以提供担保,以便及时报关。为了防止进口商凭借担保骗取货物,银行应对进口商进行审查,确信其为该批货物的收货人,并且可以要求进口商提供担保或是缴纳保证金或抵押品,以维护银行的权益。

四、进口押汇(Inward Bills)

(一)进口押汇的含义

进口押汇是指信用证开证行在收到出口商或其银行寄来的单据后先行付款,待进口商得到单据、凭单提货并销售货物后再收回该货款的融资活动。它是信用证开证行对开证申请人(进口商)的一种短期资金融通。

在正常情况下,作为开证申请人的进口商在得到开证行付款赎单的通知后,应立即将款项交开证行赎单,并且在付款以前是得不到单据从而不能提货的。但是,如果进口商的资信较好,并且信用证项下单据所代表的货物市场销售行情好,能在短期内收回货款,则银行可以根据有关协议代进口商先对外支付货款,并将单据提供给进口商以便其提货、销货,最后将货款连同利息一并收回。

(二)进口押汇的步骤

1. 申请与审查

如果需办理进口押汇,则进口商应首先向银行提出书面申请,银行要对进口押汇进行严格审查,并根据进口商的资信等情况确定押汇金额。

2. 签订进口押汇协议

进口押汇协议是开证行与进口商之间签订的确定双方权利和义务的书面契约,其基本内容包括:

(1)押汇金额及进口商的付款义务。进口商从银行得到的进口押汇资金应用于银行为其开立的信用证项下的对外付款。在信用证项下的单据到达并经审查合格后,银行凭进口商的信托收据对外付款。待押汇期满后,进口商将押汇本息一并归还给银行。

(2)押汇期限及利率。进口押汇的时间较短,一般为1~3个月。押汇利率由双方协商约定。

(3)进口商的保证条款。进口商应保证在押汇到期日前归还银行押汇本息,否则,银行有权对其收取罚息,或处理押汇项下的货物。

(4)延期还款条款。进口商应在规定的时间内将货款及相应的利息偿还给银行。

(5)货权及其转移条款。在进口商未能还清银行押汇本息之前,押汇项下的进口货物的货权属于银行。

(6)违约条款。如进口商违约,银行就有权对其提出法律诉讼,或冻结其在银行的其他账户,或停止进口商在自己银行办理的一切融资业务。

3. 开证行对外付款

开证行在收到出口方银行寄来的单据以后,应严格审查,如果单证相符,即可对外付款。

4. 凭信托收据向进口商交付单据

在进口押汇业务中,信托收据(T/R)是进口商在未付款之前向银行出具的领取货权单据的凭证。银行根据进口押汇协议凭信托收据将货权单据交付给进口商,进口商因此处于代为保管和销售货物的地位。

5. 进口商凭单据提货及销售货物

进口商在向银行借出货权单据后,即可凭单据向承运人提货,并可销售货物或对货物进行其他处理。

6. 进口商归还贷款本息,换回信托收据

在约定的还款日到期时,进口商应向银行偿还贷款及利息,并于还清本息后收回信托收据,解除还款责任。

五、进口代收押汇

进口代收押汇是银行以包括物权单据在内的托收单据为抵押向进口商提供的一种垫款融资服务,该形式仅适用于采用付款交单方式(D/P)的跟单托收单据。

在跟单托收业务中,出口商发货后委托银行向进口商收取货款,在付款交单方式下,托收行收到托收单据后,即向进口商提示付款赎单。当进口方的代收行收到托收单据以后,先行垫款对外支付,同时按照押汇协议将单据交给进口商,由其提货进行加工、转卖,然后用收回的货款归还银行的垫款。银行通常根据客户的资信状况和押品情况核定一个押汇额度,供客户周转使用,其掌握原则和业务处理与信托收据基本相同。

六、进口 T/T 融资

T/T 融资是在汇款(电汇,T/T)结算方式下,在进口货物到目的港后,进口商可以向银行申请进口 T/T 融资,银行为进口商垫付货款给境外出口商,待货物销售、货款回笼后再偿还融资款。T/T 融资对于企业而言,融资成本较低,操作简便;但是,由于该项融资下没有可靠的担保机制,对于银行而言,其融资风险相当于信用贷款的风险。进口 T/T 融资的期限一般不超过 120 天。

第二节 出口贸易融资

出口贸易融资是指银行或金融机构直接或间接为出口商提供的融资,提供融资的主要是出口方银行和其他金融机构。出口贸易融资的方法主要有打包放款、出口押汇、票据贴现、银行承兑、出口发票融资以及福费廷和保理等,其中,后两种融资方式将在第三节和第四节单独介绍。

一、打包放款(Packing Loan)

打包放款是信用证项下的贸易融资方式,所以又称为信用证打包放款(Packing Loan/Credit)。它是指出口商在提供货运单据之前,以供货合同或从国外银行收到的、以自己为受益人的信用证,向当地银行抵押,从而取得生产或采购出口货物所需的周转资金的融资行为。

打包放款是信用证结算方式中出口商凭收到的信用证正本作为还款凭据或抵押向银行申请的一种装船前融资。它有以下特点:打包放款的金额不是信用证的全部金额,而只是信用证金额的一部分(通常为 70%~80%,不超过 90%),融资的具体金额由打包放款银行根据出口商资信、存款数目、抵押品以及在本行的业务来确定。打包放款的期限不超过打包放款银行向开证行寄单收款之日,银行提供打包放款是以抵押正本信用证为前提的,因此提供贷款的银行承担了议付义务。议付行收到出口商交来的单据后应马上寄开证行,收到开证行支付的货款后即可扣除贷款本息,然后将余额付给出口商。因此,打包放款的期限一般是自信用证抵押之日至信用证有效期后 1 个月,最长不超过 1 年。

打包放款中,银行应注意的问题如下:

(1)打包放款应以正本信用证做抵押,但银行不能仅凭国外信用证就给受益人贷款,因为信用证本身只是一个有条件的银行信用保证,如果条件全部得到满足,那就能够实现收回打包放款的款项,但如果由于某种原因,客户未能满足信用证的全部条件和要求,或客户根本就未能履约,那么就无法使开证行的付款承诺得以实现,信用证在这种情况下就只是一张废纸。因此,单纯依靠买方开来的信用证作为抵押而叙作的打包放款,实质上是一种无抵押信用放款,银行必须十分谨慎地办理该项业务。

(2)银行通常应根据客户的资信状况和清偿能力为其核定相应的打包放款额度,供其循环使用。当接到客户的贷款申请时,银行首先要审查信用证开证行的资信状况、印鉴是否合乎开证要求,信用证条款是否清楚、合理,有无对出口商不利的"陷阱条款"和出口商难以履行的规定,能否控制物权单据以减小业务风险,等等。审查通过后,还要根据融资额度的余额情况和商品类别来决定放款金额和放款期限。对于装运单据为非物权单据或不能控制全套正本物权单据者,银行在受理打包放款时的上述审查应更加严格。

(3)为保证安全、及时地收回打包贷方资金,在贷款期间,贷款银行应与客户保持密切联系,了解、掌握业务的进展和有关合同的执行情况,督促客户及时发货交单,用所得款项归还银行贷款。如信用证过期后仍未能提交单据,银行就应根据贷款协议的有关规定,要求客户立即归还全部贷款本息。

二、出口押汇(Outward Bills)

出口押汇是出口商将代表货权的单据及其他单据抵押给银行,从而得到银行扣除押汇利息及费用后的有追索权的垫款。出口押汇主要指买单、议付(Negotiation),包括信用证项下单据押汇和托收单据押汇。

(一)出口信用证押汇(Negotiation under Documentary Credit)

当卖方凭买方银行开来的信用证将货物发运后,按照信用证要求制作单据并提交其往来银行要求议付,即以出口单据为抵押,要求往来银行提供在途资金融通时,这种资金融通方式就称为出口信用证押汇。对于受理押汇的银行来说,这种融资风险较小,收款比较有保障,但如出口商未能做到单据相符,则会失去开证银行的信用保障。

出口商要求银行议付其出口单据时,应填写申请书连同信用证正本和全套单据提交银行。银行核对申请书印鉴并验收单据后开始审查单据。除了根据信用证条款和规定审查单据以确定是否相符外,该银行通常还要审查下述几个方面:

1. 开证行所在国家的政治及经济状况

如开证行所在国家政局不稳、经济状况恶化、外汇短缺,则会不同程度地影响信用证项下的安全收汇。除非信用证已由第三国信用良好的银行加具保兑或确认偿付,否则往来银行一般不愿受理出口商的押汇申请,而通常按信用证作寄单(不议付)处理,即收妥货款后再解付给出口商。

2. 开证行的资信状况

如开证行的资信欠佳、清偿能力不足,则这类银行所开信用证项下的出口单据一般不做议付押汇,仅按信用证寄单处理,以减少业务风险和不必要的麻烦。

3. 信用证条款是否符合国际惯例

根据《跟单信用证统一惯例》,信用证业务的有关各方处理的是单据,而不是单据所代表的货物,银行只应根据单据表面状况以及与信用证所列条款是否相符来决定究竟是付款或是拒付,如果信用证中含有违背上述原则的条款,或含有某种出口商本身所不能控制的附加条件,则该类信用证项下的单据将不适合于叙作押汇。例如,信用证规定进口商收到货后××天付款,或凭进口商收到货物后出具的验收合格证明付款等,这类条款实质上已否定了信用证作为一项独立文件性质,加列了信用证独立文件以外的付款条件,从而取消了开证行承担第一性付款责任的信用保证。

4. 对物权的控制

目前所采用的各种运输单据中,一般只有海运提单,或包括海运的联运提单以及货物承运收据是物权单据,而其他运输方式所采用的运输单据均不是物权单据,仅为发货证明,货物在目的地交付通常也无须收货人提交物权单据。如信用证规定的单据是物权单据,则该银行可通过掌握物权单据来控制货物,从而减少业务风险;如果信用证规定的运输单据是非物权单据,则该银行对议付申请的受理将更加严格谨慎,因为一旦开证行拒付及向出口商行使追索权失败,它将不能通过处理单据所代表的货物以减少损失。

5. 出口商的资信状况

在信用证押汇业务中,提供押汇的银行,即议付行是凭信用证项下的相符单据为抵押向出口商(信用证的受益人)提供在途资金融通的,它拥有追索权,除非议付行对信用证加具了保兑。如果由议付行本身以外的任何原因导致拒付或迟付,则议付行有权向受益人追索融资垫款及利息。但如果受益人的资信欠佳、清偿能力不足,则议付行在开证行拒付情况下对受益人的追索便可能因无钱可追而落空。因此,银行在受理押汇申请时,对出口商的资信状况也要进行必要的了解。

收到押汇申请的银行完成上述审查及审核单据后,如单证相符,就可以立即议付单据,叙作出口押汇,从货款中扣除押汇利息后付给出口商。因为开证行对相符单据承担有第一性付款责任,所以对出口押汇通常没有额度限制。能否叙作押汇主要取决于单据的相符情况和出口商的资信状况。如单证不符,即单据中存在不符点,则议付银行可以用电报或电传征询开证行的意见,也就是通常所说的"电提"。由于单证不符的事实自动解除了开证行的第一性付款责任,因此付款与否完全取决于开证申请人(进口商)。开证行会立即与申请人联系以取得认可或授权,然后以加押电信的形式通知议付行联系结果。如开证行同意接受不符点,那么开证行的电报通知或授权实质上起着修改信用证的作用,开证行重新承担第一性付款责任。在这种情况下,议付行可视同相符单据立即叙作押汇。除电提外,银行还可以考虑凭受益人出具的担保书(Letter of Indemnity),对不符点单据进行担保议付。受益人向议付银行出具书面担保要求银行对不符点单据叙作押汇,日后如开证行因同样不符点拒付单据时,保证立即退还银行垫款、利息(即从属费用)。由于银行通常仅对资信良好或能提供相当抵押品的受益人的信用证叙作担保议付,所以一般均核定有相应的额度来受理这类业务,以控制业务风险。

议付银行均采用预收方式收取押汇利息,而押汇利息则是根据押汇利率和融资期限(议付收回货款所需的时间)计算出来的。如果实际收汇时间超过了预收利息融资期限,则议付行有权向受益人追收超过时间的迟付利息。

(二)出口托收押汇(Advance against Documentary Collection)

托收业务基本上是以商业信用为基础的结算方式,银行只作为代理人行事,不提供信用保障。在通常情况下,出口商将全套单据交给托收行后,必须等到进口商付款且托收行收妥以后才能结汇,资金占用时间较长。如果出口商在提交单据,委托银行代向进口商收取款项的同时,要求托收行先预支部分或全部货款,待托收款项收妥后归还银行垫款,那么与此要求相关的这种融资方式就称为托收押汇。

托收行凭押汇成为全套单据(包括汇票和物权单据)的正当持有人,因此有权要求付款人支付货款。在正常情况下,这是托收行收回押汇款项的主要渠道。如果付款人拒付,托收行就可以向出口商追索,而当出口商破产倒闭,自己追索无望时,托收行对该款项可以寻求物权的保障,通过处理单据即货物来回笼资金,并且保留就不足部分对出口商索偿直至参与破产清理的权利。

出口托收押汇与出口信用证押汇的根本区别在于后者有开证行的付款保证,属银行信用;而前者没有银行信用保证,付款与否完全取决于付款人(进口商),属商业信用。为控制业务风险,银行通常核定相应额度,只在额度内叙作出口托收押汇,为核定额度而进行的有关审查也更严格。通常需要审查的项目包括:

(1)出口商的资信状况、清偿能力和履约能力。审查这些内容的目的在于保证在单据遭到拒付的情况下,银行能够从出口商那里追回垫款。

(2)就交单方式而言,跟单托收的交单方式有承兑交单(D/A)和付款交单(D/P)两种。在承兑交单方式中,代收行凭进口商对汇票的承兑即可放单,但对到期付款不承担任何责任。因为当进口商资信欠佳时银行有可能落个钱货两空的结果,所以银行在承兑交单方式下对押汇额度的控制相对较严;而在付款交单方式下,因为付款交单的收回风险较承兑交单小,所以银行对托收押汇额度控制稍松。

(3)运输保险。银行叙作托收押汇原则上应要求出口商安排相应的货物运输保险,这样,一旦货物在运输途中或在目的地仓库发生灭失或损坏,银行就可以通过向保险公司索赔来保障自身的权益。

(4)选择恰当的代收行。由于国际贸易中的买卖双方均位于不同的国家和地区,接受出口商收款委托的银行要在进口商所在地选择一家资信良好、合作较佳的银行作为代收行,从而保证国际惯例的遵守和各种代收指示的执行,顺利收取款项以减少风险。

此外,为了防止遭进口商拒付的风险,避免陷入追索出口商甚至被迫变卖货物的被动局面,托收行在叙作托收押汇时一般事先与出口商签订质押书(Letter of Hypothecation),而且托收押汇利率一般也稍高于信用证出口押汇。当实际收汇时间(银行垫款时间)超过押汇期限时,托收银行有权向出口商追收差额押汇利息。当托收款项变为呆账、坏账或长时间不能收回时,托收银行有权向出口商索回垫款及由此产生的利息。

三、票据贴现(Discounting)

票据贴现也即贴现,是指票据持有人在票据到期前为获取现款而向银行贴付一定利息所做的票据转让。贴现票据必须是已承兑的远期汇票,承兑人通常是进口商、开证行或其他付款人,票据持有人通常是出口商。由于这类票据可靠性和流通性较强,因此容易被银行接受。

在办理贴现业务时,由持票人向银行提出贴现申请,银行同意后,通常要与出口商签订质权书,确定双方的责任和义务。银行根据贴现费率扣减贴现利息和手续费后买下票据,票据到期时收回票款,偿还垫款,余下部分即为贴现收益。如果到期银行不能从票据付款人处收回票款,则银行有权对贴现人进行追索。此外,银行还应对贴现票据的付款人和承兑人的资信情况进行审查,只有在确认符合条件后才予以贴现。

银行办理贴现业务时需要注意的问题如下:

(1)票据的信誉。经银行承兑的汇票信誉要高于商业承兑汇票的信誉。

(2)票据的风险。信用证项下出具远期汇票的风险要低于托收项下(D/A)远期汇票的风险。

(3)各国票据法的不同之处。

(4)票据本身的质量。票据上如有保证人加保兑,可使票据的信誉大增,但如有其他记载,如"不可流通""仅付某人"的抬头或背书等,就会使票据质量下降。

(5)票据的流通性。票据贴现是银行资产,商业银行在经营中要考虑资产的流动性,即变现能力。票据贴现在商业银行的资产中是流动性很强的业务,但是也要具体问题具体分析,因为票据的流通性并不一样,也许都是汇票,但由于内容有别,所以有些贴现票据的流通性会受到限制。

四、银行承兑(Banker's Acceptance)

银行承兑是指银行在远期汇票上签署"承兑"字样,成为票据承兑人(Acceptor),使持票人(出口商)能够凭此在公开市场转让贴现。银行承兑的对象主要是有贸易背景的汇票,如信用证项下出具的以银行为付款人的远期汇票承兑、融通汇票承兑。

银行承兑汇票时,不必立即垫付本行资金,而只是将本行信誉借出,增强汇票的流通性,使出票人能在二级市场取得短期融资便利。银行承兑是以贸易和票据为基础的,所以,承兑银行在办理承兑时也要考虑类似贴现银行在办理贴现业务中应注意的事项。

五、出口发票融资

出口发票融资是指在汇款(T/T)结算方式下,银行根据出口商出具的列明货款让渡条款的商业发票,以货物的应收账款做抵押,向出口商提供的贸易融资。出口商将包含款项让渡条款的商业发票、运输单据交付银行,银行根据出口商的资信状况、经营能力、还款能力等,予以不超过发票金额80%的融资,融资期限根据正常收汇期限确定,但最长不超过180天。

第三节　包买票据业务

一、包买票据业务概述

(一)包买票据的含义及当事人

包买票据即指福费廷,又称票据包购。福费廷英文称作"Forfaiting",源自法语"àforfait",意指将权利放弃给他人,这正反映了福费廷业务的精髓。所谓福费廷,是指包买商(通常为银行或其附属机构)从出口商处无追索权地购买由进口商承诺支付并经进口地银行担保的远期承兑汇票、本票或应收账款这样一种业务活动。因此,通过福费廷业务,出口商将因提供商品或劳务而产生的对进口商的债权放弃给了包买商,同时获得了对价支付,提前收回了货款。包买票据业务是一种中期贸易融资方式,对于大宗交易,多采用分期付款的形式,期限一般为3~7年,以5年的居多。

包买票据业务涉及的当事人主要有4个:(1)出口商,即提供商品或劳务并将应收票据出售的当事人。(2)进口商,即福费廷业务中的债务人,承担到期支付款项的主要责任。(3)包买商(Forfaiter),即提供福费廷融资的商业银行或金融机构。如果业务金额庞大,单个包买商无力或不愿承担,则可以联合数个包买商构成包买辛迪加(Forfaiting Syndicate),共同承作福费廷业务。(4)担保人,即为进口商的按期支付提供担保的当事人,通常是进口地的银行。例如,某一货物以400万美元的价格成交,4年内付清,按平均数额每半年支付一次,进口商按此规定出具8张远期本票或经其承兑的8张远期对己汇票,每张50万美元,并由经包买商认可的进口地银行对票据作保证。出口方发货后,凭货运单据换取上述8张票据。出口方向包买商出售该8张票据以贴现获得现款。另外,如果存在二级福费廷市场,则会出现二级包买商(Secondary Forfaiter),而直接从出口商处购买票据者则称为初级包买商(Primary Forfaiter)。当市场利率下跌,福费廷业务中购入的票据的市场价格就会上涨,初级包买商可以转卖这些票据以盈利。如果初级包买商希望回笼资金,或者希望减少风险金额,则其也可以在二级市场上转让购入的票据。

(二)包买票据业务的起源及发展

包买票据业务起源于20世纪50年代后期至60年代初期。当时西方各国的经济实力大多得到恢复,出口竞争加剧,世界商品市场(尤其是资本货物市场)逐渐向买方市场转变。买方日益要求延长延期付款的信用期限,并已大大突破了90~180天的传统信贷期限,而卖方则难以承受长达数年的信贷期限,急需得到银行融资的支持。在这种情况下,富有长期贸易融资经验的瑞士银行界首先尝试承做了此类专门针对资本货物出口的中期融资业务,并迅速扩散到欧洲其他国家。进入20世纪70年代以后,国际债务危机的加深,使许多买主因资金问题而违约,从而导致保险单和保函项下的索赔案增加。于是,许多出口信贷保险公司不得不缩小承保险别和赔付范围,同时增加保险费,使得保险和担保业务减少,而这为包买票据业务的发展提供了空间。20 世纪 80 年代,发展中国家大多受到债务危机的困扰,这又进一步促进了包买票据业务的发展。该发展主要体现在如下方面:

1. 开办包买票据业务的银行越来越多

目前,几乎世界上所有的国际知名商业银行都在积极介入包买票据业务。特别是自 20 世纪 60 年代中期瑞士信贷银行成立附属公司——苏黎世融资公司正式经营包买票据业务以来,许多著名大银行都先后成立了专门的包买公司或包买业务部,如巴克莱银行、大通曼哈顿银行、花旗银行等。1999 年,在瑞士苏黎世成立了国际福费廷协会(International Trade and Forfaiting Association, ITFA),致力于全球福费廷业务的开展,并制定有关福费廷业务的国际惯例。2013 年 ITFA 与国际商会共同编撰出版《福费廷统一规则》(Uniform Rules for Forfaiting, ICC Publication No. 800, URF800)。我国金融和贸易界也正积极参与包买票据业务,当前我国银行已经普遍开展该项业务。

2. 开办包买票据业务的国家增多

包买票据业务起源于欧洲,发展最快的也是欧洲,现已形成了伦敦、苏黎世、法兰克福三大福费廷市场。其中,苏黎世市场历史最长,但因瑞士对各类交易的流通票据征收印花税(已于 1991 年 8 月废止),妨碍了福费廷业务的发展,反而使伦敦市场凭借其雄厚的实力和巨大的容量,后来居上成为交易量最大的福费廷市场。除欧洲外,亚太地区的部分经济发达国家也开展了包买票据业务,一些发展中国家和地区也在进行该项业务拓展。

3. 包买票据业务技术和市场机制的不断改进和完善

近年来,随着包买票据业务的不断扩大,包买票据业务的技术迅速发展,其市场机制也日趋完善,从而促进了包买票据业务质量的提高。包买商在向出口商购买作为债权凭证的远期票据后,出于某些原因,不愿将自己的资金束缚在这种投资上,包买票据二级市场的出现正好满足了这种需求。有时候包买协议涉及的交易金额较大,由于资金限制及出于分散风险的考虑,单个包买商往往难以独自叙作福费廷业务,而包买辛迪加的出现则解决了这一问题。为了彻底清除业务风险,还出现了风险参与(Risk Participation)的做法,即由风险参与银行对初级包买商叙作的包买业务提供风险担保,这种担保是独立于进口方银行担保之外的完整法律文件。参与银行对业务过程中由于信用风险和国家风险造成的票款迟付或拒付负有不可撤销的无条件赔付责任。

(三)包买票据的业务特点

1. 债权凭证

出口商所出售的进口商的债务可以用几种形式表示:汇票、本票、应收账款及信用证项下的延期付款凭证。但是,由于后两种形式的交易往往很复杂,有关当事人必须了解债务人所在国家的法律和商业惯例,所以很少使用。而且这两类债务形式往往以一份文件体现,在转让方面也有诸多限制和不便,因此作为包买票据业务的债权凭证缺乏吸引力。

在包买票据业务中,汇票是指卖方向买方出具的,并已由买方以承兑方式确认其债务责任的无条件支付命令,而本票则是买方向卖方出具的保证于约定时间履行付款责任的书面承诺。这两种起源于中世纪的结算工具不仅简单易行,能有效地避免其他结算方式带来的各种复杂手续,而且具有法律赋予的流通特性,可以作为流通手段而进行背书转让。因此,汇票和本票不仅在国际商业和金融界得到了广泛的应用,而且成为包买业务中主要使用的债权凭证。再则,由于汇票和本票的悠久历史和广泛使用,世界各国有着较为统一的票据法规,如代表英美法系的英国票据法和代表欧洲大陆法系的日内瓦统一票据法。这些法规对票据各当事人的权利、责任和义务做了详细的规定,避免了不必要的争议和纠纷,保障了业务的正常进行。因此,在包买票据业务中使用的债权凭证95%以上都是汇票和本票。

但是汇票和本票仍有差别。出口商在将这些票据无追索权地出售给包买商时必定会在背书中注明"免受追索"(Without Recourse)字样,以达到彻底转移风险的目的。如果出口商使用的是本票则没有问题,作为背书人可以凭此项背书免除对票据(从而对持票人)的责任。但若出口商使用的是其自己签发并收款的汇票,则按照日内瓦统一票据法的规定,出口商不能凭此项背书解除对汇票的责任,事实上出票人总要对汇票承担责任,不管出票人是否做了解除追索的背书。在这种情况下,出口商必须要求包买商明确承诺不行使追索权。虽然包买商出于维护自身资信的原因不会对出口商作追索,但仅就票据而言,出口商总要承担票据责任。因此,为了避免潜在的法律问题,出口商更倾向于使用本票,这也正是本票能常用于资本货物交易的一个重要原因。

2. 银行担保方式

由于包买商是无追索权地购买出口商的债权凭证,并且承担了包括来自债务人或其国家的一切风险,如果届时进口商无力或无法支付到期票据款项,包买商就不能从出口商处获得任何补偿,因此票据包买一般要求第三者对进口商的资信和清偿能力进行担保,除非包买商认为进口商是信誉卓著并且收汇确有把握的一流商业机构或跨国公司,而自愿放弃担保要求。在绝大多数情况下,担保人是进口商所在地经营金融业务的大银行。在少数情况下,担保人是进口商所在地以外的银行或离岸银行,个别情况下甚至可以是包买商所能接受的进口国政府机构。银行担保的方式有两种:银行保函和背书保证。

如果采用银行保函,则一般由进口地银行应进口商请求开出付款保函,保证按期支付票款。担保银行的资信应获包买商的认可,而且保函不仅要写明应付票据的总金额,而且应写明每一期付款的金额及期限。保函的性质应是独立、可转让且不可撤销的,以便对包买商提供免受贸易合同纠纷干扰且可以灵活转让的确定的银行承诺。如果卖方提供的保函规定要根据卖方的履约情况决定保函的效力,则包买商应坚持在出口商履行合同并且担保银行宣布无条件承担支付责任时,才愿意无追索权地购买有关票据。各国票据法大多对票据保证有明确规定,美国银行业通常出具备用信用证来代替保函。

背书保证也称为保付签字,是指担保银行作为进口商(汇票的承兑人或本票的签票人)的保证人在票据上加注"保证"(Per Aval)字样以及被保证人的名称,从而构成担保银行不可撤销的保付责任。英国票据法指出,除出票人及承兑人以外的当事人签字均作为背书对待,因而签字之人应对票据的支付承担背书人的保证之责。由于票据本身是不可撤销的、无因的、可流通的,因此背书保证也同样具有不可撤销性、独立性及可转让性。所以,简洁、明确的背书更能符合包买商对银行担保的需要。

3. 无追索权条款

无追索权条款是票据包买业务的显著特色,是出口商得以转移风险的关键所在,也是包买商赚取较高风险溢价的依据。但是,如果出口商想要寻求无追索权条款的保障,就必须保证满足正当交易、有效票据以及有效担保这3个条件。

(1)正当交易是指产生包买票据业务的基础合同应是合法正当的交易,符合有关国家规定,得到贸易当局的批准。因此,出口商应向包买商说明交易内容,出示进出口国家的许可文件、外汇批文等,以证明交易的正当性。

(2)有效票据是指出口商签发的汇票或进口商签发的本票符合本国票据法规定,属于合格有效的票据,票据的各有关当事人的签字都是真实或经授权的。

(3)有效担保是指符合担保人所在国的担保法和外汇管理的规定、担保人签字有效且不存在越权行为的担保。

在上述3个条件同时得到满足的情况下,出口商才能享受免受追索的便利,否则,任何一项的欠缺仍有可能遭到包买商的追索。

4. 包买票据业务的贴现

包买票据业务是出口商所在地银行买进远期票据、扣除利息、支付现款的一种业务。出口商借助这种业务,即时获得现金,加速资金周转,促进出口贸易的扩大。从原理上看,包买票据的计算与贴现业务的计算采用同一种方法,即用一个固定的贴现率,计算并扣除各期票据的贴现利息,支付贴现净值给出口商。尽管包买票据业务采用的是贴现的计算方法,但这两种业务仍有明显区别:

第一,一般票据贴现,如果票据到期遭到拒付,则银行对出票人就能行使追索权,要求汇票的出票人付款。而办理包买票据业务所贴现的票据,不能对出票人行使追索权;出口商在贴现这项票据时是一种卖断,以后票据遭到拒付与出口商无关,出口商将票据拒付的风险,完全转嫁给贴现票据的银行。这是包买票据业务与贴现的最大区别。

第二,贴现业务凭的是主债务人(如承兑银行、发行债务的政府部门等)的良好资信,一般不需要第三方担保;包买票据业务的主债务人是进口商,且一般处于不同的国家和地区,存在信用和政治经济双重风险,所以一般情况下包买商会要求有第三方的担保以转移风险。

第三,贴现的票据一般为国内贸易和国际贸易间一般商品进出口中的票据,而且绝大多数期限在6个月以内,因此贴现属于短期资金融通业务;包买票据业务则多为与资本货物出口相联系的有关票据,使用的本票和汇票期限从半年到数年不等,通常相隔半年到期一张,最长期限可达7年,全套票据平均期限在3年左右,因此包买票据属于中期融资业务。

第四,办理贴现的手续比较简单,而办理包买票据业务则要复杂得多。考虑到风险溢价的因素,包买票据业务的贴现率高于普通贴现业务的贴现率,而且由于其有效期限可达数年,因此包买票据业务的有效利率要远远高于贴现率,而普通贴现业务因贴现期只有数月,故有效利率仅略微高于贴现率。

二、包买票据业务流程

(一)出口商拟采用包买票据融资,包买商进行风险分析

如果出口商拟采用包买票据方式来取得融资,就应在业务洽谈的早期阶段与票据包买商取得联系。在得知出口商的意愿后,即使出口商未正式提出申请之前,包买商也可以在原则上表明是否愿对该笔交易提供包买服务,以及表明对银行担保的具体要求。如果包买商的答复是肯定的,而出口商也提出正式申请,则包买商可以进一步提出报价并根据情况给予一定的选择期(Option Period)。得到包买商的报价后,出口商可以在商品价格中正确地加入融资成本,向对方提出交易的报价。

出口商一旦提出包买票据业务申请,包买商通常就要对基础交易合约内容进行业务询问,内容包括出口商品的名称及类别、需要融资的金额、币种和期限、出口商的详细情况(包括名称、注册地点和营业地点)、将提交的票据的种类(汇票抑或是本票)、担保人的名称及其所在国家、担保采用的方式(银行保函还是背书保证)、分期付款票据的面额、间隔和到期日、预计交货期(在实际发货前,担保人通常不愿出具担保)、预计提交票据的时间,有关的进出口许可证或特许、授权书是否都已办妥、票据的付款地点,等等。在弄清上述问题之后,包买商将对该项业务进行信用风险分析,主要考察以下几个方面:对进口商所在国家和地区核定的信用限额是否有足够的余额来承做这笔业务;对担保人的资信进行评估;商品交易本身是否属于正常的国际贸易;有无对买卖双方资信状况产生不利影响的记载及报告;如有需要,包买商能否以有利可图的价格在二级市场上转卖票据。在分析上述5个方面的影响后,包买商就会给出承做业务的报价,需要指出的是,在此阶段,包买商仅仅是表明了自己的态度和希望采用的贴现率,并没有实际承担责任和义务。

【案例 11-1】[①] D公司与苏丹电力公司签署了一笔价值2 512万美元的输变电线路出口工程合同,付款方式:苏丹中央银行开具付款保函,苏丹电力公司按季向D公司付款。一旦苏丹电力公司违约不按规定支付,D公司就可凭保函向担保银行索偿。

苏丹经济发展迟缓,国内动乱频发,账款能否顺利收回存在很大变数,加之当时人民币升值,D公司有通过福费廷转让债权提前收回款项的需求。

M银行可承办福费廷业务,D公司是其正在考察挖掘的客户。对于是否叙作D公司的福费廷业务,M银行认为,苏丹方面前期回款正常,应收账款含苏丹中央银行的担保,但是由于苏丹受到国际经济制裁,有一定风险,因此M银行不能直接

[①] 阎之大.福费廷业务的创新与应用[J].中国外汇,2018(20):48-51。

买断并持有到期,唯一可行的方案是在买入的同时,通过二级市场再转卖给其他包买商。M银行前后联系了包括花旗银行上海分行等四十余家外资银行的分支机构。由于应收账款涉及苏丹,风险高、金额大,因此这些机构均无法给予相应额度。M银行最终建议D公司将应收账款金额按时间段进行拆分,以方便包买商购买。经过一段时间的努力,D公司终于与德国一家福费廷公司签约,由该公司无追索权地买断5期应收账款,合计542万美元。具体流程:M银行从D公司买入应收账款,向德国福费廷公司原额让渡,两者同步进行。M银行无须动用自有资金,将包买商支付的款项直接入D公司账户。按此方案,M银行又分别与瑞士、英国等几家福费廷包买商成功叙作了剩余金额的转卖业务。

分析:银行叙作担保项下福费廷业务,应确保担保行并非处于受制裁的高风险国家或地区;否则,受经济制裁影响,担保行的汇款路线可能被阻断、资产可能被冻结,应收账款回款的不确定性增加。一笔福费廷业务蕴含巨大的制裁风险,包买商一般会选择放弃,当然本案例中M银行为了争取客户,选择通过二级市场同步转卖方式承做该业务从而有效降低了风险。

(二)进出口合同与包买票据协定的签订及银行担保的申请

如果包买商的报价可以接受,则出口商应在报价的有效期内要求包买商确认报价,该项确认将构成包买商明确的融资责任。出口商将已确定的融资费用计入成本,向进口商提出报价。包买商则由于出口商在报价有效期内接受了报价而开始承担将来按某种价格向出口商购买票据的责任和义务。因为从确认、接受报价到实际买进票据有相当长一段时间,在此期间汇价和利率很可能发生大幅度的变化,所以包买商要承担相应的汇率和利率风险。这一时期可以分为选择期和承担期两个部分。

1. 选择期(Option Period)

从出口商向进口商发出报价,到进口商接受报价,确认成交之间有一段时间。在这段时间里出口商并不能确定生意能否成交,因此需要有一个选择期,以便根据商业谈判的结果来决定是否要求包买商提供融资。选择期限根据交易的商品类别和交易金额的大小而长短不一。如选择期不超过48小时,则包买商往往无偿承担风险而不收费用;如果选择期超过了48小时,则包买商通常要收取一定的费用作为对风险承担的补偿。在正常情况下,选择期通常为几天,最长不超过1个月。在利率和汇率发生剧烈波动的时期,包买商为了避免太大的风险也可能拒绝给予选择期。

2. 承担期(Commitment Period)

当出口商在选择期内回复包买商的报价时,选择期即告结束。若报价被接受并确认,则自确认之日开始承担期。承担期是指从买卖双方达成交易到实际交付货物的这段时间,短则数月,长则可达1年。承担期内包买商和出口商都对这笔融资交易承担契约责任。如果任何一方违约或单方面终止交易,则违约一方必须赔付对方由此而遭受的一切损失和费用。例如,因某种特殊情况,出口商不能正常交货并出售作为债权凭证的有关票据,那么包买商为提供融资而发生的筹资费用,以及为消除业务风险而在金融市场上采取防范措施所发生的成本,统统要由出口商承担。相反,如果包买商因某种原因而无法正常提供融资或被迫终止交易,这时,出口商则要重新安排融资,并且通常是成本更高的融资,而出口商因重新安排融资而发生的费用和利息损失也要由包买商承担。在承担期内,包买商因为对该项交易承担了融资责任而相应限制了自己承做其他交易的能力,并承担了利率和汇价风险,所以要收取一定的费用,即承担费。

如果买卖双方对包买业务的报价达成一致,则买方应及时向担保银行申请开立保函或提供票据背书保证,并将担保行情况通知出口商转告包买商。如果银行同意担保,包买商也认可该项担保,则进出口双方正式签订贸易合同,出口商与包买商签订包买票据协定。

(三)出口商发货,并将货运单据(和汇票)寄交进口商

如果合同规定买方应预付定金,或者买方有权留置部分合同尾款,则这两项金额不能叙作包买票据业务。因为定金已由卖方收到,无须融资,而留置金的支付取决于卖方交货质量,包买商不能对此获得无条件的、不受争议的债权,故不能对其融资。扣除这两项金额后的额度才可以叙作包买票据业务。出口商按合同规定发货后,将全套货运单据寄给进口商,如果采用汇票作为债务工具,则出口商签发一系列不同到期日的汇票,一并寄进口商要求承兑。

(四)进口商承兑汇票(开立本票),申请加保并将加保票据交给出口商

进口商收到货运单据审查合格后即承兑汇票,或按照合同规定签发以出口商为收款人的本票,交担保行。担保行可以单独开立银行保函,也可以在每张票据上做出背书保证,然后寄给出口商。另一种做法是出口商在签约后即开立汇票由买方承兑,或由买方开出本票,交担保行背书保证或随附银行保函后寄往出口地某银行暂存代管。出口商发货后凭有效货运单据要求代管行代填汇票的承兑日期或本票的出票日期,然后连同保函交给出口商。

(五)出口商提交合格票据给包买商请求其无追索权地买入票据

照理,出口商应核查买方及担保人的签字的真实性与有效性,以确保票据和担保均有效,但在很多情况下出口商都将这些工作委托给包买商办理。因此,包买商收到出口商交来的票据和其他文件(如保函、许可证、外汇管理批件等)之后,必须准确审核其真实性和有效性。如果包买商无法审核某些签字,则包买商往往要求出口商或进口商的开户银行证实,待证实之后才无追索权地买入票据。

银行开具的签字确认书可能写明:"We hereby confirm the authenticity of the signature of ××× and that the persons signing are authorized to commit the company."(兹确认×××签字的真实性,该签字人被授权负责该公司的事务。)在这种情况下,就可确认银行对签字的有效性与真实性负全部责任。但是有的签字确认书只写明:"The signature of ××× compares favourably with the specimen on file."(×××的签字与案中预留印鉴比较相符。)在这种情况下,可确认银行并不承担全部责任,包买商需另寻有效确认途径。

包买商对票据审核无误后,立即按照原来报价的贴现率进行无追索权的贴现付款,这样,出口商往往在发货后一两天内就可以拿到货款,并解除与该交易有关的一切收汇风险。包买商则买进了有银行担保的应收款资产,或持有到期收款,或在二级市场通过转售给二级包买商来收回投资并实现投资收益。

在贴现付款时,包买商都会向出口商提供一份贴现清单,列名贴现率、每期票据的面额及贴现后的净额。另外,包买商还往往会寄给担保人一份清单,列明每期票据的到期日、金额和币种。这样做主要是为了向担保人提供一份备忘录,以避免将来可能发生的延误或误解。

(六)包买商提示到期票据

在票据快要到期前,包买商把即将到期的票据直接寄给担保人或保付人收款。担保人则于到期日按包买商的指示汇付票款。

(七)包买商到期收取票款

票据一旦到期,包买商即可持有票据向进口方收款,若进口商不能付款,则由保证银行承担付款责任。包买商也可在票据未到期时在贴现市场上贴现这些票据。每付一期款项,该期票据即被进口商收回注销,如果保函单独开立,则保函金额相应扣减,待全部票款付清后,保函金额也扣减至零,自动失效。

如果进口商拒付任一期票据,包买商就应立即做成有效的拒绝证书,并要求担保人付款。假如担保人未能在到期日正常付款,但延误的时间没有超出包买商在考虑资金转移风险时所预定的宽限期,则包买商通常不再追究迟付利息;如延误时间较长,则要追索迟付利息。当担保人拒付到期票据时,包买商应尽快做成拒绝证书。因为担保人不履行绝对的付款责任而会严重损害自己的信誉,所以这种将通过法律途径追讨债款的暗示会起到足够的威慑作用,促使担保人尽快履行付款责任。如仍然不能奏效,则包买商一方面应委托律师尽快向有关法律当局提起诉讼,以尽早解决问题;另一方面要及时将这一事实通知出口商。因为这样做不仅有助于了解拒付或迟付的真实原因,而且有助于包买商在某种特定的情况下向出口商行使追索权。

此外,需要注意的是,当发生迟付或拒付时,只能说明担保人对到期提示的某一期票据发生了违约,而不能以此推断并宣称担保人对其他所有未到期票据违约,尽管它们属于同一笔交易并由同一担保人担保。因此,也不能要求担保人对未到期票据提前还款。

三、包买业务的价格构成

对于包买业务的申请人而言,包买业务所需支付的直接成本包括贴现利息、承诺费、多收期贴息和其他费用。

(一)贴现利息

由于包买项下的贴现有别于银行一般的票据贴现业务,所以,其贴现利息通常依据贴现市场相同期限贴现率和每一笔包买的风险价格(Margin)来确定,其中同期市场贴现率衡量了国际市场普遍的资金成本,可以根据同期伦敦银行同业拆放利率(LIBOR)获知,而对包买贴现利率起决定作用的就是包买商愿意承担的风险价格部分。包买商在综合考虑与应收账款相关的国家风险、担保人信用风险、商业信用风险、利率风险、汇率风险、贴现期限长度以及包买金额以后,确定风险价格。

(二)承诺费

承诺费或称承担费,是指包买商在与申请人签订包买合同日到包买融资款实际发放日的期间内因为承担融资责任而收取的费用。

(三)多收期贴息

多收期贴息是指包买商为了补偿应收账款到期日与实际收款日之间可能出现的延期付款带来的损失而向包买申请人收取的费用,通常包买商在报价时会在每笔应收账款实际贴现天数的基础上,根据债务人所在地的不同而多加2~7天的多收期。

(四)其他费用

办理包买业务时,因为办理业务基础或种类不同,包买申请人通常还需支付如手续费、邮电费、违约费等其他费用。同时,对于信用证项下的包买业务,还需支付审单费、承兑行费用等。

四、对包买票据业务各方当事人的利弊分析

(一)对出口商的利弊分析

因为包买票据业务具有无追索性,所以对于出口商来说,该项业务的好处是显而易见的:

第一,出口商在提交了合格单据及有关文件后,可以立即获得无追索权的贴现收入,而且这种融资大多是固定利率的中期融资,从而出口商可以锁定成本,不再负担该项债权的管理和回收费用,因此,出口商在不占用其信用额度情况下,改善现金流,完善了财务报表,提高了信用等级。

第二,出口商不再承担利率与汇率变动的风险、进口商的信用风险以及进口国的国家风险,所有这些风险均转移到包买商身上。

第三,由于该项业务手续简便易行,银行是否同意承做业务在很大程度上取决于担保人的资信状况,因此只要担保人能被包买商接受,那么其他事项均易办理,可以在短时间内迅速达成融资协议,而在使用该项融资时,出口商只需提供票据及少量文件,单据的准备也极为方便。

第四,出口商在商务谈判的初期阶段,就可获得包买商给予的报价和在一定期限内决定是否叙作包买票据业务的选择权,有充分时间通过相应提高价格来转嫁有关的融资费用,而且这类业务通常是保密的,没有商业贷款那样的公开性,有利于保护出口商的利益。

第五，对中国出口商而言，还可提前办理外汇核销和出口退税。出口商办理福费廷业务后，按照有关外汇管理规定视同即期收汇，可立即获得银行出具的出口收汇核销专用联，提前办理外汇核销和出口退税。

不利之处在于出口商必须负责交易、票据及担保的正当与有效，否则不能享受"免除追索"的保障。另外，出口商有时候不能保证进口商能找到一个会使包买商满意的担保人，从而整个融资交易会陷入僵局。

（二）对进口商的利弊分析

对进口商而言，包买票据业务最大的好处是可以享受分期付款的便利，从而获得中期的固定利率贸易融资，免受普通商业贷款的利率风险。此外，出口商会直接寄来货运单据，交易程序比较简便。但是，进口商必须申请银行担保，因而将在一定程度上长期占用自己的银行授信额度的较大部分，并且还要支付银行担保费用。由于出口商往往把放弃追索权所带来的较高的成本转嫁给进口商，因此会增加进口商的偿还负担。由于汇票和本票作为债权凭证所具有的独立法定地位和绝对的付款责任，所以进口商不能因为任何有关货物和服务的贸易纠纷而拒绝或拖延付款。所幸的是，进口商一般有权保留尾款（留置金），即在合同中规定，一部分货款（通常为合同价款的5%~10%）只有在设备或商品验收合格后才能支付，否则进口商可以拒付该笔款项。但是，虽然如此，这笔留置金却不能用作包买票据业务，即进口商不能享受分期支付的好处，一旦商品验收合格，进口商必须一次性支付。

（三）对包买商的利弊分析

包买票据业务对包买商的最大吸引力是它的高收益率，由于贴现期较长，因此即使贴现率并不很高，有效收益率也会很大，而且是固定不变的高收益率，这就可以免受市场利率下跌的影响。如果能有效规避风险，则包买票据业务不失为一种较好的投资方式，这也是其二级市场业务较为发达的原因。其次，办理包买票据业务的融资文件简单，整个交易所需文件较少，制作方便，省时省力，而且二级市场的存在增加了资产的流动性，便利了包买商的资金回收。

但是，由于"无追索权"条款的存在，包买商承担的风险较大，如果应收票款未能按期收回，包买商就无法从出口商处获得补偿，而只能强制进口商或担保人赔偿，倘若这些机构破产，包买商就有可能遭受极大损失。包买商还必须了解进口商所在国有关商业票据和保函的法律规定以及各种外汇管制条令，避免因这些规定或条令而使得进口商或担保人无法对外支付，从而使自己陷入极大困境。另外，如果进口商支付货款用的是外币（包买票据业务中常用美元、欧元及瑞士法郎三种货币），则包买商会长期承担汇率风险。

（四）对担保人的利弊分析

对于担保人来说，包买票据业务的手续是极其简便的，无须核查当事人的基础合同履行情况。同时，因为担保金额较大、期限较长，所以保费收入也相当可观。

担保人在包买票据业务中有一个不利之处，那就是对到期票据负有绝对的无条件付款责任,任何与货物或服务有关的贸易纠纷都不能解除或延缓担保人的付款责任。当然,在履行付款责任后,担保人可向进口商,即票据的最终付款人进行追索。但追索能否成功,还取决于进口商的资信状况。在这一点上,担保人承担着一定的业务风险。

第四节 保付代理业务

一、保付代理概述

(一)保付代理的基本概念

保付代理又称保付代收、保理(Factoring),是指由保理商(Factor)向出口商提供保理服务(包括调查进口商的资信),并为相应的信用额度提供付款保证、无追索的资金融通,以及代办托收和财务管理等。

保理业务在普通日用消费品行业较为普及,因为这一行业存在大量的应收账款,出口商流动资金占压较多,急需融资,同时应收账款的催收管理也占用了出口商相当的财力与精力,如果出现坏账,损失就可能很大。对于出口商的这些困难,保付代理正是很好的解决方法。

卖方想用赊销方式推动销售时,为了避免或减少风险并获得资金融通,可以采用国际保理服务。出口商将准备签订的合同内容和进口方的名称、地址告知保理商,在得到保理商对进口方资信的认可后,就可以赊销的方式与进口方达成交易,如进口方到期不能支付货款,保理商将承担付款责任。应出口方的要求,保理商还可为其贴现货运单据,提供短期融资。

由此可知,保付代理就是无追索权地购买由于日用消费品或劳务的赊销而产生的短期应收账款。保理业务中涉及的基本当事人有:出口商或供货人,即对所提供的货物或劳务出具发票,卖断应收账款给保理商的当事人;保理商,即买入应收账款债权的当事人,通常是与银行有密切关系的非银行金融机构;还有进口商或买方,即债务人,是对由提供货物或劳务产生的应收账款负有还款责任的当事人。

但是,并非所有由日用消费品或劳务的赊销而产生的应收账款都可以叙作保付代理,下列3种应收账款一般不属于保付代理业务的范围:(1)以个人或家庭为债务人的应收账款,亦即零售业务中的应收账款;(2)分期支付的应收账款;(3)赊销期限超过6个月的应收账款。

(二)保付代理业务的产生与发展

保付代理业务是一种古老的商业行为,可以追溯到5 000年前的古巴比伦时代,但是现代意义上的保理业务起源于18世纪的欧洲和美国。当时,随着新大陆的开发和工业革命的推进,美国成了欧洲国家的主要消费品出口市场,尤其是英国,凭借其发达的纺织工业,在美国建立了庞大的纺织品销售市场。由于英、美两国远隔大洋,信息沟通不便,因此英国纺织业主对美国市场的变化不可能有迅速反应,对日益拓展的市场中涌现的交易对手也不甚熟悉,于是他们大多委托在美国的代理商代办销售、收款等事项。开始时采用寄售的方式,以后代理商的职能逐渐扩大,能为供货商提供包括货物存放、商品推销、账目管理、债款回收、坏账担保以及贸易融资等在内的各项实质性服务。随着通信与航运技术的发展,供货商已无须采用寄售方式,但仍希望获得坏账担保与贸易融资,从而使代理商的职能重点向这两类转移,逐渐发展成为现代的保付代理商。

从20世纪50年代开始,欧洲经济迅速恢复,出口竞争日益加剧,买方市场基本形成,保理业务因其独特的融资方式在欧洲得到了长足的发展。20世纪60年代以来,随着科学技术和社会生产力的发展,国际贸易中的竞争越演越烈,国际保理业务顺应出口商扩大业务、提高效益、增强竞争能力的内在要求,在经过近两个世纪的发展后,终于走上了专业化、规范化的发展轨道,成为服务项目种类多、经营方式灵活的综合性服务。一些国家专门经营保理业务的组织在国外设立了分支机构,加强了同业之间的联系,促进了保理业务的进一步发展,保理业在国际结算领域中的地位与作用不断得到增强。

此外,高技术在国际保理业的应用也为其发展提供了客观条件和技术手段。计算机技术、电子数据交换(EDI)和卫星通信等现代信息交换技术已经渗入保理业务,并被广泛采用,大大提高了保理服务的效率,扩大了服务对象的范围。

国际保理服务已广泛应用于国际贸易,成为国际贸易竞争的一种新手段,在国际结算业务中所占的比例越来越大。随着国际保理业务的发展,协调这些业务的国际性组织也相应产生。全球拥有3个国际性保理服务机构,即国际保理商联合会(Factors Chain International,FCI)和国际保理协会(International Factors Group,IFG)和哈拉尔海外公司(Heller Oversea Corporation)。IFG是全球第一家国际性保理公司协会,成立于1963年,总部设在比利时的布鲁塞尔,主要致力于帮助全球保理商之间更好地发展业务。IFG会员以大型跨国公司为主,具有优良的商誉。IFG创立了国际保理业务双保理体系,并于1979年开发了电子数据交换系统IFexchange,用于各计算机之间的数据交换以支持业务系统的运行。FCI成立于1968年,总部设在荷兰阿姆斯特丹。FCI是由各国保理公司组成的民间商业机构,是一个开放式组织,其目的是为会员公司提供国际保理服务的统一标准、程序、法律依据和规章制度,负责组织协调和培训等事项。2016年FCI购并另一家国际保理机构——国际保理协会(IFG)从而成为全球最大的国际保理商组织。至今,FCI已经拥有四百多个会员,覆盖全球90个国家。

目前适用于国际保理业务的法律主要有3部:国际统一私法协会发布的《国际保理公约》,联合国国际贸易法律委员会审议通过的《联合国国际贸易中应收账款转让公约》,以及FCI制定的《国际保理通用规则》(General Rules of International Factoring,GRIF)。GRIF是当前保理行业最具影响力的国际规则。

据FCI统计,从保理规模总量看,截至2021年年底,FCI会员的出口保理规模达1 393

亿欧元,进口保理规模达 217 亿欧元,FCI 国际保理总额达到 2 168 亿欧元,全球国际保理业规模总计突破 5 972 亿欧元,见表 11-1。从保理地区分布看,欧洲地区是保理业务最为集中的地区。从 2015 年至 2021 年,其保理业务平均占比超过 65%;亚太地区平均占比超过 20%,见表 11-2。[①]

表 11-1　　　　　　　　　　　国际保理发展规模　　　　　　　　　　单位:百万欧元

保理类别	2015 年	2016 年	2017 年	2018 年	2019 年	2020 年	2021 年	2021 年增长率
出口保理	261 214	256 551	292 408	211 195	216 721	158 990	139 332	−12%
进口保理	66 612	63 446	55 460	31 719	28 464	18 095	21 753	20%
出口发票贴现	96 871	108 038	106 104	59 569	47 467	33 717	49 574	47%
国际保理总额(FCI)	424 697	428 035	458 469	310 120	298 727	217 249	216 844	−0.2%
国际保理总额(全球)	529 379	507 112	519 540	522 852	541 699	520 728	597 268	14.7%

表 11-2　　　　　　　　　　　全球保理发展区域分布[②]

地　区	2015 年	2016 年	2017 年	2018 年	2019 年	2020 年	2021 年
欧洲	65.76%	67.05%	65.50%	66.10%	67.75%	67.65%	68.46%
北美	4.25%	4.00%	3.56%	3.26%	2.97%	2.44%	3.14%
南美	3.67%	4.39%	4.51%	4.38%	4.53%	3.06%	2.78%
非洲	0.79%	0.86%	0.83%	0.80%	0.84%	0.93%	1.05%
亚太地区	25.20%	23.38%	25.29%	25.14%	23.57%	25.57%	24.28%
其中:中国	14.90%	12.70%	15.61%	14.87%	13.83%	15.89%	15.18%
中东	0.34%	0.32%	0.31%	0.32%	0.34%	0.35%	0.30%

(三)中国保付代理业务发展现状

据 FCI 统计,2008 年以来中国的国际保理业务规模持续增长。截至 2021 年年底,中国国际保理和国内保理业务总额达 4 696 亿欧元,占全球保理业务总额 15.2%,居世界第一,其中国际保理规模达 723 亿欧元,全球占比 12.1%。

随着中国保理业务量的大幅增长,保理服务和保理产品逐渐丰富和完善,保理机构数量日益增多。当前,FCI 的中国会员数量达到 2 000 家,占 FCI 成员的一半左右,其中包括银行保理商和商业保理公司。由银行保理商提供的保理服务在中国保理市场中占据重要地位。2021 年银行保理业务量为 3.56 万亿元人民币,占保理业务总量 64%;商业保理业务量

---

① 表 11-1、表 11-2 的数据来自 FCI 官网。
② 保理地区占比是根据保理业务总规模统计得出的,包括国际保理和国内保理。

约 2.02 万亿，占 36%[①]。

二、保付代理业务的性质与功能

提供保理服务的公司即保理公司或保理商，通常是国际上一些资信良好、实力雄厚的跨国银行的全资附属公司。这些公司虽然是独立于银行的法人，但它们又依托于银行，并以银行为后盾。银行的地位、声誉、网络信息和资金等都可以为其所用。

保理业务的功能主要体现在保理商对出口商提供的各项服务上，这些服务主要有下列几种：

(一) 信用销售控制 (Credit Control)

中小公司一般有几个至几十个长期和经常性的贸易客户，而大公司可以有几百个这样的贸易客户。如何了解、掌握这些客户的资信变化情况，制定切合实际的信用销售限额和采取必要的防范措施，避免和减少潜在的收汇风险，对公司来说是个至关重要的问题。公司要建立渠道畅通的信息网来收集信息，以便制定相应的经营策略并对诸如清盘、破产倒闭等突发事件做出迅速的应变反应。此外，还要了解对客户资信有直接影响的外汇管制、外贸体系、金融政策、国家政局等方面的变化，这对绝大多数供应商来说是力不能所及的。但保理商可以解决这个问题，为出口商控制销售信用额度，而这体现在：保理商为客户向每一个买方提供信用销售的额度；还可根据每个买方履约付款的表现，随时或定期地调整信用销售的额度。这是因为保理商一方面可以利用保理商联合会广泛的代理网络和官方及民间的商情咨询机构，另一方面也可利用其母银行广泛的分支机构和代理网络，通过多种渠道和手段获取所需的最新动态资料。再则，保理商一般设有高效率的调研部门，负责收集研究有关各国政治、经济和市场变动的信息资料。这些便利条件使保理商能够随时掌握客户的资信变化，并对供应商的每个客户核定合理的信用销售额度，从而将坏账风险降至最低。

(二) 债款回收 (Collection from Debtors)

债款回收是一门专门的学问和技术，特别是跨国度收债。但许多出口商由于缺乏这种技术和知识，对于海外的买主往往感到鞭长莫及、力不从心。保理商拥有专门的收债技术和丰富的收债经验，并可借助其母公司作为资本雄厚的大银行的威慑力量，催促进口商遵守信用，按时付款。

一旦通过正常途径无法收取债款，出口商就不得不在对法律条文不太熟悉的情况下请律师打官司，开始旷日持久的诉讼程序，支付高昂的律师费用。这将给企业带来额外负担。而保理商一般都设有专门的部门处理法律事务，并可随时提供一流的律师服务，因此处理这类事务得心应手，而且为收回应收账款而发生的一切诉讼费和律师费用也将由保理商负担。

因此，销售与收债两个环节的分离，既节省了出口商的营运资金，又免除了出口商对收债的后顾之忧。

---

① 中国银行业协会保理专业委员会和中国服务贸易协会商业保理专业委员会官方统计。

(三)销售账户管理(Maintenance of the Sales Ledger)

银行代客管理账物已有一千多年的历史了,它拥有最完善的账务管理制度、先进的管理技术和丰富的管理经验。银行还是电子计算机和现代化办公机具应用最为广泛的行业之一,它能提供高效率的社会化服务。保理商一般均为大商业银行的附属机构,同样具备银行在账务管理方面的各种优势,因此完全有能力向客户提供优良的账务管理服务。

供应商把售后账务管理交给保理商代管后,可以集中力量进行生产、经营和销售,并可相应减少财务管理人员和办公设备。由保理商负责收取货款、寄送账单和查询催收工作,供应商只需维持与保理商往来的总账,而不必具体细分各类销售分户账目,这就可大大地节省有关的开支与费用。

(四)贸易融资(Trade Financing)

保付代理业务的最大优点就是可以提供无追索权贸易融资,而且手续方便、简单易行,既不像信用证放款那样需要办理复杂的审批手续,也不像抵押放款那样需要办理抵押品的移交和过户手续。供应商在发货或提供技术服务后,将发票通知保理商就可以立即获得不超过80%发票金额的无追索权预付款融资。这样就基本解决了在途资金和信用销售资金的占用问题。

由于保理商单独承担了因买方信用而形成的坏账风险,放弃了对供应商的追索权,所以供应商可以将这种预付款作为正常的销售收入对待,而不用像对银行的贷款那样必须显示在平衡表的负债方。这样一来,表示公司清偿能力的主要参数之一的流动比率(流动资产与短期负债之比)也会得到改善,有助于提高公司的资信等级和清偿能力。

(五)坏账担保(Full Protection against Bad Debts)

由于保理商是无追索权地买入供应商的应收账款,如果因进口商无理拒付或破产等原因造成坏账,其损失与风险均由保理商自负,与供应商无关,已经预付的款项不能要求供应商退款,尚未结清的余额也必须按约定照常支付,因此保理商实际上向供货商提供了不出现坏账的担保。当坏账担保与贸易融资结合在一起时,保理商对供应商提供的不超过应收账款80%的预付款可以立即被供货商视为正常的销售收入而放心地投入使用,供货商无须考虑融资的偿还问题。

但是,能够获得保理商坏账担保的应收账款应同时符合下列两个条件:

第一,必须是在信用销售额度内的应收账款。根据对进口商资信的调查结果,保理商规定了出口商向每个进口商赊销的额度,凡在额度内的应收账款称为已核准应收账款(Approved Receivables),有资格享受坏账担保;凡超过额度的应收账款称为未核准应收账款(Unapproved Receivables),保理商对此仅提供代收服务,不提供坏账担保。

第二,必须是毫无争议的应收账款。供货商的交货在质量、数量、时间、方式及其他方面应完全符合合同规定,否则就会引起进口商的争议甚至反索。如果因合同纠纷而形成坏账,那么在合同纠纷得到公平解决并确认非供货商责任之前,保理商对此项坏账不作担保,若已有预付款,仍可以向供货商追索。简言之,只有毫无争议的已核准应收账款才能得到保理商的坏账担保,其他应收账款如有坏账,其后果则由供货商自负,包括接受保理商对预付款的追索。以下案例说明了出口商履约瑕疵是否成立是保理商责任确立的前提。

【案例 11-2】[①] 国内某出口商对法国出口显示器,年赊销金额300万美元,销售方式为O/A 60天。由于资金紧张,加之法国买家系新客户,因此卖方向M银行申请做无追索权出口保理。

M银行为争取优质出口客户,同时确保融资安全,遂联系法方某银行作为进口保理商,后者核准20万美元的出口保理额度。货物发运后,M银行进行了保理融资。付款到期日,进口商以财务主管休假为由拖延,M银行及时敦促进口保理商催收货款。进口商又以"未提供售后服务"提出争议。此时,进口商濒临倒闭。

面临进口保理商将解除担保责任的风险,出口商在与进口商磋商取证的同时,M银行与进口保理商积极沟通,最后确认拖延付款系买方财务问题所致,贸易纠纷不成立。因此,进口保理商按照国际规则在发票到期后90天履行了付款责任。

分析:本案例买方拒付的原因是进口保理商履约的关键。若属于质量瑕疵引起的贸易纠纷,出口保理商无法从进口保理商处获得应收账款的偿还,出口保理商将要求出口商退还融资款;若贸易纠纷不成立,而是信用问题、经营风险等情况导致货款未能按时支付,则保理商必须履行对出口商的保付责任。卖方找到并提供了买方支付能力不足的证据,支持了买方拒付并非因为货物的质量瑕疵,最终进口保理商承担了担保付款的责任。

三、保付代理业务的分类

保理业务可以按照如下标准进行分类:

(一)按照保理业务在境内和境外的不同进行分类

如果买卖双方处于同一国家或地区,则为国内保理(Domestic Factoring)。国内保理不会出现诸如法律冲突、语言障碍、汇率风险等不利因素。如果买卖双方分处不同国家或地区,则为国际保理(International Factoring)。国际保理业务通常使用双保理机制,即出口商与出口保理商进行保理业务,由后者提供融资,出口保理商再将应收账款转让给进口商所在地的进口保理商,由后者负责信用调查、额度审定、债款回收以及坏账担保,进出口双方与各自的保理商进行业务往来,而两个保理商之间签订代理协议。当然,国际保理业务也可以使用单保理机制,主要是直接进口保理机制,即出口商与进口保理商进行业务往来,也可以采用直接出口保理机制,即由出口商与出口保理商打交道。

(二)按照保理业务采用融资方式的不同进行分类

如果保理商提供预付款融资,则为融资保理(Financed Factoring),又称为折扣保理

[①] 闫之大. 保理风险防微杜渐[EB/OL]. www.chinaforex.com.cn/index.php/cms/item-view-id-47411.shtml.

(Discount Factoring)。保理商根据出口商提供的货物买方的名称、地址和融资申请,经过对买方的调研,核定"买方信用额度",可以凭出口方提交的货运单据,给予出口方发票金额60%~80%的融资便利。在货款到期时,保理商从收妥的货款中扣还融资金额的本息和手续费用后,将其余货款汇交出口商。如果保理商不提供预付款融资,而是在赊销到期时才支付,则为到期保理(Maturity Factoring),届时不管货款是否收到,保理商都必须支付货款。

(三)按照保理商是否有追索权进行分类

有追索权保理(Recourse Factoring)是指根据保理协议规定,向出口方提供资金融通便利后,如果出口方货物不符合合同规定,进口方到期拒付,则保理商保留追索权利,要求出口方偿还融通的资金。此时,保理商不负责审核买方的资信,不确定赊销额度,也不提供坏账担保,仅提供贸易融资、账户管理及债款回收等服务。

无追索权保理(Non-recourse Factoring)则指根据保理协议规定,向出口方提供资金融通以后,放弃对出口方的追索权,进口方拒付或无力支付的风险,全部由保理商自行承担。但如发现有欺诈行为,则应依法追究欺诈者的责任。此时,保理商必须为每个买方客户确定赊销额度,以区分已核准与未核准应收账款。此类保理业务较为常见。

(四)按照保理商是否属于公开型进行分类

大多数保理业务都属于公开型保理(Disclosed Factoring),即供货商明确地以书面通知买方,保理商参与了此项销售,并指示买方直接将货款支付给保理商。但是有些保理业务中保理商的参与是保密的,称为隐蔽型保理(Undisclosed Factoring),供货商为了避免让他人得知自己因流动资金不足而转让应收账款,并不将保理商的参与通知给买方,货款到期时仍由供货商出面催收,再向保理商偿还预付款。

(五)按照保理商客户身份分类

保付代理是有关应收账款的售后综合金融服务。应收账款的债权人和债务人均可以向保理商申请保理融资。通常的做法是基础合同的卖方为了快速回笼货款、降低商业信用风险,将应收账款转让向保理商,该业务称作普通保理或者正向保理;但是基础交易中的买方也可以委托保理商向卖方支付货款,到期时由买方直接向保理商还款,该业务称作反向保理。反向保理业务客户多为资信实力与社会声誉较为优质的企业。

专栏11-1:反向保理电子化支持中小企业供应链融资

反向保理就是债务人作为保理业务的发起人或主导人向保理商提出叙作保理业务并经债权人同意后,以债权人转让其应收账款为前提,由保理商为债权人提供贸易资金融通、信用风险担保、应收账款收取、销售账务管理等服务的一种综合性金融服务方式。反向保理业务是供应链金融业务的重点产品。

近年来,大型企业作为供应链金融的核心企业,普遍存在上游供应商较多、覆盖全国、付款资金量大、笔数多的特征。面对大量应付账款占用企业资金,核心企业既希望在延缓应付账款支出的同时能稳定上游供应商,又有优化财务报表、降低有息负债规模的需求;而对于供应商来说,则有提前回收应收账款的需求。在这种背景下,一种可流转、可融资、可拆分的标准化确权凭证(电子付款承诺函)应运而生。

电子付款承诺函基于一个金融服务平台,支持企业、银行接入。在操作过程中,供应商收到核心企业开出的电子付款承诺函后,可以登录平台向银行转让其持有的以电子付款承诺函为凭证的应收账款,并发起保理融资申请;银行在线进行供应商身份验证,贸易背景审核,应收账款通知、转让、确认、融资合同签署等,为融资申请人提供反向保理融资服务;融资到期时,以核心企业的付款作为第一还款来源。此外,电子付款承诺函既支持拆分支付给其上一级供应商,也可以持有至到期。

这种线上反向保理的操作模式,既解决了传统保理中受地域、开户行限制的问题,也让银行从传统的人工处理方式脱身出来,愿意接受小额多笔的保理融资,从而扩大了商业银行供应链金融的业务半径,为中小供应商提供融资渠道。

[资料来源]曹颖燕.创新型保理业务探讨[J].中国外汇,2021(8):50-51.

四、保付代理业务的流程

我们以融资保理为例,介绍保付代理业务的流程。如图11-2所示,其中"保理商"在单保理机制下可以是单一的进口或出口保理商,在双保理机制下则是指进出口保理商的结合。

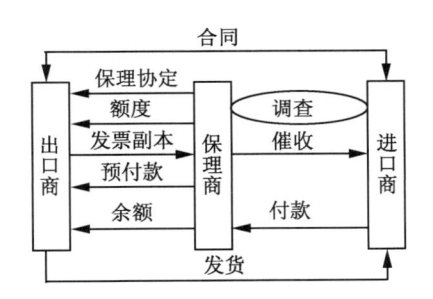

图11-2 保付代理业务的流程

(一)申请与审查

出口商向进口商提出申请,出口商必须将自身的营业状况、资产负债平衡表等财务情况提交给保理商,并列明每个进口客户的名称、地址以及其所掌握的有关客户的资信和经营情况,并据此为每个进口商申请一个信用额度,作为保理商为进口商核定信用额度的参考。保理商会对出口商的注册资本、销售额度、销售方式、产品类别以及客户分布等进行考查。此外,保理商还会对出口商的贷款与偿还情况、出口商面临的竞争对手及竞争的激烈程度等进行分析。只有经过全面的审查以确认出口商在资信状况、经营能力、发展前途等方面达到一定标准后,保理商才会与之签订保理协议。

（二）保理商调查进口商资信状况并核定其信用额度

保理商通过由国际保理商联合会（FCI）开发的保理电子数据交换系统将有关情况通知进口保理商，请其对进口商进行信用评估。进口保理商根据所提供的情况，运用各种信息来源对进口商的资信进行调查，并为进口商初步核准一定信用额度，且于第五个工作日将相关条件及报价通知到出口保理商。出口保理商据此批出每个进口商的信用额度。凡在额度内的已核准应收账款，保理商可以提供坏账担保，超过额度的部分，其坏账风险由出口商自负。

对信用额度的核定主要有 3 种方式：其一，为每一个进口商核定一个相对稳定的信用额度。限额内的应收账款均为已核准的应收账款，暂时超过限额的部分将随着进口商的付款和应收账款余额的下降自动转为已核准应收账款。其二，为每份交易合同逐一核定信用额度，该合同项下产生的限额之内的应收账款均为已核准应收账款。其三，对每一个债务人核定日销售信用额度，当日在信用限额内的应收账款为已核准应收账款。这 3 种方法各有利弊，保理商一般根据不同的进口商和交易的需要选择使用。

（三）保理商将审定的信用额度转告给出口商，签订保理协议

保理商审核了进口商的信用限额后，结合风险和成本给出自己叙作保理业务的条件和报价，并将结果通知出口商，出口商在接受条件与报价后与保理商签订保理协议。

（四）进出口双方签订商品或劳务的销售合同

如果保理协定规定采用公开型保理业务，则出口商应在合同中明确提到保理商的参与，并要求进口商在赊账到期时直接付款给保理商；如果为隐蔽型保理，则表面看来与普通合同无异。

（五）出口商发货并将全套货运单据寄给进口商

出口商应严格按照合同规定发货，否则会因交货质量、数量、时间、方式等不合规定而引起进口商争议，而如果发生争议，那么即便在信用额度内，保理商也不提供坏账担保，一切后果与风险由出口商自负。

（六）出口商将发票副本交给保理商

应收账款已由出口商卖断给保理商，因此要在正本与副本发票上注明债权已转让。有些保理商为了确保转让文句记载于发票之上，往往要求出口商寄来正副本发票，经审核后正本发票寄给进口商，副本保理商作记账之用。

（七）保理商立即付款，不超过发票金额的 80%

因为这里讲的是融资保理，所以当出口商交来发票副本后，保理商应立即支付预付款，并根据发票金额和预付款金额分别登记入账。

（八）保理商到期向进口商收取货款

（九）进口商向保理商支付货款

（十）保理商将货款余额支付给出口商

保理商到期收到进口商支付的货款后,应扣除保理业务的佣金、管理费用、贴现利息等,并将贷给出口商的货款余额清偿,这时,保理业务便告结束。

（十一）对争议的处理

如到期进口商拒付货款,则视情况而定:保理商需要判断这笔债款是否已获核准,若为未核准应收账款,则保理商可以免除责任;若为已核准应收账款,且债权毫无争议,则保理商负坏账担保之责,必要时通过法律手段向进口商追讨货款;如果系合同争议引起进口商拒付,则保理商要求出口商退还已支付的相应部分的预付款,保理商应协助解决纠纷。

五、保付代理与包买票据的异同点

保付代理与包买票据都属于贸易融资业务,即出口商都可以在基础合同规定的收款期前获得占合同金额较大比例的预付款。而且只要出口商提供的债权是由正当交易引起的、不受争议的,符合包买商或保理商的其他规定,那么融资就是无追索权的。即便对于因进口商违约或是因发生其他意外变故（如破产等）而导致的信用风险,也将由包买商或保理商承担,出口商既可以享受融资便利又可获得坏账担保的好处。

但是,这两种融资方式的区别也十分明显:

（一）融资适用的基础交易不同

包买票据业务主要针对资本货物的进出口交易,金额巨大,债款回收期长,大多为一次性交易。保理业务主要适用于日用消费品或劳务的交易,每笔金额相对较小,但多为经常性交易。

（二）融资期限不同

包买票据业务是一种中期融资,一般从半年到五六年,甚至可长达 7 年。保理业务融资期限一般在发货后 1～6 个月,个别可以长至 9 个月,但绝不会超过 1 年,因此属于短期融资业务。

（三）两类交易对担保的需求不同

包买票据业务金额巨大、期限较长,且包买商无追索权,因此风险较大,必须要有第三方的担保。保理业务金额小、期限短,保理商承担风险较小,一般不需担保。

（四）计息方法不同

包买票据业务是按贴现方式计息,融资额是预扣贴现利息后的净额,因此有效利率远高于名义利率。融资保理的计息是以预付款为本金计算自预付日到预计收款日的利息,然后在收到债款后再向出口商支付余额时扣除,因此是期末利息,不像前者是期初利息,故有效利率等于名义利率。

（五）对出口商而言,利率与汇率风险不同

包买票据业务中出口商一次性出售全套票据,按照面值计算贴现净值,因此,从贴现日

到票据到期日之间的利率或汇率变动与出口商无关,出口商完全不承受汇率和利率风险。在融资保理中,出口商一般收到不足80%的预付款,尚有部分余额需要承受利率与汇率变动的风险,所以,保理业务不能完全解除这类风险。

本章小结

　　国际贸易融资是指围绕国际贸易结算的各个环节发生的资金和信用融通活动。贸易融资业务风险小、收益率高,同时有利于银行等金融机构吸收存款、增强资金实力、改善资产质量。国际贸易融资的业务品种十分繁多,并且随着国际贸易和金融业的发展不断涌现出新品种。短期贸易融资主要有进口贸易融资的开证额度、信托收据、担保提货、进口押汇等;以及构成出口贸易融资的打包放款、出口押汇、票据贴现和银行承兑等。

　　在各种与贸易有关的融资业务中,包买票据和保付代理对出口商特别有利,因为这两种业务都使出口商获得了免受追索的融资,因而能极大地改善出口商的资产负债结构,增强出口商的资产流动性与清偿能力。当然,出口商必须满足正当交易、有效票据以及有效担保的条件,才能获得包买商的免除追索。包买票据主要是针对资本货物的出口融资,而保付代理则主要是针对日用消费品交易的出口融资。

　　包买票据与保付代理虽有诸多相似之处,但也存在明显不同之处,除上面提到的融资所针对的交易不同外,两者在融资期限、债务形式、适用利率以及担保要求等方面相差也很大。

关键名词

开证额度　信托收据　担保提货　打包放款　出口押汇　包买票据　保付代理　融资保理

课后练习题

一、选择题

1. 出口贸易融资方式包含(　　)。
　A. 打包放款　　　　　B. 出口押汇　　　　C. 票据贴现　　　　D. 出口发票贴现

2. 包买票据业务的特点是(　　)。
　A. 包买票据的包买商对出票人无追索权　　B. 包买票据要求第三方的担保
　C. 属于短期贸易融资　　　　　　　　　　D. 包买票据的贴现利率高于普通票据业务

3. 包买商贴现票据后,将承接出口商面临的(　　)。
　A. 卖方商业信用风险　　　　　　　　　　B. 进口国国家风险
　C. 利率风险　　　　　　　　　　　　　　D. 买方商业信用风险

4. 包买票据项下第三方的担保方式可以是( )。
A. 票据背书　　　　B. 票据保证　　　　C. 银行保函　　　　D. 商业跟单信用证
5. 保付代理业务的功能包含( )。
A. 信用销售控制　　B. 债款回收　　　　C. 坏账担保　　　　D. 贸易融资

二、判断题
1. 包买业务中的包买商享有对票据出票人的追索权。　　　　　　　　　　　　（　）
2. 包买票据协定中包含选择期和承担期,由于利率和汇率的波动,因此包买商可以在此期间要求一定的风险补偿而收取费用。　　　　　　　　　　　　　　　　　　（　）
3. 保理商对应收账款坏账担保包含了信用额度内的有争议的应收账款。　　　　（　）
4. 保理商的贸易融资包含有追索权的应收账款融资和无追索权的融资。　　　　（　）
5. 国际保理商联合会(FCI)是当前全球最大的保理商服务机构。　　　　　　　（　）

三、问答题
1. 包买票据业务中使用的债务工具主要是哪两种？哪一种更常用？为什么？
2. 出口商如想获得包买商的免除追索,则应满足哪些条件？
3. 试析包买票据业务对各有关当事人的利弊。
4. 哪些应收账款不能叙作保付代理？
5. 保付代理与包买票据有何异同点？

第十二章
国际贸易结算的单据及单据审核

单据(Documents)是结汇单据的简称。它是指国际贸易和国际结算中直接反映或说明货物有关情况的商业凭证。国际贸易中大部分交易是以先交单再付款的结算形式进行的。《联合国国际贸易销售合同公约》第 30 条规定卖方的义务为："卖方必须按照合同和本公约的规定,交付货物,移交一切与货物有关的单据并转移货物所有权。"由此可知,提交单据是卖方的基本义务之一,单据是卖方履行合约的书面证明。此外,单据中有详细的货物描述信息,买方通过了解单据从而判断货物是否符合要求。单据代表了货物,"见单如见货",控制了单据就等于控制了物权。

单据有基本单据(Basic Documents)与附属单据(Additional Documents)之分。前者主要包括商业发票、运输单据和保险单据;附属单据是指除基本单据以外的其他单据,主要有检验证明书、产地证书及包装单据等。本章将对国际贸易结算中的常用单据、单据审核逐一进行介绍。

第一节 商业发票

一、商业发票的概念与作用

商业发票(Commercial Invoice)是国际贸易结算中必不可少的商业单据,实务中通常被简称为发票(Invoice),又称发货单(Delivery List)。商业发票是出口商向进口商开立的发货价目清单,记载有货物名称、数量、价格等内容,是卖方向买方计收货款的依据。其主要作用如下:

(一)发票是全部单据的中心

单据是履约情况的书面证明,而发票是出口商自己专为说明履约情况而提供的单据。发票对所装运货物的情况做全面的描述,因而在全部单据中起中心单据的作用。其他单据内容应与发票一致或不相矛盾,特别是信用证项下的发票,应根据信用证规定和条款制作,它是出口商收汇的基本单据之一。

(二)发票是交易的证明

由于商业发票中详细记载了成交货物的品名、种类、数量、包装、价格、金额、支付方式、运输细节以及其他项目,因此能对整个交易做充分、完整的反映,是交易的证明文件。进口商可以凭发票的描述,核对所列货物及其他事项是否符合信用证或合同的要求。

(三)发票是记账的凭证

进出口商都需根据发票的内容,逐笔登记入账。出口商通过发票了解销售情况,核算盈亏;进口商可通过发票了解业务状况,掌握经济效益。

(四)发票是报关征税的依据

世界上大多数国家根据发票中的货物描述、货价和产地等内容对进口商征收关税。发

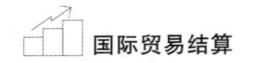

票是向海关报关的必要文件。

(五)发票还可以代替汇票作为付款的依据

欧洲大陆一些国家使用汇票时,国家要依法征收较高的印花税,为免付这笔费用,当事人往往不签发汇票,而直接以发票作为索款清单及收据,则此类商业发票上往往载有款项收讫的文句。

除上述 5 项作用外,商业发票还常用于投保、商检、托运、理赔、签证等环节,因而用途广泛。

二、商业发票的内容及缮制商业发票所需掌握的原则

在国际贸易中,商业发票的格式由出口商自行拟订,并无一定之规,记载事项也以交易内容而定,往往各不相同。尽管目前各国尚未完全统一发票格式,但统一是一个趋势。发票内容虽不尽相同,但大致都可被分为三大部分:首文部分(Heading)、正文部分(Body)和结文部分(Complementary Clause)。

(一)首文部分

首文部分一般包括以下几个方面:

1. 发票名称、编号、出具日期及地点

发票出具地点一般为出口方所在地。如果出口商在双方签约后即出具发票,则日期可始于签约后但不能迟于信用证的有效期或信用证规定的交单期。UCP600 有明确表示,除非信用证另有规定,否则单据(包括发票)出具日可以早于信用证开出日期。

2. 发票抬头人及地址

发票抬头人及地址即进口方名称和地址。在信用证支付方式中,发票抬头人必须是开证申请人。银行代某公司申请开证时,抬头人应为公司名称和地址;信用证内实在无法确定谁为发票抬头人但已标明了汇票的付款人时,可将汇票付款人作为发票抬头人。若信用证内特别规定:"Invoice must be shown A Company as accountee"(发票必须显示 A 公司为开证申请人),则须以 A 公司为发票抬头人。

3. 发票签发人名称和地址

UCP600 第 18 条 a 款规定,信用证项下发票的签发人必须在表面上看来系由受益人出具,托收方式下则必须与签约双方中的卖方一致。

4. 合约或定单号码(Contract/Order No.)

发票是卖方履行合约的证明,故应在发票上标明合约号码,同时也方便买方用发票核对所装运货物等是否符合双方合约的各项规定。实务中也有要求加注进口商(信用证的申请人)有关文件编号的。信用证中规定发票加注证号的,应注意严格按信用证的规定加注。

5. 装运基本情况

装运基本情况包括运输方式、船名、起运地或港、卸货地或港名称。要是涉及转运,则应

加注转运情况,如:"Shipped Per S. S——from ××× to be transshipped at ××× to ×××"[由(船名)运输……从×××运至×××在×××装运],而且还要注意转运港应与提单所标明的一致。

(二)正文部分

正文是说明履约情况的部分,主要是通过对货物和货价的描述提供履约证明,一般包括唛头、货物描述、包装件数及数量、价格条件、单价与累计总金额等。

1. 唛头

唛头即运输标志,承运人和收货人用其识别货物,发票应正确表明。唛头设置的内容不一,一般可包括客户名称简写、有关业务参考号、目的地或港口名称、件号或件数等内容。

若信用证内没有具体规定唛头,则发票上的唛头按合同内的规定制作;信用证与合同都没有具体规定的,受益人可以自行设计唛头,或以合同号或以"No. Mark"字样代替,但在发票内绝不可没有唛头这一栏。

2. 货物描述

货名、品质、规格等必须完整、正确,信用证项下应与信用证规定相符。其他单据的货名可用统称,但与信用证和发票不能相悖。

3. 包装件数及数量

信用证项下,如规定内、外包装或其他明细,应填写完整。对于数量,即计价货量,如信用证项下有规定,则应与信用证规定的内容相符。凡信用证中对货量规定有"约""大约"等类似词语,则允许不超过10%的增减幅。但货物计价数量以重量、面积、长度、体积、容积等单位表示时,根据UCP600,信用证规定的数量允许有5%的增减幅度,但不能超额。如信用证对数量规定用个数、件数表示时,除非信用证规定有增减幅度,否则不能自动增减。信用证规定注明毛、净重,应遵照制作。

4. 价格条件

价格条件是买卖双方交易中很重要的一项内容,该条款应严格按照信用证规定制作,并根据条件检查是否或应由谁投保且出具保险单、应出具何种运输单据等相关内容。

5. 单价与累计总金额

单价表示法必须与信用证规定一致,发票上必须注明贸易术语,同时贸易术语中的目的港和装运港必须与发票中标出的装运港和目的港相同,还应与唛头中的目的港相同。对于折扣项目,如果信用证中未说明,发票中就不应扣除。若来证规定折扣、佣金、选港费、港口拥挤费等要在发票上显示,则应减折扣、佣金,再加选港费和拥挤费,而且信用证中的"现金折扣"字样在发票上也应全名照列。

对于由单价乘数量得出的总金额,银行只负责从表面数字上与信用证核对。《跟单信用证统一惯例》(UCP600)规定:"除非信用证另有规定,否则银行可拒绝接受金额超过信用证所允许的金额的商业发票。但是,如果信用证项下被授权付款、承担延期付款责任、承兑汇票或议付的银行一旦接受此类汇票,只要该银行所做出的付款、承担延期付款责任、已承兑汇票或已议付的金额没有超过信用证所允许的金额,则此项决定对有关各方均具有约束力。"

(三)结文部分

结文部分包括加注内容、签署与份数。

1. 加注内容

发票的加注内容必须与信用证规定的加注内容一致,包括进出口许可证号码、出具的汇票文句等。若凭单付款信用证不要求提供汇票,则发票上可以加注"收到货款"(Payment received against L/C No.××Issued by××Bank)(又称收妥发票——Receipt Invoice)的文字。

2. 签署与份数

发票无须签字,若信用证要求发票手签,则必须另加负责人的手签,否则被视为无效发票。出口商提交的发票张数必须与信用证的要求一致。

三、其他发票形式

狭义概念上的发票仅指商业发票,广义的发票泛指一切带有"发票"名称的单据,如形式发票、海关发票、领事发票等。

(一)形式发票(Performa Invoice)

形式发票也称为预开发票,是出口商对外发盘时使用的一种固定书面形式,上面印有"形式发票"字样,其他内容与正式的商业发票基本相似,通常载有出售货物名称、规格包装、价格等内容,供进口商参考并可凭以办理有关手续。形式发票不是正式发票,不能用于托收或信用证下议付,其所列的单价、金额等仅仅是事先估算而得的,所以,有时候称为估价发票,正式成交后结算时还要重制正式商业发票。形式发票虽非正式,但与商业发票又有密切关联。如信用证在货物描述栏目内有提及或要求加注形式发票号码时,则应照办。如来证附有形式发票,则制单时应注意发票与形式发票内容的一致。

(二)海关发票(Customs Invoice)

海关发票是出口商按照进口国海关的特定格式填制的发票,供进口商在货物进口报关时使用。这种发票是进口国执行差别待遇政策和排挤别国商品的一种工具,其主要作用有:(1)便于进口国海关核定货物的原产地,从而按照针对不同国家的差别税率征收关税;(2)便于进口国海关核定货物在出口国内的市场价格,防止倾销并为此采取相应措施;(3)可以为进口国海关及有关当局提供关于进口额的统计资料。

(三)领事发票(Consular Invoice)

领事发票是由进口国驻出口国领事认证或出具的发票。领事发票的内容比普通发票更详细,通常还填写有关货物的信息资料,如货物的价值、入境的港口、信用证的详细内容等,还必须附带商业发票、提单等其他单据。领事发票与商业发票对于同一内容的记载必须与商业发票保持一致。领事发票的主要作用是核定出口国商品价格是否公道,或有无倾销。在获取领事发票时,出口商还必须支付一定费用。

另外还有证实发票、厂商发票以及寄售发票等。证实发票是根据信用证的要求,加注了证实该商业发票真实性的声明的发票。厂商发票则是由出口货物的制造商所出具的以本国货币计算价格,用来证明出口国国内市场的出厂价格的发票。寄售发票是货物寄售时卖方给买方开立的、作为定价依据的发票,根据协议,如果不能以原定价销售货物时,买方可以较低的价格出售货物。

第二节 运输单据

在进出口贸易结算中,运输单据是必不可少的。由于运输方式的不同,运输单据的种类相当多,如海运提单、空运运单、铁路运单、邮包收据、多式联运单据等。运输单据有如下作用:一是证明货物已交给签发单据的承运人办理装运或已经装运,因而是承运人的货物收据;二是证明运输合同的存在,因为只有在签订运输合同之后承运人才会收货签发单据。运输单据如是可转让形式,则又成为物权凭证,可以代表货权。因此,运输单据成为国际贸易中买卖双方及其他有关当事人广为关注的一种单据,特别是在以其货权凭证的性质来抵押时,有融资行为的金融机构对其更为关注。

一、海运提单

(一)海运提单的概念与作用

海运提单(Marine Bill of Lading)也称远洋提单(Ocean Bill of Lading),是历史最悠久、使用最多的运输单据。目前海运的业务量占国际货运总量的70%以上,在中国这一比重更高达90%以上。海运提单是由承运人或其代理人根据海运合同签发给托运人的证明文件,表明货物已经装上指定船只或已经收妥待运,约定将货物运往载明的目的地,交给收货人或提单持有人。

海运提单的主要作用有:

1. 海运提单是货物收据

承运人签发提单后,表明他已经接管或收到了提单所列货物,并且货物已经装船或准备装船;托运人持有单据,表明他已经将提单货物交付给了承运人。

根据海运传统,承运人要对装船提单上描述的货物负责,并在目的地将提单上描述的货物按收到时的状况交收货人或提单持有人。如果出现货损货差,就要追查原因,确定承担责任的当事人。如果货物表面状况符合提单的描述,而内在质量却不符合进出口合同规定,那么显然应由出口商(即托运人)负责,因为他没有在海运提单中准确地描述货物的实际情况,承运人对此可以免责。如果实收货物的状况与提单描述有出入,则有两种可能:一是货物因自然灾害或意外事故或其他保险事件而受损,这与承运人无关,有关当事人应向保险人索赔;二是因承运人履约不力、管理不善或记录有误而造成,则应由承运人承担责任。因此,承运人在签发提单之前首先应检查、核实货物,并仔细记录检验结果,然后才开立正式海运提单。

2. 海运提单是运输合同证明

承运人之所以为托运人运送货物是因为他们之间订有运输合同,提单则是承运人和托运人履行运输合同的证明。托运人与承运人之间正式的运输合同是托运单(Shipping Order),经承运人或其代理人确认后签字,从而成为这一运输业务的基础合同。海运提单是在运输合同签订之后才由承运人签发的,因而只是合同事项的一份证明,而不是运输合同。如果提单记载的内容与事先签订的运输合同不一致,托运人就可要求承运人赔偿损失。

3. 海运提单还是物权证书

提单代表货物所有权,收货人或提单合法持有人有权凭提单向承运人提取货物。谁持有提单谁就可以向承运人主张货权,通过提单的转让可以实现货物所有权的转让。按西方法律,承运人可以不凭提单发货,但若提货人并非真实货主,则承运人须负责任;相反,若承运人凭提单善意交货,即使收货人不是真实货主,承运人也可免责。由于提单是物权凭证,所以在国际市场上,提单可以在载货船舶抵目的港交货之前办理转让或凭以向银行办理抵押贷款,即提单具有可转让性,交付提单与交付货物所有权具有同等效力。

此外,提单还可作为收取运费的证明,以及在运输过程中起到办理货物的装卸、托运和交付等方面的作用。若货物运输途中出险,货主向船公司或保险公司索赔时,提单还是索赔的依据之一。

(二)海运提单的当事人

海运提单涉及的基本当事人一是承运人,二是托运人。由于提单有时会出现交接、背书、转让等情况,所以还会出现收货人、被通知人、持单人等关系人。

1. 承运人(Carrier)

承运人是负责运输货物的当事人,即船方,其对货物运送即货物在运送过程中的损坏与灭失负责。承运人不一定是拥有运载工具、执行货物运输的实际运输人,他可能是船舶所有人,即船东,也可能是租船人。承运人的主要责任是按合同约定,安全、及时地将指定货物运至指定的目的地交给指定当事人,主要权利是要求托运人或收货人按约定支付运费。如果运费被拖欠,则承运人可以对货物行使留置权,直至货物变卖,使自己的运费及有关费用得到清偿。

2. 托运人(Shipper or Consignor)

托运人也称为货方,是指提供货物委托承运人出运的当事人,根据不同的贸易条件,可能是发货人,也可能是收货人。在FOB价格条件下,托运人是进口商;在CFR或CIF价格条件下,托运人是出口商。托运人的责任就是如实反映托运货物的实际状况,以便明确托运人的责任范围;托运人的权利就是在支付运费及其他费用之后,可以要求承运人以适航的船舶将货物运至目的地交货。

3. 收货人(Consignee)

收货人是提单的抬头人、受让人或记名提单载明的特定人。提单的收货人有两种写法。一种是写明"货交某某某"(Consigned to ×××),即出现记名的收货人。此类提单不能转让,只能由记名收货人提货。另一种是写明"货交某某指定人"(Consigned to the Order of ×××),或只写明"货交指定人"(to Order)。此类提单的收货人在提单签发时是不确定的,可以通过背书转让给特定当事人,因而提单可转让。

4. 被通知人(Notify Party)

被通知人是货物到达目的港时船方发送到货通知的对象,可以是进口商的代理人或进口商自己等。如为记名提单,那么被通知人自然是收货人自己;若收货人系指定人,则承运人并不清楚提单已转让至谁的手中,因此提单中应载明被通知人以便承运人联系。如果进口商已再将提单背书转让,则他在收到承运人通知后应当立即转告提单的受让人,便于后者及时提货。

5. 持单人(Holder)

持单人是经过正当手续持有海运提单并可凭单领取货物的人。

(三)海运提单的内容

海运提单由各船公司自行设计制作,其内容虽不完全相同,但提单的主要条款基本一致。从总体上讲,海运提单的内容包括正面内容和背面条款两大部分。

1. 提单的正面内容

海运提单的正面一般记载的是运输货物的状况以及有关当事人的情况,可以分为3部分,分别是托运人填写的部分、承运人及其代理人填写的部分和契约文字部分。

(1)托运人填写的部分。它包括船名和船舶国籍、承运人名称和主要营业所在地、装运港或承运人接收货物的地点和收货日期、卸货港或目的地、托运人名称和地址、收货人名称和地址、货物名称及其表面状况描述等。

(2)承运人及其代理人填写的部分。承运人及其代理人填写的部分有:①运费。运费是承运人运送货物收取的报酬。承运人可以不写明具体金额,而只写"应按契约规定的条件照付"或"运费预付"或"货到目的地支付"等字样。②海运提单签发的日期和地点。提单签发日期标志着卖方发运货物的日期。根据国际惯例,运输单据的出单日期将被认为是货物装运的日期,因此,必须按照实际情况填列,否则将影响判断卖方是否执行合约上的交货责任,从而导致诉讼或索赔。在信用证项下,则涉及交单的时限问题,所以应该慎重。就"已装船"提单来说,提单日期应是货物全部装毕的日期,或在货物装毕后与船舶开航日之前的任何一天。

(3)契约文字部分。提单正面一般都印有契约文字,其内容大致有4点:①装船条款。它说明承运人收到货物,已装在船上。②内容不知悉条款。它说明承运人只对货物的表面状况进行核实,而对包装物内的数量、品质、重量等概不负责。③签署条款。它说明签发本提单一式几份,凭其中一张提货后其余均失效。之所以签发多份,是为了防止一份提单在转递过程中可能遗失而发生无法提货的困难。承运人为防止货物关系人一物二卖进行诈骗,在提单上明确规定:仅凭一份完成交货责任后,其余无效。如果有两个以上的提单持有人同时向承运人或其代理公司要求提取同一批货物时,他们应当将这批货物暂时扣留不交,依法确定谁是提货权利人,然后再进行交货。④承认接受条款。它说明只要托运人接受了提单就意味着接受了提单上的一切记载,包括提单的背面条款。

2. 提单的背面条款

提单背面印定的条款,规定了承运人与托运人之间、承运人与收货人及提单持有人之间的权利和义务,主要有下述几点:

(1)首要条款。这项条款主要说明提单的法律依据,如发生有关货物运输的法律纠纷,应按何国法律解决,由何国法院审理。

(2)承运人责任条款。该条款说明承运人从装船开始到卸船为止,对货物承担什么责任。归纳起来,承运人的责任就是适航和适货。适航就是承运人在船舶开航前和开航时,应使船舶处于适航状态,做到装配合理、人员得当,从而保证船舶顺利航行。适货就是承运人应使船舶的货舱及其他载货处能适宜和安全地接收载运和保管货物。如承运人对上述规定尽职尽责、谨慎处理,但仍未能防止损害发生,则承运人可不负责任,但承运人应对其已谨慎处理的事实提供详细的证明。对于因海上风险、政治风险以及其他意外事故而造成的货物灭失或损害,承运人可以免责。

(3)运费条款。该条款包含下述事项:运费和其他费用应在承运人收到货物时即视为由承运人实现的收入,因此不得减扣和退回;如果系运费到付,则运费及其他费用应在目的港交货前结清;为准确计费,承运人有权对托运货物进行检查,以便核实货物的重量、体积、价值或性质。

(4)留置权条款。该条款规定,在运费及其他费用以及共同海损分摊额未付清之前,承运人对货物及有关单据享有留置权。如果货方未能支付这些费用,则承运人可以不经事先通知,处理货物以弥补上述所欠费用,如所得款项仍不足支付上述欠款,则承运人仍有权要求货方赔偿差额。

(5)转运条款。该条款规定承运人如有需要,可以将货物用其他船只替换原定船只运送货物,或者在中途安排转船运输,或安排其他运输方式完成运输任务。上述安排产生的费用由承运人支付,但风险由货方承担,而且承运人只对在由其管理的船舶承运期间内发生的事项承担责任。

(6)赔偿条款。货物到达时如遭受损坏,而其损坏明显的,收货人应立即向承运人提出书面通知;如不明显,应在提货后3天内发出书面通知。关于货物灭失或损坏赔偿的要求,应自交货之日起1年内提出,否则承运人可解除责任。承运人的赔偿金额应以发票金额外加运费和保费为基础来计算,但承运人可以规定每件货物的赔偿限额。例如,中国对外贸易运输总公司的提单规定该赔偿限额为每件货物人民币700元。如果托运人申报的货物价值超过上述限额,经承运人同意并支付额外运费,则可以将申报价值记入提单,并以此代替该项货物的赔偿限额。如有部分货损,则根据该申报金额按比例赔偿。

提单背面还列有其他各种条款,如对特殊商品(舱面货、植物和鲜活货、冷藏货、危险品和违禁品等)特别规定的条款,以及有关碰撞、共同海损、货主所付分摊损失的条款。

除了以上介绍的提单正背面的内容外,需要时承运人还可以在提单上加注一些内容,称为批注(Superimposed Clause)。

(四)海运提单的分类

1. 根据货物是否已装船,可分为已装船提单和备运提单

已装船提单(Shipped B/L or on Board B/L)是指在提单上注明货已装上船的提单,由承运人、船长或他们的代理人签发。备运提单(Received for Shipped B/L)是承运人在收到货物时签发的提单,实际上等于一张收据,证实承运人货已收到等待装船。这种提单上所列的承运船名只是拟装船名,银行一般不接受这种提单。

2. 根据承运人有无对货物表面状况的不良批注,可分为清洁提单和不洁提单

清洁提单(Clean B/L)是指表明托运的货物表面状况良好的提单,一般注明有"received in apparent good order and condition"(收到时表面状况良好)。不洁提单(Unclean B/L)是指承运人批注货物的表面状况或包装存在缺陷的提单。

3. 根据提单可转让与否,可分为记名提单、不记名提单和指示提单

记名提单(Straight B/L)是指记载有记名收货人并且只能由该记名收货人提货的提单。不记名提单(Bear B/L)又称空白提单(Open B/L)或来人提单,指提单收货人栏内没有指明任何收货人,仅填"BEARER"字样。此提单不需要任何背书即可转让,其风险较大,在贸易实务中很少运用。指示提单(Order B/L)是一种可转让的提单,其收货人应由记名或不记名的当事人指示而定,可以背书的方式转让。

4. 根据运输方式,可分为直达提单、转运提单和联运提单

直达提单(Direct B/L)是指货物在装货港上指定船只后不经过转船直接运至目的港卸货的提单。转运提单(Transhipment B/L)是指货物在中转港卸下原装船只再装上另一船只运至目的港的提单。联运提单(Through B/L)是指海运承运人在装货港签发的、表明货物将装船运至中转港转船或转用其他运输方式运至最终目的地的提单。后两种提单,对于托运人来说承担的风险较大。

5. 根据承运人经营方式,可分为班轮提单和租轮提单

班轮提单(Liner B/L)是指由班轮公司承运货物后所签发给托运人的提单。租轮提单(Charter Party B/L)是指货物以租轮方式运送并根据租轮合约签发的提单。

6. 根据提单签发日与交单日的关系,可分为正常提单、过期提单、倒签提单和预借提单

正常提单(Current B/L or Fresh B/L)是指在货物运达目的港之前已交给收货人的提单,收货人可以有时间准备接货,或转售提单。过期提单(Stale B/L)是指迟于提单签发日后21天才交到银行的提单,或者银行预计按正常邮程该提单将在货物到港后才能送到收货人

手中的提单。倒签提单(Anti-dated B/L)是指承运人或其代理人应托运人的要求,在货物装船以后,以早于该批货物实际装船完毕的日期作为签发日期所签发的已装船提单。这是出口商的一种通融做法,只要交单日期不超过信用证的规定,银行即可接受。预借提单(Advanced B/L)又称无货提单,是承运人应托运人要求,在货物尚未装船或装船尚未完毕的情况下预先签发的"货已装船"提单,托运人可以借此在信用证有效期结束前交单结汇。这种提单同倒签提单一样隐瞒了货物装船的真相,属于不合法提单,具有欺骗性质,因而承运人可能遭受收货人起诉索赔的风险。

7. 根据提单形式的完整性,可分为全式提单和简式提单

全式提单(Long Form B/L)是指在其背面详细记载船方与货方的权利、责任及豁免事项的提单,因其详细罗列了烦琐的运输条款,故又称为繁式提单。此类提单在海运业务中使用较为广泛。简式提单(Short Form B/L)是指仅保留正面必要项目而无背面详细运输条款的提单,多用于租轮运输业务中。

(五)管辖海运提单的国际公约

为了确定承运人的责任范围,保障收货人的权利,在国际海运提单的管辖方面产生了3个公约,即《海牙规则》《维斯比规则》和《汉堡规则》。

1.《海牙规则》(Hague Rules)

《海牙规则》的全称是《统一有关提单的若干法律规则的国际公约》(International Convention for the Unification of Certain Rules Relating to Bill of Lading),1924年8月25日由26个国家在比利时布鲁塞尔签订,于1931年6月2日生效,因公约草案于1921年在海牙获通过,故简称《海牙规则》。我国于1981年承认了该公约,我国航运公司的提单均参照了该公约的有关规定。

《海牙规则》的内容共16条,具体规定承运人的责任是:在开航前和开航时尽职尽责,使船舶适航;适当配备船员、装备和供应船舶,使货舱、冷藏舱、冷气舱和该船其他载货处能适宜和安全地收受、运送和保管货物;应适当而谨慎地装载、搬运、配载、运送、保管照料和卸载所运货物。公约规定承运人负责的期间为自货装上船起至卸下船止,即所谓的"海牙期间"。规则还明确规定了承运人对船长、船员、引水员或承运人的雇佣人员在航行或管理船舶中的行为、疏忽或不履行义务而负责的17项事由。

《海牙规则》的产生在一定程度上改变了提单条款完全由船方任意规定、货方的利益完全没有保障的状况,使提单下货方的利益在一定程度上获得了一些安全保障;同时使各国的提单内容基本趋于一致。但总的来看,《海牙规则》仍偏重于保护承运人的利益,因此自制定之日起就一直受到货方利益团体与航运不发达国家的批评,要求进行修改。

2.《维斯比规则》(Visby Rules)

《维斯比规则》全称为《修改统一提单若干法律规则的国际公约的议定书》(Protocol to Amend the International Convention for the Unification of Certain Rules of Law Relating to Bill of Lading),于1968年制定,1977年6月生效。

《维斯比规则》并未对《海牙规则》的基本原则做出实质性修改，只是提高了货物损害赔偿的最高限额，明确了集装箱和托盘运输中计算赔偿的数量单位，扩大了公约的适用范围。《维斯比规则》是一些保守的海运国家为了阻碍对《海牙规则》进行根本性修改的产物。

3.《汉堡规则》(Hamburg Rules)

《汉堡规则》全称为《1978年联合国海上货物运输公约》(United Nations Convention on the Carriage of Goods by Sea,1978)，于1978年在汉堡制定，1992年11月生效。《汉堡规则》实行的是"完全过失责任制"，承运人对于货物在其管辖期间发生的灭失、损坏或延迟交货负赔偿责任，除非能提出承运人为避免事故已采取措施的证据。货主提出诉讼的时间规定为交货日或应交货日起的2年内。承运人的责任范围为"港至港"，即从接管货物起至交付货物止。总的来看，《汉堡规则》扩大了承运人责任，废除了承运人免责条款，维护了货主的利益，因而是一个较为公平、合理的国际公约。

二、其他运输单据

(一)空运运单

利用飞机进行国际航空货物运输是第二次世界大战后开始的，这种运输方式起步虽晚，但是发展十分迅速。原因是：航空运输速度快；运输安全准确；运费虽贵，但运量小，可以大幅节省相关费用；适宜运送鲜活、易变质货物和体积不大的贵重物品。

1. 空运运单的性质与作用

空运运单(Airway Bill, AWB)是航空公司承认收到货物，并负责航空运至目的地交收货人的证明，是发货人与承运人之间的运输合同。航空运单还可作为承运人核收运费的依据和海关查验放行的基本依据。但是，航空运单不是代表物权的凭证，也不能转让，收货人提货不是凭航空运单，而是凭航空公司的提货通知单提货。

2. 空运单据的类型

(1)航空运单(Airway Bill)

航空运单是航空公司签发的空运单据。目前经营国际货物运输的航空公司使用的都是统一的一式12份的航空运单。其中1~3联是正本，第1份正本注明"Original-for the Shipper"(正本—托运人联)，应交托运人；第2份正本注明"Original-for the Issuing Carrier"(正本—承运人联)，由航空公司留存；第3份正本注明"Original-for the Consignee"(正本—收货人联)，由航空公司随机带交收货人。其余副本由航空公司按规定和需要进行分发。

(2)运输代理行航空运单(House Airway Bill, HAWB)

这是航空代理货运公司办理集中托运业务时签发的空运单据，即运输代理行运单。航空货代公司集中货物后，向航空公司托运，航空公司收货后向航空货代公司签发一张总运单(Master Airway Bill, MAWB)，代理公司签发给货主的运单称分运单(House Airway Bill)。目前，航空货代公司以承运人身份签发运输单据的资格已被普遍承认，现在的HAWB与Airway Bill几乎一样。但在信用证项下，受益人在向银行交单时，HAWB的可接受性要差一些。

3. 空运单据的内容与填制

航空运单的内容较简单,托运人、收货人的名称与地址应填写全称,包括国家、城市、街道、门牌号或电传号等。航空运单应做成记名抬头,并须按信用证规定在运单上注明是运费预付或到付。

航空运单的签发日被视为装运日期,如果信用证规定空运单必须注明实际发运日期,则实际发运日期就作为装运日期,而且必须在信用证规定的装运期之内。航空运单经承运人或其具名代理或代表签字后生效。

4. 管辖航空运单的国际公约

1929 年在波兰华沙制定了《统一国际航空运输某些规则的公约》(Convention for the Unification of Certain Rules Relating to International Carriage by Air, 1929),简称《华沙公约》(Warsaw Convention),该条约于 1933 年 2 月生效。《华沙公约》对航空货运单的内容与性质以及承运人和托运人的权利和义务做了详细规定。于 1963 年 8 月生效的《海牙议定书》(Hague Protocol)对《华沙公约》做了二十多处修改,如将航空货运单改名为航空运单(AWB),并简化了许多项目,删除了一些承运人免责条款等。

(二)铁路运单

铁路运输和其他运输方式相比,具有运量大、速度快、运输准确性和连续性强、受气候自然条件影响小、安全可靠、运输成本相对低廉等优点,在国际货运中地位仅次于海运。

1. 国际铁路货物运输

国际铁路业务集中在欧亚大陆,经营业务分为两片。一片由《国际铁路货物联运协定》(简称《国际货协》)参加国组成,包括波兰、匈牙利、保加利亚、罗马尼亚、蒙古、朝鲜、越南、中国等国;另一片由《国际铁路货物运输公约》(简称《国际货约》)参加国组成,包括法国、德国、比利时、卢森堡、荷兰、意大利、英国、丹麦、西班牙、葡萄牙、希腊、挪威、瑞典、芬兰、瑞士、奥地利、南斯拉夫、土耳其等国。《国际货协》和《国际货约》都规定片内可办理同一运单的联运,即把货物发往片内任何一个车站,只需在发货站办理一次手续。由于不同片的接壤国家之间双边协定的订立,所以可以办理跨片联运,但在货物出片时需要再办理一次手续。这不仅延长了货物送达时间,而且增加了运输费用。基于此,两大公约的组织者铁路合作组织(OSJD)和国际铁路货物运输政府间组织(OTIF)成立了联合工作组,共同编制了统一运输单据——国际货约/国际货协运单,自 2007 年 7 月 1 日起在乌克兰、白俄罗斯、俄罗斯等一些东欧国家正式实施,此后哈萨克斯坦、蒙古等国家也开始陆续使用。

2. 铁路运单(Railway Bill)

我国国际铁路运输中一直使用的是《国际货协》统一的铁路运单。2012 年以后中国采纳了直通欧亚大陆运输的国际货约/国际货协运单。铁路运单一式两份,正本随货同行直至目的地交收货人作提货通知,副本交托运人作为收据。在托收或信用证方式下,托运人凭副本运单收款。在货物到达目的地前,只要托运人仍持有副本提单,就可指示承运人停运,或将货物运给另一收货人。铁路运单由发运站加日戳签发,它只是运输合约和货物收据,而不是物权凭证。铁路运单一律作记名抬头,货物到达目的地后承运人就通知该指定人提货。

3. 承运货物收据(Cargo Receipt,C/P)

承运货物收据是以运输行身份签发的运输单据,它既是承运人的货物收据,又是承运人与托运人的运输契约。例如,中国内地向港澳地区陆运出口的货物,由中国对外贸易运输公司承运,并签发承运货物收据给托运人,供结汇用。承运货物收据性质上相当于海运提单或国际联运运单副本,代表货权,是收货人提货凭证,属有价证券。签发单位要对货物全程运输负责。

(三)快邮收据、邮政收据或投邮证明(Courier Receipt,Post Receipt or Certificate of Posting)

目前我国是万国邮政联盟(Universal Postal Union)的成员,此外还与世界上大多数国家有双边的邮政协定,因此,我国邮局受理国际包裹邮寄业务的委托。

邮政收据是邮局承认收到包裹并负责邮至目的地交收货人的证明。邮政收据不是物权凭证,不能凭以提货和背书转让。因此,邮政收据也做成记名抬头。

《跟单信用证统一惯例》规定:银行接受邮政收据、专递和快递机构的运输收据,但这些收据必须显示邮费已付或预付。同时,邮戳日期即作为装运日期,邮戳日期不能晚于装运日期。将商品、包裹交付邮局就算完成了交货任务,邮包收据即可交出口地有关银行议付。

(四)多式联运单据

多式联运是指至少有两种不同运输方式的运输,即至少包括海运、空运、公路、铁路、内河运输中的两种。同一运输方式、不同运输工具的联运(如海/海联运、空/空联运等)不能视为多式联运。多式联运单据项下的承运人对运输全程负责,从一收到货物开始直至货物到达最终目的地为止。即便信用证不允许转运,银行也将接受多式运输单据,因为多种运输方式必然要发生货物从一种运输方式的运输工具卸下,再装上另一种运输方式的运输工具,不可避免地将发生转运,所以,只要单据包括全程,则将被银行及有关各方接受。多式联运单据收货人如果为不记名的,则为可转让单据;若为记名的,则为不可转让单据。

第三节 保险单据

出口货物运输保险是对外贸易中不可缺少的一环。在运输过程中,货物常因自然灾害或意外事故而遭到损失。货主为了在蒙受损失后取得经济补偿,往往会在货物出运前及时向保险公司投保。保险公司接受投保后,签发投保凭证——保险单据,承担保险责任范围内的经济补偿责任。

货物运输保险可以分为海上货运保险、航空货运保险、陆上货运保险、邮包运输保险等。由于海运是最重要、最常见的国际货物运输方式,所以海上货运保险发源最早,保险条款和双方的权利与义务都较明确,其他各种运输险的条款多以海运险为蓝本,海上运输保险在各种保险中占主要地位(海上运输保险单以下简称为"保险单")。

一、保险单的含义与作用

保险单(Insurance Policy)是保险人(Insurer or Assurer)在收取保险费后向被保险人(Insured or Assured)签发的对其承保的书面证明。它具体规定了保险人与被保险人的权利与义务。

作为一种书面证明或文件,保险单主要有两方面作用:

(一)保险单是保险合同的证明

保险单是保险人与被保险人签订的保险契约,它是保险人在接受被保险人的"投保单"或"投保申请书"后签署的承诺文件,是合格的保险合同证明。虽然按保险业的惯例,只要保险人在投保单或投保申请书上签了字,保险合同关系就告成立,但根据法律规定,投保单并不具有合同证明文件的效力。因此,在办理保险时,保险人必须签发保险单。

(二)保险单是赔偿的证明

保险单是一种补偿性合同或证明文件,在保险标的物出险时,被保险人有权根据保险合同即保险单要求赔偿,保险单是赔偿权的证明文件。如果被保险人的索赔符合保险单的规定,那么保险人应在保险单规定的范围内进行赔偿。可见,保险单是索赔和理赔的根据。

二、海上运输货物保险承保范围

海上货物运输保险的保障范围包括保障的风险和保障的损失。

(一)保障的风险

1. 海上风险

海上风险(Perils of Sea)又称海难,它包括在海上发生的自然灾害和意外事故。

(1)自然灾害(Natural Calamities)。自然灾害是指由非常的自然力量所造成的灾害,如恶劣气候、暴风雨、雷电、海啸、洪水、地震等。

(2)意外事故(Fortuitous Accident)。意外事故是指由非意料之中的原因或由不可抗拒的原因造成的事故,如搁浅、触礁、碰撞、沉没等。

2. 外来风险

外来风险(Extraneous Risks)是指外来原因引起的损失。根据造成损失的严重程度不同,外来原因又可分为:

(1)一般外来原因。它指造成的损失相对较轻的外来原因,如偷窃、钩损、雨淋、串味等。

(2)特殊外来原因。它指造成的损失十分严重的外来原因,如战争、罢工等。这类损失往往处于保险人的免责范围之内。

(二)保障的损失

保障的损失是指保险人承受的损失类型。海上货物运输保险中保险人承保的损失又称海损(Average)。根据保险业习惯,海损也包括与海陆连接的陆运过程中所发生的损失或灭失。

1. 根据损失的程度不同,海损可分为全部损失和部分损失

(1)全部损失。全部损失(Total Loss)简称全损,是指运输过程中的整批货物或不可分割的一部分货物全部发生损失。全损包括实际全损和推定全损。实际全损(Actual Total Loss)是指货物的全部灭失,或货物失去原有的性质和用途,其主要表现为:保险标的物完全灭失、丧失无法挽回,丧失商业价值或失去原有用途,船舶失踪达到一定时期。推定全损(Constructive Total Loss)是指这样一种情况:保险标的物在遇险后虽然没有直接造成全部损失,尚有部分残值,但要挽救这些残值,还需支付更多的费用,因此宁愿放弃救助。下列情况构成推定全损:货物受损后,修理费用超过货物修复后的价值;整理和续运到目的地的费用,超过到达目的地的价值;保险标的遇险后,将使被保险人失去标的物所有权,而收回这一所有权所花的费用将超过收回后的标的价值等。

(2)部分损失。部分损失(Partial Loss)是指除全损以外的其他损失。

2. 根据损失的性质不同,海损可分为共同海损和单独海损

(1)共同海损。共同海损(General Average, G. A.)是指当载货船只在海上遇到自然灾害和意外事故,威胁到船、货等各方的共同安全时,为了解除这种威胁,维护船货安全,或者使航程得以继续安全,由船方有意识地、合理地采取措施而造成某些特殊损失或支出特殊额外费用的行为。构成共同海损应符合下述条件:船、货处于共同的、紧迫的危险中,如不采取适当挽救措施,船、货的共同损失不可避免;挽救措施应着眼于船、货的利益,而不是只为了挽救船只或某批货物;挽救措施应是人为的、特殊的、有意识的牺牲、支出或费用;挽救措施应是合理的、适当的。由共同海损事件产生的牺牲、支出或费用应由因该事件而利益获得保护的所有当事人按获救利益的比例分摊。共同海损及其分摊额是保险人的基本承保责任之一。

(2)单独海损。单独海损(Particular Average)是指除共同海损以外的部分损失。它属于特定方面的损失,不涉及其他货主和船方。单独海损由特定利益方承担。

三、海运货物保险承保的险别

由于海上灾害和意外事故种类繁多,货物遭受损失的原因和程度也各有不同,因此,保险人或保险公司将导致货物受损的风险予以归纳和分类,以供投保人选择。海运保险承保的险别可以分为两大类:基本险和附加险。

(一)基本险

基本险是保险人对承保标的所承担的最基本的保险责任。国际上大体可分为3种:平安险、水渍险和一切险。

1. 平安险(Free from Particular Average, FPA)

平安险又称单独海损不赔险,它的责任范围如下:

(1)由于海上自然灾害所造成货物的实际全损、推定全损；

(2)共同海损和救助费用的分摊；

(3)货物的装卸、转运过程中的整件灭失或损坏；

(4)由于载运工具已发生了搁浅、触礁、沉没、焚毁等意外事故，而货物以后或以前又在海上遭受其他自然灾害所造成的部分损失；

(5)货物的部分损失或全部损失是由于运输工具的搁浅、触礁、沉没、互撞、与流冰或其他物体碰撞以及失火、爆炸等意外事故造成的；

(6)施救费用。

平安险对下列损失不负责：由被保险人的故意行为或过失造成的损失；因被保险货物的品质不良、数量短缺、自然损耗、本质缺陷以及市价跌落、运输延迟而引起的损失；由战争或罢工引起的损失。

2. 水渍险(With Particular Average，WPA or WA)

水渍险又称单独海损赔偿险，它的责任范围是：平安险的全部责任和由于海上自然灾害所造成货物的部分损失。其免责项目与平安险相同。

3. 一切险(All Risks)

一切险的承保责任在水渍险的全部责任基础上还承保被保险货物在运输途中由于外来原因所致的全部或部分损失。

(二)附加险

附加险是被保险货物在运输途中由于外来原因所致的损失。一般是在货物投保平安险或水渍险后，由于货物、包装或运输的特点，需要保险人扩大承保范围而加保的险别。常见的附加险有：

1. 偷窃、提货不着险(Risk of Theft，Pilferage and Non-delivery，TPND)

"偷窃"是指因偷窃行为而使货物受到的损失；"提货不着"是指因整件货物遗失、误卸而使被保险人受到的损失，被保险人应提供提货不着的证明，才能向保险人要求赔偿。

2. 渗漏险(Risk of Leakage)

"渗漏"是指因容器损坏而引起流体或液体渗漏所造成的损失，或用液体贮藏的货物因液体渗漏而引起货物腐败所造成的损失。

3. 碰撞破碎险(Risk of Clashand Breakage)

"碰撞、破碎"指易碎货物因震动、碰撞、受压破碎而造成的损失。

4. 钩损险(Risk of Hook Damage)

"钩损"指货物在搬运时因遭到吊钩的勾碰所引起的损坏，以及对货物包装进行修补或调换所支付的费用。

5. 淡水雨淋险(Risk of Fresh Water and/or Rain Damage，FWRD)

水渍险只对货物因海水而造成的损失负责。淡水和雨淋而致货物受损，应包括在本险范围内。

6. 短量险(Risk of Shortage)

"短量"是指散装货物的重量短缺或包装货物因外包装破碎而引起货物重量短缺或散失的损失。

7. 混杂玷污险(Risk of Intermixture and Contamination)

"混杂玷污"是指货物因混杂玷污而发生的损失。

8. 串味险(Risk of Taint of Odour)

串味险针对的是食用品、中药材、化妆品、原料等货物因受其他货物的影响,发生串味而引起的损失。

9. 受潮受热险(Risk of Sweat and Heating)

受潮受热险针对的是货物因气温突然变化,或因船上通气设备失灵,致使船舱内水汽凝结或发热而造成的损失。

10. 锈损险(Risk of Rust)

锈损险针对的是因货物与海水接触生锈而发生的损失,但因货物本身的性质或瑕疵所致的锈损不在其内。

11. 包装破裂险(Risk of Breakage of Packing)

包装破裂险的理赔范围包括因搬运货物装卸不慎使包装破裂而造成的货物损失,以及为继续运输安全的需要,对包装进行修补、调换而支付的费用。

除上述11种附加险外,还有一些特殊附加险,它们不是由于商品的性质,而是根据特殊环境的需要而投保的附加险,如战争险(War Risk)和罢工险(Strikes Risk)、交货不到险(Failure to Delivery Risks)、进口关税险(Import Duty Risk)、舱面险(On Deck Risk)、拒收险(Rejection Risk)、黄曲霉素险(Aflatoxin Risk)等。

四、海上货运保险的基本当事人

(一)保险人

保险人是收取保费并按照保险合约的规定对损失负赔偿责任的人。为了保障被保险人的利益,几乎所有国家都制定了管理保险人的法律,保险人必须是经过国家有关部门审查合格而可以经营保险业务的人,包括法人和自然人。因为保险赔偿不一定会发生,所以保险合同对于保险人来说仅代表一种或有负债。

(二)投保人

投保人也称要保人。他是与保险人签订契约并缴纳保险费的当事人。投保人必须具备订约能力,必须对保险标的物有保险利益,必须按最大诚信原则对保险内容如实陈述。如果违反上述基本要求,则保险合同无效。

(三)被保险人

被保险人是受保险合约保障的当事人,即有权按照保险契约向保险人取得赔款的人。

在货运保险中,被保险人往往与投保人是同一人。被保险人应在货物运抵目的地后及时提货,若发现货损货差,应及时申请检验或向有关当事人索取相应证明;若货物遇险,被保险人应采取合理的抢救、防损措施;若发现保险单载明的货物、船名、航程有误或航程变更,被保险人应及时通知保险人;在索赔时被保险人应向保险人提供正本保险单、货运提单、发票、检验报告、货损货差证明、索赔清单等文件。如果被保险人未履行上述义务或没有尽到保险单规定的其他责任,从而影响保险人的利益,这时,保险人对有关损失可不予补偿。

五、保险单的基本内容

保险单记载和印定的内容包括正面和背面两部分,正面是有关保险人、被保险货物、保险险别等情况的记载,背面是印定条款。正面的主要内容如下:

(1)保险人名称。它应该是承保的保险公司,而不能是保险经纪人或代理人。

(2)被保险人名称。在信用证有明确规定的情况下,应按信用证规定办;在CIF价格条件下,一般为卖方及信用证的受益人,然后由受益人做成空白背书。

(3)保险金额。除非信用证另有规定,否则保险单据所用货币必须与信用证规定一致;保险单据标明的最低投保金额应该是货物的CIF价格或CIP价格的金额加10%,如果不能确定CIF或CIP价格,则银行接受的投保金额最低为信用证要求承付或议付金额的110%,或发票所显示货物总值的110%,两者之中取金额较大者为最低投保金额。

(4)货物运输的唛头、货物的项目、包装及数量,均应与发票一致。

(5)运输工具名称、开航日期、航线起讫地点,均应与提单一致。开航日期前一般应加"on or about"字样。对于"on or about"的含义,银行将其解释为于所述日期前后各5天内装运,起讫日期均应包括在内。若船至目的港卸货后,还需转运内陆城市,则应在目的港后加注"and thence to..."(转运至某地)字样。若需中途转船,则应在目的地港名称后加注"with trans shipment"(转船)字样。

(6)承保险别。险别内容必须与信用证有关条款保持一致,填写秩序先主险,其次附加险、特别附加险。

(7)检验代理。保险单据上列明保险人在目的港的代理检验人,以便当货物受损、被保险人索赔时能及时就近查勘,分析原因与受损程度,以确定赔偿责任。

(8)赔款偿付地点。赔款偿付地点应符合信用证规定,一般为保险单所载明的目的港,即在进口国境内。

(9)签发日期。签发日期即保险人责任的起算点,保险单据的签发日期不应晚于发运日,除非保险单据表明保险责任不迟于发运日生效。

(10)保险人签字。一般都由保险人或其代表签字或以其他方式证实。但是,英国保险法允许保险公司在出具海运保险单据时用盖章代替签名。

六、保险单据的种类

(一)根据单据形式分类

1. 保险单(Insurance Policy)

保险单在实务中俗称"大保单",它是保险人与被保险人之间建立保险契约关系的正式凭证,其内容主要有被保险人名称、保险货物名称、数量及标志、载货船名、保险金额等,保险单的背面印有保险合同条款,对保险人与被保险人各自的权利、义务做了详尽规定。

2. 保险凭证(Insurance Certificate)

保险凭证俗称"小保单",它是简式保单,其正面内容与保险单相同,背面不载有保险条款,但具有与保险单相同的效力。UCP600规定银行不接受暂保单。

3. 承保证明(Combined Insurance Certificate or Risk Note)

承保证明是一种比保险凭证更简化的单据。它只在出口商的商业发票上以加盖印戳方式注明承保金额、险别、保险期限、保险编号、保险和理赔代理人名称及地点等事项,而不另出具单独的保险单,又称为"联合发票"。

(二)根据保险价值分类

1. 定值保单(Valued Policy)

在定值保单中,保险标的物的价值是约定的。出险时保险人就根据约定的价值赔偿,而不是根据保险标的物的品质等情况核定的价值赔偿。定值保单上一般注有"Valued at the Sameas the Amount"(以保险金额作货物价值)。

2. 不定值保单(Unvalued Policy)

不定值保单即不约定标的物价值的保险单,保险单金额是保险人的最大赔偿金额。出险时保险人根据当时情况核定的货价赔偿。如果核定货价高,保险人最多只赔偿保险单金额;如果核定货价低,保险人就按实际金额赔。收货人一般不愿使用这种对他们不利的保险单。

(三)根据承保方式分类

1. 定名保单(Named Policy)

定名保单是承保船名已确定的某一航程内的某一批确定的运输货物的保险单。常用的保险单都是这种定名保险单。

2. 流动保单(Floating Policy)

用流动保单投保时只确定保险条件,而不确定哪一批货物的保险单。货物出运后,被保险人逐笔向保险人申报船名、货物等内容,直到保险单金额全部用完。由于签发保险单时货物等未确定,因此也称为不定名保单。

3. 预约保单(Open Policy)

预约保单是一种保险人与被保险人预约签订的总括性的保险合同。合同中只规定保险

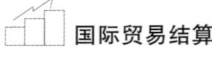

范围、保险责任和保险费率,不像流动保单那样规定总金额,但一般有每次出运货物的最大金额限制。

4. 暂保单(Cover Policy)

暂保单是保险人证明承诺保险责任的一种临时性文件。保险人在收到被保险人的装船通知后才出具正式保险单。投保人获知货物装载情况后,即通知保险人,再换取正式保险单,暂保单在规定效期内具有正式保险单的效力。UCP600 规定银行不接受暂保单。

保险单据的种类很多,此外,还有航程保险单、期限保险单等,在此不一一赘述。

第四节 其他单据

其他单据包括检验证明书、产地证明书、包装单据以及船公司证明等。

一、检验证明书(Inspection Certificate)

商品检验证明书又称检验证或商检证书,是由政府检验机构或公证行或制造厂商等对进出口商品进行检验或鉴定后,根据受检货物的实际检验结果,结合外贸合同与信用证的要求,对外签发的关于商品品质、规格、重量、数量、包装、检疫等各方面或某方面鉴定的书面证明文件。

(一)检验证明书的作用与内容

在国际贸易中,检验证明书具有多方面的作用:

(1)作为证明履约、交货接收的有效证件。货物经过长途运输后难免出现质量变化或数量缺损、包装损坏等情况,从而引起进口商的争议。出口商为了免责,必须提供权威机构签发的检验证书,证明其已履行合格交货任务。

(2)作为验收报关的有效凭证。许多国家为维护本国及消费者利益,通常规定某些商品必须进行强制性检验,如食品等。进口商必须出示出口地检验机构签发的证明商品合格或符合国家进口标准的检验证书才能报关验收,否则禁止进口。

(3)作为结算货款的依据。许多产品的定价取决于商品的等级,或某些主要成分的含量。因此,进出口合同中订有价格与金额的增减条款,以适应不同的检验结果。在进出口实务中,一般都根据检验证书中标明的产品等级和主要成分含量,确定合适价格并计算出货值。

(4)作为索赔、仲裁、诉讼的佐证文件。货物在运达进口地后一般都需进行检验,以确定收货时的质量、数量、状况等,这样做,既便于进口商转售,又可以在发现问题时提起争议。根据检验结果,明确责任归属,提出赔偿要求。如需进行仲裁或诉讼,也必须提供商检证书作为对货物缺陷、残损等事实的说明。

在各种不同的检验证明书中,有些栏目是共同的和必备的,它们主要有:

(1)发货人名称。填写时要符合信用证的规定。

(2)收货人名称。一般是进口商,应注意与信用证及其他单据中的收货人名称保持一致。

(3)货名、重量、唛头。这些内容,应注意与商业发票、提单上相应的内容相符。对以毛作净计价商品,检验证书中报验重量应以毛重表示,重量检验证在检验结果中须表示毛、皮、净各项重量,货名可用统称。

(4)出具检验证明书日期。应掌握不迟于提单日期,最好在提单之前一两天或与提单日为同一天。

(5)提供检验证书者签字。一般而言,此处的盖章与签字一样有效,但有的国家要求检验证书一定要手签,如果只有盖章,就视为无效。

(6)证明内容。这部分是检验证书的核心内容,即商检机构或公证行等进行检验或鉴定的结果。

(二)检验证明书的种类

检验证明书的分类主要依据检验项目,因此种类繁多。检验证明书中一般都应列明有关当事人名称、地址、商品描述、证明内容(即检验结论)以及检验人员签字。根据检验内容的不同,常见的检验证明书主要有:

(1)品质检验证书(Inspection Certificate of Quality);

(2)重量或数量检验证书(Inspection Certificate of Weight or Quantity);

(3)包装检验证书(Packing Inspection Certificate);

(4)残损检验证书(Inspection Certificate on Damaged Cargo);

(5)卫生/健康检验证书(Sanitary/Health Inspection Certificate);

(6)兽医检验证书(Veterinary Inspection Certificate);

(7)消毒检验证书[Disinfection (Sterilization) Inspection Certificate];

(8)温度检验证书(Inspection Certificate of Temperature);

(9)熏蒸检验证书(Inspection Certificate of Fumigation)。

(三)检验机构

出立检验证的机构,应是买卖双方以外的第三者。很多国家都有专业性的商品检验和鉴定机构,接受委托进行商品检验与公证鉴定工作。这些机构有的是国家设立的官方机构,如我国的中国商品检验局,有的是由私人或同业公会、协会等开设的公证行,如美国的劳合公证行和瑞士的日内瓦通用鉴定公司。

二、产地证明书(Certificate of Origin)

产地证明书也称产地证或原产地证书,是由政府或公证机构或出口商出具的证明货物的生产来源地的证书。在某些结算方式中,产地证也是一种必备文件。产地证的主要作用有:(1)通过证明货物的原产地来享受进口国的优惠税率。因为进口国海关往往会针对来自不同国家或地区的商品执行不同税率的差别待遇政策。(2)通过证明货物的原产地来符合进口配额的要求。因为有些国家往往按出口国分别设定不同的配额限制,所以要求进口商报关时必须提供产地证以便进行统计。

签发产地证明书的机构,应依照信用证具体指定。如无指定,一般可由政府有关商品检验机构或出口地其他有权检验机构签发。目前我国则是由中国国际贸易促进会出具或由中国进出口商品检验局出具原产地证明书。目前常用的原产地证明书为普惠制产地证。

普惠制是普遍优惠制(Generalized System of Preference)的简称,缩写 G.S.P.,是给惠国对受惠国给予单方面关税优惠的一种制度。普惠制产地证有国际统一的固定专用格式,称为格式 A(Form A),其尺寸、版面、图案、用纸等都有严格规定。在我国,唯一的授权签发普惠制的机构是各地的进出口商品检验局。

普遍优惠制成立于 1968 年 3 月召开的第二届联合国贸易与发展大会,是发达国家给予发展中国家制成品与半制成品(包括某些初级产品)普遍的、非歧视的、非互惠的一种关税优惠制度。但是,从发展中国家向发达国家输出的商品必须符合原产地规则的要求,才能享受普惠制待遇,这一规则包括原产地标准、直接运输规则和书面证明 3 项内容。原产地标准(Origin Criterion)专门确定货物的产地,并据以将产品分为两大类:一类是全部使用受惠国的原料、零部件生产的完全原产品,可以享受 G.S.P. 待遇;另一类是一部分或全部进口材料或零部件生产的产品,这些进口成分必须在生产过程中达到实质性改造,各给惠国对这类产品所采用的标准不尽相同。直接运输规则(Rules of Direct Consignment)是指要求受惠国产品直接输往给惠国,如途经他国也可以,但应存放于海关关栈,不能投入当地市场销售或交付当地使用。书面证明(Documentary Evidence)是指必须持有 G.S.P. 产地证以及证明符合直接运输规则的文件。

三、包装单据(Packing Document)

包装单据是反映货物包装情况(或无包装)的单据,是就包装事项对商业发票的补充说明,最常用的有装箱单和重量单两种。

装箱单(Packing List)是说明货物每一件包装明细情况的单据,它的作用是说明出口商品的花色、规格和包装情况。装箱单可以合并在发票上,也可以单独制作,但信用证上作为独立凭证分别要求者不应合并。若每件货物的花色、品种不同,则须在装箱单上逐件载明。如果整批货物的花色相同而重量不同,则可用重量单来代替装箱单。装箱单的内容一般包括合同号、发票号、唛头、货名、体积、进口商或收货人名称、地址、船名、目的港,等等。装箱单由出口商制作,其内容应与货物实际包装相符,并与发票、提单所列一致。

重量单(Weight List)证明装货重量与合同规定相符。凡是按照装货重量(Shipping Weight)成交的货物,出口商在装运货物时,均须向进口商提供重量证明书。货到目的港,如果短缺,出口商不负责任。凡是按到岸重量(Landed Weight)成交的货物,到岸时如有短缺,进口商必须提出重量证明书,才能向出口商、轮船公司或保险公司索赔。船公司计算运费时,须由出口商提供重量证明书。这项证明书一般由商检机构出具,或由公证行、重量鉴定人出具。

四、船公司证明(Shipping Company's Certificate)

船公司证明是指由船公司或承运人提供,由有关权威部门出具的,证明船舶的国籍、船级、船龄、挂靠港口等事项的文件,它通常是应买方或进口国有关当局的要求而由出口商负责取得并提交的。例如,过去运往阿拉伯国家的货物,买方常要求出具"三不证明",即证明承运船舶不是以色列国籍、不停靠以色列港口、不是与以色列有往来的黑名单上的船舶等。常见的船公司证明有:

(一)船舶国籍证书(Certificate of Ship's Nationality)

该证书由船舶登记国主管部门签发,是证明船籍的法律证书,进口国海关可凭以决定是否给予船舶吨税方面的优惠待遇。

(二)船级证书(Certificate of Classification)

这是由船舶检验机构对符合入级条件的船舶授予的一种证书,主要记载船舶的技术营运性能,因而能反映船舶的技术状况,关系到船舶保险的保费与租金高低。通常船级是由相应的船级符号表示。例如,中国船舶检验局的船级符号是"ZC","LR"代表英国劳埃德船级社,"AB"代表美国船舶局,"BV"代表法国船级社,"NV"代表挪威船级社,等等。

(三)船龄证书(Certificate of Vessel's Age)

许多国家规定,超过15年船龄的船舶不准靠泊卸货,但对于转运中的第一程船无此规定,因此信用证或合同要求船龄证书时,往往要求证明到达卸货港的船舶船龄不超过15年,而不是笼统地对船龄进行限制。

(四)航程证明(Certificate of Itinerary)

这是表明船舶该航次的航线或挂靠港口名单的证明文件。

(五)收单证明(Receipt for Shipping Documents)

这是由船长在其收到随船带交给收货人的单据时所出具的收据。这种做法的目的是防止提单过期,便于买方及时提货,因此要求买方将单据随船带至卸货港交收货人,卖方凭此收据办理结汇。

信用证项下,有时还要求提供其他一些单证。为保证安全、及时收汇,这些单据均必须根据信用证条款要求制作,不能疏漏遗缺。

第五节　单据审核

单据的审核是一项技术性较强的工作,同时对审单人员的责任心也有较高要求。对于单据的审核,可以是出口商在交单以前的自我审核,也可以指交单给银行后银行通过对单据的审核以查明是否有不符点。在上述两种情况下审单都应以信用证要求与信用证管理为依据。对于银行来说,更应关注单据的表面状况,而不能以有关事实来影响对单据合格性的判断。单据的审核对象包括整套单据,如信用证项下的汇票、发票、提单、保险单以及其他单据。

一、UCP600关于单据和审单的相关规定

信用证业务的关键就是确定单据是否相符,因此,单证相符的标准尤为重要。怎样才构成单证相符?UCP500的审单标准是"单证相符、单单不得互不一致",单据之间表面不一致,即视为表面与信用证条款不符。但是,各国银行实务对于这一单证相符标准有不同理解,这成为以往信用证纠纷的主要根源。信用证业务中单证不符现象一直居高不下,根据UCP500操作的信用证业务中,单证不符现象占信用证业务的比重为65%,严重影响了银行信用证业务的声誉。信用证的使用率迅速下降,在欧美国家的使用率只占10%左右,并且还有进一步缩小的趋势。为了消除这一不利后果,UCP600摆脱了对相符交单的模糊规定,摒弃了过去强调的单据之间以及单证之间完全一致的镜像原则,最大限度地杜绝了信用证当事人因为基础交易的纠纷转而以所谓单证不符为由拒绝承付情况随意发生的现象。UCP600有关单据以及审单的相关规定如下:

(一)相符交单

UCP600明确了相符交单的定义,在其第2条中规定:"相符交单是指与信用证条款及条件、本惯例的相关适用条款以及国际标准银行实务一致的提示。"这意味着,银行处理单据业务将以相关信用证内容、UCP600以及ISBP为依据。

(二)审单标准

关于信用证项下银行审单标准,UCP600有专门表述。UCP600第14条a款规定,开证行仅基于单据本身确定其是否在表面上构成相符交单。这表明银行无须借助其他渠道调查单据内容本身的真实性。对于单据相符,UCP600第14条d款规定:"单据中内容的描述,不必与信用证、信用证对该项单据的描述以及国际标准银行实务完全一致,但不得与该单据中的内容、其他要求的单据或信用证相矛盾。"e款规定:"除商业发票外,其他单据中的货物、服务或履约行为的描述,如果有的话,可使用与信用证中的描述不矛盾的概括性用语。"单证之间不要求"完全一致"(Identical),仅要求"不矛盾"(Must Not Conflict With),这样比过去UCP500的单单之间"不得互不一致"(Not Inconsistent With)的说法更体现了审单标准宽松化的倾向。相对宽松的审单原则,使得银行在具体业务审单时,可以更灵活地处理单证、单据,既保证了信用证的高效性和迅速性,又显示了公平性和信誉度。

第十二章　国际贸易结算的单据及单据审核

【案例 12-1】[①]　一张信用证要求海运提单（Ocean Bill of Lading），运输路线为"从中国任何海港至汉堡港"（From Any Seaport in China to Hamburg Seaport）。开证行收到的提单显示装货港为"中国芜湖港"（WUHU，CHINA），船名及航次编号为 DE-JIN 8-19008。

开证行的审单人员发现芜湖位于长江沿线，离海岸还有相当远的距离。但由于对中国的港口分类并无十足把握，开证行征求申请人意见后，同意接受单据，没有提任何不符点。

但开证行并不放心，随后进一步调查了运输的具体情况。通过登录承运人网站对提单和集装箱进行调查，开证行发现网站上显示的该笔货物运输的实际装货港是上海港，并非芜湖港，船名是 MSC RIFAYA 而非 DE JIN 8；通过集装箱号码查询还发现，货物在芜湖装上驳船（BARGE），然后在上海卸载后重新装上远洋船（船名 DE JIN 8）。开证行就此向国际商会提出以下问题：

(1) 芜湖港是否可以认为是信用证要求的"海港"（Seaport）？

(2) 根据 UCP600 审单标准，开证行有权研究单据之外的信息以确定提单上的船只是海洋船还是河运驳船吗？

(3) 如果通过研究发现货物装上的不是海洋船而是河运驳船，这与信用证和 UCP600 第 20 条的要求不符，开证行能够拒付吗？

以下是国际商会在官方意见草案中的分析和结论。

国际商会认为：使用驳船是海洋运输经常采用的方式，根据 UCP600 第 20 条 (C)(II) 的规定，即使信用证禁止转运，使用驳船运输并表明转运将要或可能发生的提单也是可以接受的。

UCP600 第 20 条也没有对"海港"（Seaports）或"港口"（Ports）做出定义。UCP600 20(a)(ii) 仅要求提单必须"显示货物已经在信用证规定的装货港装上具名船只（A Named Vessel）"即可。

根据 UCP600 14(a) 的规定，指定银行、保兑行、开证行必须仅根据单据本身审单，以确定单据表面是否相符，因而就本案例而言，开证行没必要调查提单细节内容的真实性。如果银行选择通过单据表面以外的信息渠道来审查单据，那么这种"调查"的任何发现都不能作为 UCP600 项下拒付单据的基础。即使银行怀疑单据记载内容有问题，并通过各种渠道对单据的某些要素进行独立审查，也不能违背基本的审单原理，即对单据只能进行表面审核（Documents Are to Be Examined on Their Face）。除非存在欺诈或制裁等法律上的因素，否则提不符点拒付只能依据单据表面审查得出的结果。

根据 UCP600 第 34 条，银行对单据表面所载内容的真实性不承担任何责任，

[①] 李永宏. 从芜湖是否海港看信用证审单标准[J]. 中国外汇，2019(22)：48-51.

所以银行没有责任去确认或者调查单据内容是否构成对事实的真实表述。

综上,国际商会对以上3个问题做出的结论如下:

(1)是。芜湖港可以认为是海港,信用证和UCP600第20条都没有对"海港"或"港口"做出定义。

(2)否。根据UCP600第14(a)条,银行只应审核单据表面,审单仅基于单据本身。

(3)不能。信用证下的任何拒付必须以信用证条款和UCP600为依据,对单据背后基础事实的调查不能构成拒付理由。

(三)审单时间

UCP600将审单时间从"不超过7个银行工作日的合理时间"改为"最多不超过5个银行工作日",特别是避免采用"合理时间"这一模糊措辞,更加明确了银行的审单期限,确立了新的国际结算实务操作标准。

(四)对非规定单据和非单据化条件的处理

根据UCP500的规定,银行将不审核非规定单据,如果收到了,应退回交单人或者将其照转,并对此不承担任何责任。而根据UCP600第14条g款的规定,提示信用证中未要求提交的单据,银行将不理会,如果收到此类单据,可以退回交单人。也就是说,相关银行不应审核此类额外单据,不应照转此类单据,应退还交单人,不能因为额外单据中的不符点为由进行拒付。实务中因为额外单据发生的问题层出不穷,比如要求提供5份发票,受益人提供了6份,正好1份出现了不符点,那么,对相关银行而言,这份发票当作额外发票不予审核还是可将此当成不符点予以拒付呢?根据UCP600的规定,额外的单据不应混同在信用证要求的单据中提交给银行,以免发生意外。此外,对于信用证中未规定以何种单据满足的条件,即非单据化条件,UCP600第14条h款明确规定,银行将视作未规定而不予理会。

(五)银行对于不符点的处理

UCP500对有不符点的单据拒付时,规定了两种处理方式,即"并说明单据已由本行代为保管听候处理,或将单据退还给交单人"(UCP500第14条d款)。UCP600第16条c款在原有基础上增加了两种处理方式:一是"开证行持有单据直至收到申请人通知放弃不符点并同意接受该不符点,或在同意接受不符点前从提示人处收到进一步指示";二是"银行按照先前从提示人处收到的指示行事"。

一旦申请人同意放弃不符点则开证行释放单据是目前银行实践中的普遍做法,但一直以来备受争议,银行往往会因为在拒付通知中表明将"寻求进口商放弃不符点放单"而被法院认定为拒付无效,因为UCP500未做规定。现在UCP600正式承认了这一做法,符合银行实务的发展,减少了因此产生纠纷的可能,并且有望缩短不符点单据处理的周期。加入这一条款主要是考虑到信用证受益人提交单据的目的是获得款项,由此推定,如果申请人同意放弃不符点并支付货款,对受益人利益不会造成根本性的损害。当然,如果出口商不愿意给予进口商这种权利,可以在交单时明确表示此笔交单按照惯例中另一个选项来处理,或者直接要求进口商委托开立信用证时排除这一选项。

(六)关于信息、单据等传递的银行免责规定

UCP500 规定,银行对由于任何文电、信函或单据传递中发生延误及/或遗失所造成的后果,概不负责。但是 UCP600 有关银行对单据遗失免责问题有了另外的解释。UCP600 第 35 条规定,如果指定银行确定交单相符并将单据发往开证行或保兑行。无论指定银行是否已经承付或议付,开证行或保兑行必须承付或议付,或偿付指定银行,即使单据在指定银行送往开证行或保兑行的途中,或保兑行送往开证行的途中丢失。这意味着只要指定银行确认相符交单,即使单据在指定银行送往开证行的途中遗失,受益人同样能够获得开证行的付款保证。这一规定对消除误解,减少纠纷,加强开证行的付款责任将起到重要作用。

(七)审单自动化

金融科技推动着信用证业务审单的电子化和自动化。商业银行利用大数据设置审单规则和专家经验模型,通过人工智能技术实现单据处理过程智能化。为了推动审单自动化进程,国际商会尝试建立审单自动化相关业务指引。审单自动化不可能一蹴而就,而是需要分阶段发展和实现的长期过程。目前信用证项下审单自动化尚处在初步探索阶段。但是从长远来看,国际结算单证业务领域的自动化转型是大势所趋。

专栏 12-1:信用证项下审单自动化

为了推动审单自动化进程,国际商会银行委员会数字化工作组于 2020 年 10 月拟定了《信用证项下审单自动化指导》(以下简称"指导文件")并向各个国家委员会进行了意见征询。

指导文件指出,随着科学技术在各个领域的发展,越来越多的金融机构已经认识到了信用证业务中的人工审单与其他的贸易金融领域的数字化和自动化进程存在潜在差距,并且认可在国际贸易中增加数字化和自动化的应用是非常必要且不可避免的。近年来,人工智能、机器学习以及光学字符辨识等技术的发展,也为贸易金融的自动化提供了驱动力。尤其近年来受全球"新冠"疫情的影响,企业和金融机构更需要一种变革,使原来的基于纸质单据、耗时、劳动密集型、需要员工一定技术和经验的审单模式,向智能化审单转变。当然,智能化不可一蹴而就,而是需要分阶段发展和实现的长期过程。

国际商会将自动审单分为了 6 个级别:第零级——完全没有自动化因素,完全由人工审核纸质单据,不包含任何自动化技术。第一级——单据影像化,使用扫描技术将纸质单据扫描成影像并由人工审核。第二级——基础自动化,对单据影像应用光学字符辨识和数据捕捉等技术,进行简单性自动审单或减少数据录入,在这个过程中仍需人工参与。第三级——部分自动化,实现很大程度上的自动化审单,人工只做监督,只有一些特定的关键部分需要手动执行。这一级别包括复杂规则、分析技术、机器学习和自然语言处理等技术。第四级——高度自动化,整个审单过程自动化,只有系统提示的特殊情况需要人工干预。这一级别需要深度学习和近乎完全标准化处理技术。第五级——完全自动化,整个审单过程是完

全标准化的,并不需要任何人工干预。每一个阶段的实现依赖于前一阶段技术的成熟应用。每一等级的实现取决于两个关键点:一是从纸质单据中分类和提取数据的能力,二是利用提取出的数据判定是否相符交单的能力。

目前银行可将目标设定为第四等级,即高度自动化。在这个阶段,整个审单流程实现了自动化,只有在系统无法判定的情况下需要进行人工干预。系统可以自动识别非标准化条款,与UCP600和ISBP745进行对照分析,清晰表达复杂不符点以及读取手写单据。

指导文件中还指出了智能化审单的一系列优势,比如提升效率、降低成本、减少操作风险、促进单据电子化、减少不合理不符点、促进贸易流畅进行等。当然这些优势不仅针对金融机构,对于信用证业务的各个相关方也是有利的,如受益人可以在交单前通过智能化审单去除不符点等。

机器要实现自动审单有3个步骤,首先将单据中的有效信息提取出来,然后将信用证项下的单据信息进行单单之间的比对,并与信用证、国际商会相关惯例比对匹配,最后提炼出不匹配的信息,根据规则来甄别其是否为不符点。可见,自动审单的最难之处在于机器深度学习的数据库和精准算法模型的建立。

在实际应用中,信用证项下的审单业务虽然尚未实现自动化,国内同业基本上处于上述指导文件中设定的第二等级(基础自动化),但也纷纷开始了探讨与尝试。

[资料来源]储云鹤,等.信用证项下的审单自动化[J].中国外汇,2022(22):64-65.

二、单据审核的基本要求

(一)汇票审核的基本要求

信用证项下的汇票应列明开证行名称及其信用证编号作为缮写此一汇票的依据,即汇票上的"出票条款"(Drawn Clause)必须与信用证相符。汇票的出票人应为受益人,汇票收款人必须与信用证相符。汇票付款人不得为信用证开证申请人,根据UCP600第6条c款规定,不得开立包含有以申请人为汇票付款人条款的信用证。汇票的付款期限也应符合信用证规定,出票日期不得迟于信用证的有效期。汇票金额不得超过信用证规定,大小写也应一致,使用的货币也应符合信用证的要求。汇票上不应有涂改。

(二)商业发票审核的基本要求

商业发票是受益人开给进口商的进货凭证,它也是海关课税的主要依据。UCP600规定,发票必须在表面上看来系由受益人出具;除非信用证另有规定,否则出票的抬头人必须为信用证的开证申请人;发票上的商品描述(Description of Goods),如商品名称、品质、单价、数量、重量及包装等必须与信用证中显示的内容相符。除非信用证特别规定,发票的总金额不得超过信用证金额,而要与汇票金额相符。各项数字计算正确,发票份数与信用证的要求一致。发票上的价格条件(如CIF、CFR、FOB)、装运唛头、数量、船名、起运港、起运日期、目的港等应与其他单据一致。

(三)货运单据(提单)审核的基本要求

提单(Bill of Lading)为外来文件之一,并非受益人自行制作。提单必须是全套的,并经承运人船公司签署。除非信用证有特别规定,否则提单应做成已装运提单,并经船公司注明"Shipped on Board"(已装船)字样才能生效。提单上不得有任何说明瑕疵的批注,也即只能提交清洁提单。提单上的货名、唛头、数量、重量、船名等应与信用证一致,并与其他有关单据相符。提单抬头如为"to order of shipper's"(托运人抬头)或为"to order"时应作空白背书,或(空白抬头)完整背书。提单上的价格条款或有关运费的记载必须与信用证以及发票一致。如价格条件为 CIF 或 CFR,则应注明"Freight Repaid"(运费预付)。此外,提单的签发日不得超过信用证上所规定的最迟装船日期。

(四)保险单审核的基本要求

保险单应具备法定要件,并由信誉卓著的保险公司签发。投保的险别必须是信用证所规定的,保险单据须标明承保的风险区间至少涵盖从信用证规定的货物监管地或发运地开始到卸货地或最终目的地为止。投保币别必须与信用证币别相同,投保金额通常是发票金额的110%。保险单上记载的船名、船程、转运港、卸货港、启运日期等内容必须与提单一致。投保货物名称、数量、唛头等内容应与提单、发票或其他单据相符。再者,保险单的签发日期不得迟于发运日期,除非保险单据表明保险责任不迟于发运日生效。如果保险单据表明其以多本正本出具,所有正本均须提交。暂保单将不被接受,可以接受保险单代替预约保险项下的保险证明书或声明书。信用证要求提交保险单时不得用保险凭证替代。

(五)检验证明书审核的基本要求

检验证明书是指商品已经检验且表明该商品的品质、规格、成分、重量或包装符合相关标准的文件。此项文件必须由信用证所规定的机构检验签发,并与信用证的要求相符。如信用证要求品质证或卫生证等类似检验证时,也要注意单据名称必须符合信用证的规定。此外,这些检验证的检验日期不得迟于装运日期,但也不应距离装运日期过早。

(六)产地证明书审核的基本要求

产地证明书应由出口地的法定机构签发,用以证明所发货物确系在该出口地生产。这是进口方要求出口方提供的装运文件之一。进口方要求产地证明的主要目的在于核定关税之用。对此类文件的审核要注意货品的名称、品质、数量及价格等记述不得与商业发票或其他有关单据相矛盾。

(七)装箱单、重量单审核的基本要求

装箱单、重量单的提供目的是证实装运货物的详细内容,包括毛重净重、规格品种等。这些单据不得与商业发票等其他单据相矛盾。

本章小结

随着国际贸易的发展,国际结算呈现票据化、电子化和单据化的趋势。单据代表了物权,控制了单据就控制了货物。单据同时还是凭以付款的凭证。国际结算的单据主要有基本单据和附属单据两类。

发票是一种常用的商业单据,尤其是商业发票,更是国际贸易结算中不可或缺的基本单据。商业发票是对所售货物的整体说明,其他单据对货物的描述必须与发票所列内容不矛盾,否则就构成交单不符,成为银行或买方拒付的理由。

运输单据是国际贸易结算中必不可少的基本商业单据,其具体形式依不同的运输方式而异,运输单据的作用是承运人收到货物的证据以及对运输合同的证明。在各类运输单据中,海运提单和多式联运单据是最重要、最常用的单据。大多数海运提单因为都是可转让的,所以它还可以用作物权凭证。其他运输单据,如空运运单、铁路运单、邮包收据等,在内容等方面均比海运提单简单,而且在国际贸易中较少使用,因而其重要性不及海运提单。

保险单据是国际贸易结算中又一常见的基本商业单据。就国际贸易来说,保险是必不可少的风险规避手段,因而保险单据就显得十分重要。在各类货物运输保险中,最重要的是海上货运保险,这是历史最悠久、体系最完备复杂的货运保险种类,也是建立其他运输方式下货运保险体系的参照基础。海上货运保险的主要内容是分析风险成因、损失种类及保险人责任范围,并通过适当的保险条款来确定保险合同的基本内容。保险单据不仅是保险合同的证明,而且是索赔的证明。

除了上述3种基本单据外,还有其他附属单据,包括检验证明书、产地证书、包装单据、船公司证明等。这些单据是对货物的若干方面或交易的若干环节的说明,是否需要这些单据,主要取决于买方的需要及有关当局的规定。

由于单据是国际贸易结算所处理的主要对象,是对资金及货物的反映,因此其制作及审核是结算业务的一项重要内容。UCP600要求开证行仅基于单据本身确定其是否在表面上构成相符交单,无须借助其他渠道调查单据内容本身的真实性;单证之间不要求完全一致,仅要求不矛盾。当前,银行审单呈现智能化和自动化趋势。

关键名词

商业发票　海关发票　海运提单　不洁提单　倒签提单　航空运单　推定全损
检验证明书　产地证明书　相符交单　审单自动化

课后练习题

一、选择题

1. 商业发票的作用是（　　）。
   A. 交易的证明　　　　　　　　　　B. 记账的凭证
   C. 报关征税的凭证　　　　　　　　D. 可以代替汇票作为付款的依据

2. （　　）是物权凭证。
   A. 海关发票　　B. 海运提单　　C. 保险单　　D. 检验证明书

3. 信用证项下银行审单，发现（　　），表明单证不符。
   A. 不清洁提单　　B. 已装船提单　　C. 过期提单　　D. 联运提单

4. （　　）产生的所有损失、费用以及支出应由因此而受益的所有当事人按所获取利益的比例分摊。
   A. 单独海损　　B. 全部损失　　C. 部分损失　　D. 共同海损

5. 信用证业务项下审单的标准是（　　）。
   A. 单据与信用证条款相符　　　　　　B. 单据与UCP600所适用的条款相符
   C. 单据与《国际标准银行实务》相一致　　D. 单据与单据之间严格一致

二、判断题

1. 海关发票可以便于进口国海关核定货物在出口国国内的市场价格以防止倾销。（　　）

2. 如果实收货物表面状况符合海运提单，但是内在质量与贸易合同不符，则承运人将承担赔付责任。（　　）

3. 海上货物运输保险的基本险不包含水渍险和附加险。（　　）

4. 管辖海运提单的国际公约包含有海牙规则、维斯比规则和汉堡规则。（　　）

5. 信用证的非单据化条款，商业银行可以视作未规定而不予以理会。（　　）

三、问答题

1. 商业发票有何作用？
2. 海上货运保险所针对的风险的主要成因有哪些？
3. 什么是全损、实际全损和推定全损？什么是共同海损和单独海损？
4. 在国际贸易中，检验证明书具有什么作用？其主要类型有哪些？
5. 包装单据主要有哪几种？它们的作用是什么？
6. 常见的船公司证明有哪几种？

第十三章
国际贸易结算的风险管理

国际贸易,无论是出口贸易还是进口贸易,由于当事人处于不同国家,且贸易从洽谈、签约到最终出口商收货以及进口商收款,历经较长的时间,过程复杂,存在各种各样的风险,最终转化为贸易结算的风险。进行综合风险管理有利于提高进出口商的收货、收款效率。本章将详细阐述出口贸易和进口贸易环节面临的结算风险。

第一节 出口贸易结算的风险

出口贸易,出口商需要经过洽谈、签约、备货、包装、检验、托运等环节,各个环节受自然、人为等各种因素的影响,受各个国家或地区不同规章制度以及惯例习俗的影响,使出口贸易经常存在各种潜在风险,并最终在国际结算中以对外拒付的形式表现出来。因此,所谓出口贸易结算的风险,实际上是指出口商无法按时收款(收汇)的风险,该风险受出口贸易过程中的许多因素制约,但最主要是由进口商信用风险、银行信用风险、国家信用风险以及来自结算方式本身的风险等因素造成的。

一、进口商信用风险

进出口商签订合同以后,在合同执行期间,由于各种因素的影响,进口商的资信状况会发生变化。若在此期间进口商由于清偿能力不足,或破产倒闭而无法正常支付货款,或者出于其他原因而使进口商违约拒付时,出口商就会遭受呆账或坏账的损失。这就是进口商信用风险。

进口商信用风险是贸易中面临的最主要风险。这一贸易活动风险直接导致出口商无法收款,严重损害出口商的利益,也成为国际贸易活动最主要的障碍。虽然国际贸易活动始终存在这种商业信用风险,且它必然在出口贸易结算过程中表现出来,但是采用不同的结算方式,对出口商而言,该风险是否由其承担则有不同。若采用商业信用基础上的结算方式(如汇款、托收),则该风险直接转化为出口贸易结算的风险;若采用银行信用基础上的结算方式(如信用证、银行保函),则该风险就不直接转化为出口贸易结算的风险,进口商的资信就不会直接影响出口商的收汇。

二、银行信用风险

进出口商采用银行信用基础上的结算方式,在合同执行期间,受各种因素影响。若信用证的开证行或者银行保函的担保行资信发生变化,或者清偿能力不足无力支付,或者出于其他原因不愿支付,出口商就可能因此遭受无法收汇的损失。这就是银行信用风险。

信用证、保函结算方式虽然提供的是一种银行信用,但是,只有资信好的银行才具备这种可靠的信用。出口商能否从开证行获取货款,取决于信用证开证行的良好信用。当指定银行向开证行索偿时,只有实力雄厚、信用良好的开证行才具有充分的清偿能力。但是,国际政治经济风云变幻莫测,在金融危机的袭击下,开证行破产倒闭的可能性始终是存在的。1998年亚洲金融危机,造成东南亚国家诸多金融机构破产倒闭。即使金融发达的美国,每年都有银行倒闭的现象。因此,虽然出口商有开证行的保证,但仍然不能忽视来自银行的风险。

银行信用风险与进口商信用风险相比,前者只是在采用银行信用基础上的结算方式时才发生,但是后者无论在哪一种结算方式下都存在。即使在信用证结算方式下,开证行的银行信用替代了进口商的商业信用,但是当开证行无力支付时,出口商仍然要直接面对来自进口商的风险,即依据贸易合同要求进口商付款时进口商会拒绝付款。

【案例13-1】[①] 2020年6月,孟加拉国某公司以即期付款信用证的付款方式向嘉兴某公司采购总金额超过8万美元的货物。在收到孟加拉国公司申请开立的两份正本信用证后,嘉兴公司按约发货交单,但孟加拉国开证行拖延支付两份信用证项下全部款项。嘉兴公司向浙江省商法中心寻求援助。

经了解得知,其中有一份信用证存在不符点,且嘉兴公司未及时收到国内通知行的告知,错过了消除不符点的机会。经协商沟通,孟加拉国开证行最终于2022年4月支付单证相符的信用证项下超过3.7万美元款项;而对于另一份存在不符点的信用证,双方因协商不成,孟加拉国开证行拒绝放款。

分析:信用证是开证行有条件的付款责任,在相符交单情形下,受益人收款的安全性取决于开证行的信用。受益人应当审核开证行的信用等级以确保结算的安全。本案例所涉孟加拉国开证行,相符交单下拖延付款,信誉较差,最终导致受益人延迟回笼货款。

三、国家信用风险

某些国家或地区外汇资金短缺,对外支付能力差。在这种情况下,即使进口商资信良好、清偿能力强也无济于事,因为这些国家没有外汇用于对外支付。由于诸如经济、政治、军事等方面的原因,国家也可能强制停止支付一切对外债务。此外,某些国家处理结算业务的规章制度或者惯例习俗的不同也有可能致使出口商无法及时收汇。上述这些就是所谓的国家信用风险。

在实务中,国际结算面临的较多国家风险包含政府换届、政府信用、内战、经济制裁等。全球政治经济局势日益复杂化,结算蕴含的经济制裁风险高企。商业银行为了规避经济制裁引发的风险,对联合国安理会制裁委员会,美国国务院、财政部海外资产控制办公室的制裁名单内所涉行业及业主的各类收支及贸易融资业务均不予受理。

---

① 参见 https://www.ctils.com/articles/3847。

四、来自结算方式本身的风险

国际贸易结算方式主要包括汇款、托收、信用证以及银行保函。前两者建立在商业信用的基础上；后两者则建立在银行信用的基础上。选择不同的结算方式，会导致出口商收汇效果的不同。一般来说，汇款和托收方式项下，出口商将直接承受来自进口商的信用风险以及进口国的国家风险，而在信用证和银行保函方式项下，出口商将直接承担来自开证行或担保行的信用风险以及进口国的国家风险。

在上述 4 种结算方式中，由于信用证和保函具有的特点，即所谓信用证或独立性银行保函与基础贸易合同相互独立，以及银行在业务中处理的对象是单据而不是货物，因此使得信用证和保函，尤其是在商品贸易结算中使用最为广泛的信用证形成独立抽象性原则，也使信用证和银行保函本身易为诈骗者所利用，成为其诈骗的主要工具。这就是信用证和银行保函结算方式本身的风险。以信用证、银行保函为例，其产生的主要风险如下：

（一）假冒信用证（银行保函）

假冒信用证（银行保函）是指国外不法分子自行或与开证行、担保行勾结伪造的信用证（银行保函）或修改书。假冒信用证（银行保函）或修改书的开立目的是骗取佣金、质押金、履约金、预付款或者购货款以及出口商的货物。

假冒信用证一般具有以下几个特点：

(1) 信用证（银行保函）金额较大，有效期短；
(2) 电开信用证（银行保函）无密押；
(3) 电开信用证（银行保函）使用第三家银行密押，而第三家银行的确认电文没有加押；
(4) 信开信用证（银行保函）的签字无从核对；
(5) 信开信用证（银行保函）随附印鉴式样，而该印鉴式样也是假冒的；
(6) 开证行、担保行的行名和地点不明确；
(7) 单据要求寄往第三家银行，而第三家收单行根本不存在。

【案例 13-2】[①] 2016 年 1 月，温州出口商与孟加拉国进口商签订了 80 万美元的电子设备供货合同，随后又收到进口商通过美国开证行电开的自由议付信用证。信用证要求提交一份由进口商签发的许可证。出口商为防范风险，联系进口商删除此单据。不久，出口商收到看起来由开证行寄来的一份纸质修改，删除了上述单据要求。受益人遂按修改交单。然而开证行却以未提交信用证要求的许可证为由拒付。

交单行发电查询，开证行否认对信用证做过修改，称该修改系伪造。出口商意识到风险，亲自飞抵孟加拉国与进口商确认修改真伪与付款事宜。进口商承诺：无论修改真假，都将安排开证行付款，并承担出口商一切损失。出口商轻信进口商承

---

① 臧玉晶.谨防孟加拉国国家风险[J].中国外汇,2017(6):49-51.

诺的保证,不再要求追究修改的真实性。然而,3个月后,出口商收到的不是进口商承诺的付款,而是开证行退回的全部单据。滞港的货物则被当地海关拍卖,进口商根据政策优先得到了购买权。

分析:本案例所涉进口商通过境外银行开证并通过信开方式伪造修改书,引诱出口商发货遭开证行拒付,最终导致货物被海关收缴拍卖。其伪造修改书的目的在于以极低价格(拍卖)获取基础销售合同的货物。

(二)软条款信用证

软条款信用证,是指开证行可随时单方面解除其保证付款责任的信用证。例如,开证行不通知生效、不发修改书,开证申请人不出具收据或证明书、不来验货、不通知船名,或者迟出具收据或证明书,这些都会造成出口商不能如期发货,不能使用信用证,或者造成单证不符而使开证行有充分的理由拒付。软条款信用证赋予开证行或者开证申请人单方面的主动权,使得信用证可以随时因开证行或者申请人单方面的行为而撤销,成为变相可撤销的信用证。

软条款信用证有具备各种特征的软条款。根据我国的国外来证,影响出口商安全、及时收汇的软条款信用证可以归纳为以下3类:

(1)信用证规定暂不生效,等待进口许可证签发后通知生效,或者等待货物经开证申请人确认后通知生效;

(2)开证申请人出具的品质证书、收货收据或开证申请人签发的装运指示、证书和收据上申请人的签字由开证行核实,或者与开证行存档之印鉴式样相符;

(3)船公司、船名、目的港、起运港或者验货人、运船日期须等待申请人通知或须征得申请人同意后,开证行才将以修改书的形式另行通知。

软条款信用证不但内容完备,而且单从形式上看,它与假冒信用证是不同的,但是从对虚假性的隐蔽程度以及对受证方的欺骗性而言,软条款信用证要比假冒信用证更胜一筹。利用软条款信用证的目的是骗取国内出口商的质押金、佣金或内外勾结骗取贷款。

软条款中的"暂不生效条款"经常出现在申请人是中间商的信用证中。此类申请人由于担心无法及时联系好下家或出现下家客户临时毁约的风险,因此在信用证中加入此类条款,以便在出现对自己不利的情形时,可以凭此软条款免除信用证项下单证相符的付款义务。另一种情况是,信用证中交易的是生产周期长、价格不稳定的货品,暂不生效软条款则赋予了进口商根据市场行情决定是否需要此笔货物的主动权。

【案例13-3】[①] 2018年10月10日,C银行通过SWIFT系统收到W银行转递的信用证。该报文的78栏位(给付款行、承兑行或议付行的指示)载明,"当收到与本信用证条款与条件完全相符的单据以及一份来自开证行的内容为该信用证可以有效提款的电文副本,开证行将根据指示即期付款。只有当收到开证行发

---

① 凤敏. 剖析信用证"软条款"之"暂不生效条款"[J]. 中国外汇,2021(17):76-77.

送的、内容为信用证可以有效提款的激活电文后,单据才可以被提交"。

C 银行将该笔信用证通知给 H 客户;12 月 3 日该笔信用证出单;12 月 13 日,开证行 S 银行向 C 银行提出不符点——未提交声明该信用证可以有效提款的报文副本,因此将视 C 银行交单无效,此笔业务将根据 URC522 以跟单托收方式处理,并于 2019 年 1 月 8 日退单。受益人无奈另寻买家,虽然贸易得以完成,但蒙受了一定的经济损失。

分析:本案例所涉信用证包含开证行发出有效提款报文之后才能生效的条款,属于暂不生效条款。此类条款与信用证不可撤销的属性相矛盾,违背了跟单信用证 UCP600 第 7 条,使得出口商处于被动地位,属于不公平的贸易往来。即便进口商后续让开证行发出提款生效报文,出口商仍会面临投产晚、生产难安排、装期紧、出运困难等风险。

信用证暂不生效条款除了上述案例中的表述外,还可能以"待货样经开证行申请人确认后再通知生效"或"与信用证相关的银行保函到达后信用证才可生效"等表述体现。但不管此类软条款表述形式如何变化,本质都是信用证只有在满足某些特定条件时才能生效。因此,虽然此类证都标明不可撤销,但实际上是一个可撤销的信用证。

(三)可转让信用证

随着国际贸易的不断发展,转让信用证业务在增多。在我国,可转让信用证一般在香港来证中较多见,这是因为可转让信用证主要适用于中间贸易。香港作为一个自由港,是世界转口贸易的中心,许多国家和地区都通过香港间接与我国发生贸易往来。于是,一些中间商利用其所处地理位置、信息、人际关系的优势,不是通过开立信用证,而是以转让国外开来的信用证给国内实际供货人的方式展开贸易活动,这样中间商可以达到降低风险、赚取利润的目的,同时还可以保守商业秘密,避免真正的买卖双方拉直关系。

可转让信用证是开证行授权受益人可以将信用证的全部或部分转让给一个或数个第二受益人使用,其转让内容并不仅仅是发货权的转让,而是在转让发货权的同时,对该信用证项下的货款支取权的转让。当指定银行同意办理信用证转让时,第二受益人就享有向银行请求付款的权利,而且这种权利是独立于第一受益人的行为而存在的。但是,在可转让信用证的实务中,转让人对转让行的转让指示以及转让行在新证中加列的一些条款,都会增加第二受益人的风险。例如,中间商为了自身的利益在转让申请书中指示转让行:

(1)保留拒绝允许转让银行将修改内容通知受让人的权利;

(2)缩短第二受益人交单期限、信用证效期,而且将新证的效地限定在第一受益人所在地;

(3)在新证中加列条款:"转让行对第二受益人不承担任何责任,仅仅在其从开证行处收到货款之后才交付第二受益人。"(Without any engagement whatsoever on our part, we are instructed by the first beneficiary to transfer this irrevocable L/C to you... Payment to be effected subject to final payment from L/C issuing bank.）

根据该申请书开来的新证,对第二受益人而言,实质上在其严格履行交货义务后,货款回收仍然是不能得到银行信用保证的。主要原因在于第二受益人相符交单难度较大。因为当原证被修改后,第二受益人无从知晓,所以无从做到单证相符。另外,由于中间商需要充裕的时间替换第二受益人的发票与汇票,因此,缩短了信用证效期和交单期。同时,限定信用证效地为中间商所在地,必然导致第二受益人难以控制效期,容易造成逾期交单。关于可转让信用证,UCP600对UCP500中的条款做了修订。例如,其第38条i款规定,如果第一受益人应当提交其自己的发票和汇票(如有),但未能在收到第一次要求时照办,或第一受益人提交的发票导致了第二受益人提示的单据存在不符点,而其未能在收到第一次要求时予以修正,转让行有权将其从第二受益人处收到的单据向开证行提示,并不再对第一受益人负责。该项规定确实能够保护第二受益人的权利,但是,不可否认,可转让证的上述相关问题在实务中仍将继续困扰第二受益人。

第二节 进口贸易结算的风险

进口贸易结算的风险,就是进口商无法收到与合同相符的货物的风险。由于国际贸易的程序复杂,受各种因素的干扰,而这些干扰因素可能来自出口商,可能是出口地的政治经济背景的变化,因此有可能最终导致进口商无法收到货物,或者收到的货物与合同不符。分析进口贸易结算风险的具体成因,可以归纳为两个方面:一方面是贸易活动中无法避免的出口商信用风险和出口地的国家信用风险,另一方面应归于结算方式本身的风险。

一、出口商信用风险

进口商与出口商签订合同,进口商承担支付货款的责任,而出口商承担按照合同约定提供货物的义务。若出口商无履约能力,则进口商就会因无法收到与合同条款相符的货物或根本无法收到货物而承担相应的费用损失和丧失相应的市场机会。这种商业信用风险一直伴随着贸易活动而存在,并不会因为该笔贸易活动采用不同的结算方式而有所改变。只要出口商资信、履约能力存在问题,进口商就很有可能无法收货或者货约不一致。但是,在不同结算方式项下,出口商信用风险的表现形式各有不同。对进口商而言,汇款结算方式(如预付货款)的风险具体表现在出口商收款后不交货、迟交货或者以次充好。在以凭单付款为特点的结算方式项下(如托收、信用证、保函),由出口商带来的信用风险表现更加复杂一些,进口商付款后能收到正确的单据,单据与合约相符,但是货物与单据的描述有出入,可能货物不存在,或者货物以次充好。有些资信很差的出口商还有可能利用凭单付款的结算方式,采用诈骗手段骗取进口商货款,关于这一点,我们将在本节"三、结算方式本身的风险"中进行详细介绍。

二、出口地的国家信用风险

在国际贸易活动中,也可能出现这样一种情况:出口商的资信以及履约能力还是比较好的,但是出口商所在国的政治经济环境发生变化,如该国因为战争宣布禁止出口某些重要物资,从而造成货物无法及时出运或者无法出运,给进口商带来无法收货和丧失市场销售良机的损失。这种可能出现的情况就是所谓的出口地的国家信用风险。

三、结算方式本身的风险

在国际贸易结算中,除了汇款结算方式外,其他结算方式的确立均基于国际贸易各当事人已经达成的共同认识,即单据代表货物,单据的买卖就是货物的买卖。无论是托收、信用证还是银行保函,选择这样的结算方式,表示进口商是凭单付款,而不是凭货付款,相对于汇款的货到付款,这无疑给进口商带来单货不一致的风险,另外也给不法分子提供更加隐蔽的诈骗方式,从而给进口地银行,即开证行或者担保行带来另一种风险。

(一)来自托收、信用证结算方式的风险

1. 伪造单据

伪造单据一般有两种:一是伪装单据上的签字,如提单上船长的签字是伪造者伪造的;二是伪装提单的内容,如以废铁、废渣装箱,而伪称科学设备、仪器,取得正式提单等。伪造单据的目的有多种,可能是骗取进口商的货款,也可能是骗取银行的资金。

在托收结算方式项下,由于托收行、代收行对于任何单据的形式、完整性、准确性、真伪性或者法律效力概不负责,银行对于任何单据所表示的货物的描述、数量、重量、质量、状况、包装、交货、价值,或对于货物的发运人、承运人、运输行等的诚信、行为和/或疏忽、清偿能力、执行能力或信誉等也概不负责,因此若出口商持全套假单据委托托收行向国外进口商收款,而进口商对假单据付款赎单后,就有可能遭到不能获取货物的风险。

信用证结算虽然有银行的信用支持,但是其根本特点是开证行只保证单据在表面上与信用证规定相符,对出口商是否装运以及装运的是什么货物不承担任何责任,即银行提供的信用保证只是承诺进口商付款赎单后获得的单据是单证相符,但是不保证单货相符。这就为不法分子伪装成出口商行使诈骗提供了可钻的空子,使得进口商根据单据付款后却不能获得单据上所描述的货物。

2. 预借提单

预借提单(Advanced B/L)又称无货提单,是承运人应托运人要求,在货物尚未装船或装船尚未完毕的情况下,预先签发的"货已装船"提单,从而托运人可以在信用证效期结束前交单结汇。预借提单与伪造提单很相似,其关键在于意图行骗的出口商就是不装船,却出具已装船的且符合信用证要求的提单,连同其他单据要求开证行付款。

3. 倒签提单

倒签提单(Anti-dated B/L)是指承运人或其代理人应托运人的要求,在货物装船以后,

以早于该批货物实际装船完毕的日期作为签发日期所签发的已装船提单,以符合信用证规定的关于装船日期的规定,达到单证相符,便利结汇。这是具有欺诈性的做法,侵犯买方或者提单合法持有人的利益。

4. 提供不清洁提单

进口商和银行一般都不会接受不清洁提单。在货物、包装存在缺陷时,有时出口商会向承运人出具赔偿保证书(Letter of Indemnity),要求承运人不在提单上加不良批注,以便其顺利收汇。显然这是出口商掩盖装船时货物及其包装存在缺陷的重要事实,与承运人共谋对出口商实施的欺诈行为,极可能给进口商带来损失。虽然这在实务中还相当流行,但是从法律角度上讲毕竟属于欺诈。

(二)来自银行保函、备用信用证的风险

银行保函、备用信用证也是凭单付款。单据是担保行和开证行赔付的唯一依据,但是普通的跟单信用证要求的一些重要单据,多是由独立于受益人之外的第三者出具的,如货运单据、保险单、检验证书等,这在一定程度上制约了受益人的行为。但是,银行保函或者备用信用证一般要求受益人提交一份申请人违约的声明,担保行或者开证行就承担履行付款的义务,这无形中为受益人滥用索偿权提供了更大的可能性。受益人可能提出不公正的索偿要求,只要其提交与银行保函或者备用信用证严格相符的单据,申请人此时即使已经履行合同项下的义务,但是仍需承担对外赔付的责任。也可以说,这是银行保函和备用信用证风险的一个主要方面。

第三节 国际贸易结算的风险管理

在出口贸易过程中,出口商无法收汇的风险,主要是贸易活动过程中商业信用风险、国家信用风险、以银行信用为基础的结算方式项下的银行信用风险,以及所选择的不同结算方式本身的风险的集中体现。当然出口贸易结算的风险还可能表现为对出口商提供融资后的银行无法收回贷款的风险。而在进口贸易过程中,进口商无法收到货约一致的货物的风险或者根本无法收货的风险,也是贸易活动中存在的商业信用风险、国家信用风险,以及所选择的不同自结算方式本身的风险的集中体现。综合各类风险,我们在这一节中将主要从商业信用、国家信用、银行信用、结算方式本身这几个角度阐述国际贸易结算的风险管理。

一、对商业信用的风险管理

进出口贸易是建立在商业信用基础上运作的。加强对贸易合作伙伴的了解,是风险管理中最基本的环节。客户的信誉、资金、经营作风的优劣直接关系到客户是否能够按照合同的规定履行义务,这是保证贸易活动顺利进行的主要条件。

对于合作伙伴,贸易商应当具体掌握以下内容:组织形式、注册资本、实有资本、公积金、资产

与负债、专营业务、经营作风、业务规模、财务状况等。贸易商可以通过与对方进行商务洽谈直接了解对方,也可以通过对方的往来银行和其他贸易合作对象进行调查了解,或者可以通过专业咨询机构、投资机构、律师机构等部门帮助了解。在此基础上建立其合作伙伴的资信档案,而且在档案建立之后,还应当通过各种渠道不断补充有关该合作伙伴的资信,从而对其历史和现实的资信状况和经营作风及其变化过程有比较全面的了解,以有效降低其资信变动的风险。

二、对国家信用的风险管理

国际贸易中进出口商都将面临国家信用风险,该风险伴随国际贸易活动产生,不会因为某种结算方式的采用而得以避免。因此,无论在哪一种结算方式下,进出口商仍直接承受国家信用风险。对于国家信用风险,我们首先借助于一些信息网络,收集关于贸易伙伴所在国的政治经济动态,尤其关注那些中东以及非洲的国家,其外汇管制一直比较严格,与这些国家发生贸易关系应当更加警惕来自外汇管制引起的国家信用风险。而对于由该国制度习俗所引致的国家风险,由于其更多表现在托收结算业务的处理上,因此针对那些不按照URC522规定办理托收业务的国家,应当熟悉它们本国银行业的习惯做法,避免因其将远期付款交单视为承兑交单处理而发生许多出口货款无法回收,最终形成呆账的不利后果。

三、对银行信用的风险管理

在信用证或银行保函结算方式下,银行信用替代商业信用,因此出口商所面临的风险首先表现为银行信用风险。为了有效降低来自这方面的风险,出口商应当注意选择开证行和担保行,毕竟信用证项下的安全收汇以及银行保函项下实现索赔都是建立在这些银行的资信基础上的。

资信良好的开证行一般会尽可能避免开立一些软条款的信用证,也不会过分偏袒开证申请人的利益。选择资信良好的银行作为开证行或者担保行,就成为出口商防范银行信用风险最直接可靠的方法。出口商对开证行或担保行的资信评估可以集中在以下几个方面:资产规模的大小以及在权威机构公布的银行排名榜中的名次;银行资本金是否充足;该银行若上市其股票在证券市场的表现;该银行的资产组合状况等。在综合评估的基础上,出口商就可以决定是否接受该银行所开立的信用证或者银行保函。除此之外,出口商还可以根据具体情况采取措施以防范银行信用风险,如要求开证行邀约另一家银行对该信用证加具保兑;由偿付行确认在该银行破产或倒闭的情况下,对议付行进行偿付;要求信用证规定可分批出运货物,以分散风险;要求加入电索条款等。

四、对不同结算方式本身的风险管理

(一)对信用证的风险管理

1. 对出口贸易结算的风险管理

对于出口贸易结算的风险,出口商应当以积极防范为重,通过各种具体措施将出口收汇

的风险降低到最低限度。具体措施如下：

(1)认真审核信用证

由于信用证是一个独立于基础合约的法律文本,受益人的权利以信用证为基础,因此,出口商在收到国外来证时,应当仔细审核,对于经验不足的出口商,可以求助于当地银行。银行与受益人对信用证的审核各有侧重面,银行主要审核的是信用证的有效性,通过核验信用证的签章、印鉴或密押,确保信用证的真实性。而受益人应当仔细审核信用证中的有关条款,如识别信用证中是否含有"软条款",发现"软条款"应当立即与开证申请人协商修改"软条款"以降低风险,若申请人拒不接受修改,也可使其诈骗的企图得以暴露,从而起到防范风险的作用。受益人应审核来证是不是可转让信用证,若出口商是可转让证的第二受益人,则其应当委托当地银行对转让行、中间商的经营作风进行调查,若转让行和中间商资信良好、经营作风优良,出口商就可以接受该证;反之,就应当防范中间商与银行相互串通、行使诈骗。在这种情况下,出口商若不愿放弃该笔贸易合同,则可以要求转让行对可转让证加具保兑,第二受益人只要单证相符就可以直接向转让行索汇,而无须等待原开证行的审单付款,当然出口商也可以不接受可转让证,而是要求中间商开立对背信用证,由中间商以其为受益人的信用证为抵押,向银行申请开立一张对背信用证,作为受益人的出口商,只要单证相符即可获得对背信用证开证行的付款承诺,也无须像可转让证项下须待原开证行验单后付款。受益人还应审核来证中是否具有风险性条款,对于风险性条款,出口商应当在发货前与进口商联系,及时修改或者拒绝接受信用证。

(2)根据信用证规定交单

组织货物出运后,出口商应当根据信用证的规定,向所指定银行(如议付行)交单。出口商交单务必做到完整、正确与及时,即单据的种类及份数与信用证相符;各类单据的内容也应当与信用证规定一致;交单必须在信用证规定的交单期限内,若信用证未规定交单期限,也必须在信用证的有效期内或者提单出单日后21天内交单。只有如此,才能保证单证相符,从而有利于出口商安全收汇。出口商向议付银行交单后,若银行审单时发现不符点且无法更正,则出口商应当立即与进口商联系,或重新缮制新单据,或请其接受不符点并授权银行付款。若不能获其确认,则应当将整套单据交该银行作 D/P 托收方式处理。在单据存在不符点时,出口商应当特别注意防范进口商与银行串通,如一方面称单证不符,拒绝受单,以拖延付款或者达到无偿占用出口商资金的目的;另一方面则采取变通手法,凭担保提货书或者信托收据提走货物。出口商应当及时把握货物的去向,防范此类风险。

2. 对进口贸易结算的风险管理

对于进口贸易结算而言,进口商关注的是进口付汇后能否获得与合同相符的进口货物。进口商应当采取以下一些措施以降低进口收货的风险:

(1)指示开证行开证,防范由假单据引发的风险

由于信用证业务处理的对象是单据,而利用信用证结算方式,进口商必须对正确单据付款,因此若出口商资信不佳或者进口商对出口商资信不了解,为了防范出口商制造假单据,

进口商就可以要求装运港的船公司在货物装运后致电开证行或是进口商,告之其信用证号码、提单号码以及装船日期,还可以要求出口商在交单议付时需提交船公司签署的电报副本。为了防范出口商提供的货物以次充好,进口商可以在信用证中规定由著名的检验机构或者公证机构出具质量检验证书,如 SGS 检验证书,以证明所交货物的品质、数量、包装符合贸易合约的规定。为了防范出口商短装货物,可以要求知名的检验机构出具数量或者重量检验证书。若要进一步防范出口商在检验后调包,还可要求检验证书显示检验是在装船时进行的。为了证明出口货物已获得出口国政府机构的许可,可在信用证中规定对方在有关单据上加注许可证号码或者许可证副本。

(2)要求出口商提供银行保函或者备用信用证

若交易金额巨大而对出口商资信不了解,则进口商最好在贸易合约中订明:出口商须提交银行保函或者备用信用证,并且在银行保函或者备用信用证为进口商接受后,开证行所开立的信用证才生效。

(二)银行保函的风险管理

由于银行保函与信用证比较,其用途广泛但是使用不如信用证规范、完善,银行所开立的保函条款容易暴露漏洞,易被不法分子所利用,因此银行保函业务的风险比信用证更大。使用银行保函时,各当事人应当严格预防不法分子的诈骗。

(1)从保护受益人的角度看,应当审核、检验银行保函或者备用信用证的签章、印鉴或密押,确保银行保函的真实有效。因为,假冒银行保函的目的同假冒信用证一样也在于骗取佣金、质押金和履约金。

(2)从申请人的角度看,要防范来自受益人的诈骗风险,申请人必须仔细核定所开立的保函条款。例如,在保函中注明保函的最高赔付金额,而且保函金额与基础合约的金额保持适当比重,不能过高或者过低;若基础合约的内容允许,应在保函中加列减额条款,使被担保人的责任随合约的进展减少,这时,担保人的赔付责任也相应递减;明确银行保函的有效期;索赔条款的意义表达必须清楚明了,避免使受益人产生不同理解。

(3)对于用于融资用途的银行保函(包括备用证),由于银行承担较大风险,因此银行在开立保函之前应对申请人进行严格审查,一般而言,只要银行严格按照担保法行使敦促申请人完成其反担保手续,就能够较好地预防来自申请人的风险。

本章小结

出口贸易结算的风险实际上是指出口商无法按时收款(收汇)的风险,该风险与出口贸易过程中的许多因素有关,但它最主要是由进口商信用风险、银行信用风险、国家信用风险以及所选择的结算方式本身等造成的。进口贸易结算的风险就是进口商无法收到与合同相符的货物的风险。进口贸易结算风险的具体成因,可以被归纳为两个方面:一方面是贸易活动中无法避免的出口商信用风险和出口地的国家信用风险,另一方面是因为当事人对结算方式本身的不当选择。综合各类风险,我们主要从商业信用、国家信用、银行信用、结算方式本身这几个角度探讨如何加强国际贸易结算的综合风险管理。

关键名词

商业信用风险　银行信用风险　国家信用风险

课后练习题

一、选择题

1. 出口商无法按时收款的风险表现在(　　)。
   A. 进口商信用风险 B. 采用信用证结算的银行信用风险
   C. 进口国外汇管制引发的风险 D. 流动性风险

2. 信用证结算对于出口商而言较为安全,但是仍存在(　　)带来的不确定性。
   A. 假冒信用证 B. 软条款信用证
   C. 信用证开证申请人资信太差 D. 信用证开证行资信差

3. 信用证方式可能因为(　　)给进口商带来风险。
   A. 伪造单据 B. 预借提单 C. 单货不符 D. 倒签提单

4. 进口商无法收到与贸易合同相符的货物的风险,具体表现在(　　)。
   A. 利率风险
   B. 出口国国家风险
   C. 采用托收和信用证结算时单据存在内容的伪造风险
   D. 进口商信用风险

5. 为了控制信用证结算风险,获得开证行的付款保证,出口商交单时必须保证(　　)。
   A. 信用证规定期限内交单 B. 单据的种类和份数与信用证相符
   C. 单据内容与信用证条款相符 D. 单据内容与交易的货物相符

二、判断题

1. 跟单信用证项下,虽然银行信用替代商业信用,但是出口商面临的收款风险首先还是商业信用风险。　(　　)

2. 对进出口商而言,国家信用风险都是进出口商双方面临的重要风险之一。　(　　)

3. 预借提单的做法符合信用证国际规则要求。　(　　)

4. 软条款信用证将表面不可撤销信用证改变为实质上可撤销的信用证。　(　　)

5. 进口国因为外汇资金短缺可能暂时冻结对外支付债务,从而引发买方回笼货款的风险。　(　　)

三、问答题

1. 什么是出口贸易结算风险?
2. 如何加强对出口贸易结算的风险管理?
3. 什么是进口贸易结算的风险?
4. 如何加强对进口贸易结算的风险管理?
5. 信用证结算会出现什么风险?
6. 银行保函的风险表现在哪些方面?

课后练习题参考答案

第一章

一、选择题

1. C　　2. C　　3. D　　4. C　　5. A

二、判断题

1. ×　　2. √　　3. ×　　4. √　　5. √

第二章

一、选择题

1. D　　2. A　　3. ABCD　　4. B　　5. C

二、判断题

1. √　　2. ×　　3. ×　　4. √　　5. √

第三章

一、选择题

1. AC　　2. ABD　　3. A　　4. ABCD　　5. C

二、判断题

1. ×　　2. √　　3. √　　4. √　　5. ×

第四章

一、选择题

1. ACD　　2. CD　　3. B　　4. ABD　　5. ACD

二、判断题

1. ×　　2. √　　3. √　　4. ×　　5. √

课后练习题参考答案

第五章

一、选择题

1. ACD   2. A   3. C   4. A   5. ABC

二、判断题

1. ✓   2. ×   3. ×   4. ✓   5. ✓

第六章

一、选择题

1. AB   2. C   3. D   4. ABC   5. B

二、判断题

1. ×   2. ✓   3. ✓   4. ✓   5. ×

第七章

一、选择题

1. AC   2. D   3. D   4. C   5. AB

二、判断题

1. ×   2. ×   3. ×   4. ×   5. ×

第八章

一、选择题

1. ABC   2. ABD   3. BD   4. B   5. AC

二、判断题

1. ✓   2. ✓   3. ✓   4. ×   5. ×

第九章

一、选择题

1. ABD   2. A   3. C   4. ABCD   5. A

二、判断题

1. √   2. ×   3. ×   4. √   5. ×

第十章

一、选择题

1. D   2. AC   3. ABD   4. AB   5. ABCD

二、判断题

1. √   2. √   3. √   4. √   5. ×

第十一章

一、选择题

1. ABCD   2. ABD   3. BCD   4. ABC   5. ABCD

二、判断题

1. √   2. √   3. ×   4. √   5. √

第十二章

一、选择题

1. ABCD   2. B   3. AC   4. D   5. ABC

二、判断题

1. √   2. ×   3. ×   4. √   5. √

第十三章

一、选择题

1. ABC   2. ABD   3. ABCD   4. BC   5. ABC

二、判断题

1. ×   2. √   3. ×   4. √   5. ×

参考文献

1. (英)戴维·J.汉纳.国际商会《银行付款责任统一规则》指南[M].北京:对外经济贸易大学出版社,2017.
2. 高洁,等.国际结算[M].北京:中国人民大学出版社,2015.
3. 贺瑛.国际结算[M].上海:复旦大学出版社,2011.
4. 李金泽.UCP600适用与信用证法律风险防控[M].北京:法律出版社,2007.
5. 庞红,等.国际结算[M].北京:中国人民大学出版社,2012.
6. 习近平.高举中国特色社会主义伟大旗帜 为全面建设社会主义现代化国家而团结奋斗——在中国共产党第二十次全国代表大会上的报告[R/OL].(2022-10-16)[2023-05-21].https://www.gov.cn/xinwen/2022－10/25/content_5721685.htm.
7. 苏宗祥,等.国际结算[M].北京:中国金融出版社,2020.
8. 徐进亮.最新国际结算与案例分析[M].北京:对外经济贸易大学出版社,2014.
9. 姚超新.国际结算:实务与操作[M].北京:对外经济贸易大学出版社,2014.
10. 原擒龙.国际结算与贸易融资业务[M].北京:中国金融出版社,2010.
11. 张东祥,等.国际结算[M].武汉:武汉大学出版社,2011.
12. 张晓芬,等.国际结算[M].北京:北京大学出版社,2011.
13. 卓尔坚.国际贸易支付与结算及其单证实务[M].上海:东华大学出版社,2011.
14. Annette Kamps. The Euro as Invoicing Currency in International Trade[R]. European Central Banking Working Paper,2006,No. 665.
15. Bacchetta P. ,E. Van Wincoop. A Theory of Currency Denomination in International Trade[J]. Journal of International Economics,2005,Vol. 67,295－319.